高等院校互联网+新形态教材·经管系列(二维码版)

人力资源管理
(微课版)

王胜桥　吕　洁　编著

清华大学出版社
北京

内 容 简 介

本书系统介绍了人力资源管理的理论及实践，体系结构完整，内容系统全面。全书包含人力资源战略规划、工作分析与设计、人员招聘管理、员工培训管理、绩效管理、薪酬管理、数字化人力资源管理等内容，体现了人力资源管理的最新理念和发展趋势，提供了人力资源管理的应用技术及企业样板，分享了人力资源管理研究与企业咨询实践思考。

本书强调应用为本，注重案例学习，强化知识内隐，重视能力培养。在每章的结构安排上，章前说明学习目标，并以引导案例导入本章内容；章中安排了与章节内容匹配的知识拓展和图表资料；章后设计了本章小结、思考题、实践应用，以及配套的微课视频，为学习者提供了系统的人力资源管理知识的学习要点和丰富的练习与思考空间，促进其专业能力成长。

本书既可作为高等院校工商管理类专业人力资源管理课程的教材，也可作为其他经济管理类专业的参考书，还可作为企业管理人员的培训教材。

本书封面贴有清华大学出版社防伪标签，无标签者不得销售。
版权所有，侵权必究。举报：010-62782989，beiqinquan@tup.tsinghua.edu.cn。

图书在版编目(CIP)数据

人力资源管理：微课版/王胜桥，吕洁编著. —北京：清华大学出版社，2023.12
高等院校互联网+新形态教材. 经管系列：二维码版
ISBN 978-7-302-64703-4

Ⅰ. ①人… Ⅱ. ①王… ②吕… Ⅲ. ①人力资源管理—高等学校—教材 Ⅳ. ①F243

中国国家版本馆 CIP 数据核字(2023)第 176565 号

责任编辑：梁媛媛
装帧设计：李　坤
责任校对：徐彩虹
责任印制：沈　露

出版发行：清华大学出版社
  网　　址：https://www.tup.com.cn, https://www.wqxuetang.com
  地　　址：北京清华大学学研大厦 A 座　邮　编：100084
  社 总 机：010-83470000　邮　购：010-62786544
  投稿与读者服务：010-62776969, c-service@tup.tsinghua.edu.cn
  质量反馈：010-62772015, zhiliang@tup.tsinghua.edu.cn
  课件下载：https://www.tup.com.cn, 010-62791865
印 装 者：三河市人民印务有限公司
经　　销：全国新华书店
开　　本：185mm×260mm　印　张：18.5　字　数：444 千字
版　　次：2023 年 12 月第 1 版　印　次：2023 年 12 月第 1 次印刷
定　　价：56.00 元

产品编号：095043-01

前言

从人事管理发展到战略性业务伙伴，人力资源管理成了企业获取市场竞争优势的工具。随着信息技术的迅猛发展，互联网、大数据、云计算等新技术在管理领域的广泛应用，又激发了人力资源管理的新变革和新挑战。

人力资源管理的内涵正发生演变。当前企业不断借助信息技术对组织及其成员的外显及内隐知识开展数字化管理，以提高人力资源管理效率和核心竞争能力。数字化-智能化HRM成为新趋势，基于数据的一体化管理，绘就企业员工画像，为组织资源配置和未来发展提供深度支持。拥有价值索取、参与知情需求的知识型员工越来越成为企业主体，企业用工形式日趋多样化，组织与人的新型劳资关系正面临重构。以用户为导向，以人才和创造价值为理念，让员工有更好的体验感、共情感、场景感的人力资源产品化的客户价值新思维已显现。面对未来的组织、工作和职业成长的变化和发展，行业化-平台化新特征要求人力资源管理者打造专业核心技术能力。随着"互联网+HR"的深度融合，基于传统的人力资源管理的模块和职能的人力资源管理理论体系需要重新思考。

本书系统阐述了人力资源管理的理论基础、战略规划、工作分析与设计、人员招聘管理、培训管理、绩效管理、薪酬管理、数字化人力资源管理等，体现了人力资源管理的最新理念、发展趋势、应用技术和企业实践。

本书由王胜桥、吕洁编著，全书共12章，具体分工如下：王胜桥负责大纲设计与统稿，并编写第一、第七、第八、第十二章，吕洁编写第二至六章、第九至十一章。每章的结构安排是：章前说明学习目标，并以引导案例导入章节内容；章中安排了与章节内容匹配的知识拓展和图表资料；章后设计了本章小结、思考题及实践应用。更重要的是本书还配备微课视频，为学习者提供了系统的人力资源管理知识的学习要点和丰富的练习与思考空间，促进其专业能力成长。

本书的编写基于作者多年的人力资源管理研究与最新企业咨询培训实践，并参阅了大量前期出版的教材、论著及研究资料，收益甚多，而有些文章或资料的作者无法查询，故未能一一标注，在此一并感谢。由于时间和能力所限，书中难免会出现纰漏，敬请广大师生及专家学者批评指正。

编　者

目录

第一章 人力资源管理导论 1

第一节 人力资源管理的内涵与特征 3
一、人力资源的概念 4
二、人力资源管理的内涵 6
三、人力资源管理的特征 8

第二节 人力资源管理的层次与职能 9
一、人力资源管理的层次 9
二、人力资源管理的职能 11

第三节 人力资源管理的价值、作用和目标 14
一、人力资源管理的价值及人力资源管理价值链 14
二、人力资源管理的地位和作用 15
三、人力资源管理的目标 16

第四节 人力资源管理的历史发展与变革挑战 18
一、西方人力资源管理的历史发展 18
二、我国人力资源管理的历史发展 19
三、信息技术时代人力资源管理的变革与挑战 20

本章小结 24
思考题 25
实践应用 25

第二章 人力资源管理的理论基础 31

第一节 传统管理理论 33
一、早期人力资源思想 33
二、福利人事管理 34
三、科学管理理论 35

第二节 "人因"管理理论 35
一、X理论 35
二、行为科学理论 36
三、Y理论 37
四、超Y理论 38
五、Z理论 39

第三节 人与组织及企业文化理论 39
一、激励理论 39
二、人力资本理论 43
三、企业文化理论 44
四、创新及相关理论 45

本章小结 46
思考题 47
实践应用 47

第三章 战略性人力资源管理 50

第一节 企业战略理论 52
一、愿景和战略目标 53
二、企业生命周期假设 53
三、企业核心竞争力 53
四、企业资源基础理论 54

第二节 战略性人力资源管理概述 54
一、战略性人力资源管理的内涵 54
二、战略性人力资源管理的特征与主要模式 56
三、战略性人力资源管理理论学派 58

第三节 战略性人力资源管理模型 60
一、战略性人力资源管理职能的角色 60
二、战略性人力资源管理模型及人力资源管理系统的职能模块 61

三、战略性人力资源管理与公司
　　　　战略的关系 63
本章小结 64
思考题 64
实践应用 64

第四章　人力资源规划 69
第一节　人力资源规划概述 71
　　一、人力资源规划的发展 71
　　二、人力资源规划的定义 72
　　三、人力资源规划的作用 73
　　四、人力资源规划的过程 74
　　五、企业战略与人力资源规划 75
第二节　人力资源供需预测 76
　　一、人力资源预测的概念 76
　　二、人力资源预测的特点 78
　　三、人力资源需求预测 78
　　四、人力资源供给预测 82
第三节　人力资源供需平衡 84
　　一、人力资源供需平衡分析 84
　　二、人力资源供需失衡调整 86
本章小结 88
思考题 89
实践应用 89

第五章　工作分析与设计 91
第一节　工作分析概述 93
　　一、工作分析的渊源 93
　　二、工作分析的含义 94
　　三、工作分析的目的 94
　　四、工作分析的意义 96
第二节　工作分析的内容与作用 97
　　一、工作分析的内容 97
　　二、工作分析的作用 98
第三节　工作分析的程序、方法及需要
　　　　注意的问题 99
　　一、工作分析的程序 99

　　二、工作分析的方法 104
　　三、工作分析需要注意的问题 111
第四节　工作设计 111
本章小结 112
思考题 113
实践应用 113

第六章　人员招聘管理 116
第一节　人员招聘概述 118
　　一、人员招聘的概念与目标 118
　　二、人员招聘的原则与作用 119
　　三、人员招聘与录用的基础工作 121
　　四、人员招聘与录用的影响因素 122
　　五、人员招聘时应注意的问题 124
第二节　人员招聘的程序与策略 125
　　一、招聘程序要素的选择 125
　　二、人员招聘的程序 126
　　三、人员招聘的策略 128
第三节　人员招聘的渠道与技术 130
　　一、人员招聘的渠道 130
　　二、人员招聘的技术 132
　　三、人员招聘管理工作 137
本章小结 138
思考题 139
实践应用 139

第七章　员工培训管理 142
第一节　培训管理概述 144
　　一、培训管理的内涵与意义 144
　　二、培训管理的历史发展 146
　　三、企业生命周期与培训的发展
　　　　阶段 146
　　四、培训管理的发展趋势 148
第二节　企业培训体系构建 149
　　一、企业培训体系的界定 149
　　二、企业培训体系构建的原则 151
　　三、企业培训体系的建设重点 151

四、企业培训体系建设的注意
　　　　要点 152
　第三节　企业培训项目管理 154
　　一、培训项目的含义与类型 154
　　二、培训项目的管理流程 158
　本章小结 163
　思考题 163
　实践应用 164

第八章　绩效管理 166

　第一节　绩效管理概述 167
　　一、绩效的概念 167
　　二、绩效的特点 168
　　三、绩效评价与绩效管理 170
　　四、绩效管理的目的 171
　第二节　绩效管理的流程与技术 ... 172
　　一、绩效管理的流程及流程的
　　　　整合 172
　　二、绩效管理的技术 176
　第三节　绩效考评的方法运用 178
　　一、主观考评法 178
　　二、客观考评法 181
　　三、绩效考评方法的选择 187
　本章小结 188
　思考题 188
　实践应用 188

第九章　薪酬管理 191

　第一节　薪酬管理概述 193
　　一、薪酬的概念 193
　　二、薪酬的作用 194
　　三、影响员工薪酬的因素 196
　　四、薪酬理解的误区 198
　第二节　人力资源薪酬体系设计 ... 200
　　一、薪酬设计的四种思路 200
　　二、薪酬制度设计原则 202
　　三、薪酬体系设计流程 203

　第三节　激励性薪酬和福利管理 ... 207
　　一、激励性薪酬的设计 207
　　二、福利管理 210
　本章小结 213
　思考题 213
　实践应用 214

第十章　职业生涯管理 216

　第一节　职业生涯管理概述 217
　　一、职业与职业生涯的概念 217
　　二、职业生涯管理的概念 219
　　三、职业生涯管理的意义 220
　　四、职业生涯发展的趋势 221
　第二节　职业生涯管理理论 223
　　一、职业选择理论 223
　　二、职业发展理论 228
　第三节　组织的职业生涯管理 231
　　一、职业生涯发展通道设计 231
　　二、分阶段的职业生涯管理 233
　　三、职业生涯管理的开展步骤 235
　本章小结 237
　思考题 237
　实践应用 238

第十一章　员工关系管理 240

　第一节　员工关系概述 242
　　一、员工关系的概念和特点 242
　　二、员工关系管理的内容 243
　　三、建立良好员工关系的意义 244
　第二节　劳动关系管理 245
　　一、劳动关系概述 245
　　二、劳动合同的内容和管理方法 ... 246
　　三、劳动争议及其处理程序 247
　　四、员工离职管理 249
　第三节　员工安全管理 253
　　一、劳动保护 253
　　二、工作时间 254

三、员工压力管理 256
　　四、员工援助计划 257
本章小结 259
思考题 260
实践应用 260

第十二章　数字化人力资源管理 262

第一节　人力资源管理的数字化转型 264
　　一、数字化人力资源管理的出现 264
　　二、科技发展的助推作用 265
　　三、人力资源管理的数字化转型
　　　　方法 267
第二节　数字化人力资源管理系统 269
　　一、数据存储及数字化人力资源
　　　　管理系统的结构 269
　　二、数字化人力资源管理系统的
　　　　类型 270
　　三、数字化人力资源管理系统的
　　　　模块 271

第三节　数字化人力资源管理系统的
　　　　设计 273
　　一、数字化人力资源管理系统的
　　　　用户体验 273
　　二、数字化人力资源管理系统的
　　　　设计过程 274
　　三、数字化人力资源管理系统
　　　　设计的数据安全 277
第四节　打造智慧型数字化人力资源
　　　　管理 278
　　一、真正的数字化人力资源 278
　　二、人力资源管理系统平台的
　　　　运作 280
　　三、数字化人力资源的未来发展 283
本章小结 283
思考题 284
实践应用 284

参考文献 287

第一章 人力资源管理导论

【学习目标】
1. 掌握人力资源管理的基本概念与特征。
2. 理解人力资源管理的层次与职能。
3. 理解人力资源管理的作用与目标。
4. 熟悉人力资源管理的发展历史与变革挑战。

【引导案例】

李宁公司的人力资源管理

李宁公司作为民族运动品牌的佼佼者,最近这几年经历了从低谷到翻身的曲折之路。2018 年,李宁集团营收历史首次突破百亿大关,达到 105.11 亿元,较 2017 年上升 18.4%,毛利 50.53 亿元人民币,较 2017 年的 41.76 亿元人民币上升 21.0%,公司盈利能力持续增强。为了实现这次的突破,李宁公司整整耗费了 8 年时间,还差一点就折戟沉沙,这其中的心酸与苦涩唯有自知。

李宁公司能够在困苦中浴火重生、再度飞扬,取决于公司领导人的果断决策、企业战略的正确调整、品牌重建的成功,更与李宁公司的人力资源管理的有效实践密不可分。

1. 扁平化管理

为了支持各业务环节的能力提升,在组织管理方面,李宁公司强调充分授权与组织扁平化管理。充分授权,赋予每位管理者决策权,目的在于提高决策效率,缩短决策时间。另外,为打造一个具有创新意识的企业和团队,公司内部确定了组织扁平化管理原则,管理层要鼓励员工勇于尝试,且要承担员工合理试错的后果。

2. 对员工负责

目前,李宁公司有员工近万人,且大部分为门店员工,数量有 7000 人左右,其余包括零售运营、设计师、中层和高层管理者在内的员工 2400 人左右。

对员工负责,咋听起来没有什么特别的,好像很多的企业都在宣称要对员工负责,然后真正能落实到位的能有几家呢?当小编进入李宁官方网站时,发现了一个细节。它从 2006

年一直到 2018 年，每年都会对外公布一份企业社会责任报告，也就是我们通常所说的 CSR。能做到这一点的国内企业可以说是屈指可数，这足以体现出李宁公司对于企业社会责任(CSR)的重视。

那这个与对员工负责有什么关联呢？

熟知 CSR 的朋友应该知道，对员工负责是企业首要的社会责任，国际上第一个可用于第三方认证的 CSR 标准——SA 8000 就是一个用于劳工保护的标准。那么，李宁公司具体是怎么做的呢？

李宁公司坚持以人为本，遵守国家各项劳动与就业法规，努力为员工提供健康安全的、舒适的工作环境。公司的《员工手册》明确强调所有候选人必须符合年龄。在签订劳动合同之前，应聘者必须提供有效身份证件，确保合法就业。

根据国家和地方的要求，公司为员工提供了全面的社会保障福利，包括"五险一金"、补充的商业保险、员工意外险和重疾险，还向员工提供各种交通补贴、节日津贴，以及结婚、生日、生育礼物等。

李宁公司为了丰富员工的休闲生活，成立了多元化的体育俱乐部，并提供各种健身场所、设备和运动服，鼓励员工积极参与到体育锻炼中。公司会在举行周年庆典时，将员工和他们的家人一起邀请到办公园区进行庆祝，让他们感受公司的关怀和温暖，从而增加了员工的归属感，加强了公司和团队的凝聚力。

李宁公司定期为员工进行体检，了解他们的身体状况，并为他们提供各种健康知识报告、讲座、亚健康状况调查研究等，而且李宁还在总部公司里安装了智能室内新风换气系统，实时监控和调整空气质量，控制室内空气流动与改善室内空气品质质量，从而为员工提供一个新鲜和健康的工作环境。

3. 薪酬管理

李宁公司对关键的业务和管理岗位的薪酬定位在业界一直具有竞争力，那些能够帮助企业提升组织能力和创造业务价值的员工，薪酬定位的竞争力会超过市场水平，现金薪酬定位达到市场水平的 50 到 75 分位。

除现金薪酬外，公司还会再加上上市公司股权激励计划，对高管和核心中层骨干人员进行股权激励，激励管理层全力以赴做好工作，产出业绩。

从层级来看，基层员工主要看业绩表现，中层管理岗看职业发展，高管要分享公司的发展和成功(股权激励)，所以薪酬定位为职业发展、现金薪酬和股权激励，并且还会不断加大基于绩效的奖励。

李宁公司一直本着以业务为导向的目的在打造一个共赢的平台，这个平台上包括合作伙伴、经销商、供应商，以及集团管理层、股东、员工等，他们希望通过这个平台，使大家都能按照自己的贡献获得回报，获得一种稳定的合作关系。供应商通过与李宁公司合作获得了可观的盈利，管理层做出业绩能得到股权激励，员工努力工作能够升职加薪。

4. 内部提拔为主

2004 年，李宁公司在香港上市之后，走上了国际化发展道路，因此在管理层中引入了大量空降兵，有中国香港地区的，也有中国台湾地区的，他们把持了李宁公司几乎所有重要的管理部门，并把李宁公司当成了"小白鼠"一样试验各种新的管理模式，结果给李宁公司造成了极为重大的损失，而且使大量的本土优秀职工看不到未来的发展道路，因而人员流失情况相当严重。直到2014年,李宁公司的韩国籍CEO金珍君离职,李宁重新回归公司管理一线,这样的情况才慢慢得到扭转。

如今,李宁公司更注重内部培养,虽然是内外兼收,但保证超过50%的人才是通过内部培养而提拔的。这样既保证了组织具有活力,也保证了员工工作的积极性和组织的延续性。而且,公司对于内部人才的培养,还设置了内部人才培养机制,从应届毕业生中选拔人才,一部分进入到产品和设计部门,培养方式为导师制;另一部分是零售运营人才的招聘,培养方式为轮岗制。

5. 员工培训

李宁公司以人才发展为核心,组织有针对性的知识和技能培训,以满足业务需要和公司的未来发展。李宁公司已经建立了将培训结果与奖励挂钩的机制,提高了员工参与培训的积极性,促使他们提高自己的能力和知识水平。李宁采取了多种培训方法,比如内部培训课程、海外学习、轮岗培训、专项培训等。李宁的培训原则如下。

100%参与:所有成员,从一线的普通员工到管理层,都要积极主动地参与到培训之中,理解培训的重要意义并通过学习不断进步。

以目标为导向:培训基于实际工作的需要。

计划周密:根据培训需求制订培训计划,并按照计划严格执行。

职业生涯全覆盖:培训分为入职培训、在职培训、调岗晋升培训。

全面化培训:培训内容包括基础培训,素质培训和技能培训;培训方式包括讲座、小组讨论、实地考察/观察和培训外包。2018年,全公司员工有13万人次参加了各类培训,培训学时数达到了2万个。

6. 用人标准

用人标准方面,公司的规模不断扩大,需要吸纳更多人才加入。现在,李宁公司的人才招聘重点是零售端的运营人才和产品端的设计师。关于零售运营人才的招聘,目的在于帮助公司提高精细化管理水平,以创造购买体验为导向,不断改进店面的零售体验;对各层级市场商业结构进行分析,完善店铺形象,针对不同运动品类及城市层级,差异化布局产品。通过细化各类型店铺的运营标准流程,优化店铺形象;完善线上线下培训体系,提升员工的产品知识和服务水平,为客户创造良好的购买体验。

产品端设计师岗位的扩招,目的在于强调创新力,将运动与时尚潮流融为一体。这就需要在产品研发设计上大力投入,充分发挥设计师的创意,鼓励他们进行创造。例如,未扩招产品设计师岗位前,一位设计师一年要负责50款产品的设计工作,由于工作量大,导致设计师无法专注于打磨产品。扩招设计师岗位后,设计师整体上的产出量更高,且保证了每一位设计师有充足的时间去打磨产品。

(资料来源:李宁公司的人力资源管理案例. 2019-12-22. http://www.hrsee.com.)

第一节 人力资源管理的内涵与特征

经济全球化时代,市场变化迅速,技术创新频繁,产品生命周期持续缩短,组织所面临的环境越来越复杂。现代组织的竞争,说到底还是人才的竞争。面对诸多不确定因素,现代组织普遍将人的因素作为实现其战略目标的关键，人力资源已成为组织的首要资源，人力资源管理则是所有管理工作的核心。

一、人力资源的概念

(一)人力资源的内涵

"人力资源"一词最早由美国康慕斯于20世纪20年代前后提出，其含义则由当代著名管理学家彼得·德鲁克(Peter F. Drucker)于1954年在《管理实践》一书中提出并明确界定。在该著作中，德鲁克提出了管理的三个更广泛的职能：管理企业、管理经理人员和管理员工及其工作。在讨论管理员工及其工作时，德鲁克引入了"人力资源"这一概念。他指出，"和其他所有资源相比较而言，唯一的区别就是他是人"，"对于自己要不要工作，拥有绝对的自主权"。经理们可以利用其他资源，但是人力资源只能自我利用。并且，人力资源具有其他资源所没有的特性，即"协调、整合、判断和想象的能力"。

因而，人力资源作为社会生产及各种经济活动以及相关研究等活动的条件，构成了社会经济活动的必要物质要素前提，也构成了经济活动的推动力，是一种重要的、特殊的经济活动资源。它是对一定范围的人员，通过投资开发而形成的具有一定体力、智力和技能的生产要素资源形式。

关于人力资源的定义，学术界有诸多不同的看法，总体可分为两类。第一类观点主要是从能力的角度来解释人力资源，如推动社会与经济发展的劳动者能力、企业员工所拥有并自主支配使用的协调力、人类可用于生产产品或提供服务的知识和技能等。第二类观点则主要是从人的角度对人力资源进行解释，如一定社会区域内的适龄劳动人口总和、有利于企业经营效益的内外部人员等。结合这两种观点，本书所采用的定义为：人力资源是指能够推动社会和经济发展、能为社会创造物质财富和精神财富的体力劳动者和脑力劳动者的总称。

具体而言，人力资源可以有广义和狭义之分。广义的人力资源是指劳动适龄人口再加上超过劳动年龄仍有劳动能力的部分人口；狭义的人力资源是指具有劳动能力的劳动适龄人口。

从宏观角度来看，人力资源是指一个国家或地区所有人口所具有的劳动能力的总和；从微观角度来看，人力资源是企业等组织雇佣的全部员工所具有的劳动能力的总和。结合西方管理大师彼得·德鲁克、人力资本理论之父西奥多·舒尔茨和其他一些西方经济学家的观点，理解人力资源的内涵应注意以下基本要点。

(1) 人力资源不仅是自然存在的资源，更是一种资本性资源。它是人类可用于生产产品或提供各种服务的活力、技能和知识。它表现在劳动者身上，以数量和质量表示的资源，是生产经营中最活跃、最积极的生产要素，也需要投资开发，以提高其产出率。

(2) 只有通过一定方式的投资，掌握一定知识技能的人力资源才是一切资源中头等重要的资源。人力资源的本质是人所具有的知识、经验、技能、体能等能力，而人只是一个载体。这种资源是财富转化的形态，进而在财富的再生产中起着举足轻重的作用，成为财富形成的来源。而且，这种作为生产要素的资源能力，已经远远超过了一切其他形态的生产要素资源能力的总和，对人的投资带来的收益率超过了一切其他形态的资本的投资收益率。同时，这一能力还能被组织利用。

(3) 人力资源与其他生产要素资源有较大差异。它们区别在于：人力资源既是生产的手段,又是生产的目的,既是生产的承担者,又是生产发展目的的实现者;一切生产活动最终都是为了满足人的发展需要和社会的全面进步。如果把人作为单纯的劳动力存在来看,那么其他生产要素是自然现象,是物。因此,人力资源的生产要素和经济要素的特点是非常突出的。

(4) 研究和开发人力资源的目的,是为了有效开发运用人的劳动能力和社会活动能力,即"人力"。从现实作用来看,人力主要包括人的体质、智力、知识和技能等部分。它是人之所以能够认识和改造客观事物,驱动和使用各种资源或生产资料的各种能力,是研究人力资源的基本内核。

(5) 人力资源所具有的劳动能力存在于人体之中,是人力资本的存量,它在人们劳动时才能发挥出来。

(二)人力资源与相关概念的比较

人力资源是一个涵盖面很广的理论概念。与之相关的还有人口资源、劳动力资源、人才资源等概念,它们之间既相互联系又相互区别,准确把握这些概念之间的相互关系,有助于我们更好地理解人力资源的实质和内涵。

(1) 人口资源是指一个国家或地区所拥有的人口总量,它是人力资源的自然基础,其基本形态为具体的、个体的人。

(2) 人力资源强调的是一个国家或地区中,具有为社会创造物质和精神财富,并能够被组织所利用的具有体力和脑力劳动能力的人口的总称。

(3) 劳动力资源是指一个国家或地区有劳动能力并在法定劳动年龄范围内的人口总量,侧重于劳动者数量。它既强调劳动者一定的劳动能力,又强调一定的劳动年龄范围。《中华人民共和国劳动法》规定,16~60岁的男子、16~55岁的女子为劳动适龄人口。

(4) 人才资源是指一个国家或地区中具有较强的管理能力、研究能力、创造能力和专门技术能力的人的总称。它强调的是那些在价值创造中起关键作用的优质人力资源,突出其杰出性、创新性等质量概念。

人口资源、人力资源、劳动力资源、人才资源这四者之间存在范围上的相互包含关系和数量上的依次递减关系,如图1-1所示。

人口资源、人力资源、劳动力资源、
人才资源四者的包含关系(1)

人口资源、人力资源、劳动力资源、
人才资源四者的数量关系(2)

图1-1 人力资源关系图

人口资源主要表现为数量概念，是最基本的概念，劳动力资源、人力资源、人才资源都以其为基础。人口资源和劳动力资源强调和突出人的数量和劳动者的数量；人才资源则侧重于人的质量；人力资源强调的是人口数量和质量的统一，是潜在人力与现实人力的统一。

二、人力资源管理的内涵

(一)人力资源管理的含义

人力资源管理渗透于社会的各个领域，是管理学中的一个重要的分支，是对人力资源的生产、开发、配置和利用等环节的总称。人力资源管理(human resource management，HRM)概念是德鲁克在1954年提出人力资源的概念之后出现的。1958年，怀特·巴克在其《人力资源功能》一书中，首次将人力资源管理作为管理的普通职能来加以论述。此后，国内外从不同侧面对人力资源管理的概念进行阐释，综合起来可以归为以下五类。

第一类，主要是从人力资源管理的目的出发来解释它的含义，认为它是借助对人力资源的管理来实现组织的目标。

(1) 人力资源管理就是通过各种技术与方法,有效地运用人力资源来达成组织目标的活动(Mondy & Noe，1996)。

(2) 人力资源管理就是通过各种管理功能，促使人力资源的有效运用，以达成组织的目标(Schuler，1987)。

(3) 人力资源管理是利用人力资源实现组织目标。

第二类，主要是从人力资源管理的过程或承担的职能出发来进行解释，把人力资源看成是一个活动过程。

(1) 人力资源管理是负责组织人员的招聘、甄选、训练及报酬等功能的活动，以达成个人与组织的目标(Sherman，1992)。

(2) 人力资源管理是指对全社会或一个企业的各阶层、各类型的从业人员招工、录取、培训、使用、升迁、调动，直至退休的全过程管理。

(3) 人力资源管理是用来提供和协调组织中的人力资源活动。

(4) 人力资源管理是一个组织对人力资源的获取、维护、激励、运用与发展的全部管理过程与活动。

第三类，主要解释了人力资源管理的实体，认为它就是与人有关的制度、政策等。

(1) 人力资源管理是对人力资源进行有效开发、合理配置、充分利用和科学管理的制度、法令、程序和方法的总和。

(2) 人力资源管理包括一切对组织中的员工构成直接影响的管理决策和实践活动。

(3) 人力资源管理包括影响公司和员工之间关系的性质的所有管理决策和行为(Beer & Specktor，1984)。

(4) 人力资源管理是指影响雇员的行为、态度以及绩效的各种政策、管理实践以及制度。

第四类，主要从人力资源管理的主体出发解释其含义，认为它是人力资源部门或人力资源管理者的工作。例如，人力资源管理是指那些专门的人力资源管理职能部门中的专门人员所做的工作。

第五类，从目的、过程等方面出发进行综合解释。

(1) 人力资源开发与管理是指运用现代化的科学方法,对与一定物力相结合的人力进行合理的培训、组织与调配。使人力、物力经常保持最佳比例,同时对人的思想、心理和行为进行恰当的诱导、控制和协调,充分发挥人的主观能动性,使人尽其才、事得其人、人事相宜,以实现组织目标。

(2) 人力资源管理是对人力资源的取得、开发、保持和利用等方面所进行的计划、组织、指挥和控制的活动,是通过协调社会劳动组织中的人与事的关系及共事人的关系,以充分开发人力资源,挖掘人的潜力,调动人的积极性,提高工作效率,实现组织目标的理论、方法、工具与技术。

(3) 人力资源管理是依据组织和个人发展的需要,建立高效的机制和合理的流程,采用先进的技术和科学的方法,对组织中的人力这一特殊资源进行有效开发、合理利用与科学管理的过程。

(4) 人力资源管理是指运用科学的方法,协调人与事的关系、处理人与人的矛盾,充分发挥人的潜能,使人尽其才、事得其人、人事相宜,以达到组织目标。

从综合的角度出发来解释人力资源管理的含义更加有助于揭示它的含义。所谓人力资源管理,是指在经济学与人本思想的指导下,通过招聘、甄选、培训、报酬等管理形式对组织内外相关人力资源进行有效运用,满足组织当前及未来发展的需要,保证组织目标实现与成员发展的最大化的一系列活动的总称。具体而言,即预测组织人力资源需求并做出人力需求计划、招聘选择人员并进行有效组织、考核绩效支付报酬并进行有效激励、结合组织与个人需要进行有效开发,以便实现最优组织绩效的全过程。

在现代社会经济发展的条件下,必须对人力资源进行科学而有效地开发和管理,只有这样才可能最大限度地发展生产力,推动社会进步。这可以从两个方面去把握:其一,对人力资源外在要素(即量)的管理。社会化大生产过程中,人与物需要按比例合理配置。对人力资源的管理就是根据人力和物力及其变化,对人力进行合理科学地组织、培训、协调,使其经常保持最佳比例和组合,发挥出最佳效应。其二,对人力资源内在要素(即质)的管理,也就是对人的心理和行为的管理。采用现代化的科学方法,对人的思想、心理和行为进行有效管理,充分发挥人的主观能动性,形成群体功能的最佳效应,以达到组织目标。

(二)人力资源管理的宏观和微观管理

人力资源管理也因为其主体、对象和范围的不同而有宏观和微观之分。

1. 宏观人力资源管理

宏观人力资源管理是指在一个国家或地区范围内,对全社会的各个阶层、各个类型组织的从业人员从招工、录取、培训、使用、升迁、调动直至退休的全过程管理。宏观人力资源管理的主体是一个国家或地区的政府,管理对象是正在从事体力劳动和脑力劳动的现实劳动力人口(劳动力资源或狭义的人力资源);侧重点是如何组织管理已进入劳动过程的人力资源,强调从国家、地区或行业范畴的用人管理、就业管理和组织管理,有效发挥其劳动能力和作用,创造更多、更好的物质和精神财富,从而推动经济发展和社会进步。

宏观人力资源管理包括人力资源决策管理、人力资源配置使用管理、人力资源流动管理、人力资源保护管理以及劳动关系管理等宏观人力资源管理实务的各个阶段。宏观人力资源管理的基本内容有:①人力资源的地区、行业和职业配置管理;②人力资源的结构管理,包括人力资源年龄、性别与质量结构，人力资源地区、城乡结构以及人力资源的就业和使用结构等方面的管理；③人力资源的就业、择业与失业管理；④人力资源的供给与需求管理；⑤劳动力市场、人才市场的培育、调控与运行管理；⑥劳动关系的冲突与合作管理；⑦人力资源决策的管理，即对人力资源开发、利用和管理的大政方针、方式方法进行比较和选择，并对人力资源政策、工资水平、职位职级体系等决策内容加以管理。

2. 微观人力资源管理

微观人力资源管理是指企业等微观组织对于本组织的人力资源，从人力资源战略与规划、工作分析与设计、员工招聘与选拔、工作绩效考核、员工薪酬管理、劳动安全与卫生、劳动纠纷与集体体制，以及员工使用、调配直到离开本组织的各个环节和各项任务的系统的全过程管理。微观人力资源管理的主体是企业等微观组织，管理对象是正在本组织从事体力劳动和脑力劳动的员工——承担本组织工作的人力资源；侧重点是如何组织管理已进入本组织的人力资源，如何有效发挥人力资源的价值作用和劳动能力，调动员工的劳动积极性和创造性，为达成组织目标做出贡献，创造更多的社会财富和良好的绩效，从而推动本组织的事业发展和战略目标实现。

在实践中，人们常常把微观人力资源开发内容并入微观人力资源管理，统称为某一微观组织的人力资源管理，这时则应在上述含义中增加员工培训与开发、职业发展、工作或劳动结构优化等方面的内容。就此范畴而言，微观人力资源管理的基本任务具体如下。①选才：吸收、寻求优秀人才和组织适用的人力资源；②用才：恰当使用组织的人力资源，唯才是举、人尽其才、才尽其用，发挥人力资源对经济发展的递增作用；③育才：通过培训、教育、发展，提高人力资源质量，激发员工潜力；④激才：通过激励机制和措施，调动员工的工作积极性，发挥人力资源的能动性；⑤护才：通过卫生保健、劳动安全、平等就业等措施保护劳动者合法权益，养护人力资源的持续劳动能力；⑥留才：尊重人才、爱惜人才，保持员工队伍的稳定，留住组织所需要的各类人才。

三、人力资源管理的特征

人力资源管理具有以下五个显著的特征。

(一)普遍性

人是社会的人，人类社会要生存发展就要处理好人、事、组织之间的关系，就需要人力资源管理。可以说，人力资源管理是伴随着人类社会的发展而发展的，由此也决定了人力资源管理的普遍性。

(二)综合性

社会是复杂的，人和事也是多种多样的，随着客观情况的变化而不断变化。因而人力资源管理是一门复杂的综合性科学，需要综合考虑政治、经济、文化、组织、心理、民族、地域等多种因素。同时，它涉及经济学、管理学、社会学、心理学、人类学、组织行为学等多门学科，是一门综合性较强的学科，这也要求人力资源管理工作者要具有多学科的丰富知识和多方面的综合能力。

(三)民族性

由于人的民族文化性,所以人力资源管理理所当然也带有鲜明的民族特色。现代经济的社会化程度非常高,在影响劳动者工作积极性和工作效率的诸要素中,生产关系和意识形态这两个重要因素都与社会制度密切相关。人的行为深受思想观念和感情的影响,而人的感情一定会受到民族文化传统的制约。因此,人力资源的开发管理带有鲜明的民族特色。此外,作为宏观文化环境的一部分,社会制度是民族文化之外的另一个重要因素。因此,在借鉴他国成功的人力资源管理经验时,尤其需要结合自身的民族特点加以选择和改进,才能给组织带来最佳的利益。

(四)实践性

人力资源管理理论来源于实际生活中对人力资源进行管理的经验,反过来又指导实践,接受实践的检验,并在实践中得到发展。人力资源管理成为一门科学,是现代社会化大生产高度发达,市场竞争日益加剧的产物,仍将根据实践的需要完善与发展。人力资源管理在我国的实践也才十几年的历史,随着我国社会实践的发展,将逐渐形成契合我国实际的理论和方法。

(五)发展性

人们对事物的认识总是需要经历一个过程的,人力资源管理是一个开放的、发展的理论认识体系,它的发展大体上经历了以下三个阶段。

(1) 经验化的人事管理思想。这一阶段多以经验为基础对人进行管理,且主要以量的管理为主,缺乏系统的管理思想。

(2) 科学管理思想。这一阶段以泰勒、法约尔和韦伯为代表,以"经济人"假设为基础,以效率为中心,把人当作物去管理。管理的重点是量上的配置,尽量使之科学化、系统化。

(3) 现代管理思想。这一阶段把科学管理与行为科学相结合,以"社会人""自我实现人"假设为基础,以人为中心,量与质并重地管理人力资源,并逐步过渡到以质的管理为主的现代管理思想,使这门科学更多地深入到人才学、心理学领域。

在目前的经济全球化时代,人力资源管理正在经历着前所未有的冲击和挑战,这种发展趋势会不断影响着经济组织的运作理念和方式,进而影响人力资源管理的实际内容,对人力资源管理的职能和方式都提出了新的发展要求。

第二节 人力资源管理的层次与职能

一、人力资源管理的层次

企业人力资源管理是一个系统性的管理职能,具有明显的层次性。企业家是人力资源管理的核心,也是企业人力资源管理成败优劣的关键所在。企业各层次、各岗位管理者依据其岗位内容分别承担相应的人力资源管理职能。作为企业的专门职能部门,人力资源部只能承担企业人力资源管理的参谋、组织、协调和具体实施职能,切不可将企业的人力资源管理职能全部寄希望于人力资源部。我们应将其视为一个管理系统，由企业家挂帅，职能部门协助，全体管理者共同完成。

(一)企业家是企业人力资源管理的核心

一家企业的人力资源管理工作开展得是否有效，对于企业的经营是否产生了积极的促进作用，在很大程度上取决于企业最高经营管理者本人对人力资源管理的理解及在其本人的日常工作活动中是否切实履行了自己作为企业中的"人力资源管理第一人"的角色。

1. 企业家是企业核心团队的统领

企业家作为核心团队的领袖，要培养自己的集体主义精神，确立共存共荣的经营理念，善于建立优秀的工作团队，能够正确地选才、用才、留才，运用人性化管理，重视沟通，建立共同愿景，以发挥核心团队的作用。

2. 企业家是企业的导师和教练

企业家应当是中层管理人员的导师和教练。一个企业的发展和强大一定是靠一个凝聚力强、各有所长且通力合作的核心管理群体来支撑的，而不是仅仅靠企业家个人的能量。企业家只有通过选拔、培养、评价、激励等手段培养起一支认同公司文化和战略并具有战斗力的团队，企业的战略目标才有希望得到实现。因此，一个企业的高层经营管理者的另外一个重要工作内容就是培育出一支优秀的队伍。

3. 企业家是企业激励主体

激励是激励主体与激励客体两者之间互动的过程。从广义上来说，激励主体是企业；从狭义上来说，激励主体是企业家。中国现阶段的大多数民营企业，盛行"老板自己说了算"的风气，因此如何激励员工很大程度上取决于企业家自身。因此，企业家作为激励的主体自然成为激励制度的设计者。

4. 企业家是企业文化的主体

有生命力和竞争力的企业一定是有文化的企业。许多企业家希望培养自己的企业文化，他们通过各种方式不断地阐释和宣讲自己认为理想的文化，期望通过灌输的方式让员工接受。然而，文化是全体员工公认的一种真实感受，而不仅仅是一种停留在口号上、语言上的理念。企业家本人在一个企业的文化塑造过程中所起的作用是不言而喻的，甚至可以说，一家企业的文化在某种意义上就是企业家的文化。企业家本人在企业文化的建设中要花一定的时间和精力并要运用多种不同技巧，尽可能利用各种可能的时间和机会来实现与员工的沟通与交流，传递公司的价值观和理念。

(二)各级管理者是人力资源管理的具体责任人

现代人力资源管理中，参与者早已不仅仅限于人力资源部的工作人员，而是已经扩大到了整个企业。人们常错误地认为人力资源管理主要是专职人事管理人员的职责。其实，企业各级管理者都是广义的人力资源管理者。人力资源管理的主要职责是在直线管理者肩上，他们处于第一线，是主角；人事职能管理者只是配角，处于第二线，只起后勤性、顾问性作用，如表1-1所示。

表 1-1　各级管理者承担的人力资源管理责任

选聘与录用	整合与沟通	保留与激励	控制与调整	培训与开发
提供职务分析、职务描述及职务要求的有关资料与数据，使各部门的人力资源计划与组织战略一致，对职务申请人进行面试，对录用与委派做出最后决定	与下属员工面谈、指导和教育；改善内部信息沟通，化解矛盾；做细致思想工作，提倡团队协作	尊重下属，注重员工需求满足，公平地对待每位员工，论功行赏，按劳授奖	绩效考核，对员工需要与满意度调查，对惩罚、解雇、职位变动等做出决定	组织员工培训，指导员工设计个人发展计划，给下属提供工作反馈，进行工作再设计

(三) 人力资源部是企业人力资源管理的职能主体

现代人力资源管理并不是一个人力资源部的事情，它是企业中的全体管理人员都应当承担的责任，是一个综合的人力资源系统。人力资源部只是职能机构，它为企业的战略和整体经营目标的实现提供强大的保障和支持。

二、人力资源管理的职能

(一) 人力资源管理的基本职能

美国人力资源管理协会(Society for Human Resource Management，SHRM)将人力资源管理的职能划分成六种：人力资源规划、招募和选择；人力资源开发；报酬和福利；员工和劳动关系；安全和健康；人力资源研究。这六种职能的每一种又是由一系列的活动组成的，如表 1-2 所示。

表 1-2　人力资源管理的基本职能及所包括的活动

人力资源管理的职能	职能所包括的活动
人力资源规划、招募和选择	进行工作分析
	预测组织为实现其目标所需要人力资源的要求
	制订和实施满足这些要求的计划
	招募组织为实现其目标所需要的人力资源
	选择和雇佣组织内具体职位的人力资源
人力资源开发	员工上岗引导和培训
	设计和实施管理组织开发方案
	在组织内部建立有效的工作团队
	设计评价员工个人绩效的系统
	帮助员工制定职业生涯
报酬和福利	设计和实施针对所有员工的报酬和福利制度
	确保报酬和福利公正、一致
员工和劳动关系	在组织和工会之间起到调解人的作用
	设计惩罚和抱怨的处理系统

续表

人力资源管理的职能	职能所包括的活动
安全和健康	设计和实施确保员工健康和安全的方案
	对自身存在影响工作绩效问题的员工提供帮助
人力资源研究	提供一种人力资源信息库
	设计和实施员工沟通系统

人力资源管理的功能和目标是通过它所承担的各项职能和从事的各项活动来实现的，对于人力资源管理的职能和活动，国内外的学者存在各种不同的观点。本书把人力资源管理的基本职能概括为以下八个方面。

1. 人力资源规划

人力资源规划(human resource planning，HRP)是一项系统的战略工程，它以企业发展战略为指导，以全面核查现有人力资源、分析企业内外部条件为基础，以预测组织对人员的未来供需为切入点，内容包括晋升规划、补充规划、培训开发规划、人员调配规划、工资规划等，基本涵盖了人力资源的各项管理工作。人力资源规划还通过人事政策的制定对人力资源管理活动产生持续和重要的影响，强制、被动的管理方式，不利于激发员工积极性。企业作为一个经济组织，如果想要实现自己的发展战略目标，就必须保证组织机构的正常、有效运转。企业规划的目的是使企业的各种资源(人、财、物)彼此协调并实现内部供需平衡。由于人(或人力资源)是企业内最活跃的因素，因此人力资源规划是企业规划中起决定性作用的规划。人力资源规划的总目标是：确保企业各类工作岗位在适当的时机，获得适当的人员(包括数量、质量、层次和结构等)，实现人力资源与其他资源的最佳配置，有效地激励员工，最大限度地开发和利用人力资源潜力，最终实现在员工、企业、客户、社会利益一致的基础上的企业经济和社会效益最大化。

2. 职位分析和能力素质模型

职位分析是一种确定完成各项工作所需技能、责任和知识的系统过程，是人力资源管理工作的基础，其分析质量对其他人力资源管理模块具有举足轻重的影响。能力素质模型(Competence Model)就是用行为方式来定义和描述员工完成工作需要具备的知识、技巧、品质和工作能力，通过对不同层次的定义和相应层次的具体行为的描述，确定核心能力的组合和完成特定工作所要求的熟练程度。这些行为和技能必须是可衡量、可观察、可指导的，并对员工的个人绩效以及企业的成功产生关键影响。

3. 员工招聘

员工招聘是指组织根据人力资源管理规划和工作分析的要求，从组织内部和外部吸收人力资源的过程。员工招聘包括员工招募、甄选和聘用等内容。

4. 绩效管理

绩效管理是指各级管理者和员工为了达到组织目标共同参与的绩效计划制订、绩效辅导沟通、绩效考核评价、绩效结果应用、绩效目标提升的持续循环过程，绩效管理的目的是持续提升个人、部门和组织的绩效。

5. 薪酬管理

这一职能所要进行的活动有：确定薪酬的结构和水平，实施职位评价，制定福利和其他待遇的标准，以及进行薪酬的测算和发放等。

6. 培训与开发

培训与开发主要担负企业人才的"选""育""用""留"职能，主要侧重于"选"和"育"。在企业整体人才规划战略指引下，企业需要怎样的人才，如何通过该模块的职能去实现企业战略目标下的合格人才培养和开发需求，这是培训与开发模块的重点工作方向。

7. 职业生涯规划与管理

职业生涯规划与管理是指企业及其员工把个人发展目标与企业发展目标紧密结合，对影响员工职业生涯的个人因素和环境因素进行分析，制定员工个人职业发展战略规划，并创造各种条件促成这种规划得以实现，从而促进企业和员工共同发展。

8. 员工关系

员工关系就是企业中各主体，包括企业所有者、企业管理者、员工和员工代理人等之间围绕雇佣和利益关系而形成的权利和义务关系。

(二)人力资源管理基本职能之间的关系

从系统的观点来看，人力资源管理各项职能之间并不是彼此割裂和孤立存在的，而是相互联系，相互影响，共同形成了一个有机系统(见图1-2)。

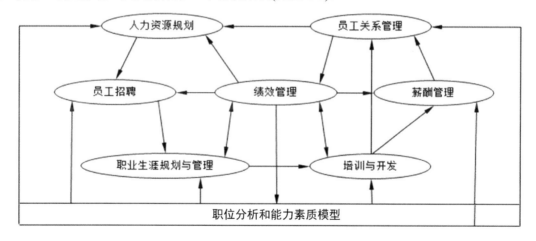

图1-2　人力资源管理基本职能之间的关系

职位分析和评价在整个人力资源职能系统中起着平台与基础的作用。首先，职位分析为人力资源规划、招聘录用、培训开发、薪酬管理等提供了信息支持。组织为了发展的需要还必须依据职位分析中的各种任职资格要求对新招聘的或已不能胜任工作岗位、技术和环境要求的老员工进行技术培训和潜能开发。关于员工工资层级、福利待遇条件、奖惩，只有有了职位说明书做依据才会显得更加科学和公平。其次，职位评价对人力资源规划、培训开发、绩效管理、员工关系管理起到监督和调适作用。通过职位评价可以对部门和岗位的工作绩效做出直观判断，分析组织工作绩效低的原因，找出提高组织工作效率的途径。

人力资源规划处于整个人力资源管理职能循环体系的起点，是实现其他人力资源管理职能的保障。人力资源规划是职位分析在人事管理中的具体体现。职位分析为组织确定了长期的发展战略和招聘录用的宏观方向，而人力资源规划则为组织解决了战术上的难题。第一，培训开发是人力资源规划和招聘录用之后必不可少的后续工作。在培训的过程中，培训需求的确定也要以职位说明书对业务知识、工作能力和工作态度的要求为依据，培训开发的难度也决定了招聘录用的质量。三者共同为组织的绩效提供保障。第二，培训开发与绩效管理有着最直接和紧密的联系。培训开发的目的在于提高人员对职位的适应度，从而提高组织的绩效以实现组织的既定目标。第三，培训开发与薪酬管理有着密不可分的关系，员工薪酬的内容除了工资、福利等货币形式外，也包括各种各样的非货币报酬形式，而培训就是其中较为重要和常见的一种。第四，从员工关系管理的角度来看，培训开发为各部门员工提供了交流的平台。从部门内部来看，培训开发通过组织文化教育、发展需求教育等有利于形成共同价值观，提高组织承诺。

薪酬管理是人力资源管理职能中最外显的职能。薪酬水平反映了组织内部各职位及整体平均薪酬的高低状况和企业的外部竞争能力。薪酬的设定必须考虑组织的经济实力和社会平均薪酬水平，并对具体岗位做具体分析，要以组织事先做的职位分析和人力资源规划为依据。公平合理的薪酬制度有利于保持组织内部团结协作，而适当地拉开岗位间的差距、对绩效突出的员工及时地给予奖励则有利于形成组织内良好的竞争氛围。培训开发本身就是薪酬的重要组成部分，而且越是追求上进的员工其激励作用越明显。另外，通过培训开发，员工才有可能被组织委以重任，也才有提高薪酬的可能性。

第三节　人力资源管理的价值、作用和目标

一、人力资源管理的价值及人力资源管理价值链

(一)人力资源管理的价值

人力资源管理的价值包括：①满足企业任务和发展要求；②吸引潜在的、合格的应聘者；③留住符合需要的员工；④激励员工更好地工作；⑤保证员工的安全和健康；⑥提高员工素质、知识和技能；⑦发掘员工的潜能；⑧使员工得到个人成长空间。

人力资源管理目的的实现，对企业具有以下意义：①提高生产率。以一定的投入获得更多的产出。②提高工作生活质量。使员工在工作中产生良好的心理和生理健康的感觉，如安全感、归属感、参与感、满意感、成就与发展感等。③提高经济效益，获得更多的盈利。④符合法律条款。遵守各项法律、法规。

(二)人力资源管理价值链

企业存在一个由价值创造、价值评价和价值分配三环节所形成的横向链，因此企业建立人力资源管理体系时应围绕这三个方面的价值链进行构建(见图1-3)。

(1)　企业价值创造就是要明确企业的价值创造理念，明确企业中哪些主体和要素创造了企业价值，其在价值创造过程中的重要度和价值贡献度。在人力资源管理体系建设上，这一

环节的落实就是要建立职位描述和职位评价体系,并以制度的方式确定不同的职责和价值,这也是人力资源开发的基础。

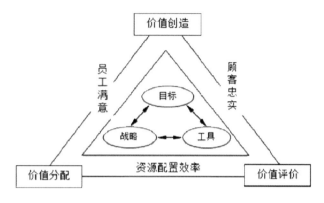

图1-3 人力资源管理价值链

(2) 企业价值评价就是要明确价值创造过程和价值创造成果的评价,即如何充分发挥和挖掘员工的能力和潜力,持续地提高工作效率,并对每一个员工创造的价值做出科学的评价。这在人力资源管理体系中表现为绩效考核的问题,它不仅是对员工贡献的承认,同时又是对下一个周期工作的牵引,更为价值分配提供了客观依据。

(3) 企业价值分配就是要确定如何回报价值创造者,即如何确定企业的薪酬战略和薪酬政策。从人力资源管理体系的角度来看,企业需要依照价值创造理念和价值评价结果,确定薪酬等级、薪酬结构、薪酬水平、薪酬升降级通道等。

价值创造、价值评价和价值分配是一个前后呼应的有机整体,每一个环节都为下一个环节提供依据和标准,三个环节的有机结合及其良性循环,是现代人力资源管理体系的重要特征,同时也是人力资源管理体系的基本框架。因此,全力创造价值、科学评价价值、合理分配价值三个环节的整合,是整个人力资源管理体系的重心。

二、人力资源管理的地位和作用

(一)人力资源管理的地位

人是一切组织活动的主体,是众多资源中最重要、最宝贵的资源。因此,人力资源管理是整个组织管理的核心。

(1) 人力资源管理关系到组织的发展。一个组织的存在和发展,取决于生活在这个组织中的人能否顺利地解决组织中的各种问题。如果问题能够顺利解决,组织就能存在和发展,否则就会停滞不前甚至解体。而问题的解决又取决于完成这些任务的人的素质,取决于人与人、人与事是否适应。因此,不断提升人的素质是关系组织发展的重大问题。

(2) 人力资源管理关系到组织的管理水平。任何一个组织管理的核心问题都是根据客观事物变化发展的规律,对客观事物进行计划、组织、指挥、控制、协调、监督,使之按固有的规律变化发展,只有这样才能保证组织的正常发展。但是,对组织进行计划、组织、指挥、控制、协调、监督的管理人员,首先就要受到某种形式的管理,即接受人力资源管理部门的管理。因此,对人的管理是人对事进行管理的前提,直接影响组织的管理水平。

(3) 人力资源管理关系员工个人潜能的发挥与职业发展。开发人的智力,发挥人的潜能，这是人类给自己提出的永恒任务。当人处于孤立的自然状态时，是不可能对智力进行开发的。只有在集体活动中，个人才能全面发展。个人成为社会集体中的一员，是通过所做的事与他人发生联系。人与人之间，以事为媒介，联系不断加强，从而构成有机的社会集体。只有在集体的协助、尊重下，一个人才能够得到发展。以事为媒介来组织、协调人与人之间的关系，使每个人能够施展才能，充分发挥自己的聪明才智，正是人力资源管理的基本任务。由此看来，员工智力的开发、潜能的发挥和使用也离不开人力资源管理。

(二)人力资源管理的作用

人力资源管理的作用主要体现在以下三个方面。

(1) 人力资源管理对开发人的智力、调动人的积极性和创造性、推动经济和社会的发展具有重要作用。人是生产力中最基本、最活跃、最关键的因素，提高人的素质，充分调动人的积极性、创造性，合理地利用人力资源，是提高生产力的主要途径。而提高人的素质，关键在于对人力资源进行开发和管理。人力资源管理部门根据社会经济和社会发展的需要，从组织的战略目标出发，有计划、有步骤地吸收、培养、选拔、任用人才，使个人能力与岗位要求、个人发展与组织目标相适应、相一致，做到人事相宜，只有这样才能不断推动社会和经济的发展。

(2) 人力资源管理是组织生存和发展的根本保证。当代社会的发展日益复杂，分工越来越细，竞争越来越激烈，谁拥有了一流的人才，谁就掌握了发展的主动权，谁就能在竞争中击败对手，为自己的生存和发展赢得更广阔的空间。在这样的环境下，组织要生存和发展，最根本的就是选好人、用好人、留住人，处理好人与事、人与人、人与组织之间的关系。人力资源管理在认真分析各类人才的特点、研究各类人才的成长规律的基础上，对人才进行合理的培养和使用，通过制定系统完善的、科学的人事管理制度，来挖掘、发现、培养、使用各类人才，从而为组织的生存和发展奠定坚实的基础。

(3) 人力资源管理有助于组织提高运作效率和经济效益。组织中的人是社会的人，他们不但需要衣食住行等物质生存条件，而且有思想、有感情、有尊严，这就决定了人力资源管理必须设法为员工创造一个能满足他们多方面需要的工作环境，使他们安于工作、乐于工作、忠于工作，并积极、主动地把个人的全部智慧和潜力奉献出来，为组织发展做出更大的贡献。因此，在人力资源管理过程中，组织必须处理好物质奖励、行为奖励、精神支持这三者之间的关系，通过考核、奖惩、晋升、工资、福利等多种手段来调动各类员工的积极性和创造性，合理满足他们在物质方面和精神方面的需求，使员工始终保持旺盛的工作热情，充分发挥自己的专长，努力学习专业技术，不断改进工作方式。这样不仅可以为组织节省大量人力、财力、物力，有效地减少劳动耗费，而且还可以使组织更科学地配置人力资源，从而提高组织的工作效率和经济效益。

三、人力资源管理的目标

人力资源管理的目标包括全体管理人员在人力资源管理方面的目标任务与专门的人力资源部门的目标与任务。显然，两者是有所不同的，属于专业的人力资源部门的目标与任务不一定是全体管理人员的人力资源管理目标与任务，而属于全体管理人员承担的人力资源管理目标与任务，一般都是专业的人力资源部门应该完成的目标和任务。

无论是专门的人力资源管理部门还是其他非人力资源管理部门，进行人力资源管理的目标与任务，主要包括以下三个方面。

(1) 保证组织对人力资源的需求得到最大限度的满足。

(2) 最大限度地开发与管理组织内外的人力资源，促进组织的持续发展。

(3) 维护与激励组织内部人力资源，使其潜能得到最大限度的发挥，使其人力资本得到应有的提升与扩充。

从不同的角度出发，人力资源管理的目标可以从以下三个方面进行阐述。

(一)人力资源管理的总体目标

人力资源管理的总体目标是指通过人力资源管理活动所争取达到的一种未来状态。它是开展各项人力资源管理活动的依据和动力。

人力资源管理的最高目标是促进人的发展。从生理学角度来看，人的发展包括生理发展与心理发展。前者是后者的基础，后者的发展会进一步影响和促进前者的发展。从教育学角度来看，人的发展包括全面发展与个性发展。全面发展是指人的体力和智力，以及人的活动能力与道德品质的多方面发展。个性发展是指基于个性差异基础的个人兴趣、特长的开发与发展。全面发展和个性发展是相互促进的关系，二者有机结合是社会高度发展的产物，是人力资源开发与管理的最高目标。

(二)人力资源管理的根本目标

人力资源管理的目标是为充分、科学、合理地发挥和运用人力资源对社会经济发展的积极作用而进行的资源配置、素质提高、能力利用、开发规划等，而发挥并有效地运用人的潜能是其根本目标，因为已经存在的人力，并不等于现实的生产力，它常常是以潜在的形态存在的。因此，人力资源管理的根本目标就是采用各种有效的措施充分发挥劳动者潜力，提高劳动者质量，改善劳动者结构，合理配置和管理使用，以促进劳动者与生产资料的最佳结合。

(三)人力资源管理的具体目标

(1) 经济目标。使人力与物力经常保持最佳比例和有机结合，使人和物都能充分发挥最佳效应。

(2) 社会目标。培养高素质人才，促进经济增长，提高社会生产力，以保证国家、民族、区域、组织的兴旺发达。

(3) 个人目标。通过对职业生涯设计、个人潜能开发、技能存量和知识存量的提高，使人力适应社会、融入组织、创造价值、奉献社会。

(4) 技术目标。不断完善和充分使用素质测评、工作职务分析等技术手段和方法，并以此作为强化和提高人力资源管理工作的前提和基础。

(5) 价值目标。通过合理地开发与管理，实现人力资源的精干和高效。正如马克思所说，真正的财富在于用尽量少的价值创造出尽量多的使用价值，即在尽量少的劳动时间内用尽量低的成本创造出尽量丰富的物质财富。

因此，人力资源管理的重要目标就是取得人力资源的最大使用价值，发挥其最大的主观能动性，培养全面发展的人。

第四节　人力资源管理的历史发展与变革挑战

一、西方人力资源管理的历史发展

(一)人事管理阶段

人事管理是伴随着 18 世纪后期的工业革命而产生的。工业革命导致了两种现象：一是劳动专业化的提高；二是工人生产能力的提高，工厂生产的产品剧增。劳动分工成为共同呼声，工人协同劳动成为主体，对工人的管理问题就逐渐突显出来。这一阶段，在工人的管理方面产生了各种朴素的管理思想。例如，在劳动分工的基础上对每个工人的工作职责进行界定，实行具有激励性的工资制度，推行员工福利制度，对工人的工作业绩进行考核等。这些管理思想基本上以经验为主，并未形成科学的理论，但却奠定了人力资源管理的雏形。

(二)科学管理阶段

科学管理阶段从 20 世纪初至 1930 年。科学管理思想的出现宣告了管理从经验阶段步入科学阶段，这在管理思想发展史上有着划时代的意义。在泰勒提出科学管理思想一段时间后，企业中开始出现人事部门，该部门主要负责企业员工的雇佣、挑选和安置工作，标志着人力资源管理的初步建立。此阶段的人力资源管理思想有以下四个特点：①出现劳动定额、劳动定时工作制，并能合理地对劳动成果进行计算；②企业根据标准方法有目的地对工人进行入职培训，并根据工作的特点分配给工人适当的工作；③明确划分了管理职能和作业职能；④已经能组织起各级的指挥体系，对人的管理灌输了下级服从上级的严格的等级观念。

(三)人际关系阶段

霍桑试验引发了人们对科学管理思想的反思，而人际关系理论开创了管理中重视人的因素的时代，是西方管理思想发展史上的一个里程碑，也开创了人力资源管理发展的新阶段。此阶段的人力资源管理具有四个特点：①在管理理念上，承认人是社会人，人除了物质、金钱的需要外，还有社会、心理、精神等需要；②在管理形式上，承认非正式组织的存在，承认除了法定的组织存在之外，另有权威人物的存在；③在管理方法上，承认领导是一门艺术，而且应以人为核心改善管理的方法；④重视对个体的心理和行为、群体的心理和行为的管理。

(四)行为科学阶段

从 20 世纪 50 年代开始，人际关系的人事管理方法也逐渐受到挑战，组织行为学的方法逐渐兴起。组织行为学的发展使对个体的研究与管理扩展到了对群体和组织的整体研究和管理，人力资源管理也从监督制裁到人性激发、从消极惩罚到积极激励、从专制领导到民主领导、从唯我独尊到意见沟通、从权力控制到感情投资，并努力寻求人与工作的结合。"人力资源管理"逐渐成为流行的名词。此阶段人力资源具有以下四个特点：①管理转为以"人"为中心，重视个体需要，尊重隐私权；②以管理为主转为以开发为主，培训员工的技能和自觉性；③管理刚性转为管理柔性，实现个性化管理和人性化管理；④重视团队建设、员工的协作和沟通，员工参与管理企业中的事务。

(五)权变管理阶段

从 20 世纪 70 年代到 20 世纪 80 年代，企业经营环境发生了巨大的变化，各种不确定性因素增加，使企业管理不仅要考虑自身的因素，还要考虑外部各种因素的影响。在这种背景下，权变管理理论应运而生，它强调管理的方法和技术要随企业内外部环境的变化而变化，应当综合运用各种管理理论而不只是某一种。在这种理论的影响下，人力资源管理也发生了深刻的变化，同样强调针对不同的情况采取不同的管理方式、实施不同的管理措施。

(六)战略管理阶段

20 世纪 80 年代末，欧美企业为了适应兼并发展的需要，促使战略管理逐渐成为企业管理的重点，而人力资源管理对企业战略的实现有着重要的支撑作用，因此从战略角度思考人力资源管理的问题，并将其纳入企业战略范畴开始成为人力资源管理的主要特点和发展趋势。战略视角下，人力资源管理正是在这样的背景下产生并发展起来的。它强调企业的人力资源管理不仅要协调各部门人才，更重要的是以企业总的战略目标实现为宗旨，规划、储备和协调企业各部门及岗位上的人才，并对各级各类人才进行战略性的考核、培训与开发。

二、我国人力资源管理的历史发展

(一)我国古代人事管理的思想

我国古代有着丰富的人事管理的思想，对于有关人才的重要性、如何选拔人才、如何用好人才等都有过精辟的论述。

(1) 有关人才的重要性，唐太宗李世民强调"为政之要，惟在得人"。

(2) 有关如何选拔人才的问题，汉朝王符指出"德不称其任，其祸必酷；能不称其位，其殃必大"。强调品行、能力必须与职位相符，否则会带来严重的后果。

(3) 对于如何用好人才，诸葛亮曾说过，"古之善将者，养人如养己子。有难，则以身先之；有功，则以身后之；伤者，泣而抚之；死者，哀而葬之；饥者，舍食而食之；寒者，解衣而衣之；智者，礼而禄之；勇者，赏而劝之。将能如此，所向必捷矣"，充满着用爱心激励士气的思想。

(二)我国近代人事管理的特点

鸦片战争之后，我国逐步沦为半殖民地半封建社会，彼时人事管理思想具有两个基本特点。一是带有浓厚的封建色彩，企业大多是家族性质的小型私人企业，实行包工制度，将工作包给包工头，然后由包工头招收工人，组织生产，进行监督，发放工资。二是学习引进西方资本主义国家的科学管理方法。一些规模较大的企业引进了泰勒科学管理的方法，对人员进行比较规范的管理。

(三)改革开放后人力资源管理的发展

改革开放 40 多年来，我国经济、社会等各个方面都实现了空前的发展，人力资源管理经历了从计划经济体制下的劳动人事管理向现代人力资源管理的转变。尤其是进入 21 世纪以来，"以人为本""人才资源是第一资源"等理念已成共识，作为国家竞争力来源的人力资源上升至国家战略层面的高度。我国人力资源管理的发展经历了理念导入、实践探索、系统深化的过程。

1. 人力资源管理的理念导入期

20 世纪 80 年代前,我国基本处于传统计划经济体制下的"劳动人事管理"阶段。80 年代中期,"人力资源管理"的基本理念被逐步引入我国,但人力资源管理实践尚未大规模地应用,人事管理部门仅仅负责人事考核、工资发放、人事档案管理等日常的事务性工作,主要依靠行政调配方式,工作岗位缺乏有效的考核、劳动合同的执行流于形式,缺乏有效的激励作用和竞争性用人机制。

2. 人力资源管理的实践探索期

20 世纪 90 年代中期,我国开始探索人力资源管理在实践中的运用,使人力资源管理实践开始应用到企业和政府的人事管理工作中。越来越多的企业开始试图从招聘、培训、绩效考核、薪酬管理等方面完善人力资源管理职能,人力资源管理的各项专业技术也有了一定程度的提高。但是,此阶段的企业还主要停留在分配方式改革的层面,岗位分析、绩效考核体系、薪酬体系还未系统建立。

3. 人力资源管理的系统深化期

20 世纪 90 年代末至今,人力资源管理改革得到了系统性的深化,企业对人力资源管理的认识已经发生本质变化,人力资源的管理与开发水平大为提高。人力资源管理已经成为企业管理的重要内容,人力资源管理部门的职能正在由传统的人事行政管理职能转变为战略人力资源管理职能。进入 21 世纪后,随着外部环境的重大变革和信息技术的迅猛发展,人力资源管理正朝着国际化、市场化、职业化、知识化、数字化的方面发展。

三、信息技术时代人力资源管理的变革与挑战

随着信息新技术的迅猛发展,大数据、云计算、人工智能、机器学习在人力资源管理领域的应用越来越普遍。2014 年,我国首个 HR 圈层生态社群——儒思上线,引入深度学习机制解答 HR 问题,开发基于人工智能的 HRMIS 系统实现员工档案科学管理。2018 年,硅谷公司推出 AI Hiretual 3.0 产品,用于减轻招聘经理的负担,提升客户行为反馈深度学习。2019 年,我国企业员动力推出创意魔方(Inno-Cube),基于 SaaS 云平台进行员工赋能,激励员工提交创意产品。红海 eHR 是国内较早将大数据技术引入企业人力资源管理中的数字化 HR 管理软件,有助于企业在招聘、培训、薪酬、绩效等方面进行高效而系统化的管理。此外,达帮网融合 SaaS 云服务模式为企业提供薪酬福利及社保解决方案,日本企业开发并应用 AI 面试官等。

(一)信息技术背景下的组织内涵变化

组织、工作、职业生涯与学习等是影响人力资源管理的关键元素,在信息技术时代,这些元素面临着新的内涵的改变。

1. 人力资源的组织发展

(1) 现有特征。现有组织关注:工作效率与效能;组织角色和岗位头衔明确规定;基于

规则、基于流程的运作方式；等级制——等级化决策、结构及领导力发展的企业模式；基于职能——职能领导和全球化职能团队；向上多层级的提拔晋升途径；命令式的领导方式，人才通过晋升成为领导；畏惧失败、在意他人看法主导的组织文化。

(2) 未来内涵。未来组织更关注：学习、创新和客户影响力；团队职责明确规定，角色岗位定期变化；基于项目、基于方案的运作方式；灵活的网络企业模式，团队领导者通过授权、合作共享激发能量；组织结构体现为基于工作和项目的结构，团队聚焦产品、客户和服务；晋升需要评测多种任务、多样化经历和多职能领域领导任务指派；协作式的领导方式，人才通过创造追随者团队来增加影响力和权威；安全、丰富、冒险和创新扮演重要角色的组织文化。

2. 人力资源的工作演变

(1) 现有特征。机器和人工智能正在接管工作(取代)；全职员工是人才的生力军；劳动力规划聚焦于全职员工和技能需求；工作相对静止，需要固定的技能；工作和职业晋升阶梯是工作和劳动力的基础；机器人和认知技术就是 IT 项目；HR 部门在自动化方面的工作主要是变革管理和劳动力转型；工作基本构成有正式岗位说明书和工作岗位。

(2) 未来内涵。重新设计岗位任务，利用更多人力技能、技术增加就业机会(增强)；各种人才均可使用：合同工、临时工、零工、众包和竞争者；劳动力规划的焦点转移，即从工作入手分析劳动力和技术的选择；技能半衰期快速缩短，工作正经历持续的重新改造；项目、任务是工作的基础，职业生涯是项目和经验的结合；人与技术的整合是一项综合任务；HR 部门促进和统筹工作、重新设计及培训在增强劳动力方面起着战略性作用；工作基本构成融合在工作岗位和角色中的"任务"。

3. 人力资源的职业发展与学习

(1) 现有特征。员工学习内容由其经理或岗位胜任力模型来决定；经理决定员工升职或辞退的职业生涯；企业学习发展部门主导员工发展培训；员工在教室学习，有时也在网上企业大学的培训中心学习；学习技术聚焦合规和课程目录；基于学习的内容由学习发展部门和专家提供。

(2) 未来内涵。员工根据团队需要和个人职业目标决定学习内容；事业可以向各个方向发展；员工根据领导和其他人的帮助，找寻自己的职业发展方向；企业学习发展部门定制人员发展计划，创建有用的学习体验；员工随时随地学习：微学习、培训课程、教室和小组形式；企业大学是企业所有人员的共享之地，汇聚所有领导者和职能团队；学习技术，创建一种不间断、协作型的定制学习体验；学习内容由企业每位员工提供、由员工和人力资源部门共同定制。

(二)信息技术对人力资源管理发展的促进作用

1. 提高招聘的准确性

以大数据和云计算为基础的信息技术，涵盖大量人才信息，解决人才需求与供给的错位问题；依托计算功能科学地进行简历筛选，无论是从筛选速度还是匹配度都远超人类；不受时间、地域的限制，同时还可以对不同候选人进行结构化面试，大大减轻了 HR 的工作负担。

2. 提升培训的有效性

全景还原、虚拟仿真，调动学习者的学习积极性，提高学习者个性化的反馈和学习效率，提高培训的有效性；虚拟技术实现大数据与预测功能，制定完善的培训体系并能持续更改，仿真性与安全性提高了学习效率，减少了培训时间和人工成本。

3. 增强绩效管理的科学性

信息大数据专家系统可从用户方获取知识，建立自身知识库与数据库，使绩效考核指标更加数据化，与实际情况更匹配；克服主观评价的随意性；通过云计算对海量数据进行加工，详细记录员工的绩效数据，做出精准判断，增加绩效管理的科学性。

4. 增进薪酬制度的合理性

基于大数据的薪酬设计可涵盖大量同等职位的薪资水平，使得薪酬制度能有效平衡市场行业薪酬数据和企业管理实际需要等问题；基于大数据，通过数学模型分析薪酬与职位等级的相关性，更合理地设置企业薪酬等级和薪资标准。

5. 降低风险和人才流失率

机器人可广泛应用于危险的工作领域，降低员工工作风险。信息技术强大的数据挖掘功能结合外部数据，可及时测算分析员工离职的原因，便于人力资源管理者采取相对应的有效措施来留住人才。

(三)信息技术背景下人力资源管理的变革与挑战

1. 人力资源管理的内涵产生新演变

无论是西方的还是我国的人力资源管理发展，都经历了从人事管理到人力资源管理的职能阶段再到战略性人力资源管理阶段的发展。人事管理阶段以人事行政与档案事务管理为主要内容，关注"事"。人力资源职能管理阶段以行为科学和人力资本理论为基础，关注"人"。人力资源战略管理阶段强调人力资源管理的战略性，关注"人"与"系统"的整合，注重人力资源管理如何促进企业竞争优势的获取。自2010年前后开始，随着信息技术在人力资源管理领域的广泛应用，人力资源管理进入人才智能管理时代。人力资源管理借助信息技术对组织及其成员的显性及内隐知识的数字化产生、管理、增值，以改善组织运行效率，提高组织与人才的竞争能力。

2. 数字化-智能化 HRM 成为新趋势

人力资源管理的信息管理正逐步走向人力资源的信息化，而数字化人力资源是人力资源信息化管理的特征。人力资源管理数字化通过实现人力资源管理从凭直觉、感觉、经验向量化、精准、细化的过渡，可以完成基于平台化的专项赋能，既是企业内部流程再造、减本提效的必由之路，也是企业提升外部竞争力的有效手段。数字化是信息化和智能化的技术基础，智能化是信息化发展的必然趋势。推进数字化-智能化人力资源管理的进程将成为未来人力资源部门的重要工作。数字化产品的广泛应用是人力资源发展的大趋势，使用集成云平台代替原有的系统，实现基于数据的一体化管理，绘就企业员工画像，为公司资源配置、未来发展提供更为深度的支撑。

3. 组织与人的新型劳资关系面临重构

随着智能化的加速应用，组织与人的关系呈现两个特征。①在传统的相对稳固的劳资关系中，知识型员工越来越成为企业主体，他们要求拥有剩余价值索取权、企业经营管理参与权、知情权，甚至还要求拥有共治共决权。尤其是现在，很多企业推出合伙机制(合伙机制最重要的就是拥有共治共决权)。②灵活型的劳资关系正在建立。组织用工形式走向多样化(灵活用工、盈余时间用工、居家办公、灵活上班、创新协同自主平台、数字化工作平台、业务外包等)，个体劳动者可能不再受雇于一个组织，而是同时为多家企业提供服务，具有多种角色、多种契约。在这种条件下，人与组织的关系不再是简单的雇佣和被雇佣关系，而是多重的相互雇佣和合作伙伴关系。在这种新型关系中，如何建立高度信任的合作关系，如何让员工高度参与公司治理与管理，才能够形成相互雇佣、相互投资、共同受益的新雇佣关系框架呢？

4. 人力资源产品化的客户价值新思维

人力资源视员工为客户服务对象，人力资源管理的新功能就是向员工提供持续客户化的人力资源产品和服务。面对新生态员工，如何提高他们的参与感、荣誉感，需要人力资源管理有整体系统化的产品线思维。人力资源管理通过数字化实现与业务的链接，确定人才服务的产品化思维，洞悉人性与人才需求，深度参与企业的业务活动，实现人力资源客户化、产品化，真正构建客户化、流程化的人力资源产品服务平台。利用数字化、产品化，以用户为导向，以人才和创造价值为理念，打造人才供应产品线、赋能产品线、员工服务的产品线，让员工拥有更好的体验感、共情感、场景感。这对人力资源管理提出了全新的挑战。

5. 人力资源管理的核心技术需要再凝练

面对未来组织、工作和职业成长发展，人力资源行业正经历前所未有的变革和发展，截至2021年2月，我国已有22个国家级人力资源产业园，并且还会持续增长，企业跨界发展成为一个新特征，跨界进入人力资源行业的企业也会越来越多。在传统人力资源管理工作不断发展成为人力资源服务行业的过程中，企业的个性化发展使人力资源越来越趋向于管理服务化、行业专业化，从而极大提高人员利用率和管理效率。行业化-平台化新特征要求人力资源管理者打造专业核心技术能力，只有具备了高水平的专业素质才能应对信息技术的冲击，形成人力资源核心竞争力和不可替代性。

6. 人力资源管理的理论体系有待创新

当前人力资源管理已从传统人事管理、纯粹职能管理和事务性管理，转向协同组织的战略发展和注重"人"的开发上来，而且在人力资源管理实践中越来越注重人力资源专家中心建设(COE，为业务单元提供人力资源专业咨询)和人力资源共享服务平台建设(SSC，对企业各业务单元的人力资源管理基础性行政工作统一处理)，以及建立人力资源业务伙伴关系(HRBP，人力资源与业务单元之间的沟通桥梁)。随着"互联网+HR"的深度融合，传统的基于人力资源管理模块和职能的人力资源管理理论体系需要重新被思考。

本 章 小 结

　　人力资源是能够推动社会和经济发展、能为社会创造物质财富和精神财富的体力劳动者和脑力劳动者的总称。人力资源管理是在经济学与人本思想的指导下，通过招聘、甄选、培训、报酬等管理形式对组织内外相关人力资源进行有效运用，满足组织当前及未来发展的需要，保证组织目标实现与成员发展最大化的一系列活动的总称。人力资源管理具有普遍性、综合性、民族性、实践性和发展性特征。

　　企业人力资源管理是一个系统性的管理职能，具有明显的层次性。企业家是人力资源管理的核心，也是企业人力资源管理成败优劣的关键所在；各级管理者是企业人力资源管理的具体责任人；人力资源部是企业人力资源管理的职能主体。人力资源管理的基本职能主要体现在八个方面：人力资源规划、工作分析与设计、员工招聘、绩效管理、薪酬管理、培训与开发、职业生涯规划与管理、员工关系管理。各职能相互联系，相互影响，共同构成一个有机的系统。

　　企业各层次、各岗位管理者依据其岗位内容分别承担相应的人力资源管理职能。作为企业的专门职能部门，人力资源部只能承担企业人力资源管理的参谋、组织、协调和具体实施职能，切不可将企业的人力资源管理职能全部寄希望于人力资源部。我们应将其视为一个由企业家挂帅，职能部门协助，全体管理者共同完成的管理系统。

　　人力资源管理是整个组织管理的核心，是组织生存和发展的根本保证；有助于开发人的智力、调动人的积极性和创造性、推动经济和社会的发展；有助于组织提高运作效率和经济效益。

　　人力资源管理的重要目标就是获取人力资源的最大使用价值，发挥其最大的主观能动性，培养全面发展的人。人力资源管理要保证组织对人力资源的需求得到最大限度的满足；最大限度地开发与管理组织内外的人力资源，促进组织的持续发展；维护与激励组织内部人力资源，使其潜能得到最大限度的发挥，使其人力资本得到应有的提升与扩充。

　　西方人力资源管理的历史发展包括人事管理、科学管理、人际管理、行为科学、权变管理和战略管理六个阶段。我国人力资源管理的历史发展在古代、近代及改革开放后的不同阶段呈现不同的特点。

　　随着信息新技术的迅猛发展，大数据、云计算、人工智能、机器学习在人力资源管理领域的应用越来越普遍。信息新技术对人力资源管理发展的促进作用，有助于提高招聘的准确性；提升培训的有效性；增强绩效管理的科学性；增进薪酬制度的合理性；降低风险和人才流失等。组织、工作、职业生涯与学习等是影响人力资源管理的关键元素，在信息新技术时代，这些元素面临着新的内涵的改变。信息新技术给人力资源管理的发展带来了六个方面的重要变革与挑战：①人力资源管理的内涵产生新演变；②数字化-智能化 HRM 成为新趋势；③组织与人的新型劳资关系面临重构；④人力资源产品化的客户价值新思维；⑤人力资源管理的核心技术需要再凝练；⑥人力资源管理的理论体系有待创新。

思 考 题

1. 人力资源的内涵是什么？还有哪些相关的概念？它们之间有什么区别和联系？
2. 人力资源管理的目标是什么？具有哪些基本职能？具有哪些特征？
3. 如何理解"人力资源管理是企业获取竞争优势的工具"？
4. 比较中西方人力资源管理的历史与发展。
5. 简述信息新技术时代人力资源管理面临怎样的变革和挑战。

实 践 应 用

任正非：人才不是企业核心竞争力，管理人才的能力才是

华为从6名员工创业的小企业，到突破7000亿元营收、19万员工的世界信息与通信领域前三，靠的是什么？

1997年，《华为基本法》起草时，一位教授曾经问任正非："人才是不是华为的核心竞争力？"任正非答道："人才不是华为的核心竞争力，对人才进行有效管理的能力，才是企业的核心竞争力。"这是华为最核心的人才理念，也让华为团队一直保持着极高的价值创造能力。华为前人力资源副总裁吴建国认为，华为人才体系的核心是"三位一体"管理模式(见图1-4)，即精准选配、加速成长、有效激励。

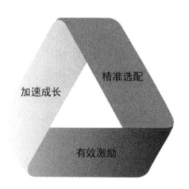

图1-4 华为人才团队三位一体的管理之道

一、精准选配：精准选择，合理配置

1. **人才招聘：最合适的，就是最好的**

"企"之一字，有"人"为企，无"人"为止；先要有人，才有业绩。人是企业的根基。而"人"之一字，捺在撇上为"入"，撇捺分开为"八"，交叉则为"×"；只有合适，方为有用之才。企业发展，在于选人；而选人之道，在于精准。

企业招聘最重要的是要建立岗位人才标准，这其实就是一把尺子。这把尺子通常有两个维度，第一个维度是该岗位的能力素质要求，第二个维度是个人的价值观是否与企业的核心价值观一致。如果两个维度人与企业的要求都能完美契合，那么就是企业所需要的人才，否

则便是人"裁",如图 1-5 所示。从长期来看,价值观的重要性要远远超过能力素质。随着工作的逐渐深入,价值观的差异会让员工与企业之间的嫌隙逐渐放大。对于企业而言,这无异于一颗不定时炸弹,一旦爆发就会产生重大的不利影响,而且能力越突出,对企业的负面影响越大。

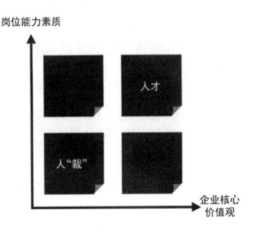

图 1-5　企业人才选拔的"尺子"

任正非曾说:"当你用一个人的时候,先别管这个人强还是不强,你要告诉我,你究竟让他做什么,也就是说,他的能力是否与你想让他做的事情匹配。"从企业的长远发展来说,选人首要考虑的应该是价值观因素,其次是能力素质与岗位要求的匹配程度。如俗语所言:把合适的人放在合适的岗位。

2. 人才搭配:用人所长,补其所短

《华为基本法》强调金无足赤,人无完人,优点突出的人缺点同样突出。企业家经常会说:没有完美的个人,只有完美的团队。团队组建不单指公司的核心领导团队,还包括一个部门的领导团队、一个项目的领导团队等。但无论什么团队,在团队组建的时候,都需要坚持八字方针:价值趋同,优势互补。

华为把人才搭配的原则称为"狼狈计划"。就像军队一样,团队不仅要有司令来指挥冲锋陷阵,还要有政委来营造氛围。团队的强大战斗力,来自核心成员价值观一致且优势互补所形成的合力。

很多成功的企业都有人才搭配的经典范例。任正非的战略思维和领导力超强,就像华为的远光灯;孙亚芳的职业化素养高,在组织管理上细致入微,像华为的近光灯。二者相辅相成,共同推动了华为近二十年的高速发展。

3. 人才生态链:一杯咖啡,吸收宇宙能量

任正非有一句非常经典的话:"一杯咖啡,吸收全宇宙的能量。"这句话的意思是说,你需要经常出去跟别人喝咖啡、喝茶或者吃饭。前提是要有针对性地找那些对自己或企业发展有价值的人,即定向的人脉网络。

很多企业都非常重视自身人才队伍的建设,注重内部人才的选拔、培养、使用和激励,但往往忽略了企业业务生态发展的关键要素——人才生态。人才生态是一个三环结构,分别代表企业内部员工、周边合作伙伴以及外部人脉网络,如图 1-6 所示。

图 1-6　企业人才生态链的三环结构

对第二层次人才的充分利用，华为就是一个成功范例。度过创业期之后，华为先后与几十家咨询顾问公司展开合作，仅 IBM 一家，华为的投入就是几十亿元人民币。这些咨询顾问公司凭借专业优势，让华为快速实现了从"土狼"到"世界级"的转变。除了这些机构，华为还聘请了许多不同领域的个人专家顾问，包括市场营销、产品开发、供应链管理、人力资源管理、财务管理等领域。在人才生态链中，第三层次人才的成本最低廉，但是用好了价值却非同小可。

二、加速成长：效率为先，效果为王

没有人才的成长，就没有企业的成长。然而，中国企业人才成长的速度，却远远不能满足企业发展的要求，所以人才的成长必须要加速，加速，再加速。华为在加快人才成长方面有四大方法。

1. 企业领导人是"培训校长"

企业领导人必须是人才培养工作的第一领导。比如，华为大学的最高领导一直都是任正非，其他人只是担任执行副校长。这里，钱不是人才培养的首要问题，企业家的影响力才是。中国一大批企业大学失败的案例告诉我们：最高领导者不挂帅，人才培养工作夭折的概率极大。

2. 中高级人才都是"教练员"

中国的大多数企业，管理者的主要任务就是带领团队实现工作目标，中高级专业人才的主要任务也是发挥专业能力实现工作目标。华为则不同，华为的中高级人才除了要完成工作目标，还要完成人才发展的目标。

华为要求所有的中高层管理者，都要经过 TTT 和教练技术的培训，并通过培训考核。这样，员工除了参加各种脱产培训之外，还会在工作中得到自己的上级主管和专家一对一的指导和帮助，成长速度明显加快。

此外，华为内部超过半数的会议属于学习会。会上，主管或专家会和大家一起分享成功的经验和失败的教训。每个月的案例研讨和经验交流会，与会的每个人都在助力别人的成长，这才是真正的学习型组织。

3. 聚焦重点：集中火力，快速突破

企业发展速度快的时候，一定要记住：挑出其中最需要提升的一两项重点，集中火力，快速突破，之后再找出其他改善点并继续发力。

在华为，除了基础性知识的培训之外，无论是干部培养还是专业人才培养，都是先聚焦在一两个重点改善项目上。

如果这一两个重点项目在 1~3 个月内得到了显著提升，再聚焦提升其他改善项目。如果聚焦的改善项目未达标，一般会延长该项目的培养时间。通过 6 个月的培养周期，大部分人的重点改善项目都会有明显的提升，也会超过传统企业培训一年的效果。这种典型的人才倍速成长法，华为称之为"人才成长加速器"。

4. 训战结合：培训的最终目的是应用

好的培训不是形式化，而是要培养真正的战士。华为大学的培训原则就是训战结合，即围绕实际工作场景，进行问题解决式的培训。例如，新市场拓展的成功要素是什么？哪些是导致失败的主要原因？为了解决这些关键问题，需要具备哪些关键能力？如何才能有效提升这些关键能力？

学员培训期间，把华为战场上遇到的实际问题搬到课堂上来，采取体验式教学。学习过程中，导师让学员进入实战模拟操作，针对可能要参与的真实项目提出自己的见解和解决问题的思路。导师对学员的问题进行点评和总结。培训的目的只有一个，就是让学员学习之后，能够在战场上取得预期的战果。

三、有效激励：点燃人才内在驱动力

很多企业认为，必须有足够的钱才能有足够的激励效果，但实际上并非如此。很多创业公司没有多少钱，照样可以吸引并激励优秀员工；而一些财大气粗的企业，不恰当的物质激励却带来负面效果。从本质上来看，华为激励机制成功的背后有两个非常重要的底层要素，也就是获取分享制和期望值管理。

1. 获取分享制：激活员工最大动力

网上经常有人传播任正非的一句话，"只要钱给够，不是人才也能变成人才"，也有很多文章写华为高薪招聘人才，这就让很多读者认为华为的激励机制是"重赏之下必有勇夫"。然而，事实并非如此。

华为高薪背后的逻辑是任正非的"获取分享制"(见图1-7)，这和创业阶段"不让雷锋吃亏"的逻辑完全一致。你首先必须是"雷锋"——贡献者，因为你贡献大，所以给你的回报就高。这里的回报不仅仅是物质回报，还有荣誉奖和成长空间。华为的人均产出高居全球高科技企业的第七位，而中国企业人均产出平均值仅有欧美企业的 1/4，这才是华为人可以多拿钱的硬道理。

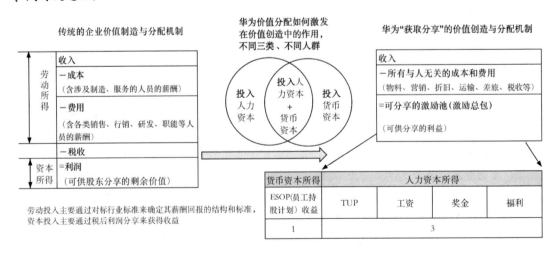

图1-7 华为"获取分享"的价值创造与分配机制

在华为的激励总包中,人力资本所得和货币资本所得的比例是3∶1,劳动贡献是获取回报的主要方式。未来,这个比例还会继续提高,通过缩小货币资本回报的比重,让那些希望"不劳而获"的"持股人"断掉念想,坚持长期奋斗。

2. 期望值管理:设定合理任务目标

大多数企业认为,给钱越多,激励越好,实际并非如此。薪酬数额的绝对值固然重要,但薪酬绝对值与个人期望值的差距,才是激励产生效果的关键。华为非常重视期望值管理,让员工对自己的薪酬预期在理性的范围之内,由此才会让激励产生应有的效果。

首先,华为坚持设定具有挑战性的目标——不能让目标很容易达成。

其次,华为坚持兑现A10%、B40%、C45%、D5%的基本考核比例(见表1-3)。华为有接近一半员工的考核结果是C。刚开始考核的时候很多人会问,为什么我干得这么好还是C呢?我说C是正常,A是超常。一方面,得B、得C的员工(占员工总数的85%左右)发现自己没有完成目标;另一方面,却发现自己拿的奖金还挺多。这样一来,员工拿到钱的时候就会产生"负疚感":老板对我们太好了,我们干得不咋地,公司还给这么多的钱,惭愧啊!明年必须打起精神好好干。

表1-3　华为绩效评价的等级及其标准

等级	定义	华为绩效评价等级及其说明	参考比例
A	杰出	实际绩效经常显著超出预期计划/目标或岗位职责/分工要求,在计划/目标或岗位职责/分工要求所涉及的各个方面都取得特别出色的成绩	10%
B	良好	实际绩效达到或部分超过预期计划/目标或岗位职责/分工要求,在计划/目标或岗位职责/分工要求所涉及的主要方面取得比较突出的成绩	40%
C	正常	实际绩效基本达到预期计划/目标或岗位职责/分工要求无明显失误	45%
D	需改进	实际绩效未达到预期计划/目标或岗位职责/分工要求,在很多方面或主要方面存在着明显不足或失误	5%

反观不少企业,目标值定得低不说,考核得A的比例还很大,造成许多员工误认为自己干得很棒,而企业给自己兑现太少,由此助长了人性中贪婪的一面。这样一来,再多的钱也无法喂饱他们。华为激励模式未必适合所有企业,但其核心理念和操作方法值得借鉴,有利于企业把"价值创造—价值评价—价值分配"的人力资本增值循环做得更好。

(资料来源:华为的核心竞争力. 2019-11-04. https://www.rlzygl.com/management/33.html.)

【思考题】

1. 结合案例,谈谈华为公司为什么会如此重视对人才的管理?
2. 华为公司具体实施了哪些人力资源管理策略?

微课视频

扫一扫，获取本章相关微课视频。

人力资源管理导论(一)　　　人力资源管理导论(二)

第二章　人力资源管理的理论基础

【学习目标】

1. 了解人力资源管理理论源流及其历史发展。
2. 熟悉传统的人力资源管理理论要旨。
3. 掌握注重"人的因素"的人力资源管理理论。
4. 掌握注重人与组织及企业文化的人力资源管理理论。
5. 熟悉现代人力资源管理理论的新发展。

【引导案例】

顺丰王卫：人性需要什么，你就给员工什么

王卫谈员工管理

对于管理几十万人的公司，我没有特别独到之处，只是将管理回归到人性的本质上来。2013 年，顺丰员工曾一度增长为 21.5 万人。要在全国范围内管理如此多的员工，流程化、制度化是"外功"，除此之外，还有自己的 4 道"心法"。心法是什么？只练外功而不练心法的人，往往很容易"走火入魔"，而比心法本身更重要的是让它真正落地。

管人，先用"心"

1. 爱心

爱心的前提是真心。以家人似的感情关心、关爱身边的员工和同事，这尤为重要。作为领导者，一旦有了爱心，就会设身处地地为员工着想：他们辛不辛苦、工资够不够、是否需要加薪和福利、是否需要晋升——这些都是领导者应该考虑的问题。

2. 舍心

有老板会想："凭什么呢？为什么要跟我分钱？他又不是我的孩子。"而我自问：人们可以对自己的孩子"舍得"，为什么不能对员工"舍得"？如果领导者对员工的爱心是虚伪的，那么面对很多可以给予、慰劳员工的机会，他们也不会与其分享。领导者只有具备了真正的爱心，才会有对员工的舍心。

3. 狠心

管理员工并不是"有福同享"这么简单。好比父母对于子女的期待，领导者也会让员工接受历练，其中过程可能尤为辛苦。这样的狠心并非出于痛恨，而是爱心与舍心的结果。

4. 恒心

只有坚持围绕着制度，一层层真正地执行，才有机会将管理做好。这4道心法缺一不可，环环相扣。如同练级一般，要将前面的心法练好，方能完成后面的程序。"如果半途而废，那一下子什么都没有了。"恒心作为最后的心法，保证整个过程的连贯性，这样才会成功。比心法本身更重要的是让它真正落地。

生命的本质是修行

员工的命运并不掌握在他的上级手里，也并不掌握在某一个人手里，而是由整个组织的机制决定的。

在我看来，人从出生开始可以控制的东西很少。是男是女、何地出生、身高长相、家庭背景均由不得人来决定，运气的好坏更无从掌握。

人生只有一样东西可以控制，那就是态度。积极与消极态度之间有着很大差距，如果将人比喻成一辆跑车的话，好的出身可能意味着前方有一条通畅的高速公路，然而，如果不加油，这辆车永远只能停止在路上。态度也有正念与邪念之分。在高速公路上以积极的态度加满油去开，这就是一种正念；邪念好比是喜欢逆行、在高速公路上飙车等做法。

我坚信，因为有着正向的态度，顺丰才可以做到现在这个规模。我在管理企业甚至自己的人生时一直努力保持着平常心。当你看得越远，你对很多日常的事情就会变得更不在意，会想它们是否有那么重要；当你有了平常心，你就可以做很多事，换位思考就是其中的一种，把员工当作你的家人，真心关爱他们，以后也会获得回报。

回归到人性上管理员工

快递员是顺丰的核心资产，也是最可爱的人，他们日复一日地送包裹铸就顺丰物流帝国。所以我们要对快递员保持尊重。管好20多万员工的方法，我是用一种"土鳖式"的管理方法，即回归到人性上进行管理。

人性需要什么，你就给员工什么。员工需要公平，你给他公平；他需要多劳多得，你要帮他算得清清楚楚。尊重、照顾和发展机会都要给到他。不过，这样的给予要有底线，如同父母不能过度宠爱孩子，有时也要"狠心"。我并不是百分之百地赞同用刻板的机制管理员工，我觉得自己平时舍得下，也有一股狠劲儿。

增加可能出现的偷窃成本，是顺丰抑制员工盗窃行为的方法之一。然而一旦出现非黑即白的事件，我们也是"打得狠狠的"——顺丰内部用"奖金猎人"的方式调查员工是否有偷窃的行为。

人就是这个样子，追求快乐、逃避痛苦。你只要掌握人性，以人性化思维设计管理方法，其实并不是特别了不起的事情。不论是21万人还是40万人，只要按照人性化的方法去管理，就不会存在问题。员工的命运并不掌握在他上级手里，也并不掌握在某一个人手里，而是由整个组织的机制决定的。

外功、心法和信仰一脉相承，尤为重要。有了心法，可以为员工一舍再舍，把公司利润一降再降。这些都是顺丰打造稳定团队、保证服务质量的前提。把一切都回归到面临什么、需要什么的本质问题上就是我的管理方法。在我看来，生命的本质是一种修行，而修行中最大的敌人恰恰是自己。人是过不了自己的心魔的，在这个意义上，任何一个竞争对手，都是我修行、修炼、提升的对象。

(资料来源：顺丰王卫：人性需要什么，你就给员工什么(部分). 2019-04-21. https://www.sohu.com/a/309477446_182907.)

第一节　传统管理理论

人力资源管理是生产力发展到一定阶段的产物。随着生产力的进一步发展和人力资源素质的提高，该管理理念和模式也不断地被调整，以适应新管理环境的要求。作为全新的管理理论和实践，人力资源管理始于20世纪60年代的美国，而我国则是在20世纪80年代才兴起。随着多年来的不断发展，人力资源管理理论与实践也处在不断的演变过程中。

一、早期人力资源思想

在古埃及和古巴比伦时代，经济的主要形式是家庭手工工场的生产模式。当时，工场主以有组织的方式对工人进行技能培训，以保证具有合格技能的工人的供给。到了13世纪，西欧的手工艺培训已经非常流行，与此同时开始出现手工业行会，这是管理机构的雏形。当时的手工业行会负责监督生产的方法和产品的质量，并对各种行业的员工条件做出不同的规定。这种家庭手工业占主导地位的产业结构一直持续到工业革命前，产业的所有者就是管理者，不需要专职的人事管理者。

18世纪后期，英国及其他一些资本主义国家出现了工业革命。1769年，瓦特改良蒸汽机，手工业生产转变为机器生产，工厂这一新的组织形式代替了原本以家庭为单位的手工作坊。随着工业革命的兴起，农村人口大量涌入，出现产业阶层，雇佣劳动随之产生，同时又导致了劳工管理的出现。这一时期劳工管理的显著特点是：把雇佣工人视为"经济人"，完全无视他们的心理需要。工头的主要任务就是招聘雇佣工人，并监督他们的工作，工人被当成工具使用，工人与资本家的对立关系日趋激化。但在当时的生产和经济状况下，这种管理模式是与之相适应的。

有关人力资源思想的阐述最早见于18世纪古典政治经济学家的学说中。重农主义代表人物魁奈指出，"构成国家强大因素的是人"。英国古典政治经济学家的鼻祖威廉·配第指出，"土地是财富之母，劳动是财富之父"。18世纪70年代的亚当·斯密继承和发展了配第的劳动创造价值的理论，并最早提出了人力投资的思想。李嘉图也进一步发展了配第的劳动创造价值的理论，他认为尽管自然资源(如水、空气、阳光等)和固定资产(如厂房、机器等)都可以增加商品的使用价值，但却无法增加商品的价值，只有劳动才能使商品的价值增加。

马克思后来继承和发展了古典经济学大师们的劳动价值论，并在此基础上创建了马克思主义的经济学说。虽然马克思没有专门研究人力资源管理，但是他的许多理论观点却是研究人力资源管理的指导思想。他从哲学的角度阐明了人是劳动的主体，认为人的劳动不同于其他任何形式的生产要素，劳动是创造社会财富的源泉，把人在经济活动中的作用提高到了空前的地位。

二、福利人事管理

人事管理的发展与18世纪后半叶工业革命的到来是相伴随的。18世纪以前盛行于欧洲的行会制度是以家庭式的管理来处理学徒培训和雇佣问题的。工业革命的兴起导致了工作性质和雇佣关系的根本性变化：机器大工厂的建立需要大量的人集中到工厂来做工。当时管理面临的需要解决的主要问题是吸引农业劳动力放弃原有的生产和生活方式到工厂来，传授给他们工业生产所需要的基本技能，且使其适应工业文明的行为规则，以最大限度地发挥劳动分工和生产协作所带来的巨大生产率潜力。这些本是现代人事管理的内容，但当时的人事管理主要承担的却是福利工作。

古典经济学家亚当·斯密早于泰勒之前提出的劳动分工问题和"经济人"的观点；罗伯特·欧文在其工厂中进行提高童工参加劳动的最低年龄，缩短雇员的劳动时间，建立学校、幼儿园和娱乐场等人事管理方面的实验。这些都标志着科学的劳动人事管理思想的萌芽。19世纪后半叶，得益于某些从商家族对人的关心，福利人事的概念产生并发展起来。在英国，本杰明·西伯姆·朗特里(Benjamin Seebohm Rowntree)在其约克可可厂设立了一个"心理学部"，并聘请了一位社会学家在其中工作，由她督察工厂的教育、保健、食堂、住房和娱乐事务。

美国全国现金出纳机公司，在1897年首次设立了一个叫"福利工作"的部门。该公司的创建者和总经理约翰·亨利·帕特森(John Henry Patterson)任命莉娜·哈维·特蕾西(Lena H. Tracy)为该公司第一任"福利部主任"。约瑟夫·班克罗夫特父子公司于1899年设立了一个"福利秘书"的职位。H.J.海因茨公司在1902年任用了一位社会秘书，并引起许多公司相继效仿。社会秘书工作的主要目的在于改善工人的生活，因此就出现了"福利"和"改善工人境遇"这样的术语[①]；同时还听取并处理职工的不满意见，经办车间的"病号室"，提供娱乐活动和教育，安排感到不满的工人的工作调动，管理膳食，拟定营养菜谱，照管工厂未婚女职工的道德品行[②]。社会或福利秘书直接向公司经理或行政主管汇报工作，在关心工人福利的主张的基础上建立起一套有关企业员工关系管理的思想体系。这种福利主义的人事管理观点是现代人事管理的来源之一。福利人事与某些当时被认为诸如员工的失业、病假工资和住房补贴等进步性的项目有关。它们的实施，实际上是对当时资本主义现状的积极反映。不过，某些企业家实施福利计划的动因并不在于真正关心员工，不少计划的目的无非是实际工资的一种变通，是逼工会就范的伎俩。

"福利工作"大约是从1910年开始弱化，并逐步被"人事管理"所替代的。此后的"福利工作"多限于制定若干规定，如公司为员工提供食堂和外出度假等便利。直至今日，我们还能从人事管理中看到福利传统的影响。

---

① 雷恩. 管理思想的演变[M]. 赵睿，等译. 北京：中国社会科学出版社，2000：210.
② 厄威克，布雷奇. 科学管理的形成，十三位先驱者(第1卷). 艾萨克·皮特曼父子公司，1951：58-70. 转引自雷恩. 管理思想的演变[M]. 赵睿，等译. 北京：中国社会科学出版社，2000：216.

三、科学管理理论

20世纪20年代,泰勒(Taylor)的科学管理理论在美国被广泛采用,并对人事管理产生了重大的影响,引发了现代人事管理理论和实践上的一次革命。泰勒被称为科学管理之父,他提出了科学管理的四个原则。

(1) 运用时间-动作研究对工作的每一个要素进行科学的分析,设计最合理的工作程序、动作和工具。

(2) 实现工作机器、工具、材料和作业环境的标准化,并科学挑选工人,对他们进行培训、教育并使之拥有工作所需的技能。在过去,则是员工自己挑选工作,并尽可能进行自我培训。

(3) 与员工齐心合作,以保证一切工作按已形成的科学原则去做。

(4) 将计划职能和操作职能分开,推行职能制。但是,管理者与员工在工作和职责的划分上几乎是相等的,管理者把自己比工人更胜任的各种工作都承揽过来。在过去,几乎所有工作和大部分责任都会被推到员工身上。

泰勒认为,如果企业遵循上述原则,就会实现双赢,员工会获得更多的收入,企业也会获得更多的利润。企业管理员工的关键是设计有效的工作方案来选择员工并以此来支付员工的报酬。泰勒还创造了最初的劳动计量奖励管理制度——差异计件率系统,即员工在完成每天规定的产出标准后,每增加一件产出就将获得额外奖金。

在科学管理理论基础上逐步建立起来的人力资源管理理论和技术体系,有其深刻的时代特征和局限性:以工作为中心、以目标与任务为导向,蕴含着"物本"而非"人本"的人性理念;以资本为主导、以追逐利润为目标,反映出资本主义工业化初期资本极其稀缺、劳动力严重过剩、就业竞争异常残酷的局面。这些导致了管理中资本抑制人性的时代特征。

第二节 "人因"管理理论

人力资源管理的对象是人,人力资源管理发展史就是对人的认识——关于人的理论的演变史。随着历史的发展,时代的进步,认识的深化,人性理论在内容上不断丰富、在方法上逐步严密。尤其是在近代西方,人性学说构成了管理理论的哲学基础,也成为企业人力资源管理理论建构和方法的基础。美国的心理学家与行为学家埃德加·沙恩在1965年出版的《组织心理学》一书中,将前人提出的"经济人假设""社会人假设""自我实现人假设"和自己提出的"复杂人假设",归纳成四种人的特性理论,并相应地概括出四种人力资源管理理论,即X理论、行为科学理论、Y理论与超Y理论。这些理论连同Z理论都注重人的因素,强调对人性的认识和研究,本书统称为"人因"管理理论。

一、X理论

1957年11月,美国著名心理学家麦格雷戈(McGregor)在美国《管理评论》杂志上发表了《企业中人的方面》一文,提出了著名的"X理论-Y理论",并在以后的著作中对这一理论作了进一步发展和完善。其中,X理论在18世纪末至19世纪末的整整一个世纪中占统治地位，其核心观点就是人是"经济人"。该理论的早期代表人物是泰勒。后来，麦格雷戈将以"经济人"人性假设为理论依据的管理理论概括为"X 理论"。

麦格雷戈认为，有关人的性质和人的行为的假设对于决定管理人员的工作方式来讲是极为重要的，不同的管理人员会采用不同的方式来组织、控制和激励人们。X 理论的特点是假定人性是丑恶的，其基本观点如下。

(1) 一般人天生好逸恶劳，他们尽可能地逃避劳动。

(2) 由于天生懒惰的本性，多数人缺乏进取心、责任心，不愿意对人和事负责。

(3) 多数人工作是为了满足自己的生理需要和安全需要。金钱与地位是刺激人努力工作的最大诱因。

(4) 一般人都缺乏理性，基本不能自我约束和自我控制，易产生盲从行为。

(5) 人的行为活动在本质上是被动的，但可以通过经济刺激和强制手段，迫使他们为实现组织目标而做出适当的努力。

在 X 理论的人性假设前提下，相应的管理方法主要有如下四种。

(1) 任务管理。管理工作重点放在如何提高劳动生产率、完成任务方面，企业需要建立一套任务明确、组织严密、分工具体、考核严格的管理规则。

(2) 强制劳动。强制劳动主要通过集权化管理，并运用权威手段对组织成员进行劳动的监督和控制。

(3) 物质刺激。在激励约束机制上，主要依靠增加工资、奖金、福利等物质手段激发组织成员的劳动积极性。

(4) 严肃纪律。对于消极怠工者，运用罚款、记过或停职等方式严厉惩罚。

X 理论在一定程度上揭示了人的劳动行为的经济需要动机，但在人性假设上存在着明显的片面性。从整体上来看，这些管理措施是与"人性化"管理要求相违背的。X 理论目前在西方许多发达国家被认为是一种过时的理论，但其思想仍然存在。在我国的企业改革和组织管理工作中，X 理论仍有一定的实用价值。

二、行为科学理论

20 世纪 20—30 年代，梅奥通过霍桑试验创立了著名的人际关系理论，50 年代后定名为行为科学。行为科学是一个学科群，包括心理学、社会学和人类学三个基础学科，运用了自然科学分析和观察的方法，研究一定的物质和社会环境中人的行为。行为科学管理理论的人性假设是梅奥在霍桑试验的基础上提出的"社会人"。

霍桑试验揭示了工人不仅仅是由金钱驱使的所谓"经济人"，个人的态度、管理的方式、非正式组织的情绪、工人的满意程度及团队的合作关系等对工作效率都有着重要的影响。梅奥在总结和概括霍桑试验的基础上提出了"社会人"的人性假设，他把重视社会性需要、轻视物质性需要的人称为"社会人"。"社会人"的人性假设中关于人的观点如下。

(1) 社会需要激发人的工作积极性。物质鼓励虽然对人的积极性有一定影响，但责任感、成就感、尊重感等社会性因素对人的积极性有更大的调动作用。

(2) 影响员工工作效率的最主要的因素是人际关系。工作效率主要取决于组织成员在家庭和各个社会群体中人际关系的协调程度。

(3) 非正式组织是影响组织成员行为的潜在力量。在群体中因共同的社会需求和情感而形成非正式组织，以其特殊的价值取向、行为规范和沟通方式，潜在地影响着组织成员的工作积极性。

(4) 管理者的领导方式与领导作风对激励组织成员有着不可忽视的影响。

在行为科学理论的人性假设前提下，相应的管理措施主要有以下四点。

(1) 满足组织成员的社会性需要。管理者应该关心人、体贴人、爱护人、尊重人，鼓励员工参与管理，尽可能满足员工对交往、归属、尊重等的社会需要。

(2) 建立融洽的人际关系。管理者应尽可能实行集体奖励制度，避免单纯的个人奖励，善于营造和谐的组织氛围和建立良好的人际关系。

(3) 因势利导做好非正式组织工作。加强对非正式组织的研究，协调正式组织与非正式组织的关系，以形成有利于实现组织目标的合力。

(4) 提高组织管理者的素质。组织者要由单纯的监督者变为上下级之间的中介，善于倾听组织成员的意见，协调人际关系，运用激励手段鼓舞士气。

"社会人"假设中对人性的认识比"经济人"假设要进步些，比较深刻地揭示了人的本质，因此它对人力资源管理的影响比 X 理论更大。直到现在，这种观点还在人力资源管理中起着重大的作用。但是，"社会人"的观点并不是对人的社会性的全部概括，它强调的是个体对群体的依赖关系，忽视了人同整个社会的关系。与"社会人"假设相应的行为科学管理理论注重发挥人际关系、非正式群体和领导行为在提高工作效率中的作用，但该理论忽视了人的行为的经济动因，显然具有片面性。

三、Y 理论

Y 理论是麦格雷戈在总结马斯洛(A. H. Maslow)关于人的需要层次的研究，以及马斯洛提出的"自我实现人"概念的基础上，于 20 世纪 50 年代后期提出的一种管理理论。

1943 年，美国人本主义心理学家马斯洛在《人类动机理论》研究的基础上提出了"自我实现人"假设的人性观。所谓"自我实现人"，也称"自动人"，是指人都需要发挥自己的潜力，发现自己的才能，只有人的潜能充分发挥出来，才会感到最大的满足。继马斯洛之后，麦格雷戈与沙恩等都对"自我实现人"人性假设理论进行了研究，并形成下列主要观点。

(1) 一般人并不是天生就不喜欢工作，工作中体力和脑力的消耗就像游戏和休息一样自然，工作可能是一种满足，因而自愿去执行；也可能是一种处罚，因而只要有可能就想逃避，到底怎样，要视环境而定。

(2) 当人的衣、食、住等最基本的需要得到满足时，就会致力于获得高层次需要的满足，也就是力求最大限度地利用自己的才华与资源去实现自己的抱负。

(3) 人具有可以开发的巨大潜力。大多数人都存在着解决社会或组织中各种问题所需的想象力、创新力及其他方面的智慧潜力。在现代工业社会，人的自身潜力只得到了部分发挥。

(4) 在正常情况下，人会主动承担责任，力求有所作为，缺乏抱负、逃避责任并非人的本性。

(5) 人具有自主性。在实现所承诺的目标活动中，人都能够自我管理、自我控制；外来的控制、惩罚不是鞭策人为组织目标努力工作的唯一方法。

在 Y 理论的人性假设前提下，相应的管理措施主要有以下四点。

(1) 创造适宜的工作环境。管理的职责不只是重视组织任务的完成，而是要努力创造一种良好的工作环境，包括物质环境与精神环境，以利于人们充分发挥自己的潜能。

(2) 促进组织成员自我实现。管理者的主要任务是减少和消除组织成员自我实现过程中的障碍，使其工作变得更有挑战性。

(3) 充分运用内在激励的方式。管理的手段不是主要依靠增加工资、提升职务、改善福利等外在激励，而是让组织成员在工作中获得知识、增长才干、发挥潜力，从而在内心得到最大的满足。

(4) 建立能够满足员工自我实现需要的管理制度。管理的策略是建立组织决策民主化、工作内容丰富化与工作时间弹性化等方面的制度。

"自我实现人"假设和Y理论是对"社会人"假设和行为科学理论的补充和发展。它尊重人的自我发展，强调人的主动精神，注重对人的内在激励和促进职工自我实现，较好地弥补了"社会人"假设和行为科学理论的不足，具有理论上的合理性与实践上的针对性，因此能很快在管理实践中产生较大影响。但是，这种理论只注意到了"自动人"人性实现的生理基础，忽略了"自我实现"观形成的社会制约性，忽视了人的理想、信念在一定环境下可以抵制低层次需要而服从高层次需要的作用，因此仍然是一种不完善的理论。

四、超Y理论

超Y理论又称"权变理论"，其人性假设是沙恩在对"经济人""社会人"与"自动人"假设进行认真考察的基础上，于1965年提出的"复杂人"假设。其后，莫尔斯和洛希对"复杂人"假设作了进一步研究与完善，并提出了以这一假设为依据的超Y理论。在沙恩等人研究的基础上提出的"复杂人"假设理论的基本观点如下。

(1) 人的能力与需要是复杂的。纷繁复杂的社会与千差万别的个人，决定了现实中的人的能力与需要的丰富性与多变性。

(2) 人在同一时间内的需要与动机是复杂的。人所处的内外环境在不断地变化，使人在同一时间内具有多种需要与动机，而由此构成的错综复杂的动机模式支配着人的行为。

(3) 人的需要的表现形式是复杂的。人的需要的表现与外部环境密切相关，人在不同的组织或同一组织的不同部门中，可能会表现出不同的需要并获得不同的满足。

(4) 人具有对各种复杂管理模式的适应性。人能够根据自己的动机、能力和所从事的工作性质来对多种互不相同的管理模式做出反应，但却没有一种万能的管理模式能适用于一切人。

在超Y理论指导下的管理方式，主要有下列特点。

(1) 树立权变的管理观念。管理者应注意运用权变论的观点看待管理中的人和事，把人看成是因时、因地、因事而变的复杂人。

(2) 采用权变的管理模式。在管理中，没有一成不变、普遍适用的管理模式，而是要根据内外环境及条件的变化，采用相应的管理模式。

(3) 运用权变的管理方法。由于组织中的每个人的需要与动机千差万别，且千变万化，因此在管理的具体方法上也不能"一刀切"、简单化，而要具体问题具体分析，灵活多样地选用不同的管理方法。

在"复杂人"假设基础上提出的超Y理论，重视对人的需要的形成、变化的复杂性的研究，强调在管理方式上必须采用"权变"的观点和方法。这在理论上是比较科学和全面的，因此能够较为广泛地应用于西方国家的人力资源开发与管理之中。但是，"复杂人"假设过分强调人的差异性，忽视了人与人之间的共同性，未能认识到复杂人的人性本质。超Y理论过分强调管理的权变性与特殊性，忽视了管理的一般规律性，表明这一理论仍然存在着一定的局限性。

五、Z理论

第二次世界大战后不久，日本的经济发展迅速，日产汽车冲击欧美市场，引起世人瞩目，许多学者开始对日本的管理进行研究。Z理论是20世纪80年代由美籍日裔学者威廉·大内（William Ouchi）从比较管理学的角度提出的一种新的人力资源管理理论。该理论强调"彼我一体"的团队精神、"义利合一"的价值取向、"诚信统一"的处世之道、"奉献与感恩相应"的伦理原则等，是将现代的科学管理与传统的人文精神有机结合的产物。在特定的背景下，运用该理论有助于形成和谐的人际关系与良好的工作环境，有利于调动人的工作积极性和提高劳动效率，对人力资源管理具有一定的借鉴意义。其具体观点如下。

(1) 人能够相互信任。因为生存环境相同，价值目标一致，所以可以使一个组织的成员产生相互信任感。

(2) 人与人之间具有亲密性。在相互信任、相互支持的基础上形成亲密的人际关系，使人愿意为他人和团体服务，甚至做出某种牺牲。

(3) 人与人之间具有微妙性。组织中的成员既有共同的利益和目标，又有各自的需求，人人都是多种矛盾的统一体。人与人之间既可以相互沟通，又可能因各自需求不同而产生矛盾，使人际关系陷入僵局。

在Z理论的指导下建立起来的管理模式注重采用下列措施。

(1) 注重目标沟通。为了促进人与人，尤其是管理者与被管理者之间的相互信任，必须使组织的目标与宗旨被全体组织成员理解和接受，并齐心协力贯彻这一宗旨。

(2) 力求整体评价。在组织中提倡爱心和鼓励爱心，指导管理者多从整体考虑对人进行评价，从而使团体结构保持稳定化。

(3) 协调人际关系。注重研究人际关系的微妙性，完善沟通渠道，提倡相互谅解，实行慎重评价与缓慢的升迁制度。

第三节　人与组织及企业文化理论

一、激励理论

激励就是激发人内在的行为动机并使之朝着既定目标前进的整个过程。工作绩效在很大程度上取决于人的工作态度。如何激发人的工作热情，调动其工作积极性和主动性，就成为人力资源管理需要解决的重要问题。因此，激励理论就构成了人力资源管理的又一重要理论基础。

(一)激励的基本过程

激励是与人们的行为联系在一起的。心理学的大量研究表明，人们的行为都是由动机决定和支配的，而动机则是在需要的基础上产生的。当人们产生了某种需要而这种需要又没有得到满足时，就会出现紧张和不安的情绪，为了消除这种紧张和不安，人们就会去寻找满足需要的对象，从而产生进行活动的动机。在动机的支配下，人们会进行满足需要的行为，而在需要不断得到满足的过程中，动机又会逐渐减弱，当人们的需要完全得到满足时，紧张和不安的心理状态才会消除，然后就会产生新的需要，形成新的动机，引发新的行为(见图2-1)。

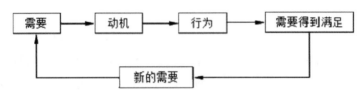

图 2-1 行为的形成过程

根据行为的形成过程，美国管理学家 A. D. 希拉季(A. D. Szilagyi)和 M. J. 华乐斯(M. J Wallace)把激励的过程分为七个阶段，如图 2-2 所示。

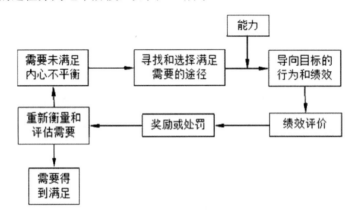

图 2-2 激励的基本过程

激励过程中的七个阶段具体如下。

(1) 需要的产生。人的内心产生不平衡，引起心理上的紧张。

(2) 个人寻找和选择满足需要的对象和方法。当然，在选择满足需求的途径时，要以自身的能力为基础来进行，不能选择那些不现实的方法。

(3) 个人按照既定的目标去行动，为实现目标而努力。

(4) 组织对个人在实现目标方面的绩效进行评价。

(5) 根据绩效考核的结果进行奖励或惩罚。

(6) 根据奖励或惩罚重新衡量和评估需要。

(7) 如果这一激励过程满足了需要，个人就会产生满足感；如果需要没有得到满足，激励过程就会重复，可能要选择另一种不同的行为。

(二)内容型激励理论

内容型激励理论主要是研究激励的原因和引起激励作用的具体内容。马斯洛的需求层次理论、阿尔德弗的 ERG 理论、赫茨伯格的双因素理论和麦克利兰的成就激励理论是最为典型的几种内容型激励理论。

1. 需求层次理论

美国心理学家马斯洛在 1943 年出版的《人类激励的一种理论》一书中首次提出了需求层次理论，并于 1954 年在《激励与个性》一书中又对该理论作了进一步的阐述。他将人们的需要划分为五个层次：生理需要、安全需要、社交需要、尊重需要和自我实现需要，如图 2-3 所示。

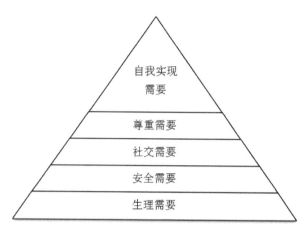

图 2-3　马斯洛的需求层次

按照马斯洛的观点，人们的这五种需要是按照生理需要、安全需要、社交需要、尊重需要、自我实现需要的顺序从低级到高级依次排列的。满足需要的顺序也同样如此，只有当低一级的需要得到基本的满足以后，人们才会去追求更高一级的需要。在同一时间，人们可能会存在几个不同层次的需要，但总有一个层次的需要是发挥主导作用的，这种需要被称为优势需要；只有那些未满足的需要才能成为激励因素。任何一种满足了的低层次需要都不会因为高层次需要的发展而消失，只是不再成为行为的激励因素而已。这五种需要的次序是普遍意义上的，并非适用于每个人，一个人需要的出现往往会受到职业、年龄、性格、经历、社会背景及受教育程度等多种因素的影响，有时可能会出现颠倒的情况。

2. ERG 理论

美国心理学家克雷顿·阿尔德弗(Clayton Alderfer)在大量研究的基础上，对马斯洛的需求层次理论进行了修正。他认为人的需要主要有三种：生存需要(existence)、关系需要(relatedness)和成长需要(growth)，由于这三个词的第一个英文大写字母分别是 E、R、G，因此又被称为 ERG 理论。

应当说，阿尔德弗的 ERG 理论并没有突破马斯洛的需求层次理论，只是将后者的需求层次进行了简化，并作了更加符合人们心理状态和行为表现的解释。根据他们的理论，在人力资源管理过程中，为了调动员工的工作积极性和主动性，管理者首先必须明确员工的哪些需要没有得到满足，以及员工最希望得到的是哪些需要，然后再有针对性地来满足员工的这些需要，这样才能最大限度地刺激员工的动机，发挥激励的效果。

3. 双因素理论

双因素理论又称为"激励-保健因素"理论，是美国行为科学家弗雷德里克·赫茨伯格(Frederick Herzberg)提出的一种激励理论。20 世纪 50 年代末，赫茨伯格及同事对匹兹堡地区

9家工业企业的200多位工程师和会计师进行了访谈，调查被访者对工作感到满意和不满意的原因分别是什么，并在调查研究的基础上提出了这一理论。

赫茨伯格的双因素理论对人力资源管理的指导意义是，管理者在激励员工时必须区分激励因素和保健因素。对于保健因素不能无限制地满足，因为这样做并不能激发他们的动机，调动他们的积极性，而应当更多地从激励因素入手，只有满足员工在这方面的需要才能使员工更加积极主动地工作。此外，在人力资源管理过程中要采取有效的措施，将保健因素尽可能转化为激励因素，从而扩大激励的范围。例如，工资本来是属于保健因素的，但是如果将工资与员工的绩效水平挂钩，使工资成为工作结果好坏的一种反映，那么它就会在一定程度上变为与工作本身有关的激励因素，从而使工资发挥更大的效用。

4. 成就激励理论

美国心理学家戴维·麦克利兰(David C. McClleland)等人自20世纪50年代开始，经过大量的调查和实验，尤其是对企业家等高级人才的激励进行了广泛的研究之后，提出了成就激励理论。由于这些人员的生存条件和物质需要得到了相对的满足，因此麦克利兰的研究主要集中于在生理需要得到满足的前提下人们还有哪些需要。他的结论是权力需要、归属需要和成就需要。

这一理论对于管理者来说具有非常重要的指导意义，在进行人力资源管理时，管理者应当充分发掘和培养员工的成就需要，给员工安排具有一定挑战性的工作和任务，从而使员工具有内在的工作动力。

(三)过程型激励理论

过程型激励理论主要是研究行为是如何被引发、怎样向着一定方向发展、如何保持及怎样结束这种行为的全过程，其中比较典型的有期望理论、公平理论和目标理论三种。

按照期望理论的观点，人力资源管理为了达到激励员工的目的，必须对绩效管理系统和薪酬管理系统进行相应的改善。

公平理论对于人力资源管理的意义更多地集中在薪酬管理方面，就是要实施具有公平性的报酬体系，这种公平体现在内部公平、外部公平、自我公平和程序公平四个方面，使员工感到自己的付出得到了相应的回报，从而避免员工产生不满情绪。

相比公平理论，目标理论对人力资源管理的意义则更多地体现在绩效管理方面。按照目标理论的要求，在制定员工的绩效目标时要注意以下三个问题：一是目标必须具体、明确；二是目标要有一定的难度，通俗地说就是让员工"跳一跳能够摘到桃子"；三是制定目标时要让员工共同参与，使员工能够认同和接受这一目标。

(四)行为改造型激励理论

这一理论主要是研究如何改造和转化人们的行为，变消极为积极，以期达到预定的目标。行为改造型激励理论以哈佛大学心理学教授斯金纳(Skinner)的强化理论最为典型，如图2-4所示。

强化理论对人力资源管理的意义在于：要建立完善的绩效管理体系和奖惩制度；对员工绩效考核不仅要注重目的，还要注重过程；要及时发现员工的有效行为和不良行为并及时给予奖励或惩罚，以达到引导和纠正员工行为的目的。此外，还要加强人力资源管理的培训活动，通过培训对员工的行为进行有计划、有目的地训练，不断强化，使员工行为与组织目标紧密结合起来。

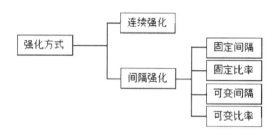

图2-4 强化方式的类型

上面最具代表性的几种激励理论对激励问题做出了比较深入和准确的研究，对人力资源管理的实践活动具有非常重要的指导意义。但要注意的是，这些理论都是在一定的条件和环境下得出的，因此都有相应的适应范围，并不是绝对的真理。在实践过程中，必须根据具体的情况灵活运用，不能生搬硬套。此外，这些理论对激励的解释基本都是从不同的角度入手的，不可避免地具有一定的片面性，因此实践中应当对这些理论加以综合运用。

二、人力资本理论

在知识经济时代，人力资本已超越物质资本成为最重要的生产要素。在发达国家，资本的75%以上不再是实物资本，而是人力资本，人力资本成为人类财富增加、社会进步的源泉。人力资本理论是人力资源管理理论的最新发展，日渐成为人力资源管理领域的研究热点。人力资本理论的创立者是美国经济学家西奥多·舒尔茨(T. W. Schultz)，其代表作为《论人力资本投资》。早在舒尔茨之前，西方经济学家亚当·斯密、萨伊和A.马歇尔等就提出过人力资本的思想，但却是舒尔茨在1960年美国经济学年会上发表了题为"论人力资本投资"的演说，系统、深刻地论述了人力资本理论，开创了人力资本研究的新领域，并由此而荣获了1979年的诺贝尔经济学奖。

舒尔茨的理论突破了传统理论中的资本只是物质资本的束缚，将资本划分为人力资本和物质资本。人力资本(human capital)是指劳动者赖以获得劳动报酬的专业知识与技能，是对人力资源进行开发性投资所形成的可以带来财富增值的资本形式。人力资本是对人或人力资源进行开发性投资所形成的，以一定人力存量存在于人体之中，可以带来财富增值的资本形式。人力资本也是人们以一定代价获得的并能在劳动力市场上具有价格(或价值)的素质、能力或技能。所谓"开发性投资"或"一定代价"，是指人们在教育、医疗、保健、迁移、劳动技能提高等方面的资源投入或费用支出。

舒尔茨认为，人力资本体现在人的身上，表现为人的知识、技能、资历、经验和技术熟练程度等，即人的素质和能力。人的素质和能力是通过人力投资获得的，因而人力资本可以理解为是对人力投资而形成的资本。从货币形态来看，人力资本表现为提高人力的各项开支，主要有保健支出、学校教育和在职教育支出、劳动力迁移支出等。舒尔茨指出，既然人力是一种资本，那么无论个人还是社会对其投资必然会有所收益。从这个意义上来讲，人力资本是劳动者的时间价值(收入)提高的主要源泉。因此，人力资本的大小或高低也可以表现在人力所有者(劳动者)的收入上。

理解人力资本的含义,要注意以下三个点。

(1) 人力资本是非物质的活的资本,是一种特殊劳动力资本,凝结于劳动者体内,表现为人的智能(知识、智力、技能)和体能,其中对人力资本最主要的本质反映是人的智能。

(2) 人力资本是由一定的费用投资转化而来的,如果没有一定的费用或资源(如时间、财富)投入就不可能形成人力资本。

(3) 个人所拥有的人力资本价值,可以通过生产劳动转移交换,并实现价值的增值。

人力资本是由人力资本存量和人力资本流量所构成的。人力资本存量是指人力资本现有的积累状况。人力资本流量是指人力资本投资的状况,构成人力资本积累的基础。从微观意义上来看,个人的人力资本存量和流量应当与企业等组织的要求和工作需要相适应。从宏观意义上来说,一个国家或地区常常从经济社会发展的角度,预测和确定社会和个人应当开发的生产能力的种类和数量,并进行人力资源的投资开发,从而使人力资本存量和流量与经济社会的需要相匹配。

三、企业文化理论

企业文化是20世纪80年代以来企业管理科学理论丛林中分化出来的一个新理论。企业文化理论虽然发源于美国,但是企业文化的实践却首先在日本得到较快发展。20世纪七八十年代,日本经济实现了腾飞,迅速迈入发达国家的行列。日本的产品以其无与伦比的高质量横扫欧美市场,企业竞争力令世界刮目相看。在这一背景下,美国管理学界掀起了一股研究日本企业管理的热潮。西方企业在总结了日本管理模式以后,系统地认识到文化因素在管理中的重要性。

这一研究的主要成果是发现了日本企业具有与西方不同的管理模式,而这种不同主要体现在对员工的使用和管理方式上,如终身雇佣、企业的家庭气氛等。在进一步探索中,他们还发现产生这一差异的根本原因在于民族文化的不同。这一认识在管理的发展历史上具有革命性意义,因为近代管理是伴随着西方革命而诞生的,所以一说起企业管理往往如同牛仔裤、可口可乐一样被视为西方文化的一部分。

日本管理模式的兴起,使人们认识到东方文化同样可以孕育出先进的与现代经济要求相一致的管理模式。这种管理模式与西方传统的模式产生差异的根本原因在于以儒教为代表的东亚文化中源远流长的人本主义精神。企业在追求目标利润的同时已经有意识地主动承担起培育员工精神文明的社会责任,如让员工统一着装、组织各种文艺团体等。对日本管理模式的研究,还有因跨国公司的迅速发展而出现的管理理论和实践的许多新领域,诸如企业文化、全面质量管理、团队工作、国际企业管理中的民族文化因素等。这些理论和实践无疑大大提高了对于人在组织中的作用和地位的认识。

20世纪70年代末80年代初,人力资源管理这一概念开始出现。同时,由于竞争范围的日益扩大,产品、技术及经营环境的更新变化日益迅速,在激烈的竞争环境中,越来越多的企业认识到竞争的关键是人才,于是"人是企业最宝贵的资产"这一口号被提了出来,人事管理工作也被提到战略的高度。

四、创新及相关理论

(一)学习型组织理论

彼得·圣吉(Peter M. Senge)在《第五项修炼：学习型组织的艺术与实务》一书中提出了一种全新的企业管理理论：学习型组织理论。该理论也被视为新的企业组织创新理论，因为它的研究目标是如何创造一个真正出色的企业，即一个能够设法使企业所有成员全心投入，并有能力不断学习的组织。五项修炼是学习型组织理论的精华所在。

第一项修炼：自我超越。它是学习型组织的精神基础。经过自我超越修炼以后，员工可以有效地转变被动地接受管理者指挥的状况，从而更加主动、积极和富有创造性地从事工作，整个企业也由此充满活力和创造力，这也正是人力资源开发的真谛所在。

第二项修炼：改善心智模式。改善心智模式的目的是使企业领导及其成员树立一种新的观念和意识，正视自己和企业的现状，跟上外部环境变化，采取有利于自己和企业未来发展的行动。其意义不仅在于新思想的注入，更重要的是介绍和传播一些先进的心理修炼方法。对人力资源开发管理创新来说，改善心智模式具有很强的操作意义。

第三项修炼：建立共同愿景。共同愿景建设与企业文化和企业精神等团队意识培养等有着内在的联系，它们都是人力资源开发、管理、创新所要解决的核心问题。

第四项修炼：团队学习。团队学习的一般形式是交谈，或称之为深度会谈。在深度会谈的过程中，人们学会集体思考、分析共同问题和学习新知识；树立群体的思维、情绪和行动等。所谓深度会谈技术，也就是企业人力资源开发与管理的一种沟通技术。

第五项修炼：系统思考。它是五项修炼的核心，其目的是培养组织及其成员系统观察和思考的能力，这些能力对于观察外部世界、审视自己的企业、决定未来的行动是非常必要的。

(二)企业再造理论

美国的迈克尔·哈默(Michael Hammer)和詹姆斯·钱皮(James Chenpy)于1994年出版了《公司再造》(*Reengineering corporation*)一书。该书的出版标志着企业再造理论的问世。企业再造理论认为，工业革命200多年以来，大部分的企业都建立在效率低下的功能组织上，这种状况极大地阻碍了企业的发展和创新。因此，彻底摒弃大工业时代的企业模式，重新塑造与当今时代信息化、全球化相适应的企业模式，是企业再造的根本思想。

企业再造理论是企业运行与外部环境变化的理论反映。然而，企业再造的关键是人的再造和企业队伍的再造。因此，企业再造理论为人力资源开发管理创新提出了两个新的课题：一是如何塑造一支新型的、适应变革的企业管理者和员工队伍；二是如何对现有企业的人力资源开发管理系统进行变革和再造。人力资源系统再造是企业再造的一个有机组成部分，在现实中这两项任务是紧密联系在一起的，或者说，培养和挑选一支适合再造工程需要的精干队伍是人力资源开发与管理创新的首要任务。

(三)人力资源开发与管理效益论

人力资源开发与管理的政策及所采取的各种各样的活动都是为实现企业目标服务的，因此衡量人力资源开发与管理效益的指标就是人力资源开发与管理对于企业目标的贡献份额和其本身所消耗资源之间的比率。然而，人力资源开发与管理与企业效益之间不是直接的线性关系，换言之，人力资源开发与管理能够给企业带来效益，也可能不带来效益。如果人力资源开发与管理的政策和活动有助于企业人力资本存量的提高，有助于人力资本作用的发挥，那么它对企业效益的影响就会是正效应；反之，如果人力资源开发与管理的政策和活动导致企业人才流失，员工对企业认同感下降，工作效率低下，那么它对企业效益的影响就是负效应。但是，人力资源开发与管理对企业效益的最终影响是正效应还是负效应，有时是很难确定的。正因为人力资源开发与管理与企业效益之间具有"黑箱"的关系，为了降低前者的政策与实践活动对于后者的负效应，企业管理部门期望通过人力资源管理绩效的考评，及时发现问题，纠正错误，总结和归纳成功的经验，将人力资源引导至为实现组织目标服务上来。20世纪80年代以来，人力资源开发与管理的评估取得了巨大进步，但是与能够付诸实践还相距甚远。人力资源开发与管理效益评估的困难在于：人力资源开发与管理效益的间接性、人力资源开发与管理效益的滞后性、人力资源开发与管理效益的全面性。

根据人力资源开发与管理效益与企业效益之间关联的程度，可划分为人力资源开发与管理的直接效益和间接效益。人力资源开发与管理的直接效益，是指人力资源开发与管理活动本身所取得的价值与所花费的成本比例关系；人力资源开发与管理的间接效益，是指人力资源开发与管理的政策和活动所导致的企业效益。人力资源开发与管理的直接效益以人力资源开发与管理活动本身作为评价对象，考察相关活动在企业内部所导致的变化；人力资源开发与管理的间接效益是将人力资源开发与管理作为一个整体或者企业管理的一项重要职能，考察其给企业整体带来的变化。

本 章 小 结

人力资源管理理论是研究人力资源管理全过程的规律和方法的理论，揭示了如何调动、使用、开发人力资源及充分利用人力资源来推动社会与经济的发展。沿着历史脉络，传统的人力资源管理理论始于欧洲18世纪的工业革命时期，该时期的一些政治经济学家对此做出了相应的阐述。与工业革命相伴产生的是欧美工厂的福利人事管理阶段，大约从1910年开始，"福利工作"逐渐弱化，并被"人事管理"所替代。其后，泰勒在科学管理理论基础上逐步建立了人力资源管理理论和技术体系，有其深刻的时代特征和局限性。

在西方的人力资源管理理论中，几种人性假设理论根据不同的依据，产生相应的不同的各种管理理论，对企业管理有很大的启发。对人性的认识是一个逐渐深化的过程，需要管理者在工作中不断探索和提炼。其中，X理论以"经济人"的人性假设为依据，行为科学理论揭示了"社会人"的人性假设，Y理论提出了"自我实现人"假设的人性观，超Y理论则在对"经济人""社会人"与"自动人"假设进行认真考察的基础上提出"复杂人"的观点，而Z理论强调了"彼我一体"的团队精神、"义利合一"的价值取向、"诚信统一"的处世之道、"奉献与感恩相应"的伦理原则等。

此外，人力资源管理发展至今，还提出了诸多注重人与组织及企业文化的理论，包括企业文化理论、激励理论、人力资本理论、学习型组织、企业再造理论及人力资源开发与管理效益论等，为管理实践提供了理论指导。

思 考 题

1. 简述西方四种人性假设的基本观点。
2. 人性假设对人力资源管理的意义是什么？
3. 人力资源管理为什么要重视激励理论？
4. 人力资本和人力资源有何联系和区别？

实 践 应 用

腾讯HRVP奚丹：腾讯对"人"的理解

腾讯高级副总裁、人力资源负责人奚丹说，"人不是雇员，也不是生产力，而是腾讯最有价值的资源，是腾讯的第一财富。"任何组织变革的基础都在于"人"。腾讯在业务上的彪悍发力，背后是大量高素质员工和强大的人力资源培育体系的支撑。

腾讯对"人"的理解

2005年的那次架构调整，奚丹是主要策划者之一。他加入腾讯时，公司处于上市前期，两件事让他颇感"惊讶"：一是腾讯全体员工都配有期权，这在那个年代很罕见，"这是在制度上捆住员工一起做事的心态"；二是腾讯早期用户迅速增加却没有盈利模式时，管理层愿意为了让员工得到生活上的保障，而自己"节衣缩食"，甚至做帮别人建网站之类的零活。

事实上，腾讯的架构调整，正是一次人与业务并行的资源调配。腾讯不仅在产业层面考虑如何在专业分工的基础上，在每个领域扎得更深，而且直接将优秀人才的发展空间设计在调整框架内。结果如你所知，这样的架构成就了腾讯此后六七年在各领域的高速发展。

"人"一直是腾讯的重要命题。它不仅在产品方面有"一切以用户价值为依归"的理念，在用人方面也体现了人本的价值观。

中国互联网大公司中，腾讯是校园招聘比例较多的一家。这其中肯定有创业时期难以找到足够专业人才的历史原因；但上市至今，腾讯依然刻意保持50%的校招比例。它愿意给那些有想法的年轻人提供机会，只要行政资源允许，会尽可能让每一位应聘者都得到笔试机会，并在招入后尽可能地培养他们。当然，在选人上会刻意去寻找那些认同腾讯价值观，并热爱互联网的年轻人。

"腾讯不会为短期目的而招聘，一旦招聘对象进入公司，就希望他能和大家一直共事。"奚丹说。这些要求同样适用于那些高层次的稀缺人才，腾讯不欢迎短期"逐利者"，无论他的专业水平多高。倘若一个人要进入腾讯，往往要经历几轮面试，不仅有分管领导，还要和团队内的成员交流业务——他们要考察新人是否能和团队和谐相处。

腾讯这一次架构调整的具体内容对外界来讲仍是悬念，但理念调整已经完成。2011年之前，腾讯的管理理念有四条：关心员工成长、强化执行能力、追求高效和谐、平衡激励约束。现在的腾讯更是把管理聚焦于人，新的管理理念只有一条——关心员工成长。

无所不至的"关怀"

"如果你不热爱互联网，没有理想，真的别来腾讯，在这里工作挺艰苦的。"一位HR

负责人常这样对求职者说。

腾讯具有一种自发的行进动力，几乎所有人都沉浸于狂热却辛苦的产品氛围中。让员工心无旁骛的前提是，腾讯帮他们解决了大部分"世俗"问题。

生存是人最基本的需求。在业界，腾讯一直以高薪著称。奚丹说，"腾讯员工的收入应该和腾讯在业界的地位相匹配。"每年，人力资源都会对各岗位的薪酬水平做调研，并做出相应的调薪方案，让腾讯始终保持具有竞争力的薪酬。对员工来说，他们只需努力工作，自然会获得满意的收入，无须为此患得患失。

生存之上是安全的需求。这主要靠福利体系解决。腾讯的福利可谓"无所不至"。2017年，福利体系已经蔓延至"腾讯家庭"。奚丹他们通过调研发现刚毕业 3～5 年的员工离职率较高，主要原因就是买房压力，"我们相信员工未来一定有能力安居乐业，只是在刚毕业的 3～5 年，特别是高房价的大环境下会有压力，很多人觉得现在不买，以后更没机会买了。如果我们能提供一些资助，让员工提前买房，他就会安心工作。"这正是腾讯"安居计划"出台的背景。

"福利"还体现在公司对员工生活细节的照顾：每晚保安会推着餐车将加餐送至员工的办公桌前；北京办公室地处市中心繁华地段，但依旧有通往各大住宅区的班车，每当下班发车时，人和车都浩浩荡荡的；还有，腾讯提供各类免费运动场所，甚至将班车开到运动场门口。

满足了生存和安全需求，员工们开始寻找爱与归属的社交需求。从加入腾讯开始，一系列相关计划就开始运行。腾讯的入职培训不仅是"教化"，还包括很多社交内容，新员工会被分组完成各类任务，既促进团队合作，又培养主动工作意识。此外，新员工还会被指定一位老员工做"导师"，导师负责解答他们在腾讯的任何问题，甚至包括"我想去哪里吃饭"等生活问题。

腾讯还推出了"健康加油站"项目，在公司内设有问诊室，返聘了很多退休医生。他们还开通了一条 7×24 小时专业医生值守的 400 热线电话，员工和员工家属都可以拨打。工作压力大了，和上级发生矛盾了，郁闷了都可以求助；太太怀孕了，不知道如何照顾，也可以求助。

对于最高层次的"自我实现需求"，在腾讯，是通过 TTCP(技术职业发展通道管理委员会)完成的，它就像腾讯的"黄埔军校"。在 TTCP 那里，技术人才被分为六个级别，从 T1(工程师)到 T6(首席科学家)，每个级别的职员都会得到详细有效的提升培训计划。当然，做技术不是唯一出路，除了 TTCP 外，腾讯还提供各类职业通道体系，在腾讯学院设有学分制培训计划——就像大学中的选修课，员工凭特长和兴趣自由选择，既包括管理，也有技术、设计、产品、市场等内容。

HR：从管理到服务

HR 能像做互联网产品经理那样工作吗？奚丹的回答是："能!"在他看来，人力资源不是管理，而是服务。人力资源部门和腾讯业务部门一样，理念是"一切以用户价值为依归"。

腾讯要求人力资源部门把"用户"识别到"人"。比如，在招聘环节，用户就是具体业务部门的负责人；制定薪酬福利时，用户就是腾讯员工。在腾讯的业务体系内流传着一句话，"真正的用户需求是说不出来的"，产品经理要有将需求具体化的能力，人力资源部门亦然。

HR 用做互联网产品的方式为来自业务部门的面试官提供招聘工具。当业务部门提出用人需求时，人力资源部门首先会在公司内选择三个以上优质员工样本；然后再建模、扫描，分析这些员工背后的成功因素，比如逻辑思维很好、对数字敏感、善于学习等；然后再对这些成功因素倒推并具体到行为，再根据行为制定面试问题，最后在问题后附上可能的答案并给出分值。

当遇到和员工相关的事项，人力资源部门都会进行调研，甚至新建办公楼的女卫生间要坐式还是蹲式马桶都要广泛征询员工的意见。每当有新项目开始，员工的RTX系统内就会出现问卷，能随时看到结果。"只要意见得以快速落实，员工的主动性就高；此外，员工有自主选择权，没兴趣的问卷可以不回答。"上述HR负责人说。他们还会把握尺度，避免员工因问卷太多陷入新的麻烦。此时，腾讯的产品把握能力再度派上用场，问卷只会定向发给相关员工。

"瑞雪计划"

深圳腾讯总部，窗外就是马化腾的母校深圳大学。有员工说，腾讯的氛围像一所大学，纯美。很多人愿意一直工作在腾讯，因为这里很"有爱"，相对纷繁复杂的社会，这里更像个世外桃源。对于社会上一些不良现象，腾讯无能为力，但在公司内部，腾讯希望能将这些逐渐净化。

在腾讯，你时而会听到他们表扬他人"你真瑞雪"，或是批评"这不瑞雪"。瑞雪，是腾讯2006年推出并倡导的一种生活方式。因为瑞雪一方面代表着"兆丰年"的美好前景；另一方面，瑞雪能冻死细菌和害虫，象征弃恶扬善。

当年的瑞雪项目是杜绝"逆乘电梯"。为此，他们召集了很多热心员工，作为"瑞雪使者"，戴着一个小值班袖标站在电梯口请大家排队。现在腾讯各处，员工都会自觉排队。腾讯HR负责人说，"瑞雪关注的是小行为，但腾讯希望用好的氛围同化大家，至少在公司的环境里相互信任、相互尊重，不把那些对社会的焦虑和抱怨带到工作中来。"

"瑞雪计划"也在不断升级。从最初的文明乘梯、文明排队等社会内容，已经逐渐演变到职场内容。比如，某年瑞雪的主题是针对组织效率提升，号召"瑞雪会议"，减少那些无聊而冗长的会议。

(资料来源：腾讯HRVP奚丹：腾讯对"人"的理解. 2018-09-17. https://www.sohu.com/a/254315325_99909499.)

【思考题】

1. 腾讯应用了哪些人性假设理论，是如何应用的？
2. 腾讯的员工管理给你带来了什么启示？

微课视频

扫一扫，获取本章相关微课视频。

"人因"管理理论

激励理论

第三章　战略性人力资源管理

【学习目标】
1. 认识战略性人力资源管理的内涵与特征。
2. 了解战略性人力资源管理的主要模式及理论学派。
3. 熟悉战略性人力资源管理的职能角色及模型。
4. 掌握人力资源战略与企业整体战略之间的关系。

【引导案例】

华为人力资源支撑战略的秘诀：业务领先模型

IBM 的"业务领先模型"(business leadership model，简称 BLM)是一个完整的战略规划方法论。这套方法论是 IBM 在 2003 年的时候，和美国某商学院一起研发的。后来，这个方法论成为 IBM 公司全球从公司层面到各个业务部门共同使用的统一的战略规划方法。业务领先模型如图 3-1 所示。

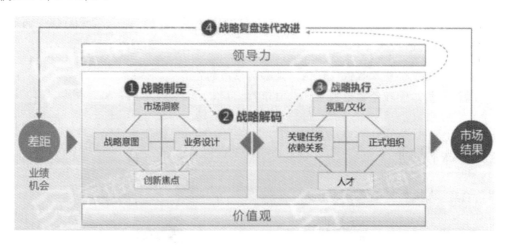

图 3-1　业务领先模型图

业务领先模型分为三部分，最上面是领导力，公司的转型和发展归根结底在内部是由企业的领导力来驱动。下面两部分被称为战略和执行，好的企业战略要有好的战略设计，也要有非常强的执行。没有好的执行，再好的战略也会落空，但执行不是空谈，执行是需要具体内容来进行支撑的。

一、BLM 的八个黄金准则

BLM 认为企业战略的制定和执行部分包括八个相互影响、相互作用的方面，分别是战略意图、市场洞察、创新焦点、业务设计、关键任务、人才和正式组织、氛围与文化等。

第一，战略意图是战略思考的起点。按照业界广泛采用的 SMART 原则，设立一组相应的、具体的战略目标。好的战略规划，起始于好的战略意图的陈述和战略目标的表达，这是战略规划的第一步。

第二，市场洞察力决定了战略思考的深度。其目的是为了清晰地知道未来的机遇和企业可能碰到的挑战与风险，理解和解释市场上正在发生着什么，以及对公司未来的影响。IBM 在 20 世纪 90 年代的战略转型能够得以开展，正是围绕郭士纳对两个市场机会的深刻洞察：即服务业务在 IT 行业的巨大前景和对整合 IBM 资源的重要意义，以及网络化的电子商务模式使 IBM 有可能超越微软和英特尔主宰的个人电脑时代，重新回到 IT 行业的中心。

第三，把创新作为战略思考焦点，以捕获更多的思路和经验。好的创新体系是企业与市场进行同步的探索和实验，而不是独立于市场之外的闭门造车。

第四，战略思考要归结到业务设计中。即要判断如何利用企业内部现有的资源创造可持续的战略控制点。好的业务设计要回答两个基本的问题：新的业务设计能否建立在现有能力的基础上；否则，能否获得所需要的新能力。

第五，关键任务设定统领执行细节。关键任务是连接战略与执行的轴线点，给出了执行的关键任务事项和时间节点，并对企业的流程改造提出了具体的要求。

第六，正式组织是执行的保障。在展开新业务的时候，一定要舍得投入人力和资源。同时要建立相应的组织结构、管理制度、管理系统及考核标准。否则执行的结果往往会大打折扣。

第七，人才要有相应的技能去完成战略的执行。这包括技能的描述，以及获得、培养、激励和保留人才的措施。

第八，氛围与文化。常见的管理风格包括强制式、身先士卒式、教练式和授权式，在知识密集型经济时代，大多数成功转型的企业，最终都逐渐形成了开放、授权、共享的氛围和文化。

二、人力资源工作如何更好地支撑业务战略？

以前各部门的业务战略规划讨论后，往往束之高阁了，怎么落实是缺失的。而且以前制定战略的时候，人力资源是不被邀请的。唯一参与的是，在业务战略里需要补充 1~2 页人力资源规划，也就是说，让 HR 来填个空就行了。

在销售体系和 IBM 合作领导力项目的时候，IBM 给华为介绍过 BLM，它左半部分为 VDBD 模型(基于价值驱动的业务设计)，右半部分则是把战略制定和执行一起系统考虑的工具。

这个工具，系统考虑战略制定后要通过组织、人才、氛围来支撑战略的成功。要保证战略执行，组织是否有效匹配战略？人才的数量和质量是否匹配战略需求？文化和氛围方面是否支撑战略？也包括激励是否能有效促进战略的实施？当我们看到这个工具的时候，发现它正好可以弥补业务部门战略落地的缺失，促进业务和人力资源战略的有效连接，于是将 BLM

引入到研发并推广。

人力资源工作产生效果需要时间，需要前瞻性地考虑业务战略对人力资源管理的需求，主动和业务需求对接，主动思考如何保证战略有效实施。

举个例子，关于研发人员结构的问题，以前我们一直说，华为员工的平均年龄是27岁左右，20多年一直是这样的，因为公司发展很快，不断吸收新鲜血液。

但在2009年我们做推演时发现，如果不对人员结构进行有效的管理，这个平衡很快就会被打破，并且是不可逆的，5年之后研发人员的平均年龄达到30岁，再过8年，平均年龄达到35岁。

2009年公司招聘还强调招15级及以上的。但一般来讲，软件工程师编码的黄金时期是二三十岁(这并不表示40岁以上就不编码了，我们依然需要经验丰富的人员编写核心代码)，因为这个时期的创造力是最佳的。

如果我们不改变招聘政策，合理管理研发人员的结构，华为公司可能会越来越"老化"、越来越没有活力，研发成本也将急剧上升。

我们建议公司调整招聘策略，针对软件工程师这一职位，加大对应届生的招聘(包括对优秀本科生的招聘)。不仅要对人员的数量和质量进行管理，还要对人员结构和成本进行有效管理。

战略制定包括业务战略和人力资源战略。要从战略制定到战略执行整体来看，业务战略部分讨论清楚后，就要考虑组织、人才、文化氛围、激励如何支撑业务战略的实施。

人力资源管理和业务管理不再是割裂的两张皮了，现在的战略制定，HR不再是可有可无，在战略执行环节HRBP是引导员，成为主力。业务部门做80X规划的时候，就有业务战略和人力资源战略两个部分，并形成了例行的机制在各部门推行。后来，公司固化在战略管理流程中。

(资料来源：剖析华为人力资源支撑战略秘诀：BLM模型. 2019-11-04. https://www.rlzygl.com/management/20.html.)

第一节　企业战略理论

战略的原始含义是指军事谋划。随着人类社会的发展，"战略"从军事神坛中走出来了，开始演变为包含一切对事物发展有重大影响的谋划。企业战略管理也就是指企业家们根据企业所处的环境，为企业将来的发展做出整体性规划及管理的一系列活动。一般来说，企业战略包括公司整体战略和各具体部门的职能战略，如果是大型公司则还有一个中间层的"竞争战略"，这三个层次的战略是相互影响与关联的。

企业战略管理专家安索夫(H. Igor Ansoff)把企业生产的产品、企业的核心竞争力、企业间的协同与企业产品能够影响到的市场作为企业战略的四大要素，并认为这四大要素始终存在于企业经营管理之中。著名战略管理专家安德鲁斯(K. Andrews)把战略等同于决策模式。美国学者申德尔(Dan Schendel)等人认为企业在制定战略时，应该考虑企业的外部环境与企业自身的资源配置的相互影响问题。企业战略理论中与企业人力资源管理相关的企业战略内容主要体现在以下四个方面。

一、愿景和战略目标

愿景(vision)是战略家对前景和发展方向的一个高度概括的描述,这种描述在情感上能激起人们的热情,清晰的、具有企业家精神的、睿智的愿景是有效地进行战略领导的一个前提条件。战略目标则是构成企业战略的基本内容,是在一些最重要的领域对企业使命的进一步具体、明确的阐释,是企业在完成基本使命过程中所追求的长期结果,反映企业在一定时期内经营活动的方向和所要达到的水平,既可以是定性的,也可以是定量的,比如竞争地位、业绩水平、发展速度等。战略目标具有宏观性、长期性、全面性、相对稳定性等特点,一旦设定,就支配和控制了企业全部战略经营活动,贯穿于战略经营活动的全过程,既是企业今后长期奋斗的目标,也是全部战略管理工作的核心。

组织愿景与战略目标是战略视角下人力资源管理具体工作设计和实施的依据;是构建战略性人力资源职能体系的出发点和前提。组织愿景描述了企业未来的方向,愿景明晰能给组织战略视角下的人力资源管理制定发展的正确方向和提供必要的支持动力。每个企业必须建立自己的战略目标和组织愿景。

二、企业生命周期假设

从企业长远发展的战略角度来看,任何企业都会有生命周期。企业生命周期可以分为创业的创业期、创业的成长期、创业的成熟期、创业的衰退期四个发展时期。人力资源管理在企业不同的发展时期有不同的功能与工作内容。很难在企业创业阶段就完全准确地制订出完善的企业人力资源战略计划,通常是随着企业生产规模的不断扩大,市场前景才越来越明朗,企业家们才开始考虑企业比较长远的发展,人力资源管理才得到特别重视。农业企业发展瓶颈要素随着管理技术的发展已经从企业的规模实力、流动资金和市场占有率等"硬指标"转移到企业的人力资源管理的"软件"环节,当企业达到一定规模时,企业的人力资源管理就承担了特别重要的战略作用。从战略人力资源运行的特征上来看,战略视角下人力资源管理的最佳适用时期是企业的成长期和成熟期。

三、企业核心竞争力

按照战略专家迈克尔·波特(Michael E. Porter)的核心竞争力理论,任何企业的发展必须要有其核心竞争力。人类进入 21 世纪以来,国际范围内的技术、经济和社会正在发生着重大变化,我国企业的战略环境也同样发生了巨大变化。传统的人力资源管理受到了前所未有的挑战,企业的人力资源管理开始从事务性走向战略性。人力资源管理在整个企业管理中的重要性正在日益显著地体现出来。虽然企业传统的人力资源管理在管理手段和局部管理模块适当改进后会有暂时性发展,但企业战略与传统的人力资源管理常常表现出不协调,从而形成重要矛盾。这说明企业的人力资源管理必须突出与企业战略相结合。企业战略与企业人力资源的关系主要表现在三个方面:①根据企业资源理论可知,企业战略视角下的人力资源管理是获取企业竞争优势的重要途径;②企业战略从分析、制定到执行都离不开"人",只有在战略视角下,才能真正通过抓企业的人力资源管理来提升组织绩效;③战略视角下的人力资源管理正是通过综合考虑企业战略与支持企业战略的相应人力资源科学管理来组成企业在市场竞争中的核心竞争力，并保持优势地位。

四、企业资源基础理论

巴尼(Barney)在 20 世纪 80 年代末提出了企业战略理论中关于企业如何获得竞争优势的企业资源基础理论，主要论述企业如何创造并保持可持续竞争优势的内外部资源。该理论强调，企业资源具有异质性，且难以转移，具有价值性、稀缺性、难以模仿和无法替代的资源是企业可持续竞争优势的来源，但仅凭资源无法创造优势，只有资源相互配合，形成能力，才会给企业带来竞争优势。任何一个组织都是独特的资源和能力的组合，这些资源和能力的独特性是实现企业战略和超额利润的基础。在全球化竞争和知识经济时代，企业的竞争优势来源于企业内生的核心能力。核心能力是企业内部的累积性学识，是协调不同生产技能和有机结合多种技术流的能力，是要求组织整体协同的(Prahalad & Hamel，1990)。这些能力主要体现在组织信息控制、组织运作、人力资源管理和其他管理方面的技能。从长期来看，企业生产的其他要素都可以变化或替代，只有人力资源这个要素是其他企业无法复制的，因此人力资源就成为了体现和形成企业核心竞争力的重要源泉，成为了企业战略成功制定和实施的核心要素。麦克马汉(McMahan, 1992)提出企业的资源基础必须是企业总体战略的统筹安排，孤立的企业资源在人力资源管理中不能形成企业的持续竞争优势。该理论强调企业只有结合企业总体战略和企业管理其他方面的基础资源，才能通过企业的人力资源管理形成企业自身的核心竞争力。

企业战略理论对于本书的指导主要体现在将企业战略总目标层层分解成各工作岗位的工作职责与任务，这不仅有利于人力资源管理工作对各部门的人事关系统筹协调，还有利于企业人力资源体系的科学创建。

第二节 战略性人力资源管理概述

一、战略性人力资源管理的内涵

自 1980 年开始，人力资源管理研究由微观导向转为宏观或战略导向，即"战略性人力资源管理"(strategic human resource management，SHRM)。

沃克(Walker)1978 年在其文章《将人力资源规划与战略规划联系起来》中初步提出将战略规划与人力资源管理联系起来的思想。这是战略性人力资源管理思想的萌芽。1981 年，戴瓦纳(Devanna)等在《人力资源管理：一个战略观》一文中第一次明确地提出并深刻分析了企业战略和人力资源的关系，标志着战略性人力资源管理的产生。他们明确地提出了战略性人力资源管理的概念，并把人力资源管理划分为三个层次：战略层、管理层、操作层。战略层的人力资源管理以企业愿景和目标为基础，制订企业长期的战略计划和目标，并根据目标及现状，制定相应的人力资源组织定位、管理制度和中长期目标。管理层的人力资源管理针对如何达成企业战略和人力资源管理目标，操作层的人力资源管理则根据规划来进行具体执行，简单的理解就是传统六大模块中的招聘、培训、薪酬、员工关系等基础操作类工作。

1984 年，比尔(Beer)等出版的《管理人力资本》标志着人力资源管理向战略性人力资源管理的飞跃。舒勒(Schuler，1992)认为，战略性人力资源管理就是使员工具备实现组织战略所必需行为的一切管理活动。舒勒还对战略人力资源管理的层面进行了划分，认为它是哲学(philosophy)、政策(policies)、程序(program)、实务(practices)和流程(processes)五个方面构成的 5P 模型，并强调 5P 模型内部要保持高度一致，应与组织的战略业务需求系统地结合起来。

现今，被广泛接受的是莱特(Wright，1992)对战略人力资源管理的界定："为使企业达成目标所进行的一系列有计划的、具有战略性意义的人力资源部署和管理行为。"他们把战略性人力资源管理理解为一套模式，从更宏观和系统的角度来看待战略性人力资源管理与组织绩效之间的关系。

不同的学者对战略性人力资源管理的界定并不完全相同，但存在共同点：①强调人力资源管理与战略的结合，从企业的角度来考虑人力资源管理；②强调人力资源管理是一个多层面的概念，不同层面应该有机地结合起来为企业战略服务；③人力资源管理的各项职能应保持高度一致，共同为企业服务。世界各类跨国大公司的实验证明，企业战略性人力资源管理不仅能够确保企业绩效，还能够获得并保持企业可持续发展的竞争优势。

综合国内外学者的定义，可以将企业战略性人力资源管理定义为：企业战略性人力资源管理有别于扮演单一职能性角色的传统人力资源管理，是以对企业全部资源系统进行战略性整合为导向，把组织战略目标分解渗透到人力资源管理体系中，强调企业战略管理过程中人力资源实践与企业其他管理活动间的契合协调，通过加强人力资源的各项管理职能，灵活应对因为内外部环境变化而调整的企业战略，从而使企业管理各部门产生协同效应，并通过员工的具体岗位工作行动来推动企业提升绩效，创造并保持企业竞争优势，最终实现企业战略目标。简单而言，战略性人力资源管理就是企业为实现企业战略总目标而对企业各级各类员工使用规划、考核和培训等各方面进行的一系列综合性的长远谋划方略及管理实践活动。它是人力资源管理理论发展的高级阶段。

战略视角下的人力资源管理强调对通过企业管理中"人"的科学利用来增强企业的核心实力，只要将企业中每个员工的能量用到最优，那么企业的战略目标也就实现了。战略性人力资源管理与传统企业人力资源管理相比具有不同的内涵和工作重点，如表 3-1 所示。

表 3-1　战略视角下的人力资源管理与传统企业人力资源管理的比较

	战略视角下的人力资源管理	传统人力资源管理
总负责人	总经理(必要时可以是董事长)	人力资源部或行政部门
具体内容	各岗位人员长远而整体的统筹安排与考核	日常事务管理
负责人技能	概念性的技能与人际交流的能力	技术技能、交流技能
与企业总战略关系	属于企业总体战略的表现	属职能层面的战略
与外界关系	关系密切	接触少
与企业改革创新关系	主动引导企业改革创新	被动的适应企业改革创新

从表 3-1 中可以看出，战略视角下的人力资源管理与传统人力资源管理相比，从局部考虑转变成整体思维，从事务管理转向战略谋划，不仅把员工当成企业实现战略目标的重要因素和成本，还将员工推到了企业改革的浪尖，充分发挥了员工的主观能动性。因而，战略视角下的人力资源管理在实践中日益成为组织进行构建核心竞争力的工作重点。

二、战略性人力资源管理的特征与主要模式

(一)战略性人力资源管理的特征

(1) 人力资源的战略性。企业拥有的人力资源是企业获得竞争优势的源泉。战略性人力资源(strategic human resources,SHR)是指在企业的人力资源系统中,具有某些或某种特别知识、能力和技能,或者拥有某些核心知识或关键知识,处于企业经营管理系统的重要或关键岗位上的人力资源。相对于一般性人力资源而言,战略性人力资源具有某种程度的专用性和不可替代性。

(2) 人力资源管理的系统性。这是指企业为了获得可持续竞争优势而部署的人力资源管理政策、实践及方法、手段等构成的一种战略系统。

(3) 人力资源管理的匹配性。人力资源管理的匹配性又称契合性。它包括纵向契合和横向契合,纵向契合,即人力资源管理必须与企业的发展战略契合;横向契合,即整个人力资源管理系统各组成部分或要素相互之间的契合。

(4) 人力资源管理的目标导向性。这是指战略性人力资源管理通过组织架构,将人力资源管理置于组织经营系统,以促进组织绩效最大化。

(二)战略性人力资源管理的主要模式

1. 哈佛的 SHRM 模式

1984 年,美国学者比尔(M. Beer)等在《管理人力资产》一书中提出了"哈佛模式"。哈佛模式的分析架构由六个基本要素构成,分别有情境因素;利害关系人的利益;人力资源管理政策的选择;人力资源产出;长期的形势;影响组织与利害关系人的产出所成立的反馈圈。

哈佛模式是一个政策选择模式,其中利益相关者的利益与不同情景场合因素属于自变量。人力资源管理中政策选项是雇员影响、人力资源流程、奖励系统和工作系统等四个领域。它们都很重要而且是可控制的,换言之,是可以进行人为干预的。该模式强调开发、培训、员工的承诺与素质、充分运用人的潜力。因为强调人事主题中"软"的方面,所以被大家习惯性的称为人力资源管理中的"软模式"。该模式的理念一直影响着全球的人力资源管理理论与实践。

与其他模式相比,哈佛的人力资源管理模式较为注重员工对组织的承诺,及组织对员工工作所需专业能力的训练与培养,而该模式的最终目标,是期望能够促进个人生活品质的提高,以及自我实现与成长,因此这个模式充分说明了以"人"为本位的终极思考。该模式未联结组织的绩效,在人力资源管理的成果方面仅有人事成本效能一项指标,似乎未能表现人力资源管理的战略性角色,忽略了 SHRM 对组织绩效提升的贡献程度。但是,这个模式确实对员工工作生活品质保持极高的重视,的确也为后来员工个人发展与工作生活品质的发展建立了良好的基础。

哈佛模式的优点特别强调了最高管理层和劳动力市场对人力资源管理的影响,除了股东外,员工也被视为核心的利益群体。该模式的缺点是,顾客、环境未能被当作核心的利益群体加以考虑,作为人力资源管理各项职能基础的企业愿景未受到应有的考虑。

2. 密歇根的 SHRM 模式

美国学者戴瓦纳(Devanna)、佛姆布兰(Fombrun)和堤奇(Tichy)三人 1985 年在论文《战略人力资源管理框架》中提出了人力资源管理的密歇根模式，与哈佛模式对立被称为"硬模式"。该模式指出，战略性人力资源管理会受到三个外部力量的影响。当企业外部环境变动时，如政治、经济、文化与科学环境因素改变时，都会影响组织内部的竞争策略、组织结构与人力资源管理方式，只有通过组织内部之间相互协调运作，才能使组织适应环境的挑战，达到永续经营的组织目标。因此，如果能将人力资源部门层次提升到战略性的地位，便有助于有效管理组织的人力资源，提供上层经营管理者具有战略性的经营方针，顺应外部环境的变动，使组织在面对持续变动的市场时，可以迅速有效的反应，以顺利应对市场的挑战。

密歇根模式的优点是模型简约，仅有四项职能的模型，使得跨文化人力资源管理成为可能。人力资源四项职能是一个含有反馈机制的连续过程，绩效是这个系统中的因变量，其他各个职能都指向它。该模式的存在自 20 世纪 80 年代以来一直被各国所重视，但该模式没有考虑跨文化因素的缺点。

3. 克雷曼的竞争优势模式

1997 年，由学者克雷曼(Kleiman)所建构的人力资源管理模式中，提出了竞争优势的变量，试图将人力资源管理系统联结到组织的竞争优势上来，让每个组织均通过交易型领导与产品差异性策略展现出不同于其他组织的竞争优势。总而言之，克雷曼认为正是因为人力资源管理系统，才使它具有难以被其他组织模仿的特性，更具有竞争的优势性。

克雷曼所提出的人力资源管理模式具有其研究价值，其主要特点是试图将人力资源管理实务区分为以下三类：①甄选前的实务。甄选工作包括人力资源规划和工作分析。组织首先必须规划工作的类型并界定此份工作所需要的条件。②甄选的实务。这包括招募新进的员工及评量他们的工作条件，并且选择适合该工作的员工。③选择后的实务。这包括使组织中员工绩效得以最大化，使员工工作获得满足感，试图提供员工必要的知识与增加员工在工作上的表现机会，或者创造工作环境让员工能够达到组织所要求的目标。这些工作包括训练、绩效评估、奖赏计划或者组织所施行的改革计划等。

就克雷曼的人力资源管理模式来讲，另外还有几项外在环境的因素会影响人力资源管理，包括合法的环境、工作正义的法规、工会的性质、安全的保障、国际化的影响等，这些因素都会影响人力资源管理的实际状况。

4. 程序调整与整体变革的 SHRM 模式

程序调整与整体变革模式提出战略性人力资源的涵盖范围不仅是特定的人事措施，更是基于组织内外环境的综合考虑，因此战略性人力资源管理的落实工作也应是全面性的。学者派恩斯(Pynes)在 2004 年提出的整个战略落实包括六个步骤：①界定组织战略条件。即评估组织施行战略性人力资源管理的基本条件。②评量工作负担。界定施行时所需实施的工作内容。③测评能力。测评能力是指测评人员是否具备推动相关工作的知识和技能。④人力组合评量。即基于跨单位的原则，评量推动工作过程中，相关单位所需配合支援的人力。⑤落差分析。当开始执行时，需进行定期与不定期的成果评量，以了解目标与成果之间的落差。⑥提出解决方案与未来发展途径。针对前项落差提出应对方法，同时对下一阶段的发展进行修正。

2005年，学者莱格(Legg)提出推动战略性人力资源管理将会受到下列两项特性的影响：一是组织的生命周期。一般而言，组织的成长过程可分为创始期、成长期、成熟期、衰退期四个不同阶段，每一个阶段的人力资源问题与需求均各不相同，因此推动战略性人力资源管理时，必须先评估组织当前所处的成长阶段。二是配合组织条件。推动战略性人力资源管理也要能"因地制宜"，若组织工作以创意性工作为主，则应强调激发人员创新能力，或是对不同专长人员进行整合；若组织工作以成本控管为主，则要明确规范人员工作内容与工作程序。

5. 瓦立克的SHRM模式

瓦立克的战略人力资源管理模式由亨得利(Hendry)和佩蒂格鲁(Pettigrew)这两位学者提出，该模式从哈佛架构延续了人力资源管理的五个要素。其要素分别为人力资源管理的含义、企业与外界的关系网、内部人力资源管理的系统网络、企业的战略部署、企业内部管理框架系统。

该模式考量企业的人力资源管理战略、人力资源管理实务与活动运作的外部及内部环境网络，以及变迁发生的过程。该模式的优点在于提出一些人力资源管理的重要环境影响。亨得利和佩蒂格鲁于2009年指出，当组织正达到外部与内部网络的调和时，将会体验到较优越的绩效。

总之，培育和发展核心能力是企业长期的、根本性的战略，而知识工作者是核心能力的主要载体。企业必须进行战略性人力资源管理，以吸引、培育、发展、留住和凝聚优秀人才，增强企业人力资源竞争力。现代企业迫切需要提高人力资源管理能力和人力资源竞争力。我国企业进行战略调整和转型的关键因素是人力资源管理的转型升级，即从常规性人力资源管理升级为战略性人力资源管理。

三、战略性人力资源管理理论学派

企业战略性人力资源管理相关的学派主要有如下四个。每个学派都从不同角度阐述了企业战略性人力资源管理的工作重心。

1. 角色理论

角色理论认为，一个人的行为是受其担任的相关角色决定的，任何人发生某种角色行为与别人发生关联时，都会产生角色期望。因此，企业通过战略性人力资源管理赋予职工在企业中担任一定的角色，并让其角色的责权利与企业战略保持一致，这样职工就会满足企业内各种角色伙伴(如上下级)、组织边界(如客户)、组织边界外(如社会和家庭)的各种期望。在此过程中，战略性人力资源管理工作仅仅是传递各职员的角色信息，引导和监督期望变成实践行为，以实现企业的战略目标。因此，角色理论学派表明职工的行为是企业经营绩效中的中介变量，战略性人力资源管理就是做好诱导与控制职工的行为和态度。

很显然，不同的企业战略会引导职工践行不同的角色行为。角色理论认为，任何岗位的员工角色与环境之间又相互影响。帕特里克(Patrick，1978)站在员工角度提出了员工的行为和态度对组织战略类型的影响。卡茨(Katz，1978)认为不同角色的员工在工作环境中直接的环境压力是减少现代企业管理中人力资源有效性的因素之一，价值观、规章制度和角色三者形成相互影响的基础。企业员工的行为会受到所有角色参加者的期待影响，而战略性人力资源管理就是从企业整体效益最大化的角度满足这些角色的期待。在龙头战略性人力资源管理中，各工作岗位上的员工担任着提升企业核心竞争力的不同角色。因此，角色理论能在员工配备与协调方面起到很大的指导作用。

角色理论认为，企业管理者必须适应知识经济发展的需要而对自己进行四大角色定位：一是充当战略伙伴角色。社会经济的发展使得企业操作层次的人力资源管理必然向战略层次发展，强调企业管理者必须通过战略性人力资源管理来挖掘职工的主观能动性，把人力资源管理融合到企业战略的具体实施中，这样才能保证企业经营战略的最终成功。二是职能专家的扮演角色。组织在进行工作设计时会参考每个员工的具体需求，通过设计员工角色的柔性变动来取代原来的"以岗定人"工作设计。引导和鼓励内部员工进行自己的人生职业设计，让员工在企业角色变换中进一步认识自己的价值，挖掘自己最大的潜力为企业服务。三是担任支持员工的角色。随着人本管理的发展，企业中领导和普通员工之间的等级与区别慢慢淡化，企业管理由行政权力型模式慢慢发展成为服务支持模式，管理中的权威慢慢被科学与知识代替。四是创业变革的倡导角色。随着生产的转型升级，企业人力资源管理者要有"先天下之忧而忧"的意识，要在企业中率先倡导改革创新，同时推动其他员工进行各项创新，特别是通过"流程再造"等企业文化的创新与变革，提高企业竞争力。

此理论对企业战略性人力资源管理的启发是，有企业人力资源规划与配置时一定要注意相关岗位员工的胜任力研究和岗位职责清晰，并配以KPI绩效管理措施，以便安排企业中各员工角色并让其能够胜任。

2. 人力资本理论

人力资本理论的代表人物是美国管理学家贝克尔(Becker)和舒尔茨(Schurz)，他们认为员工的技能与知识、员工的人力属于企业资本的一种形态，企业对人力资源的投资收益率大于企业对物质资本的投资收益率，人力资源投资增长取决于社会经济的发展情况。贝克尔(1962)认为企业的人力资本就是蕴含于员工体内的各类管理、生产知识、技能和员工健康素质等的综合。现代人力资本理论就是"人力资本教育理论"，其实质是研究人们的劳动边际生产力与教育培训关系的理论。这种理论认为，企业对员工进行教育投资后才能形成更大的人力资本价值。人力资本价值就是体现在员工个人身上并且可以得到收益的价值。从经济学的生产要素市场分析可知：从劳动需求者的角度来看，人力资本的投资提高了企业员工的劳动生产效率，在相同条件下为企业创造的财富就多一些，因此企业愿意给此类员工支付更高的劳动报酬，企业也更加愿意"购买"此类劳动者；从劳动供给者角度来看，人力资本的投资增加了劳动者的成本支出，因此劳动者要求更高的工资待遇以弥补接受教育和培训的支出。这样，教育培训作为人力资本投资在供求两个方面都作用于劳动市场，使劳动工资出现了差异。

此理论也为本书研究模型中的员工培训模型提供了理论依据，因此企业培训员工的实质是企业的一种直接投资战略，企业的人力资本投资和实物资本投资都能提高企业效益。

3. 管理职能理论

管理职能理论认为，战略性人力资源管理就是将人力资源管理的不同管理职能紧密联系企业战略目标而进行的人力资源管理。此理论将企业管理中任何一个管理过程都概括为由具体几项职能分别完成的过程。关于企业人力资源管理职能主要有两种不同的说法：一是"3P管理"。企业人力资源的岗位管理、企业人力资源的薪酬管理和企业人力资源的绩效管理。

二是"四模块管理"。企业人力资源的规划与选聘(含规划、晋升、录用、调配、招聘、转换、选拔和降职等);企业人力资源的培训与开发(含职业规划、能力与业务培训、其他活动学习等);企业人力资源的福利情况(含基本工资与绩效工资等);企业人力资源的组织管控(含企业各项制度建设、企业具体工作的分析、企业中行政与人事员工安排和组织整体框架设计等)。这有利于在企业总体战略框架内对企业的人力资源管理进行深入研究,以便创造协同的价值,达到各类企业的战略目标体系。

战略性人力资源管理职能发展的根本目的主要是着眼于提升组织核心竞争力,其具体工作包含三个方面:①创造企业可持续发展的竞争优势。企业在人力资源管理过程中通过组织选拔新员工、确定劳动关系、工作团队组建和导引培训、新员工岗位技能研发、制定具有吸引力的公平薪酬政策、员工参与管理、晋升等多种人力资源管理实践,来创造与提升企业持久的竞争优势。②提升企业的管理效率。通过人力资源管理调整各岗位工作人员的积极性和主观能动性,从而提高效率。③服务于企业各级组织的战略目标。

该理论对企业战略性人力资源管理的启发是:企业若能有效地利用企业管理中的人力资源,就能提高企业的战略核心竞争力。有学者提出,企业战略性人力资源管理的具体职能工作主要体现在三个方面:①设计科学化、系统化的人力资源管理制度。例如,设置与企业总战略相应的企业人力资源淘汰机制、企业人力资源激励机制、企业人力资源评价约束机制等,使人力资源管理和整个企业管理始终处于被激活的状态。②建立企业战略性人力资源管理操作模型和具体的流程。③创新企业战略性人力资源管理新办法,加强企业核心力培育,不断提高效率。

4. 交易成本理论

科斯(Ronald H. Coase)在1937年提出"交易成本"理论后,被应用到企业人力资源管理的各岗位员工变动成本的研究。此理论是从财务或经济学角度来研究企业人力资源管理过程中的招聘、人员配置、晋升、换岗员工变动及其监督而产生的额外成本。战略性人力资源管理让员工有很强的"主人翁"意识,让员工不再感觉自己是企业的"外人",而是"内部的自己人",这样能调整员工的工作积极性和自觉形成以企业利益优先于员工个人利益的意识,能在企业内部形成员工对企业的忠诚和对知识技能的尊重,并自觉维护企业战略发展,从而减少了监督成本,同时提高员工工作效益。

第三节 战略性人力资源管理模型

一、战略性人力资源管理职能的角色

基于战略的人力资源管理理论的提出和发展,标志着现代人力资源管理的新阶段。快速变化的外部世界使得战略在企业管理中变得越发重要,同时也使得战略在企业中的实施更为困难。越来越多的高层管理者认识到企业任何战略目标的完成都离不开人力资源部门的配合,同样,人力资源管理活动也必须与企业的基本经营战略、发展战略、文化战略等相互配合才能发挥最大效用。因此,企业的人力资源管理不仅是一种人事管理的专业性活动,更重要的是,它必须与经营相联系,是在战略指导下的一种专业性的管理活动,如表3-2所示。

表 3-2 战略性与经营性的人力资源管理

	战略性的人力资源管理	经营性的人力资源管理
侧重点	全球性任务,长期性目标,创新	行政短期工作目标,以日常工作为目的
汇报	总经理或总裁	负责企业行政管理的副总裁
常规工作	制定人力资源规划	招聘或选拔人员填补当前空缺
	跟踪不断变化的法律与规则	向新员工进行情况介绍
	分析劳动力变化趋势和有关问题	审核安全和事故报告
	参与社区经济发展	处理员工的抱怨和申诉
	协助企业进行改组和裁员	实施员工福利计划方案
	提供公司合并和收购方面的建议	
	制订报酬计划和实施战略	

人力资源是组织中人员所拥有的各种知识、技术和能力,以及这些人员在互动过程中所产生的人际互动网络及组织文化等。根据学者戴维·尤里奇(Dave Ulrich)的研究,企业人力资源管理职能在构建企业竞争优势方面扮演的角色主要表现在四个方面:战略性人力资源管理(战略伙伴)、企业基础设施管理(管理专家)、转型与变革管理(变革推动者)及雇员贡献管理(员工激励者)。

战略伙伴的角色功能是指人力资源管理职能,是企业战略的重要部分。人力资源管理战略应当与企业经营发展战略结合起来,主要任务集中在确保企业所制定的人力资源管理战略的贯彻执行方面。管理专家的角色功能是指人力资源管理职能必须设计和贯彻有效的人力资源管理制度、管理过程及管理实践。其中包括有关雇员的甄选、培训、开发、评价及报酬等的一系列制度。变革推动者的角色功能是指在对组织进行重组以适应新的竞争条件方面扮演自己的角色。雇员激励者的角色功能是指承担对雇员的献身精神和贡献进行管理的任务。虽然人力资源可能会有很高的技能,但如果其目标不能和组织目标一致,不能被企业充分利用,企业就难以获得人才竞争优势。通过雇员关系管理,可使员工个人利益和企业发展目标紧密结合起来。

在当今急剧变化的世界竞争中,企业不仅需要经常化地进行变革,同时也需要培养自己实现变革的能力。人力资源管理职能可以帮助企业明确何时进行变革并且对变革进行管理。随着企业不断发展壮大,人力资源管理职能的战略重要性不断加强,人力资源管理的重心逐渐转向战略部署。在纵向上,人力资源管理职能角色的重要性不断提高,事务性工作逐渐弱化和外包,企业人力资源管理逐步进入战略性管理阶段。

二、战略性人力资源管理模型及人力资源管理系统的职能模块

根据对战略性人力资源管理的界定,我们可以提出一个战略性人力资源管理模型(见图 3-2),以便更清晰地显示战略人力资源管理内容与公司目标、战略、外部环境的关系。该模型是按四个层次来划分的,整体是一个自行车车轮的形状,轴心是企业目标。最外层是开放的企业外部环境,而外部环境既影响企业战略的制定,又决定了企业人力资源环境。第二层是公司战略层面,它决定了企业的目标,也是决定企业直接参与市场竞争方式的层次。第三层是影响公司战略能否成功的关键部分,对战略实施起支持作用,如人员、文化、结构和

领导等。第四层是具体的人力资源战略，也是传统人力资源管理工作的重点区域，是体现企业内部人力资源管理系统的层次。这四个层次既要为公司战略提供支撑，又要彼此间互相配合，无论哪根辐条发生断裂都会影响车轮前进，从而导致企业目标无法实现或受到损害。

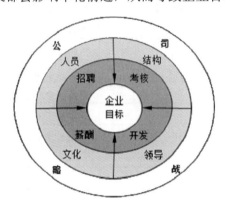

图3-2　战略性人力资源管理模型图

战略性人力资源管理不是一个概念，而是一个有机的体系。根据现代企业的人力资源管理理论和实践，可以将基于战略的人力资源管理系统分为五大职能模块：战略性人力资源规划、战略性人力资源获取与配置体系、战略性人力资源培训开发体系、战略性人力资源薪酬体系、以关键绩效指标为核心的绩效管理体系。

(一)战略性人力资源规划

人力资源规划是指企业根据战略发展目标与任务要求，科学的预测、分析自己在环境变化中的人力资源供给和需求情况，制定必要的政策与措施，以确保组织在需要的时间和需要的岗位上获得各种需要的人才的过程。人力资源规划是企业发展战略的重要组成部分，并为实现企业的战略目标在人力资源领域的有效传递提供了重要的桥梁和纽带，为企业选人、识人、用人、留人、育人奠定了基础。

(二)战略性人力资源获取与配置体系

人力资源的获取与配置是以组织的职位分析、任职资格体系和素质模型为基础，系统地建立人力资源进入、配置及内部再配置的动态运行机制。战略性人力资源获取与配置体系应在内部和外部劳动力市场找到适合组织人员需求的动态平衡点，做到既保证组织长期发展所需的新鲜血液，又能借助内部再配置体制激活现有人力资源的行动力和创造力。

(三)战略性人力资源培训开发体系

现代企业战略人力资源管理必须树立人力资本投资观，高度重视人力资源的培训和开发，确定教育培训的战略性地位，建立学习型组织，将教育培训制度化。在建立这一体系时既要考虑企业发展战略与经营目标对人力资源的要求，又要切实考虑员工的职业生涯发展需求。

(四)战略性人力资源管理薪酬体系

有效的薪酬制度是吸引、留住、激励企业人员的必要条件，制定薪酬方案应以企业总体发展战略为依据，贯彻"企业战略目标—人力资源目标和战略—薪酬目标和战略"路线，提升企业的竞争力，同时兼顾员工的内在需求，激励员工的工作积极性，根据不同的经营战略、不同的市场定位和发展阶段选择不同的报酬策略，其中以职位和能力为基础是最为基本的两种薪酬支付的依据。

(五)以关键绩效指标为核心的绩效管理体系

建立符合企业战略性人力资源管理要求的员工业绩评价系统，是当前企业人力资源管理走向客观和理性的突破口，也是进行薪酬分配、调动员工积极性的重要内容。关键绩效指标(KPI)是评估和管理被评价绩效的定量化或行为化的标准体系。以 KPI 为核心的绩效管理，不仅仅是对员工进行简单的绩效考核，而是需要建立一套完整的绩效管理系统来实现个人绩效、团队绩效和组织绩效的联动，通过自上而下的战略传递与自上而下的绩效改进实现整个企业的绩效提升，从而支撑企业核心能力的培养与维系。

三、战略性人力资源管理与公司战略的关系

比尔·盖茨(Bill Gates)曾说："如果把我们最优秀的 20 名员工拿走，微软将变成一个无足轻重的公司。"在现代社会，人力资源是组织中最有能动性的资源。如何吸引优秀人才，如何使组织现有的人力资源发挥更大的效用，以支持组织战略目标的实现，是每一个领导者都必须认真考虑的问题，这也是企业的最高领导越来越多地来源于人力资源领域的一个原因。战略性人力资源管理认为，人力资源是组织战略不可或缺的有机组成部分，包括公司通过人来达到组织目标的各个方面。公司战略与人力资源战略的关系如图 3-3 所示。

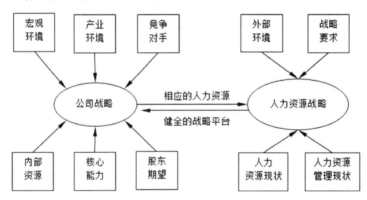

图 3-3 公司战略与人力资源战略的关系

一方面，企业战略的关键在于确定自己的客户，并经营好自己的客户，实现客户满意和忠诚，从而实现企业的可持续发展。但是如何让客户满意呢？这需要企业有优良的产品与服务给客户创造价值并带来利益，而高质量的产品和服务需要企业员工的努力。因此，人力资源是企业获取竞争优势的首要资源，而竞争优势正是企业战略得以实现的保证。

另一方面，企业要获取战略上成功的各种要素，如研发能力、营销能力、生产能力、财务管理能力等，最终都要落实到人力资源上。因此，在整个战略的实现过程中人力资源的位置是最重要的。

战略性人力资源管理强调通过人力资源的规划、政策及管理实践达到获得竞争优势的人

力资源配置的目的，强调人力资源与组织战略的匹配，强调通过人力资源管理活动实现组织战略的灵活性，强调人力资源管理活动的目的是实现组织目标。战略性人力资源管理把人力资源管理提升到战略的地位，系统地将人与组织联系起来，建立统一性与适应性相结合的人力资源管理。

本 章 小 结

企业战略理论与企业人力资源管理息息相关，主要体现在以下四个方面：愿景和战略目标、企业生命周期假设、企业核心竞争力和资源基础理论。

战略性人力资源管理理论的提出和发展，标志着现代人力资源管理发展的新阶段。战略性人力资源管理是指企业为实现企业战略总目标而对企业各级各类员工使用规划、考核和培训等各方面进行的一系列综合性的长远谋划方略及其管理实践活动。它是人力资源管理理论发展的高级阶段，具有战略性、系统性、契合性和目标导向性的特征。

战略性人力资源管理的主要模式有哈佛的 SHRM 模式、密歇根的 SHRM 模式、克雷曼的竞争优势模式、程序调整与整体变革的 SHRM 模式、瓦立克的 SHRM 模式等。战略性人力资源管理相关学派有角色理论、人力资本理论、管理职能理论和交易成本理论等，从不同角度阐述了企业战略性人力资源管理的工作重心。

企业人力资源管理促进了企业竞争优势构建，这主要体现在四个方面：战略性人力资源管理(战略伙伴)、企业基础设施管理(管理专家)、转型与变革管理(变革推动者)及雇员贡献管理(员工激励者)。

战略性人力资源管理是一个有机的体系。根据现代企业的人力资源管理理论和实践，可以将基于战略的人力资源管理系统分为五大职能模块：战略性人力资源规划、战略性人力资源获取与配置体系、战略性人力资源培训开发体系、战略性人力资源薪酬体系、以关键绩效指标为核心的绩效管理体系。在整个企业层面，人力资源是企业获取竞争优势的首要资源，而竞争优势正是企业战略得以实现的保证，在整个战略实现过程中人力资源的位置也是最重要的。

思 考 题

1. 在企业战略理论中，与企业人力资源管理密切相关的有哪些？
2. 什么是战略性人力资源管理？具有哪些特征？
3. 战略性人力资源管理具有哪几种模式？
4. 战略性人力资源管理与公司战略之间存在什么样的关系？

实 践 应 用

戴尔：HRBP 如何通过文化建设驱动战略落地？

戴尔科技集团(Dell Technologies)由 Dell、Dell EMC、VMware、Pivotal、RSA、SecureWorks 及 Virtustream 七大品牌共同组成，以创新科技推动人类进步为使命，提供从边缘计算到数据中心再到云的全面解决方案,不仅服务于当今的应用,而且致力于我们正在进入的多云世界,通过IT、生产力、安全和应用转型驱动业务转型,为客户提供实现数字化转型不可或缺的基础架构,帮助机构、企业和个人构建数字化未来。

戴尔科技集团于1998年进入中国。该集团在大中华区拥有超过12 500名员工,并拥有从设计研发、生产制造、供应链管理、销售到服务的全面体系,支持中国及全球业务的发展。

一、HRBP与企业文化

作为战略性人力资源合作伙伴,通过实施有效的人才与组织策略,助力业务部门驱动业务增长是HRBP(human resource business partner,人力资源业务合作伙伴)的一大要务。文化对企业发展具有深远的影响,组织文化与人才文化不仅决定了我们工作开展的成效,也决定了各项工作流程和机制能否得到固化。然而,文化建设又是一个很容易被忽略的方面。对于HRBP而言,理解组织文化,并有能力推动组织文化落地,一定是助力组织目标实现或驱动变革的首要任务,而非可选项目。

二、戴尔科技集团的文化实践

戴尔科技集团为人所知更多的是基于个人电脑业务的品牌。1984年,年仅19岁的迈克尔·戴尔(Michael Dell)创立了这家公司,立足于个人电脑设计、制造和销售技术变革。经过不断发展,今天的戴尔科技集团已发展为拥有七个品牌,立志以创新科技推动人类进步为使命,为全球180个国家和地区各种规模的企业及机构实现数字化转型提供从边缘计算到核心数据中心再到云计算的一站式解决方案与服务的技术领军企业。

戴尔的文化与战略紧密相连,在驱动与优化执行层面发挥了重要作用。文化基于核心价值观及领导力准则,从How we work(我们如何工作)及How we lead(我们如何领导)两个方面为执行提供明确指引。核心价值观包括客户、共赢、创新、结果及诚信。领导力准则包含联结、驱动、判断、愿景、乐观、谦虚及无私。针对每项价值观及领导力,均有纲领性的行为准则,描述We always(倡导的行为)和We never(拒绝的行为),为日常行为提供了更为具象的解读。

针对价值观及领导力准则,管理层都会率先身体力行;同时,公司内部还有一系列的沟通、激励与调研活动,确保其得以自上至下的传播,从而通过带动与影响,植根于团队成员的日常工作,并非流于形式化的宣传或机械化的背诵。

结合沙因的理论模型及戴尔科技集团的管理实践,HRBP通过深入理解并参与如下几个方面的工作,以确保文化顺利落地。

(一)组织文化的适用性与独特性

不少企业的文化标语看似相同,但呈现形式和深层逻辑却完全不同。每家公司的文化特征都离不开其行业特性、创始人风格、成功基因等要素的影响。戴尔在其几十年的发展历程中也形成了其特有的成功基因及文化风格。举例如下。

1. 推动透明管理的文化

戴尔科技集团在可行范围内,给予员工充分的信任,倡导透明的对话和管理。以战略分解会议为例。年初,公司管理层会自上而下组织战略分解会议,将公司的战略由总裁开始层层分解;同时上级领导的指标也会清晰呈现,形成完整的逻辑关系。战略分解完成后,各部门领导均需对结果进行确认,并针对不明确的问题提出疑问,如此有效统一公司上下的目标。HRBP在此过程中辅助管理者熟悉相关流程,确保程序正确,并追踪了解各部门战略分解及下达的完成情况。

2. 借助绩效评估体系，倡导认可文化

在戴尔科技集团的 HR 系统中，员工可以随时随地发起与同事的绩效对话(conversation)，只需将对话链接发给同事，便可以向其征询对自己的意见和建议，通过同事的反馈发现自身的不足，列入个人发展计划(IDP)，及时弥补和改正；经理也能从利益相关者给下属的反馈中，实现对该员工技能的 360° 评估。员工主动向同事征求意见、主动提出改进意愿，开启了真诚对话的通道，有助于对自我的正确认知，从而促进个人发展。

HRBP 在该工具上线后开展了一系列工作确保其推广普及到位。为了帮助大家适应并理解该工具的效力，定期的使用效果追踪，经验分享培训也必不可少。有结果显示，更积极、更频繁的即时认可对推动绩效有显著效果。这也是行为改善驱动文化形成从而影响业务绩效的有力证明。

3. 对自己的职业发展负责

戴尔科技集团要求每一位员工对自己的职业发展负责。每个人都需要定期对自己日常的工作进行梳理，明确职位目标和挑战，及时查漏补缺、扬长避短，以员工个人的成长带动公司的发展。各个岗位的员工均需完善自己的"人才画像"，将简历、资料、职业发展目标等清晰地写在"人才名片"上。上述"对话"和"认可"的内容也是个人 IDP 的素材，上级经理会适时查看这些信息，以便提供帮助。HRBP 在驱动该行为流程上也需要做出定期的培训、指导或回顾。在 OHRP(人才盘点与继任者规划)中，IDP 也是被重点谈及的内容。

(二)影响管理者，推动文化落地

HRBP 的核心工作之一便是协助管理者率先成为企业文化的践行者。于此，员工才会拥有较强的认同与感知度，进而学习效仿，将文化推向一线。

1. 为管理者提供反馈，确保其行为与文化价值观及领导力准则一致

戴尔科技年度组织调研——告诉戴尔(tell Dell)是公司全年中最为重要的项目之一，全球高度重视，旨在通过第三方调研机构对"我的领导""我们的文化""我的戴尔体验""我的部门"及"告诉我更多"等一系列主客观问卷进行匿名调研。结果会与外部市场与内部往年得分进行对比分析，挖掘内部差距及机会，诊断领导力与员工士气。

核心调研指标：eNPS(员工净推荐指数)，实则只有一个问题：你是否愿意推荐身边的朋友来戴尔科技集团工作？该问题的分数直接反映员工对公司的认同感。这项指标与"我的领导"项下的得分与管理者的升职加薪有直接关联。

员工的感受直接来源于团队领导，管理人员一定程度上就是所在团队文化的缔造者，所以 eNPS 对管理人员而言，意味着他是否及时传递公司信息，令员工对公司保持良好愿景；是否营造了良好的氛围，使员工对团队充满信任等。这是员工乐于在此工作或推荐他人前来工作的直接原因。

2. 领导力诊断与团队融合

"leader assimilation"(领导融合)是面向领导的管理工具之一，能够帮助经理认识自己的优势和不足，促进与团队成员的融合信任。"leader assimilation"的主要面向对象是入职三至六个月的新经理，包括新晋经理(new to the role)、加入新团队的经理(new to the team)和新进入公司的经理(new to Dell)；随着需求增加，该工具的使用范围逐渐拓宽，比如也会用在上述 tell Dell 结果诊断中。当经理在"我的领导"项目中得分较低，提出改进需求后，HR 人员便通过

"leader assimilation"帮助其组织团队会议，收集反馈与建议，建立与团队的连接和信任。

首先，管理者召集团队成员举行会议。HR将事先设计好的问题一一抛出，向团队成员收集反馈。这些结构化的问题配合第三方HR中立又轻松的主持能够快速激发参会者的积极性，引申出更多问题及对解决方式的讨论。

会后HR将会议结果与经理进行共同分析，明确其被团队认可和被期待改善的行为，便于该经理在日后工作中提高改善。同时，HR也会指出其此前未涉足的领域，鼓励其勇敢尝试，突破自我。沟通之后，经理需写出行动计划，并与团队全员沟通心得，澄清误会，解释现象背后的原因，分享自身改进的措施等。

在不同团队实践这个项目，折射出的共同问题能为HR捕捉并反馈给高层，从而寻找合适的方式解决不同团队的相同痛点，增加员工对公司的认同感和归属感，增强内部的凝聚力。

3. 驱动管理者成为文化的践行者

(1) 消除无意识偏见。偏见有时是无意识的，比如本位主义——将自己放在某个群体里，和另外一个群体作对比。然而，根据调查显示，能够消除无意识偏见的组织，在财务方面会呈现更为良好的趋势。戴尔为了避免这类无意识偏见：如以英语为母语的员工更受青睐、总部所在地区高校毕业人员易形成略封闭的文化圈等，面向管理者设计了一个为期半个工作日的线下课程，用视频、讨论、游戏等形式使员工了解无意识偏见的内涵及应对方法。该项目每年推行一次，逐步实现对管理层及全员的100%覆盖，为营造包容、开放、和谐的文化贡献了力量。

(2) 文化解码与文化践行。配合外部市场及内部条件的变化，战略需要根据愿景使命每隔几年定期进行更新或调整。在公司的战略传达解读流程中，高层不仅要详细解释公司愿景使命及经营目标等业务战略，同时也要详细描述价值观及领导力准则等文化战略。该实践从迈克尔·戴尔开始，层层铺开，由每级高管对下一级领导团队开展宣讲培训。HR的作用是提供讲义模板或在必要时帮助高管打磨其演讲技巧。而对演讲质量及内容负责的是高管本人，他们不仅要明确阐述公司从全球到本地的经营战略，还必须结合自身经历或案例来解析价值观及领导力准则。

(三)HR本身就是文化的代言人

1. 内部活动强化连接

看似限于HR内部的活动，其中蕴含的文化其实会随着活动的影响传递给其他部门员工。可见，HR本身就是公司文化的代言人。

例如，戴尔每年举办的内部HR峰会，全国各部门的HR都聚在一起，共同互动、探讨和分享自己的困难和经验，提升HR各职能之间的合作水平；HRBP会协同HR各职能领导，在会议中穿插互动环节，如组织大家"吐槽"，从中寻找问题改进的突破点；定期的团建活动更是必不可少，可以为大家提供交流互动的机会。

HR内部的连接不仅体现在地区间各个部门的活动，还有全球总部与地区HR人员的紧密沟通。在日常会议中，HR大多使用视频设备沟通；每两年左右，总部CHRO及HR各模块的负责人会亲临全球各区域，将他们在决策中遇到的问题、解决问题的思路等与大家分享探讨，倾听不同区域HR的心声。从文化的角度来看，这一举措有效强化了HR团队总部和地区的连接，推动内部管理更加透明。

2. 外部活动不断宣导

在日常会议中，HRBP也会在业务部门的全员大会上进行公司人文理念的宣导。比如说，其中一场主题为"people philosophy"的宣讲，就从"成就""平衡""连接"三个角度对人才理念进行了阐述。首先，"成就"是公司对员工的承诺，提供资源、平台，帮助员工成就自己；"平衡"即工作与生活的平衡，灵活办公已在公司内推广，同时公司还会为员工提供身心健康、财务等讲座；"连接"多数通过活动建立，戴尔特别注重员工活动，且内部不设专人专岗组织员工活动，鼓励员工自行组织活动并轮流扮演领导者的角色，公司仅提供经济支持，同时观察发掘有领导潜力的员工。此外，公司对社会公益也有要求，促使人与人的连接从工作延伸至生活，从公司内延伸至公司外，从个体延伸至社会。

在年度、季度、月度大会上，HRBP也会邀请业绩突出的员工站在聚光灯下接受正式认可(employee spotlight)，公司还会在办公室显著区域悬挂每个季度根据文化价值观选拔出来的优秀员工的表彰证书。以此创造文化仪式感，提高员工对文化的感知度。

三、组织文化助力战略落地

公司的成功离不开战略、领导力和文化。当文化逐渐浸润到员工日常工作的行为、思维习惯时，员工对文化的感受度、对公司的认同度会有明显提升，公司整体便形成合力，战略落地的阻力会大大减少。

沙因提出的"组织文化的三个层次"中，第三层是基本隐性假设与价值(basic assumptions and values)。他认为，"组织文化的核心或精华是早已在人们头脑中生根的不被意识到的假设、价值、信仰、规范等，由于它们大部分出于一种无意识的层次，所以很难被观察到。"这并不意味着组织文化的建设仅是公司高层的责任，与HRBP无关。

恰恰相反，HRBP在组织文化的建设中不可或缺。首先需要抛开拿来主义，经过长期观察分析，深挖组织成功的原因和逻辑，提取最核心、最适合、最有效的基因；然后通过高层管理者将其宣导发扬，实现"从组织中来，到组织中去"，同时，需要给领导者建议和支持，在必要时做好领导力赋能；最后，HRBP还是企业文化的楷模，以自身为表率，驱动组织认知和行为由现状向目标的转变。如此，HRBP在文化建设方面会有巨大收获，以信任、敏捷、包容、分享、平等、共赢的组织文化，为战略落地疏通道路。

(资料来源：戴尔：HRBP如何通过文化建设以驱动战略落地？2019-09-20. https://www.sohu.com/a/342367222_183808.)

【思考题】

1. 戴尔公司的人力资源管理有哪些值得借鉴的地方？
2. 戴尔公司如何通过企业文化建设来驱动战略落地？

微课视频

扫一扫，获取本章相关微课视频。

企业战略理论

战略性人力资源管理概述和模型

第四章 人力资源规划

【学习目标】
1. 了解人力资源规划的发展、定义、作用和过程。
2. 掌握人力资源需求和供给的预测及其方法。
3. 熟练掌握人力资源规划的程序和供需平衡方法。

【引导案例】

HKW 公司的人力资源规划

HKW 公司是一家坐落在浙江的民营企业,主营业务是风机生产和销售。经过十多年的发展,主要产品年销售额达 15 亿元。公司发展蒸蒸日上,高层领导也雄心万丈,并提出销售额突破 20 亿元大关,经营模式进行多元化发展的目标。可就在这时,公司却在人力资源管理问题上陷入了泥潭,遇到了一系列问题。

(1) 员工数量总是不能满足业务的需要,经常发生人员不足而需要人力资源部门突击招聘的情况。

(2) 关键岗位人员储备严重不足,一旦在岗员工离职就会缺乏继任者。

(3) 管理人员管理水平较低,从外部招聘又难以满足企业对管理人员的要求。

(4) 出现了部分员工集中离职的势头,经过人力资源部门的调查,发现他们离职的原因集中在公司的职业发展前景不明确。

(5) 企业人力资源管理水平较差,无法为公司的发展提供人力资源方面的支持,人力资源工作也无法满足公司发展的需要。

公司领导包括人力资源部门想尽了办法,问题依然得不到解决。迫于无奈,该公司聘请了专业的咨询公司制定人力资源三年规划。

咨询公司的人力资源规划制定方案分以下五步走。

一、以企业战略为出发点,搜集资料

一般来说,企业的人力资源规划与企业的战略紧密相关,并遵循这样的路线:由企业战略决定人力资源战略,由人力资源战略决定人力资源规划,由人力资源规划决定人力资源工作计划。如此一来,应该怎么进行人力资源规划就一目了然了。事情的源头是在企业的战略。

为此，咨询公司做了以下一系列工作。

(1) 对 HKW 公司的高层进行深度访谈，了解企业未来三年的战略目标、实现战略目标的困难、步骤及对人力资源的战略要求。

(2) 对企业外部环境进行调查，包括但不限于：国家政策、法律法规、行业动态、市场(包括上游和下游市场)动态、关键技术信息等。

(3) 选取行业标杆进行分析研究。

经过一番调查和资料的搜集，咨询公司在与 HKW 公司高层共同商议、研究之后，确定了 HKW 公司的发展方针，并在这个基础之上确定了人力资源管理的工作目标。

二、对企业人力资源现状进行摸底，弄清问题所在

接下来的步骤，就应该是对企业人力资源的现状进行摸底，搞清楚困扰企业的人力资源问题出在哪里。通过对企业人力资源现状的全面分析和诊断，找出实际和目标之间的差距，这也是制定人力资源规划的关键所在。在这一阶段主要有以下工作内容。

(1) 按照层次和序列，对企业各岗位的员工进行数量统计。

(2) 对员工进行绩效考核，确认员工对工作的胜任程度和工作技能。

(3) 分析人力资源现状。从整体、分类、分层三个方面进行分析，确定企业人员的结构和数量与企业需求之间的差距。这里有一点需要特别提出来，那就是数据的搜集必须是一段时间内的，有一定的历史跨度，比如可以搜集企业过去几年内的数据。

三、区分关键员工

关键员工一般是对企业发展起着关键作用的人才，或是掌握关键技术、信息、流程的人才，或是中层以上管理者，或是行业热门人才等。关键员工与一般员工不同，他们通常更难获取，有着不可替代性。相比缺乏一般员工，如果关键员工短缺，将会给企业带来更大、更难解决的麻烦。因此，企业需要明确哪些是关键员工，以下几个工作是必须要做的。

(1) 各部门分别确定部门内的关键的、不可替代的岗位并提交清单。

(2) 各部门依据公司的发展战略，提出部门发展计划中所需要的人才。

(3) 公司层面对所有员工统一盘点，找出掌握关键技术、信息和流程的人才。

(4) 公司提出行业热门人才。

四、制定人力资源政策和制度

对于 HKW 公司原有的既定人力资源政策和制度必须进行修订。根据 HKW 公司的人力资源工作目标，咨询公司为其制定了以下几个方面的规划。

(1) 员工招聘方面：从招聘渠道、招聘方法及试用期考核方面入手，进行丰富和完善。

(2) 提升人员劳动效率方面：制定合理的编制、与业绩挂钩的薪酬制度，进行绩效管理。

(3) 人才培养策略：培养管理层、关键员工等，并确定相应人才激励机制。

(4) 人才成长策略：建立技术等级，让员工有晋升的层次空间。

(5) 集团管控策略：从人力资源、薪酬制度、绩效制度及监控机制等方面着手。

五、定期评估并修正人力资源规划

由于企业的人力资源规划多是中期甚至长期的，在实施的过程中，企业的内外部环境因素都会发生一定程度的变化，很多因素是当初制定规划时所不能预料的，并且很多不确定因

素会随着时间的推移而逐渐清晰明确起来，有可能企业的战略目标也会调整。因此，不断对人力资源规划进行修正是一件非常必要的事情。

咨询公司给 HKW 公司制定的人力资源规划在公司迅速推行开来，HKW 公司的人力资源问题也逐渐得到了解决。没有了人力资源方面问题的掣肘，HKW 公司终于走出泥潭，开始了更好的发展。

从以上案例中我们明白了进行人力资源规划的原则、操作步骤及内容。其原则是一定要在企业战略和发展目标的基础之上生成对应的人力资源规划，否则两者不相匹配，人力资源管理也就无法满足企业发展的需要。人力资源规划的操作步骤包括确定企业战略及人力资源发展的目标；搜集企业内外部环境的相关信息；对企业现有的人力资源现状进行盘点；明确企业未来的人力资源需求，然后在这些基础之上制订相应的工作计划和实施办法。

(资料来源：民营企业的人力资源规划案例. 2020-03-07. http://www.hrsee.com.)

第一节　人力资源规划概述

人力资源规划(human resource planning，HRP)是企业战略计划的重要组成部分，是各项具体人力资源管理活动的起点和依据，它为企业下一步人力资源管理活动制定目标、原则和方法。有效的人力资源规划不但能使企业得到合理的人力资源，而且直接影响着企业人力资源管理的效率与人力资源管理作用的发挥。因此，必须重视科学的人力资源规划工作。

一、人力资源规划的发展

人力资源规划是人力资源管理的前身。随着人力资源管理理念的发展，人力资源规划的定义、内容和作用也在不断发生变化。

20 世纪初，人力资源规划的关注点主要在实行计件工资制的工人，通过改进工作过程、合理安排工人和运用早期工业心理学方法达到改进工作效率的目的。

第二次世界大战之后，由于产品与服务的需求旺盛，出现人才短缺，企业大多把注意力放在如何获得有能力的管理者和熟练工人上。

20 世纪六七十年代，技术的进步和企业的快速扩张使人力资源规划转向人才的供需平衡，其中，管理人才和专业技术人才的供需平衡成为规划的重点。这一时期，人力资源规划的使命变为"让适当数量和种类的人，在适当的时间和地点，从事使企业与个人双方获得最大长期利益的工作"。然而，在以往的管理理论中，由于人力资源仅仅被当作实现企业战略目标的一种手段，在决定企业的战略决策时，企业管理者往往是在确定战略方案之后才制定人力资源规划方案，而没有从深层次考虑企业战略与人力资源方案之间的关系和作用，这种管理理念在很大程度上限制了人力资源管理对企业竞争力所起的作用。

20 世纪 80 年代，人力资源规划开始作为大企业和政府部门的一种活动，同时在内涵上也扩大了范围，不再局限于供需平衡和数量预测，而是扩展为上与战略计划相联系，下与行动方案相结合的更广泛的过程。

20 世纪 90 年代以来，西方发达国家的企业管理者和研究人员经过大量调查之后指出，在影响企业目标实现的各种因素中，人力资源已成为一个非常重要的制约因素。

战略人力资源管理方面的研究也认为，人力资源规划应该从战略的角度把握环境和战略目标对企业的要求，以确保企业长期、中期和短期的人力资源需求，使企业能够更快地学习和对环境做出反应，从而获得企业的竞争优势。因此，战略性人力资源规划将是人力资源规划发展的趋势。

20世纪80年代以前，我国企业在高度集中的计划经济体制下，沿袭的一直是劳动人事管理，即执行事务性、文书性的雇佣与解雇的基本职能，除了年度劳动工资计划及员工培训计划外，并没有系统的人力资源规划。

1978年，我国开始实行改革开放，随着市场经济体制改革的不断深化、企业自主权的扩大及国外先进管理经验的引进，要求人事管理制度也进行相应的改革。不少企业，尤其是管理基础较好的大企业开始制定中长期人力资源规划。但总体上我国企业的人力资源规划工作还相当薄弱。

二、人力资源规划的定义

人力资源规划经历几十年的演变，其定义也从一个仅针对人员配置需求的狭义概念发展成为一个比较广泛的、与人有关的企业问题的概念。

人力资源规划是指一个企业为实现中长期发展战略目标，在对企业人力资源现状与未来供求进行科学分析的基础上，通过制定相应政策措施，使恰当数量的合格人员在合适的时间进入合适的工作岗位，与企业预期的空缺相匹配，使企业和个人都获得长期利益。这一定义包括以下四层含义。

(一)人力资源规划的制定要依据组织战略目标

任何组织的成功都依赖于在合适的时间有合适的人员在合适的岗位上。在现代社会中，人力资源是企业最宝贵的资源，拥有充足数量和良好素质的人力资源，是企业实现战略目标与可持续发展的关键。

(二)人力资源规划必须适应组织内外部环境的变化

企业外部的政治、经济、法律、技术、文化等环境因素一直处于动态的变化之中，相应的就会引起企业内部人员结构发生变化。因此，必须对这些变化进行科学的预测与分析，以满足企业对人力资源的需求。

(三)制定政策措施是人力资源规划的主要环节

一夜之间去找一个恰当的人来填补一个职位通常是不可能的。人力资源规划的实质就是在人力资源供求预测的基础上制定正确、清晰、有效的人力资源政策和措施，以实现人力资源的供求平衡，满足企业对人力资源的需求。

(四)人力资源规划要使企业和个人均获得收益

人力资源规划要提高企业运行效率，实现企业战略目标，同时，还要着眼于充分发挥组织中每个人的积极性、主动性和创造性，切实关心员工物质、精神和业务发展等需要，为他们实现个人目标创造良好的条件。

三、人力资源规划的作用

任何企业的发展都离不开优秀的人才和有效的人力资源配置。如何为企业寻找合适的人才，留住人才，培养人才，为组织保持强劲竞争力提供可持续的人才支持，是人力资源管理部门的重要任务。人力资源管理部门对企业发展提供的战略性支持，主要体现在人力资源规划方面。人力资源规划是一项系统的战略工程，它以企业战略为指导，以深入分析企业内外部条件、全面核查现有人力资源为基础，以预测组织未来对人员的需求为切入点，内容基本涵盖了人力资源的各项管理工作。因此，它与其他职能之间存在着紧密的联系，如图4-1所示。

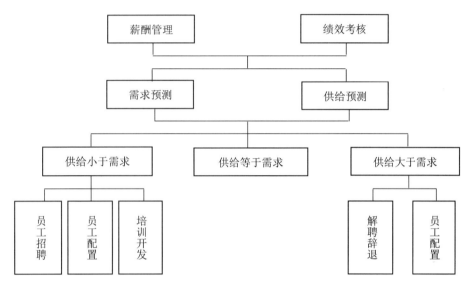

图 4-1 人力资源战略规划与其他职能的关系

这里，"供给等于需求"是指数量和质量上的完全匹配，因此就不需要采取特殊的措施，但是这种状况在现实中是很难看到的。

在人力资源管理部门的工作中，人力资源规划最具战略性和积极的应变性。组织发展战略及目标、任务、计划的制订与人力资源战略的制定紧密相连。因此，人力资源规划在企业人力资源管理工作中具有重要作用。

(一)人力资源规划是企业制定战略目标的重要依据

任何企业在制定战略目标时，首先需要考虑的是组织内拥有的及可以挖掘的人力资源。一套切实可行的人力资源规划，有助于企业管理层全面深入了解企业内部人力资源的配置状况，进而科学合理地确定企业的战略目标。

(二)人力资源规划是满足企业发展对人力资源需求的重要保障

企业内部和外部环境是在不断变化的，任何企业的生存与发展都受到内部和外部环境的制约。在日趋激烈的市场竞争环境中，企业如果不能事先对内部的人力资源状况进行系统分析，并采取有效措施，就很可能受到人力资源不足或过剩的困扰。普通员工的短缺，企业可以在短时间内从劳动力市场上招聘,也可以通过对现有员工进行有目的的培训以满足工作需要。但是,当企业经营中面临中高级管理人员和专业性较强技术人员的短缺问题时,则完全不同,因此必须未雨绸缪。

(三)人力资源规划能使企业有效控制人工成本

企业的人工成本中最大的支出是工资,而工资总额在很大程度上取决于企业的人员分布状况。人员分布状况是指企业的人员在不同职务、不同级别上的数量状况。当企业处于发展初期时,低层职位的员工多,人工成本相对便宜。随着企业的发展,人员职位水平上升,工资成本增加。在没有人力资源规划的情况下,未来的人工成本是未知的,难免会出现成本上升、效益下降的趋势。因此,根据人力资源规划中所做的预测,有计划地调整人员分布状况,把人工成本控制在合理支付范围内,是十分重要的。

(四)人力资源规划有助于满足员工需求和调动员工的积极性

人力资源规划展示了企业内部未来的发展机会,使员工能充分了解自己的哪些需求可以得到满足及满足的程度。如果员工明确了那些可以实现的个人目标,就会去努力追求,在工作中表现出积极性、主动性、创造性。否则,在前途和利益未知的情况下,员工就会表现出干劲不足,甚至有能力的员工还会采取另谋高就的方法以实现自我价值。如果有能力的员工流失过多,就会削弱企业实力,降低士气,从而进一步加速员工流失,使企业的发展陷入恶性循环。

四、人力资源规划的过程

随着企业所处环境、企业战略与战术等的变化,人力资源规划的具体目标也在不断变化。因此,制定人力资源规划不仅要了解企业现状,更要认清企业所处环境的变化趋势和企业发展的方向与目标。人力资源规划的过程如图4-2所示。

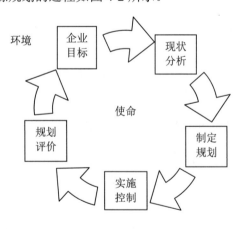

图4-2 人力资源规划的过程

(一)明确企业战略目标

企业战略目标是在企业使命和企业功能定位的基础上制定的。人力资源规划的目标存在于企业战略目标体系中，是企业总体战略目标实现的保证。

(1) 企业制定人力资源规划的前提是要有明确而清晰的经营战略规划和核心业务规划，要有较为完备的管理信息系统和较为完整的历史数据等。

(2) 企业人力资源规划的质量取决于企业决策者对企业战略目标明确的程度，以及企业结构、财务预算和生产规划等因素。

(二)分析人力资源现状

在明确企业战略目标之后，就要对企业内部的人力资源现状进行盘点。人力资源盘点既是对企业内部资源进行了解的过程，也是找到与实现企业战略目标之间差距的主要途径。只有通过对所收集的人力资源信息进行分析，才能了解哪些因素是影响制定企业人力资源发展规划的重要因素。

(三)制定人力资源规划

在对企业人力资源现状进行分析的基础上，需要对人力资源的需求和供给情况进行对比，通过分析人员的数量、质量、结构及均衡状况，得出企业不同发展阶段人员的需求量，并据此制定企业的人力资源规划。企业可以根据需要制定不同层次的人力资源规划。

(四)实施人力资源规划的控制与评估

在人力资源规划的实施过程中，规划与现实可能存在偏差，为了保证人力资源规划能够正确实施，并及时应付规划实施过程中出现的意外情况，需要对人力资源规划的实施进行控制。人力资源规划付诸实施后，要根据实施的结果对其进行评估。通过反馈评估结果，不但可以发现规划的问题所在，而且在必要时还可以对人力资源规划进行修正，以提高规划的有效性。

五、企业战略与人力资源规划

企业战略分三个层次，即公司战略、经营单位战略和职能战略。

(一)公司战略与人力资源规划

公司战略亦称企业总体战略，是指在市场经济条件下，企业为谋求长期生存和发展，在对外部环境和内部条件分析的基础上，对企业发展目标、经营方向、重大经营方针和实施步骤做出的长远的、系统的和全局的谋划。公司战略类型包括发展型战略、稳定型战略、紧缩型战略，如表 4-1 所示。

表 4-1　公司战略与人力资源规划

战略类型	战略重点	人力资源规划面对的主要问题
发展型战略	内部成长	及时招聘、雇佣和培训新员工
		为现有员工的晋升和发展提供机会
		提出企业快速增长时期的绩效标准
	外部成长	确定关键员工

续表

战略类型	战略重点	人力资源规划面对的主要问题
稳定型战略	维持现状或略有增长	制定行之有效的留住人才的策略
		解雇、终止合同
		员工提前退休
紧缩型战略	组织压缩	提出妥善处理劳资关系的相关办法
	精简业务	

(二)经营单位战略与人力资源规划

经营单位战略亦称事业战略,是指在给定产品或市场领域内,如何取得超过竞争对手优势的战略。经营单位战略类型包括成本领先战略、差异化战略、集中化战略,如表4-2所示。

表4-2 经营单位战略与人力资源规划

战略类型	战略重点	人力资源规划面对的主要问题
成本领先战略	效率	实行以内部晋升为主的体制
	稳定性	培训现有员工技能
	成本控制增长	为生产和控制进行员工及工作专业化
差异化战略	创新	加大外部招聘比重
	差异化	为获得竞争优势而雇佣和培训员工
	细分市场	拥有权责宽广的、柔性的工作与员工
		组织要为创新提供更多的激励
集中化战略	满足特定群体的需求	雇佣符合目标市场对象的人
		培训员工,提高员工对顾客需求的理解

(三)职能战略与人力资源规划

职能战略是指企业的主要职能部门在执行公司战略、经营单位战略时采用的方法与手段,在企业战略体系中起到基石和支撑作用。职能战略包括市场营销战略、财务战略、研究与开发战略、生产管理战略、人力资源战略。

人力资源战略是企业为实现公司战略目标而在雇佣关系、甄选、录用、培训、绩效、薪酬、激励、职业生涯管理等方面所做决策的总称。人力资源战略是一种集成,它与公司战略、经营单位战略及其他职能战略纵向整合,并与自身内部的各环节横向整合。

第二节 人力资源供需预测

一、人力资源预测的概念

人力资源预测是对人力资源的供给和需求进行预测,是规划中的关键部分,具有较强的技术性。人力资源预测供需双方及其关系如图 4-3 所示。

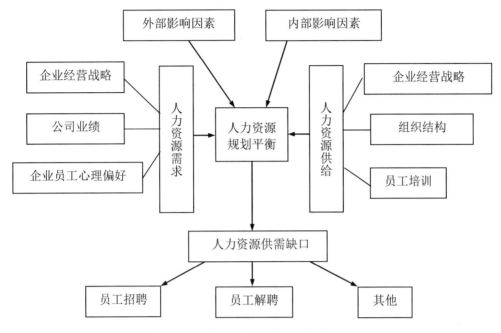

图 4-3　人力资源预测供需双方及其关系

人力资源需求由两个方面的因素所决定：一是经济、政治、社会、科技、竞争者等外部因素；二是企业经营战略、公司业绩、员工心理偏好等内部因素。一方面，调查、分析和预测企业人力资源的外部环境是企业人力资源规划制定的基础。通过环境分析，人力资源规划制定者可以了解一个国家和地区未来一段时期内经济、人口、科技、政治、社会文化等的发展趋势，觉察行业现有和潜在竞争对手的意图和未来动向，明确人力资源管理面临的机遇和挑战。另一方面，尽管在进行人力资源需求预测时离不开对宏观影响因素的分析，但相对于企业而言，分析影响本企业人力资源需求的内部因素却更直接，也更具体。人力资源需求预测是对企业未来所需员工的数量和种类进行预测。但是，在企业人力资源管理中，不仅要进行需求预测，而且还要解决以下两个问题：一是企业所需员工的来源，是来自外部劳动力市场还是企业内部；二是企业现有各类员工的能力和水平与企业需求是否相匹配。

类似地，人力资源供给分析也分为外部供给分析和内部供给分析。一方面，企业外部人力资源供给预测分析主要是预计未来企业外部可能提供的人力资源供给数量和结构，以确定企业在今后一段时间内能够获取的人力资源供给量。因而，宏观因素、地区性因素和行业性因素都会影响企业的外部人力资源供给。另一方面，企业必须清楚自己内部的劳动力状况，特别是员工的构成和多样性状况。否则，就无法制定切合实际的人力资源政策和活动项目，从而无法实现理想的员工构成方案和方案的多样性。因而，影响内部人力资源供给的因素也包括企业战略、组织结构和企业员工培训等方面，而对内部环境的分析可以帮助企业预测已有员工的损失数量和吸引新员工的数量。

人力资源供需预测就是综合人力资源供给方和需求方的各项因素，来对企业的人力资源供需做出判断、分析和估计，然后结合考虑企业外部因素的影响和内部其他因素的影响，通过人力资源规划对人力资源的供给和需求做出平衡。在人力资源规划平衡中，人力资源供给正好等于需求的情况是较少见到的。在大多数情况下，人力资源供需之间会存在缺口。为了弥补这个缺口，就必须采取人力资源管理的其他步骤。当员工供不应求且内部无法解决时，企业就需要对外招聘员工；当员工供过于求而企业又无法消化时，就要解聘员工。当然，还可以通过其他方法来平衡企业人力资源供需，如人才借调、租赁、吸收兼职员工等。

二、人力资源预测的特点

(一)人力资源预测是综合性的预测

人力资源的活动和发展离不开环境因素，与经济、社会、科技、人口、教育等环境因素的变化密切相关，环境因素的任何变化，都会影响人力资源的供给和需求，因此人力资源预测是包含多方面信息在内的综合性的预测。

(二)人力资源预测必须与组织的发展目标相联系

人力资源预测是为了制定有效的人力资源规划，而人力资源规划是以组织的战略目标为依据的。因此，人力资源预测要根据组织目标的要求，对人力资源供需的数量、质量、分布等进行全面的预测分析。

(三)人力资源预测要兼顾组织发展与个人发展

人力资源管理强调组织发展目标与组织内个人的发展目标相融合，因此在人力资源预测和规划时要在组织发展的前提下，考虑员工个人的发展，满足个人发展的需要。

(四)人力资源预测要注重经济效益

人力资源预测要注意人力资源的成本和效益。对组织内的人力资源供求数量和结构，对不同职位的设置变化及其对人力资源的要求，对人力资源的投资和工资成本等，都要科学地预测，以控制成本并提高人力资源的使用效率。

三、人力资源需求预测

人力资源需求预测(demand forecasting of human resources)是估算未来需要的员工数量和能力的组合，它是公司编制人力资源规划的核心和前提，其直接依据是公司战略规划和年度预算。人力资源需求预测的一般调查应包括以下项目：组织结构的设置、职位设置及其必要性、现有员工的工作情况、定额及劳动负荷情况、未来生产计划、生产因素的可能变动等情况。

(一)人力资源需求预测的内容

1. 人力资源总体与结构需求预测

企业人力资源总体与结构需求预测是指根据企业自身的战略发展目标，对企业所需要的不同类型和不同素质的人力资源进行分析和预测。当社会总的宏观环境(如经济结构、人力资源结构等)发生变化时，企业的总体人力资源及人力资源结构也会随之改变。因此，对企业人力资源总体与结构需求进行预测，可以确保企业在不确定性情况下具有人力资源结构的最佳组合，从而避免出现企业不同层次人力资源的结构及比例失调等。

2. 人力资源存量与增量预测

企业人力资源存量主要是指在企业目前的状态下所拥有的人力资源。企业人力资源增量主要是指随着企业生产规模扩大、企业战略目标转移等发展变化带来的人力资源新的需求。通过企业人力资源存量与增量预测，企业可以对现在和未来拥有的不同层次的人力资源进行有效规划，使其更好地与企业发展战略相匹配。

3. 企业核心人才需求预测

企业核心人才是对企业实现战略目标起关键作用的人力资源，核心人才是企业非常需要的特殊人力资源。对企业核心人才进行预测具有极强的针对性，能够使企业通过一些特殊的手段与方法加快开发和培养核心人才，使企业人力资源在企业变革中扮演极为重要的角色。

(二)人力资源需求预测的步骤

人力资源需求预测主要是指企业根据人力资源现状、企业战略目标等，通过对企业内外环境的分析，运用科学的预测方法，对企业发展中所需人力资源数量、质量和结构进行的预测。不同企业的具体情况是不一样的。一般来说，包含以下几个步骤。

(1) 预测企业未来一段时期的生产经营状况。

(2) 根据工作分析结果确定各职能工作活动的总量及不同人员的工作负荷。

(3) 将上述统计结论转换成现实人力资源需求。

(4) 进行人力资源盘点，统计出人员的缺编、超编及是否符合资格要求，该统计结果即为增加的未来人力资源需求。

(5) 将现实人力资源需求、未来流失人力资源和未来人力资源需求汇总，即得到整体人力资源需求预测的结果。

(三)人力资源需求预测的技术

企业人力资源需求预测包括对企业在某个未来时点上人员的需求数量和类型进行预测。需求预测技术一般有两类方法：一类是依靠经验和已掌握的企业发展历史进行定性分析方法；另一类是依靠统计学的方法对未来趋势进行推算的定量分析方法。

1. 定性分析方法

基于主观判断的定性分析是一种较为简单、常用的方法。这种方法是由有经验的专家或管理人员进行直觉判断的预测，精度取决于预测者个人经验和判断力。由于预测者主要是这一领域的专家，所以也称为"专家咨询法"或"天才预测法"。以往因为环境变化速度不大，当组织规模较小时利用这一方法往往可获得满意的结果。尤其是在缺少足够的信息资料时，定性分析方法不失为一种简单、快速的方法，主要有以下三种。

(1) 经验预测法。经验预测法是用以往的经验来推测未来的人员需求，即根据每一产品的增量估算劳动力的相应增量。这种方法完全依靠管理者的个人经验和能力，所以预测结果的准确性不能保证，不同管理者的预测可能有所偏差，但可以通过多人综合预测或查阅历史记录等方法提高预测的准确度。经验预测法只适合于一定时期内企业的发展状况比较稳定的小型企业。对于新的职务或者工作方式发生较大变化的职务，不适合使用经验预测法。

(2) 现状预测法。现状预测法假定当前的生产规模、生产技术不变，人力资源状况稳定，现有企业中职位设置和人员配置是恰当的，并且没有职位空缺，所以不存在人员总数的扩充。人员的需求完全取决于人员的退休、离职等情况的发生。因此，现状预测法就相当于对人员退休、离职等情况的预测。在具体实践中，通过对历史资料的统计和比例分析，可以更为准确地预测离职的人数。现状预测法适合稳定企业的中、短期人力资源预测。

(3) 德尔菲法。德尔菲(Delphi)法是20世纪40年代末从美国兰德公司的思想库中首先发展出来的。这种方法是指要求在某一领域的一些专家或有经验的管理人员对某一问题进行预测并最终达成一致意见的结构化方法，又称为专家预测法。德尔菲法适合技术型企业的长期人力资源预测。由于相关领域的技术专家把握着技术发展的趋势，因此能较准确地对该领域产品研发的各阶段技术人员投入的数量、质量及各类技术人员的效率等做出预测。

为了增加预测的可信度，可以采取二次讨论法。在第一次讨论中，各专家独立拿出自己对技术发展的预测方案，管理人员将这些方案进行整理，编写成企业的技术发展方案。第二次讨论主要是根据企业的技术发展方案来进行人力资源预测。这种方法更适合对没有历史数据的企业进行预测。

2. 定量分析方法

定量分析方法是运用统计学或计算机模拟的方法，根据企业的目标和资源状况，通过数学模型对企业人力资源需求进行描述，建立适合企业人力资源规划的模型。根据模型确定生产要素增长率和人员数量增长率之间的关系，这样就可以通过企业未来的发展规划来预测人员数量增长率。它适合大、中型企业的宏观人力资源预测，尤其是对人力资源的总规模进行预测。常用的、较为简便的定量分析方法有以下三种。

(1) 工作负荷法。工作负荷法是按照历史数据，算出某一特定工作单位时间(天)的每人的工作负荷(如产量)，再根据未来的生产量目标(或劳务目标)计算所完成的总工作量，然后根据前一标准折算所需的人力资源数。

例1 某厂新设一车间，有4类工作。请预测未来3年所需最低人力数。

第一步，根据现有资料得知这4类工作所需的标准任务时间为：0.5小时/件，2.0小时/件，1.5小时/件，1.0小时/件。

第二步，估计未来3年每一类工作的工作量(产量)，如表4-3所示。

表4-3 某新设车间的工作量估计 单位：件

工 作	时 间		
	第一年	第二年	第三年
工作1	12 000	12 000	10 000
工作2	95 000	100 000	120 000
工作3	29 000	34 000	38 000
工作4	8 000	6 000	5 000

第三步，折算为所需工作时数，如表4-4所示。

第四步，根据实际的每人每年可工作时数，折算所需人力。假设每人每年工作小时数为

1 800 小时，从表 4-4 中的数据可知，未来 3 年所需人力数分别为 138 人、147 人和 171 人。

表 4-4　某新设车间的工作时数估计　　　　　　　　　　　　单位：小时

工作	时间		
	第一年	第二年	第三年
工作 1	6 000	6 000	5 000
工作 2	190 000	200 000	240 000
工作 3	43 500	51 000	57 000
工作 4	8 000	6 000	5 000
合　计	247 500	263 000	307 000

(2) 趋势预测法。趋势预测法是比较简单的方法，预测者必须拥有过去一段时间的历史数据资料，然后用最小平方法求得趋势线，并将该趋势线延长，就可预测未来的数值。趋势预测法以时间或产量等单个因素作为自变量，人力数量作为因变量，且假设过去人力增减趋势保持不变，一切内外影响因素保持不变。

例 2　已知某公司过去 12 年的人力数量如表 4-5 所示。

表 4-5　某公司过去 12 年的人力数量

年度	1	2	3	4	5	6	7	8	9	10	11	12
人数	510	480	490	540	570	600	640	720	770	820	840	930

利用最小平方法，求直线方程。因为 $y = a+bx$，其中：

$$y = a + bx$$

$$a = \overline{y} - b\overline{x}$$

$$b = \frac{\sum_{i=1}^{n}(x_i - \overline{x})(y_i - \overline{y})}{\sum_{i=1}^{n}(x_i - x)}$$

$$\overline{y} = \frac{\sum_{i=1}^{n} y_i}{n}$$

$$\overline{x} = \frac{\sum_{i=1}^{n} x_i}{n}$$

得 $a = 390.7$，$b = 41.3$，$y = 390.7 + 41.3x$，即可预测未来 3 年所需最低人力数为

$$y = 390.7+41.3\times15 = 1010(人)$$

(3) 多元回归预测法。多元回归预测法与上一种方法不同的是，它是一种从事物变化的因果关系来进行预测的方法，不再把时间或产量的单个因素作为自变量，而将多个影响因素作为自变量。它利用事物之间的各种因果关系，根据多个自变量的变化来预测与之有关的因变量的变化。组织中人力资源需求的变化总是与某个或某几个因素相关联，所以只要我们找出和确定人力资源需求随各因素的变化趋势，就可推测将来的数值。多元回归预测法通常需

要利用计算机处理。很显然，由于多元回归(预测)法不以时间作为预测变量，能够考虑组织内外多个因素对人力资源需求的影响，因此它预测的结果要比趋势预测法准确，但是这种方法非常复杂。

四、人力资源供给预测

人力资源供给预测(supply forecasting of human resources)是指企业根据既定的目标对未来一段时间内企业内部和外部各类人力资源补充来源情况进行的分析预测。人力资源供给预测与人力资源需求预测的差别在于：需求分析是分析组织内部对人力资源的需求，而供给预测分析则需要研究企业内外部人力资源供给两个方面的影响因素。一般地说，首先要考虑现有的人力资源存量；其次，假设组织目前的人力资源管理政策保持不变；最后，对未来的人力资源数量进行预测。在预测过程中，不仅要研究现有人员的情况，更要预测在将来某一时刻，经过升迁、内部流动、离职后，组织内还存有多少人力资源可供利用，最终得到对员工数量规模、经验、能力、成本等方面的综合要求。

人力资源供给预测是一个比较复杂的过程。其中，由于外部人力资源的供给预测涉及较多的不确定性因素，企业难以控制其预测结果；内部人力资源供给预测人员拥有量相对透明，预测的准确性较高，因此企业在进行人力资源供给预测时可把重点放在内部人员拥有量的预测上。

(一)人力资源供给预测的步骤

(1) 对企业现有的人力资源进行盘点，了解企业员工的现状。
(2) 分析企业的职务调整数据，统计员工调整的比例。
(3) 从各部门的人事决策处了解可能出现的人事调整情况。
(4) 将步骤(2)和步骤(3)的情况汇总，得出企业内部人力资源供给的预测数据。
(5) 分析影响外部人力资源供给的外部性因素。
(6) 根据步骤(5)的分析，得出外部人力资源供给的预测数据。
(7) 将内外部人力资源供给预测汇总，得出企业人力资源供给的预测结果。

(二)人力资源供给预测的技术

人力资源供给预测的技术包括企业内部人力资源供给预测技术与企业外部人力资源供给预测技术。

1. 企业内部人力资源供给预测技术

(1) 现状核查与员工技能清单法。现状核查与员工技能清单法是通过对企业的工作职类进行分类，划分其级别，确定每一职位、每一级别所需的人数，统计得到企业所需的各类员工技能列表。同时，通过对目前人力资源进行盘点，了解企业员工的现状和在岗员工工作技能的适应性，分析企业的职务调整和技能培养政策，统计员工调整的比例，结合各部门可能出现的具体人事调整情况，得出企业内部人力资源供给预测。这种方法适用于小型、静态企业短期内人力资源供给预测。

(2) 人员接替模型。人员接替模型的目的是确认特定职位的内部候选人,其涉及面较广,对各职位之间的关系也描述得更具体。建立人员接替模型的关键,是根据职务分析的信息,明确不同职位对员工的具体要求,然后确定一位或几位较易达到某一职位要求的候选人;或者确定哪位员工具有潜力,经过培训后可以胜任这一工作,然后把各职位的候补人员情况与企业员工的流动情况综合起来考虑,控制好员工流动方式与不同职位人员接替方式之间的关系,对企业人力资源进行动态管理。借助人员接替模型,可以看出每一个职位的外部招聘人数、晋升人数、退休和辞职人数、具备晋升实力人数等信息。

(3) 马尔科夫(markov)模型。马尔科夫转移矩阵分析法是根据企业的历史资料,计算不同职类与不同职层的员工流向另一类或另一级别的平均概率,根据统计数据建立一个人员变动矩阵,这个矩阵实际上是描绘企业历史劳动力的供给趋势。根据年底各类人员数量和人员变动概率矩阵,可预测第二年企业可供给的人数。若企业的各种条件在某种程度上是比较稳定的,则这种矩阵还可以用来预测未来劳动力的供给状况。这种方法适用于员工类别简单的企业,也适用于员工类别特别复杂的大型企业。

某公司人力资源供给情况的马尔科夫转移矩阵分析如表 4-6 和表 4-7 所示。

表 4-6 人员流动概率矩阵表

职位层次	人员调动概率				
	H	L	S	A	离 职
高层管理人员(H)	0.80				0.20
基层管理人员(L)	0.10	0.70			0.20
高级会计师(S)		0.05	0.80	0.05	0.10
会计员(A)			0.15	0.65	0.20

表 4-7 人员流动矩阵表　　　　　　　　　　　　单位:人

职位层次	初期人员数量	H	L	S	A	离职
高层管理人员(H)	40	32				8
基层管理人员(L)	80	8	56			16
高级会计师(S)	120		6	96	6	12
会计员(A)	160			24	104	32
预计的人员供应量		40	62	120	110	68

根据表 4-6 和表 4-7 中的数据,将计划初期工作的人员数量与每一种工作的人员变动概率相乘,然后纵向相加,即得到企业内部未来劳动力的净供给量。

以上是企业内部人力资源供给预测方法之间的比较,如表 4-8 所示。

2. 企业外部人力资源供给预测技术

招聘和录用新员工对所有公司都是必不可少的,无论是由于生产规模的扩大,还是由于劳动力的自然减员,公司都要从劳动力市场获得必要的劳动力。因此,对外部劳动力市场进行预测将直接影响企业人力资源战略的制定。外部劳动力供给预测方法一般有市场调查法和相关因素预测法。

表4-8 企业内部人力资源供给预测方法比较

方法	特点	适用条件	不足
现状核查与员工技能清单法	是一种静态的人力资源预测技术，不反映企业未来人力资源的变化	适合于小型、静态企业短期人力资源供给预测	在大型企业人力资源供给预测中存在很大局限性
人员代替模型	直观、简单、实用	针对企业管理人员供给预测的方法	应根据企业变化进行及时的调整
马尔科夫模型	是一种转换概率矩阵，使用统计技术预测未来的人力资源变化，可以作为预测内部劳动力供给的基础	可以处理员工类别简单的企业人力资源供给预测问题，也可以解决员工类别复杂的大型企业内部人力资源供给预测问题	这种方法的精确性与可行性还需要进一步研究

(1) 市场调查法。市场调查法是企业人力资源管理人员通过市场调查，并在掌握第一手劳动力市场信息资料的基础上，经过分析和推算，预测劳动力市场的发展规律和未来趋势的一类方法。它不仅要调查企业所在地域的人力资源供给情况，还要调查同行业或同地区对企业人力资源的需求情况。

市场预测法强调数据来源的客观性，在一定程度上避免了人为的主观判断。因此，市场调查法是客观市场预测法。市场调查法方法很多，主要有文献研究法、直接调查法、通过企业本身积累资料调查、经验法、会议调查法等。

(2) 相关因素预测法。相关因素预测法是通过调查和分析，找出影响劳动力市场供给的各种因素，并分析各种因素对劳动力市场发展变化的作用方向和影响程度，从而预测未来劳动力市场的发展规律和趋势。影响外部劳动力供给的相关因素很多，通常要对主要因素进行分析，这些因素包括行业整体劳动生产率等。其计算方法与人力资源需求预测中的回归分析法相同。

第三节 人力资源供需平衡

一、人力资源供需平衡分析

人力资源规划的目的是要实现企业人力资源供给和需求的平衡。因此，在预测人力资源的供给和需求之后，就要对这两者进行比较，并根据比较的结果采取相应的措施。

人力资源供需平衡分析的主要任务是根据供需预测的结果判断和计算某一时期企业人力资源供求失衡的方向和数量，并将其作为企业制定具体人力资源管理活动的依据。供需分析的整个过程，如图4-4所示。

在人力资源供给与需求分析之后，接下来要对供需预测结果进行对比分析，得出企业人力资源净需求。供需对比分析应明确指出企业人力资源的供需失衡所在。

企业人力资源供求关系一般可以分为三种情况：一是人力资源供大于求；二是人力资源供小于求；三是人力资源供求平衡。人力资源规划的目的是使人力资源供求达到平衡，当它们不平衡时，制定相应的政策措施，使企业未来人力资源供求实现平衡。人力资源供求关系的平衡是人力资源供求预测的结果，在实际经济活动过程中经常反映的是需求与供给的不平衡情况。一是总量上的人力资源过剩或短缺，二是结构上的人力资源供求失衡，即某些类别的人力资源过剩，而另一些类别的人力资源又短缺。人力资源规划就是要对上述人力资源供求的不平衡做出调节，使之尽可能趋于平衡。

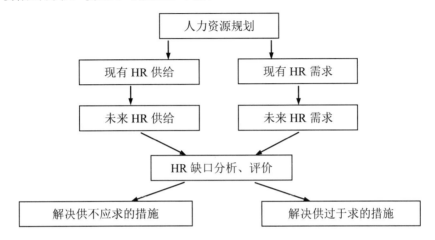

图 4-4　人力资源供需平衡图

(一)人力资源总量失衡的解决途径

对于总量上的人力资源短缺，必须增加人力资源的供给，通过人才引进、招聘等外部补充办法，满足人力资源的需求；对于人力资源过剩，即组织存在冗员时，应首先考虑通过组织自身的升级(如通过扩大经营规模、开发新产品、实行多种经营等)吸收过多的人力资源供给。另外，组织还可以采取一些专门措施(提前退休、工时压缩、转业培训、冗员辞退等方式)减少人力资源的供给。

(二)人力资源结构失衡的解决途径

对于结构性的人力资源供求失衡，主要在人力资源规划的基础上采取一系列措施来达到供求平衡。第一，通过组织内部的人员晋升和调任，以补充空缺的职位，满足这部分人力资源的需求。第二，对供过于求的人力资源，可以有针对性地进行专门培训，提高他们的工作技能，使他们转变为组织所需要的更高一级的人才，充实到相应的岗位上去。第三，可以通过人力资源的外部流动，补充组织急需的人力资源，同时释放一部分冗员。

(三)企业人力资源供求平衡

企业人力资源供求完全平衡的情况是极少见的，原因在于人员的年龄结构、知识结构、技术结构、管理能力等均处于动态变化的不平衡状况。因此，仅从理论上来说，企业人力资源供求平衡，是企业人力资源规划部门以产业结构调整为导向，合理调整人力资源结构，从而取得人力资源的相对供求平衡。

在制定平衡人力资源供求政策措施的过程中，对于供大于求或供小于求的情况，应加大调控力度划定与企业人力资源需求一致的规划，使各个部门人力资源在数量、质量、结构、层次等方面达到协调平衡。

在实践中，企业还需要考虑以下几个问题：被调查的工作岗位设立的原因是什么？该岗位应配备什么资格的员工？达到同一目的是否有其他的方法？这一工作岗位将对人力资源的利用程度、经营收入和利润实现程度产生的影响？等等。

由于人力资源规划是一项系统性的工作，对于规划系统而言当然也需要做一个平衡工作。这方面可以从总体规划和各项子规划之间的关系加以考虑。原因在于人力资源总体规划是人力资源活动的基础，人力资源规划又通过人力资源的开发、招聘、使用、激励、培训及绩效评估等各项子规划得到实施。例如，人力资源补充规划与培训规划之间、人力资源晋升规划与评估激励及培训规划之间，都需要衔接和协调。当组织需要补充某类员工时，培训部门如能及时得到信息并预先加以考虑，则这类员工就不必从组织外部补充。当组织需要提高员工的整体素质、实施人力资源晋升规划时，既要通过评估和激励来调动员工的积极性，又要给员工提供培训的机会，使他们提高知识、技能水平。

为了提高人力资源规划的水平，一种有效的手段就是实施动态的反馈和评估监控，对人力资源规划进行评估和监控。一是通过检测人力资源规划是否科学可行，以便进一步完善人力资源规划；二是为了保证人力资源规划得到有效的贯彻执行，对在执行过程中所产生的偏差或问题及时进行纠正、处理。人力资源规划执行过程的监控和评估方法，一般采取目标评定法，即对人力资源规划的执行，制定明确的预期目标，再对这些目标的实现程度定出可计量的标准，在监控和评估时，以原定目标为根据，逐项予以评价，最后对评价结果进行分析，确定人力资源规划执行所产生偏差的程度、原因，并提出调整初步方案。

二、人力资源供需失衡调整

人力资源供给和需求完全平衡几乎是不可能的，即使供需总量达到平衡，往往在层次结构上也会出现不平衡。人力资源供需不平衡是常态，平衡只是暂时。

(一)人力资源结构性失衡的调整

人力资源结构性失衡是一种较为普遍的现象，在企业稳定发展时尤为突出。人力资源供需分析比较结果为企业制定人力资源管理政策和措施提供了依据。企业在人力资源供需预测的基础上，制定相应政策和措施，实现人力资源综合平衡。

(1) 永久性裁减或辞退员工虽然较直接，但会产生劳资敌对行为，带来不安定社会因素，往往会受到政府的限制。这种方式要有完善的社会保障体系。

(2) 关闭一些不盈利分厂或车间，或暂时性关闭。鼓励员工提前退休，给那些接近退休年龄的员工以优惠的政策离开企业，一般来说其补偿代价比较大。

(3) 对富余员工实施培训，相当于进行人员储备，为未来发展做好准备。

(4) 减少工作时间或由两个或两个以上人员分担一个工作岗位，并相应减少工资，这种方式可以减少供给。

(5) 冻结招聘，停止从外部招聘人员，通过自然减员减少供给。

减少预期出现劳动力过剩的方法及速度和可撤回程度如表 4-9 所示。

表4-9　减少预期出现劳动力过剩的方法及速度和可撤回程度

方　法	速　度	可撤回程度
1. 裁员	快	高
2. 减薪	快	高
3. 降级	快	高
4. 工作分享	快	中等
5. 工作轮换	快	中等
6. 退休	慢	低
7. 自然减少	慢	低
8. 再培训	慢	低

(资料来源：诺伊. 人力资源管理：赢得竞争优势[M]. 3版. 刘昕，译. 北京：中国人民大学出版社，2001.)

(二)人力资源短缺的调整

(1) 提高现有员工工作效率，是增加供给的一种有效方法。通过训练本企业职工，对受过培训的员工根据情况择优提升补缺，并相应提高其工资等待遇。

(2) 降低员工的离职率，减少员工的流失，同时进行内部调配，通过增加内部流动来提高某些职位的供给。

(3) 延长员工工作时间，如让员工加班加点，并给予加班奖励。

(4) 重新设计工作、改进技术或进行超前生产以提高员工的工作效率。

(5) 制定招聘政策，向企业外进行招聘，雇佣全日制临时工或非全日制临时工，返聘退休人员，这也是最为直接的一种方法。

(6) 可将企业的部分业务外包，相当于减少了对人力资源的需求。

人员补充阶段是企业人力资源结构调整的最好时机。避免预期出现劳动力短缺的方法及速度和可撤回程度如表4-10所示。

表4-10　避免预期出现劳动力短缺的方法及速度和可撤回程度

方　法	速　度	可撤回程度
1. 加班	快	高
2. 临时雇佣	快	高
3. 外包	快	高
4. 再培训后换岗	慢	高
5. 减少流动数量	慢	中等
6. 外部雇佣新人	慢	低
7. 技术创新	慢	低

(资料来源：诺伊. 人力资源管理：赢得竞争优势[M]. 3版. 刘昕，译. 北京：中国人民大学出版社，2001.)

人力资源规划除了要考虑人力资源供需之间的平衡，还要尽量实现企业需要与员工个人需要之间的平衡。通过适当的人力资源管理措施解决企业需要和员工需要之间矛盾的问题是企业人力资源规划的一个重要目的。实现企业需要与员工个人需要之间平衡的人力资源规划手段如表 4-11 所示。

表 4-11　实现企业需要与员工个人需要之间平衡的人力资源规划手段

企业需要	员工需要	人力资源规划手段
专业化	工作丰富化	工作设计
人员精简	工作保障	培训规划
人员稳定	寻求发展	职业生涯规划
降低成本	提高待遇	生产率规划
领导的权威	受到尊重	劳动关系规划
员工的效率	公平的晋升机会	考核规划

(资料来源：赵曙明. 人力资源管理与开发[M]. 北京：中国人事出版社，1998.)

本 章 小 结

　　人力资源规划既是人力资源管理活动的初始步骤，也是人力资源管理的一项重要职能。人力资源规划是人力资源管理的前身。从 20 世纪初到现在，人力资源规划经历了近百年的演变，其定义也从一个仅针对人员配置需求的狭义概念发展成为一个比较广泛的、与人有关的企业问题的概念。本章将人力资源规划定义为：一个企业为实现中长期发展战略目标，在对企业人力资源现状与未来供求进行科学分析的基础上，通过制定相应政策措施，使恰当数量的合格人员在合适的时间进入合适的工作岗位，与企业预期的空缺相匹配，使企业和个人都获得长期利益的系统。

　　在人力资源管理部门的工作中，人力资源规划最具战略性和积极的应变性。企业发展战略及目标、任务、计划的制订与人力资源战略的制定紧密相连。因此，人力资源规划在企业人力资源管理工作中具有重要作用。它是企业制定战略目标的重要依据，是企业满足组织发展对人力资源需求的重要保障，可以有效控制人工成本，有助于满足员工需求和调动员工的积极性。人力资源规划的过程包括明确企业战略目标、分析人力资源现状、制定人力资源规划、实施人力资源规划控制与评估等环节。

　　人力资源预测是规划中的关键部分，具有较强的技术性，人力资源预测主要是对人力资源的供给和需求进行预测。其中，人力资源需求预测是估算未来需要的员工数量和能力组合，是公司编制人力资源规划的核心和前提。人力资源需求预测的定性分析法包括经验预测法、现状预测法、德尔菲法等，定量分析法则包括工作负荷法、趋势预测法、多元回归预测法等。人力资源供给预测是指企业根据既定的目标对未来一段时间内企业内部和外部各类人力资源补充来源情况进行的分析预测。内部人力资源供给预测技术包括现状核查与员工技能清单法、人员接替模型、马尔科夫模型等，外部人力资源供给预测技术包括市场调查法、相关因素预测法等。

　　人力资源规划的目的是实现企业人力资源供给和需求的平衡。人力资源供需平衡分析的主要任务是根据供需预测的结果判断和计算某一时期企业人力资源供求失衡的方向和数量，并将其作为企业制定具体人力资源管理活动的依据。企业人力资源供给和需求完全平衡几乎是不可能的，即使在供需总量上达到了平衡，往往也会在层次和结构上出现不平衡，如人力资源结构性失衡、人力资源短缺等。人力资源规划除了要考虑人力资源供需之间的平衡，还要尽量实现企业需要与员工个人需要之间的平衡。通过适当的人力资源管理措施解决企业需要和员工需要之间矛盾的问题是企业人力资源规划的一个重要目的。

思 考 题

1. 简述人力资源规划的概念及内涵。
2. 人力资源规划的作用表现在哪几个方面？
3. 人力资源供给与需求的预测方法分别有哪些？
4. 如何使人力资源供求达到平衡？

实 践 应 用

沃尔玛的人力资源规划

对于一个拥有 220 万名员工的庞大企业帝国，如果沃尔玛缺少了人力资源规划，那将会发生难以想象的灾难。此前曾有报道，美国沃尔玛小时工年均员工流失率达 44%(2015)，远远高于它的直接竞争对手好市多(Costco)6%的流失率。正是因为沃尔玛有了出色的人力资源规划，才确保了企业发展所需要的员工队伍。

一、人力资源需求预测

人力资源需求预测方法有很多，沃尔玛主要依靠以下四种方式：①自下而上的方法；②销售业绩分析；③趋势分析法；④德尔菲法。

沃尔玛进行人力资源需求预测时，一方面会从超市一线开始预测，然后按照组织结构逐级向上。超市一线员工的流动是非常大的，为了能确保公司业务的正常运转，必须保证足够的人力资源。因此，沃尔玛必须采用自下而上的方式进行分析预测。另一方面，销售业绩是沃尔玛人力资源需求的重要指标，沃尔玛的人力资源管理会根据销售业绩的变化来改变招聘工作。

沃尔玛全球每家商店都有自己的人力资源经理，他们根据公司政策及当地商店需求进行相应的需求预测。这些商店预测数据被沃尔玛的分析软件收集，并上传到中央数据库，然后凭借强大的 AI 智能技术进行趋势分析，预测企业人力资源在整体中的需求变化，从而满足沃尔玛在全球扩张的需要。

沃尔玛一般在开设新的零售商店时会采用德尔菲法对未来的人力资源需求进行预测，专家们就新商店内每种岗位工作所需要的员工数量做出分析和预测，以确保足够的人力资源。

二、人力资源短缺或过剩

沃尔玛很少担心会出现员工短缺现象，特别是销售人员。因为前来求职的人员络绎不绝。但当公司业绩出现下滑时，就会出现人力资源过剩的情况，这对一直采取成本领先战略的沃尔玛来讲是一个不小的挑战。为了防止人员出现短缺或过剩，沃尔玛采用以下方法：①员工流失率分析；②差距分析。

沃尔玛在员工流失率分析上，主要对比两组指标：一是流失率，二是招聘率。如果员工流失率低于招聘率，那么沃尔玛的员工数量就会增加；相反，员工数量就会减少。沃尔玛员工数量的增加通常发生在公司扩张或开新店的时候。此外，沃尔玛的人力资源管理使用差距分析来确定人力资源需求和实际招聘能力之间的差距。沃尔玛会设立一个标准差距阈值，如果人力资源缺口大于这个阈值，公司就会增强招聘力度；如果小于这个阈值，则会减少招聘力度。

三、平衡人力资源供求

沃尔玛通过调整薪酬策略和招聘努力程度来平衡人力资源供求。其中，招聘方面的改变是沃尔玛平衡人力资源供求的主要方法。当供大于求时，沃尔玛可以在不显著影响财务业绩的情况下轻松调整其招聘努力程度，并将招聘的优先级别调到最低。同时，沃尔玛的低薪策略旨在将人工成本支出降到最低，这一策略与该公司的成本领先战略相一致。当供小于求时，沃尔玛将会加强招聘力度，同时提高员工的薪酬福利待遇。

(资料来源：沃尔玛的人力资源规划案例. 2020-07-12. http://www.hrsee.com.)

【思考题】

1. 沃尔玛的人力资源规划考虑了哪些情况和因素？
2. 沃尔玛的人力资源规划体现了什么样的用人理念？

微课视频

扫一扫，获取本章相关微课视频。

人力资源规划概述

人力资源供需平衡

第五章 工作分析与设计

【学习目标】
1. 了解工作分析的概念、内容和作用。
2. 熟悉工作分析的程序与方法。
3. 掌握工作设计的方法。

【引导案例】

华为公司如何做到人岗匹配

提到华为公司的人岗匹配,就不得不说到它一直实行至今的任职资格管理体系。时光倒流到 20 多年前,华为对员工职位等级的划分和其他中国企业一样,十分烦琐。在员工具体职位前面还要加上一个所谓的行政级别,比如副处级业务经理,正科级业务主管等,虽然员工的级别待遇一目了然,但这种拷贝"国企官位式"的做法,显然让任正非无法满意,特别是随着华为的发展,涌现出技术、营销、制造、采购、财务及人力资源等方面的专业人士,如果还采取这种制度,势必会成为华为发展道路上的一大障碍,继而使华为无法与其他国家的企业展开竞争。

因此,1998 年华为公司开始与英国国家任职资格委员会(NVQ)合作,着手任职资格制度的建设。基于 NVQ 华为结合公司具体情况进行了调整,研发出了适用于华为自己的"人岗匹配"制度。华为的任职资格管理体系中,包含以下几个关键要素和环节。

第一,划分任职资格等级体系。华为任职资格管理体系包括技术、营销、专业和管理任职资格等,共分为六级,每级又分为四等。例如,华为员工在刚参加工作时,首先做专业工作,专业水平达到一定水准后才有可能进入管理类,这是对管理者的基本要求;也有一些人在技术类中继续晋升,可以达到技术四级或五级。

第二,构建职业发展通道。任职资格与职位相结合,为员工提供了职业发展通道。通过任职资格管理的牵引,形成管理和技术两条职业发展通道。任正非认为,华为要想建设一支强大的技术专业队伍,牵引优秀员工,就必须在擅长的领域追求卓越、不断精进,形成在核心业务能力上长期聚焦和持续积累的氛围和组织行为,以避免因职业发展通道的单一,出现"官导向"和千军万马过独木桥的现象发生。

第三，建立任职资格标准。任职资格标准是基于岗位责任和要求的，对承担该岗位的长期综合绩效优秀的员工被证明了的成功行为和能力要素进行归纳而成的评价指南。标准开发源于业务发展和职位责任，不同级别的标准应有明显的区分，并能够牵引员工持续改进任职能力。它包括基本条件、核心标准和参考项三部分，其中核心标准是主体，由必备知识、行为、技能和素质构成。每一个标准又包含诸多单元、要素和标准项。

第四，任职资格认证。任职资格认证是指为证明申请人是否具有相应任职资格标准而进行的鉴定活动。它包括计划、取证、判断、反馈、记录结论等。华为规定，相同工作性质的人员按照统一的标准进行程序公正的认证，以促进认证结果的客观性，真实反映员工持续贡献的任职能力。华为员工按照如图 5-1 所示的任职资格流程进行操作，包括准备资料、胶片和答辩。

图 5-1　华为任职资格的流程

如果有员工在上半年进行过任职资格申请，不管成功和失败，都需要经过 6 个月才能再次申请任职。如果新员工超过 2 年不申请任职资格，将会直接影响他(她)的升级加薪配股。

当前，华为任职认证有两种组织方式：①明确认证各个环节的时间和规范要求，员工可随时提交任职申请，认证过程用服务等级协议(SLA)的方式来管理的模式(简称随需触发制)；②认证申请时间、答辩时间、结果公布时间公开透明的模式(简称托福制)。目前，在华为的 hrSSC 承接的（如销售族、服务族）资格认证采取的是随需触发制；而技术族的资格认证则由专家委员会及授权组织自行交付，采取的是托福制。华为的实践表明：这两种方式均能够很好地支撑任职认证工作的开展。

华为员工拿到任职资格认证之后并不是终身有效，而是只有两年的有效期，而且就算拿到了某个层次的任职资格，也并不意味着就能够上岗。这还需要满足两个条件：一是员工的历史绩效贡献，二是有空缺的岗位。那么在上岗之后，员工也不是万事大吉。因为最终还是要靠绩效说话的，如果你在岗位上的绩效考核达标，那才意味着真正做到了"人岗匹配"。华为基于任职资格的人岗匹配如图 5-2 所示。

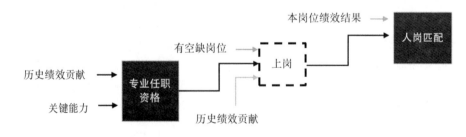

图 5-2　华为基于任职资格的人岗匹配

最后，根据员工的表现与人力方面的考查结果来确定任职资格结果的应用。换句话说，任职资格是从事某一工作的任职者所必须具备的知识、经验、技能、素质和行为的总和，是在特定的工作领域内对工作人员工作活动能力的证明。任职资格强调工作对任职者个人素质的要求，符合要求的任职者才是合格的任职者，不符合要求的任职者应该调换工作岗位或继续学习。

在华为有一种传言，不管级别，被招进华为一年半以上才能匹配应该拿到的职级待遇。比如2015年初进来，要到2016年秋天才有人岗匹配，才能拿到对应级别的正常工资。当然，华为的人岗匹配制度也并不是十全十美的，比如有的员工会吐槽在任职资格方面所耗费的时间太久，精力也完全被牵扯进去，无法开展正常的工作；有的员工则抱怨评委是否专业、公正；还有的认为这套制度是华为在故意"刁难"员工等。但是，抛开这些内部的声音，作为外人，我们看到的只是华为迅猛的发展，并成为国际上数一数二的企业，这背后离不开优秀人才所做出的突出贡献。单从这一点上来看，华为的人岗匹配制度是成功的。

(资料来源：华为如何做到人岗匹配？. (2020-03-12). http://www.hrsee.com/? id=1392.)

第一节　工作分析概述

工作分析是组织人力资源规划和其他一切人力资源管理活动的基础。人力资源管理的核心任务是人事匹配，而工作分析的目的就是明确组织内各项工作的工作内容、职责和权限、工作关系、工作环境及任职者的资格要求等信息，做到人尽其才、事得其人、人事相宜。现代人力资源管理倡导用科学的、量化的手段进行管理的理念，注重管理的技巧与实践，而工作分析是实现这一目标的最佳手段与工具，对于提高后续人力资源管理活动的效率具有举足轻重的作用。

一、工作分析的渊源

"工作分析"一词在管理学领域最早见于20世纪初。1916年，泰勒把工作分析列为科学管理四大原则的第一原则。工作分析的思想与活动，最早起源于社会的分工，而最早论述分工问题的是中国古代政治家管仲。公元前700年，管仲提出四民分业定居论，主张将国人划分为士、农、工、商四大行业，并按专业分别聚居在固定的区域。荀况把分工称作"曲辨"，特别强调分工的整体功能。自给自足的小农经济生产模式与封建主义统治是限制工作分析思想与活动在中国发展的社会根源，而工作分析的思想和活动产生的社会基础是社会分工的高度发展。

尽管我国很早就有了社会分工的思想，但是商业经济未得到应有的发展，因此社会分工水平低下，行业种类缺乏，限制了工作分工活动在我国的发展。

对于社会分工的探讨，古希腊的代表人物是柏拉图(Plateau)和色诺芬(Xenophon)。柏拉图在《理想国》中要求工人专门化，做力所能及的工作，特定的工人从事特定的工作。社会分工方法可以大大提高社会生产率。色诺芬比柏拉图更详细地研究了分工，不仅研究整个社会的分工，而且研究单个工厂中的分工。

现代人力资源管理工作必将促进工作分析在我国的大力发展。现代人力资源管理的目标以开发为导向，以让每个员工在组织内得到充分、自由与全面发展为宗旨。通过实现岗位流动，使人获得全面的发展和能力的开发。传统人事管理的特点是以"事"为中心，只见"事"，不见"人"，强调"事"的单一方面的静态控制和管理，其管理的形式和目的是"控制人"，忽视人员流动，一配定终身。而工作分析是保证人员自由、充分、全面发展的基础和前提。

二、工作分析的含义

工作分析(job analysis)又称职务分析、职位分析、岗位分析，是人力资源管理的基础，与人力资源管理的许多活动都有着相当紧密的联系。工作分析为人力资源管理提供了一个架构，透过这个架构可以让管理人员得到许多相关的信息，并将企业中各项工作内容、责任、性质与员工所应具备的基本条件(包括知识、能力等要求)加以综合研究分析，以得到最适合该职位的人选。

简单地说，工作分析就是通过调查研究决定一项工作的特定性质与职责，明确工作的各个环节，使人们详细了解工作对员工行为的要求，以确定什么样的人员适合担任组织中的哪一项工作。其实质是，研究某项工作所包含的内容及工作人员必备的技术、知识、能力与责任，并区分本工作与其他工作的差异，亦即对某一职位的工作内容及有关因素做全面的、系统的描写。作为人力资源管理的一项职能活动，工作分析活动的主体是工作分析的执行者，客体是企业内部的各个职位，内容是与各个职位有关的情况，结果是工作说明书，也可以叫职位说明书或岗位说明书。

工作分析可以为管理活动提供与工作有关的各种信息，这些信息可以用"6W1H"加以概括，具体如下。

(1) what。具体的工作内容是什么；是管理工作还是一般工作，是技术岗位还是操作岗位；岗位的工作职责和义务是什么；每项工作的时间和相对重要性怎样；工作任务的复杂程度怎样；某项工作对其他工作、组织财物、资金的影响是什么。

(2) who。任职者需要哪些知识和技能，包括经验、受教育程度、所受培训、身体条件、心理素质、性格、会计技能等，以及完成工作需要哪些特殊技能。

(3) when。工作岗位的时间如何安排，是否需要经常加班；岗位工作时间与相关岗位的工作时间有没有联系。

(4) where。工作岗位的场所在哪里；是否需要经常出差；岗位工作场所与相关岗位有没有联系；工作岗位的物理条件如何。

(5) why。为什么要设立此岗位；这项工作的完成对于其他岗位乃至整个组织运转有什么重要意义。

(6) for whom。该工作岗位为谁服务。

(7) how。此工作岗位要完成哪些具体的工作任务；岗位的基本职能有哪些；工作任务与相关的工作岗位有没有联系。

研究表明，工作分析对一个特定的组织在特定时期内解决特定的工作问题，起着至关重要的作用。例如，一个企业为了弄清一系列特定职位的具体职责与任务，往往通过召开一系列会议进行讨论。对于工作分析来说，则是通过对具体的工作环节乃至行业状况的全面分析来编写工作说明书。因此，工作分析被认为是现代组织中的一种重要的管理手段。

三、工作分析的目的

工作分析是一个复杂的过程，这一工作过程具有极其重要的目的。

(一)组织规划

人力资源规划者在动态的环境中分析组织的人力需求,所以必须获得广泛的信息。在组织内,工作任务的分配状况可从工作分析中得到较详细的资料,而这些资料可以作为利润分配的准绳。另外,在组织的不断发展中,工作分析可作为预测工作变更的基本资料,并且可让该职位上的员工或其主管预先进行准备,以应对改变后的相关工作。

(二)工作评价

工作评价依赖工作分析来说明所有工作的需要条件与职务,说明工作间的相互关系,并说明哪一部门应包含何种类型的工作,如果缺乏此等决定相对价值的事实资料,则评价人员单凭书面的定义来从事缜密的工作是不可能的。

(三)招募征选

工作分析能够说明专业知识技能的标准及相关工作经验的要求,可以作为雇佣该职位新进员工的考量标准。招考新进人员时,用人单位可就工作分析的结果制作笔试、口试或测验试题,以测出应征者的实力是否符合该职位的需求。

(四)建立标准

工作分析可提供机构中所有工作的完整材料,对各项工作的描述都有清晰明确的全貌,故可指出错误或重复的工作程序,以发觉其工作程序所需改进之处。所以工作分析是简化工作与改善程序的主要依据。

(五)员工任用

人力资源部在选拔与任用员工时,需借助工作分析的指导,来了解哪些岗位需要哪些知识或技术,以及如何将适当的人才安排到适当的岗位。

(六)职业生涯管理

在既定的工作架构及内容下,从纵向去整合工作,以达到"工作丰富化",而在既定的工作架构及内容下,从横向去增列相关度较高的不同工作,以达到"工作多样化",作为教育训练规划及训练需求调查的基准,以遴选出需要训练的员工,再根据组织的需求及员工个人的能力及兴趣提供训练发展的机会,并作为员工职业生涯发展规划的重要参考资料。

(七)员工培训

工作分析的说明列出所需职务、责任与资格,在指示训练工作上有相当的价值。有效的训练计划需要有关工作的详细资料,它可提供有关准备和培训所应安排的资料,诸如训练课程的内容、所需培训的时间及培训人员的遴选等。

(八)绩效评估

绩效评估是将员工的实际绩效与组织的期望做比较,而组织的期望就是通过工作分析形成的。工作分析能够在组织战略目标的指导下,确立员工的工作目标。员工工作目标的完成是否符合组织的要求,则需要绩效评估来完成,而绩效评估的标准是通过工作分析来确定的。

四、工作分析的意义

(一)工作分析是制定人力资源规划的基础

工作分析是人力资源管理的奠基工程,有助于制定企业战略目标的人力资源规划。一个组织在发展过程中必然会遇到由环境变化、组织目标改变而引起的业务、组织结构或者人员数量的变化,这些变化决定了企业所需人员的不同。工作分析根据企业的需要,将影响工作的因素逐一列举分析,首先决定企业中需要设置哪些工作,其次决定每项工作对从事人员有何要求。通过对部门内各项工作的分析,得到各部门的人员编制,继而得到企业的人力资源需求计划。另外,通过工作分析可将相近工作归类,合理安排,统一平衡供求关系,提高人力资源规划的质量。

(二)工作分析为人员的选拔和任用提供了标准

工作分析能够明确规定各项工作的近期和远期目标,规定各项工作的要求、责任,掌握工作任务的静态和动态特点,提出任职人员的心理、生理、技能、知识和品格要求,并在此基础上确定任用标准。有了明确而有效的标准,企业就可以通过素质测评和工作绩效评估,选拔和任用符合工作需要和工作要求的合格人员。只有工作要求明确了,才能保证工作安排的准确,做到没有冗员,每个岗位都能人尽其才。

(三)工作分析为员工的培训和发展奠定了基础

工作分析具体规定了每项工作如何被一步步完成,使人力资源管理者可以此为依据安排培训计划。工作分析规定了对员工知识、能力、技能等的要求,通过比较员工在实际工作中表现出来的知识、能力、技能,可以发现三者之间的差异,以便确定员工需要接受哪方面的培训;反过来,工作分析确定的标准可以用来评估培训是否取得应有的效果,即是否满足工作分析确定的要求。从职业生涯的发展来看,员工希望能通过努力得到升迁。工作分析为企业中从低级到高级的每一个职位确定了所需的要求,从而为员工确定了晋升的路线和标准。

(四)工作分析为员工的绩效考核确立了依据

工作分析明确了工作规范与要求,为评估从事这一工作的员工的绩效提供了客观标准。通过工作分析,管理者可以从工作责任、所需技能等方面对工作岗位的相对价值进行界定,确定工作岗位在组织中的相对价值,使组织的薪酬水平有明确的、可解释的基础,有助于保证薪酬的内部公平性。在进行员工绩效评估时,其标准必须是与工作相关的,否则容易导致评估时出现不公平,使从事该项工作的员工感到评估结果不可信。因此,使用或参照工作分析中对工作要求的标准,更易被员工接受。

(五)工作分析为员工薪酬决策提供了依据

在企业中,每项工作对组织的相对价值或重要性是薪金比率的基础。工作价值可以通过技能水平、努力程度、责任轻重、工作条件等重要因素加以评价。因此，工作分析所提供的信息可以作为测量工作价值的参考标准，进而决定薪酬制度的制定。

第二节　工作分析的内容与作用

一、工作分析的内容

工作分析的内容取决于工作分析的目的与用途，是工作分析人员在进行工作分析时的依据。不同的企业和组织都有各自的特点和急需解决的问题，有的是为了设计培训方案，提高员工的技术素质；有的是为了制定更切合实际的奖励制度，调动员工的积极性；还有的是为了根据工作要求改善工作环境，提高安全性。因此，这些企业和组织所要进行的工作分析的侧重点就不一样。只有明确工作分析的内容和各项指标，工作分析人员才能有侧重性地收集相关工作信息，分析并形成工作分析文件。一般来说，工作分析包括以下内容。

(一)工作基本资料

工作基本资料包括工作名称、工作代码、工作地点、所属部门、直接的上下属关系及员工数目。工作名称必须明确，使人看到工作名称就可以大致了解工作内容。各项工作应按照统一的代码体系编码，使工作代码既能反映工作岗位所属部门，又能反映工作岗位的上下级关系，如果能反映该岗位的工作性质和其在组织中的地位更好。工作地点是指从事岗位工作的员工的工作地点。所属部门是指岗位属于组织中的哪一个部门。直接的上下属关系是指本工作岗位的直接上级和其直接领导的下级的工作岗位名称和相应的人数。员工数目是指组织中从事同一岗位的员工数目。

(二)工作内容

工作内容是指与员工工作有关的一切事项，具体包括工作任务、工作责任、工作量、工作标准、机器设备及工作时间与轮班。工作任务是指工作中应该完成的工作活动是什么。工作责任即承担该工作应负有的责任。工作量即工作强度，如劳动的定额、工作量基准、工作循环周期等。工作标准是指用什么来衡量工作的好坏。机器设备即从事本岗位工作的员工在实际工作过程中需要使用的机器、设备、工具等。工作时间与轮班涉及从事本岗位工作员工的工作时数、工作天数及一次轮班的时间幅度等。

(三)工作关系

工作关系包括监督指导关系、职位升迁关系、工作联系。监督指导关系是指隶属关系，包括直属上下级、该工作制约哪些工作、该工作受哪些工作制约等。职位升迁关系是指工作岗位可以晋升或降级到哪些岗位，可以与哪些岗位之间进行同级调度等，为员工做好职业生涯规划。工作联系是指本岗位在具体工作中会与哪些岗位或部门发生工作上的往来，发生联系的目的、方式是什么。

(四)工作环境

工作环境包括工作的物理环境、安全环境、社会环境及聘用条件。工作的物理环境是指工作地点的湿度、温度、照明度、噪声、振动、异味、粉尘、空间等。工作的安全环境是指从事本岗位工作的工作者所处工作环境的工作危险性、劳动安全卫生条件、易患的职业病、患病率及危害程度等。工作的社会环境是指工作群体的人数、完成工作要求的人际效应的数量、各部门之间的关系、工作地点内外的文化设施、社会风俗习惯等。聘用条件是指工时数、工资结构、支付工资的方法、福利待遇、该工作在组织中的位置、晋升的机会、工作的季节性、参加培训的机会等。

(五)任职条件

任职条件包括教育培训情况、必备知识、经验、素质要求。教育培训情况即从事本岗位工作的员工所应接受的教育、培训程度、学历、资格等。必备知识即从事本岗位工作的员工对使用的机器设备、材料性能、工艺过程、操作规程及操作方法、工具的选择和使用、安全技术等本岗位所必须具备的一些专业知识的掌握。经验即从事本岗位工作的员工完成工作任务所必需的操作能力和实际经验。素质要求即从事本岗位工作的员工所应具备的完成工作要求的职业性向,包括体能性向和气质性向。组织在进行实际工作分析时可以根据实际需要来确定相关工作分析内容和工作分析指南。

二、工作分析的作用

20世纪20年代初期,美国人事协会规定,工作分析应作为获取工作结构及确定工作胜任者的必要手段。20世纪40年代已经有75%的大公司采用了工作分析。目前,世界各国的企业都已经把工作分析作为重要的人力资源管理职能,并把它运用于人员招聘、培训发展、绩效评估等工作中。工作分析已成为人力资源管理科学化、现代化的标志之一。

工作分析的作用有三个:一是组织决策;二是工作和设备设计;三是人力资源管理。在组织决策中,工作分析可以为组织的结构开发、组织发展计划、组织策略制定提供信息。在工作和设备设计中,工作分析可以为工作设计、方法设计、安全设计、设备设计提供重要的信息。而在人力资源管理过程中,工作分析更是发挥着不可替代的作用。

(一)为编制人力资源规划提供科学依据

在工作分析的基础上进行人员组合与调配,从工作内容、技术要求、责任和经验等出发,通过对企业人力资源需求和供给的预测制订合理的人员补充与晋升计划、人员配置与调整计划、培训计划和报酬计划等,合理分配企业人力资源,协调部门关系,以实现企业组织发展中"人"与工作的相互适应关系。

(二)为招聘录用员工提供客观标准

通过工作分析所获得的信息可以明确工作执行人员的任职资格,并且给求职者提供有关工作的信息。一方面,通过考试、心理测验与面试内容的设计、人员录用效度检验、个人职业发展展望等方式,管理者可以对进入企业的人员进行有效的质量控制。另一方面,根据工作的难易程度、职责要求、知识和技能等对从事该项工作的员工提出要求,从而在录用员工时有一个客观标准,员工可以根据不同职位的工作要求找到合适自己的位置,从而扬长避短,发挥最大的才能。

(三)为考核评价工作确定具体标准

工作分析的信息可以帮助企业确定每个工作的执行标准、评价标准、执行指导和执行控制等，因为它明确了干好每项工作的责权利、工作规范和职责要求等，这些都是企业进行绩效考核的依据，它使工作的执行考核及评价工作更加合理、准确、具体、客观，有利于调动员工的积极性。

(四)为制定员工薪资待遇提供客观依据

工作分析的信息可以帮助企业确定薪资标准、制定奖励制度及人工成本的控制等，根据工作分析中工作要求的技术熟练程度、复杂程度、受教育程度及责任大小，能更加合理地分配资源。

(五)为实施员工培训计划提供指导信息

工作分析的信息有助于进行培训需求分析、培训方针制定、培训内容和培训方法的确定、受训人员的选择、培训效果评价及个人职业发展指导。工作分析对员工各方面的要求既是员工努力的方向，也是培训工作的主要内容和任务，因此培训开发计划的制订和工作进行都离不开工作分析的结果。

总之，工作分析的信息在管理中的作用是不可低估的。只有进行科学的工作分析，合理的"人""事"配合，以"事"为中心，因"事"设"人"，才能做到"人尽其才"。否则，在职责权限、分配、升迁、培训等方面都可能出现问题和隐患。

第三节　工作分析的程序、方法及需要注意的问题

一、工作分析的程序

工作分析是一个细致和全面的评价过程，要以合乎逻辑的方式来进行。经过多年的发展和运用，比较实用、高效、成熟的工作分析程序主要包括准备阶段、调查阶段、分析阶段和完成阶段，其中每一个阶段又包括多项基本任务和活动，如图5-3所示。这四个阶段相互联系，相互影响。企业可以根据自身的情况和需求，灵活制定合适的工作分析程序。

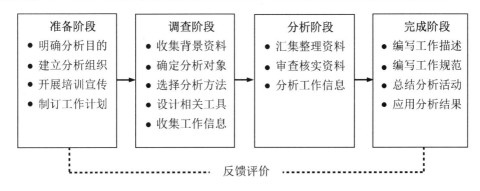

图5-3　工作分析的一般流程

(一)准备阶段

准备阶段是工作分析启动的阶段,主要完成以下四项任务。

1. 确定工作分析的目标

企业运作过程中可能出现的问题是错综复杂的,而工作分析的首要任务是明确所要解决的问题,以便有针对性地收集信息。例如,当发现企业的人才流失率逐年增高时,必须考虑的问题是:公司的薪酬、福利制度是否得当,工作环境是否令人满意,企业文化是否能够激励员工奋进等。只有明确了要解决的问题和期望达到的目标,才能着手收集相关信息,以提高工作分析的效率。

2. 成立工作分析小组

为了确保工作分析的准确性、客观性,选择适当的人员来组建工作分析小组是很关键的。一般来说,工作分析人员要有丰富的经验,较高的受教育层次,认真负责的态度,公平、公正的精神,准确的分析能力,并且还要对所分析的岗位有较深的认识和了解。

工作分析人员通常有三类:①企业的高层领导;②工作分析人员,主要由人力资源管理专业人员和其他职能部门人员组成;③聘请的外部专家和顾问,因为他们具有这方面的丰富经验和专门技术,可以防止工作分析的过程出现偏差,有利于保证结果的客观性和科学性。这三类人员各有优势和局限,可以反补。一般情况下,在工作分析小组中至少需要一名工作分析专家,他应该有良好的专业知识技能和相当丰富的工作分析经验,这是保证工作分析有效进行的基本保证。

3. 培训与宣传

工作分析小组成立后,需要工作分析专家对小组成员和其他参与者进行有关工作分析的专业知识和实际做法的专业培训。

另外,企业也需要在整个组织的范围内,开展更广泛的培训宣传与解释,宣讲工作分析的理念与目的,使各层次的管理者和员工了解工作分析的意义、做法,了解工作分析的科学性和需要他们提供的支持与配合,让员工认同工作分析的价值,减少因对工作分析的陌生感和不了解工作分析的目的而产生的抵触情绪,进而积极参与工作分析,以便工作分析得以顺利进行。

4. 制订工作计划

制订工作计划主要是指确定工作分析的工作内容、步骤和时间进度,制订计划进度表,保证整个项目能规范、有序、高效地进行。

(二)调查阶段

调查阶段围绕工作信息的收集展开,是工作分析的实质性活动阶段,其重要活动有以下四项。

1. 收集与工作相关的背景资料

组织结构图、工作流程图、岗位责任书等都是与工作有关的背景信息。组织结构图显示了当前工作与组织中的其他工作是一种什么样的关系,以及它在整个组织中处于一种怎样的地位；不仅确定了每一职位的名称，而且明确了谁应当向谁汇报工作及工作的承担者将同谁进行信息交流等。工作流程图表明了工作过程中信息的流向和相关的权限。如果有现成的工作描述，它将是审查并重新编写工作描述的一个很好的起点。有些企业正在申请或已经通过了ISO9000认证，这些方面的相关文件也是非常有价值的资料。就这些方面的资料了解所要分析工作的各种关系，不仅有助于工作分析人员很快的对组织现状进行了解，更重要的是可以在很大程度上降低信息收集的难度和工作量。

2. 确定分析对象

组织中的工作成百上千甚至成千上万，不可能对所有工作都逐一分析。为了提高效率，同时又保证分析结果的正确有效，对那些相近、相似的工作，需要选择具有代表性的典型职务进行分析。

3. 选择分析方法并设计相关工具

工作分析方法有很多种，工作特点不同，分析目的不同，所采用的方法也不同。企业确定了分析方法以后，需要对用来收集信息的工具进行设计，如调查问卷、工作日志记录表、访谈提纲、观察表等。企业设计这些工具和表格，并对工作分析人员进行有关使用、填写方法和注意事项的培训，可以避免重要事项的遗漏和不必要的重复或低效的工作。

4. 收集工作的相关信息

收集工作的相关信息是工作分析最根本、最实质性的活动，即正式开始运用选定的各种方法和工具，系统地收集待分析的工作信息，获取现场或现实的资料。值得注意的是，务必避免信息失真。可供选择的信息来源是多种多样的，有来自在职者的，有来自主管人员或下属的，也有来自文献资料的，还有来自产品消费者的，面对不同的信息要认真加以鉴别，判断其可靠性。此外，要避免从具有利害关系的来源中提取信息。例如，不应该从在职者中提取有关工作负荷、薪酬福利等方面的信息，因为人们往往会出于利害关系的考虑而片面夸大自己工作的重要性。在信息的整理过程中，应该让在职者和直接主管确认所收集的信息，以保证资料的完整性。

(三)分析阶段

分析阶段是工作分析中的关键环节，其主要任务是对所获得的调查结果进行整理并做全面深入地分析，还要仔细审核所收集的工作信息资料，归纳总结工作分析的要点。在这一阶段需要进行以下三项工作。

1. 汇集整理信息

工作分析小组要把通过不同方法和渠道收集的信息按照工作说明书的内容和要求进行归纳、整理、分类和标准化。工作相关信息可分为与工作本身相关的信息和与工作承担者相关的信息，这两个方面的内容如表5-1所示。

工作相关信息内容繁多，需要耗费很大的人力、物力和时间成本。此外，由于工作分析的目的存在差异，所需要重点关注的信息也有所不同，因此企业应根据工作分析的目的，对信息收集的内容做出整理和选择，以提高系统性和针对性。工作分析的目的与工作相关信息的关系如表5-2所示。

表 5-1 与工作相关的信息

与工作本身相关的信息	与工作承担者相关的信息
工作内容/工作情景因素 • 工作职责 • 工作任务 • 工作活动 • 工作程序 • 所采用的机器、工具、设备和辅助工具 • 加工的原材料 • 所涉及或应用的知识 • 制造的产品和提供的服务 • 工作日程安排 • 工作报酬(包括财务与非财务的) • 工作条件 • 工作错误分析 • 工作计量与标准(如完成任务的定额) • 绩效标准 • 关键事件 • 沟通网络	**任职资格要求** • 教育程度 • 专业知识 • 工作经验(一般经验、专业经验、管理经验) • 技能与能力 • 个性特征与职业倾向、动机、内驱动力等 • 人的行动(如有关工作的身体动作要求、体力耗费等)
工作特征 • 职务对企业的贡献与过失损害 • 管理幅度 • 所需承担的风险 • 工作的独立性 • 工作的创新性 • 工作中的矛盾与冲突 • 人际互动的难度与频繁性	**工作中的人际关系** • 内部人际关系(与直接上司、其他上级、下属、其他下属、同事之间的关系) • 外部人际关系(与供应商、客户、政府机构、行业组织、社区之间的关系)

2. 审查核实信息

工作分析小组要共同对整理的信息进行审查,并通过各种方式与工作的承担者、上级主管、相关联的工作人员进行核实,确认其充分性、真实性和准确性,如有遗漏或不实,则应再行调查。

3. 分析资料

工作分析小组对收集的资料进行深入分析,包括工作基本信息的分析、工作任务的分析、工作责任分析、职责权限划分分析、工作强度和复杂性及危险性分析、工作关系分析、工作环境分析、任职资格条件分析等，归纳总结工作分析的必需材料和要素；通过统计、分析、论证等，从中提取能反映各职位在组织流程中地位和特点的关键因素，以总结工作分析的系统材料。

表 5-2　工作分析的目的与工作相关信息的关系

职务分析的目的	职务分析所要收集的信息	信息结果的应用
组织优化目标强调 • 对工作职责、权限明确界定 • 将工作置于流程与战略体系中，重新思考该职务的定位 • 职务边界的明晰化	• 工作目的与工作职责 • 职责具体性 • 工作流程 • 职务在流程中的角色 • 工作权限	• 组织结构的调整 • 职务设置的调整 • 职务职责的调整 • 理顺职责履行程序
招聘选拔目标强调 对工作所需教育程度、工作经验、知识、技能与能力的界定，并确定各项任职资格要求的具体等级或水平	• 工作目的与工作职责 • 职责的重要程度 • 任职资格	• 招聘要求 • 选拔标准
培训开发目标强调 • 工作典型样本、难点识别 • 对工作中常见错误的分析 • 任职资格中可培训部分界定	• 工作职责 • 职责学习难度 • 工作难点 • 关键工作行为 • 任职资格	• 培训需求 • 培训的难点与重点
绩效考核目标强调 对工作职责及责任部分的准确界定，并收集有关对各项职责与任务的重要程度、过失损害的信息，为考核指标的提取及权重的确定提供前提	• 工作目的与工作职责 • 职责的重要程度与执行难度 • 工作难点 • 绩效标准	绩效评价指标与标准
薪酬管理目标强调 对与薪酬决策有关的工作特征的评价性分析，包括职务在组织中的地位及对组织战略的贡献，工作所需知识、技能与能力水平，工作职责与任务的复杂性与难度，工作环境条件，工作负荷与强度的大小等	• 工作目的与工作职责 • 工作范围 • 职责复杂程度与执行难度 • 职务在组织中的位置 • 联系的对象、内容与频率 • 任职资格	• 与职务评价要素相关的信息 • 职务序列

(四)完成阶段

完成阶段是工作分析的最后一个阶段。在这个阶段,最基本的任务是编写工作说明书并对整个分析过程进行总结,然后编写工作分析报告。工作分析报告作为整个分析工作的总结,对在工作分析过程中存在的问题进行探讨并提出相应的改进意见和建议,最好能够有针对性地提出组织与岗位的改进方案,以使企业的各个组织和岗位的工作开展得更加顺畅。当然,作为一个完整的循环,还会涉及评价反馈和分析结果的应用。

1. 编写工作说明书

根据资料分析的结果,按规范的格式编写"工作说明书"和"工作规范"。工作说明书的内容包括工作概况、详细的工作职责、明确的工作要求和任职者的资格等。对这些项目和内容的叙述必须清楚明了、细致具体,以便为员工更好地完成任务提供有效的信息。也就是说,要使员工取得满意的工作成绩,首先必须让员工清楚他们应该做什么、怎样做、何时做,以及公司对他们的期望是什么。

编写工作说明书的一般程序是:先写出初稿,反馈给相关人员进行核实,并就问题、意见和建议进行沟通;然后进行修改,再反馈沟通,达成一致后,基本定稿,提交上级领导审核审批;通过审核审批,最终定稿,并发布实施。

2. 总结评价

对整个工作分析过程进行总结,找出成功的经验和存在的问题,以利于以后的工作分析;把具有一般意义的有效做法进行提炼,并予以标准化;评价工作分析的目标达成情况和经济性。工作分析的目标达成情况:一要评价工作分析的结果是否反映了目前工作的客观性质、特点及对任职者的要求;二要看它所提供的信息是否能运用于预期的组织管理和人力资源管理领域,并为管理者提供有效的依据和可靠的支持。这种评价中,尤其是第二方面的评价,依赖于工作分析结果的应用。

3. 应用分析结果

确认应用的领域,根据工作说明书制定相关的、具体的、可行的文件,如岗位规程、甄选标准、绩效评价指标等,并用于各种组织管理和人力资源管理活动。

二、工作分析的方法

工作分析是一个多层次、多种类,适应面广的管理技术。在实际工作中,因工作分析目的和工作分析对象的差异,工作分析的方法也多种多样。国外已开发许多较为成熟的方法,并在实践中得到广泛应用。现实中并不存在"最佳"方法,何为工作分析的内容取决于工作分析的目的与用途,不同企业进行调查分析的侧重点会有所不同。合适的方法是相对于不同的用途而定的。

根据不同的标准,我们可以将这些方法划分成不同的类型。按照分析内容和确定程度的不同划分,工作分析可以分为结构性分析方法和非结构性分析方法;按照分析对象的不同划分,工作分析可以分为任务分析法与人员分析法;按照基本方式的不同划分,工作分析可以分为观察法、实践分析法和调查法等。其中,按照结果的可量化程度,这些方法还可以分为定性分析方法和定量分析方法两类,具体如下。

(一)定性分析方法

定性分析方法主要是一些传统的方法，包括观察法、工作日志法、访谈法、问卷调查法、资料分析法、工作实践法等。根据麦考密克(Mccormick)的观点，这类方法收集的信息多以定性为主，叙述较多，带有较强的主观色彩。

1. 观察法

观察法是指工作分析人员通过对员工正常工作的状态进行观察获取工作信息，并通过对信息进行比较、分析、汇总等方式得出工作分析成果的方法。观察法是最为简单的一种方法，其优点是工作分析人员能够比较全面、深入地了解工作的要求和内容。这种方法通常适用于体力工作者和事务性工作者，如流水线工人、搬运员、操作员、文秘等职位。由于不同观察对象的工作周期和工作突发性有所不同，因此观察法具体又可分为直接观察法、工作表演法和阶段观察法。

直接观察法指的是工作分析人员观察所需要分析的工作过程，以标准格式记录各个环节的内容、原因和方法，这样可以系统地收集有关工作的任务、责任和工作环境方面的信息。直接观察法的优点是工作分析人员能够比较全面、深入地了解工作的要求，适用于那些工作内容主要由身体活动来完成的工作，如装配线工人、保安人员等。

直接观察法的缺点是不适用于脑力劳动成分比较高的工作和处理紧急情况的间歇性工作。有些工作内容中包括许多思想和心理活动、创造性和运用分析能力，如律师、教师、急救站的护士等，这些工作就不容易使用直接观察法。此外，直接观察法对于有些员工来说是难以接受的，因为他们会感到自己正在受到监视甚至威胁，所以会从内心对工作分析人员产生反感，同时也可能导致动作的变形。因此，在使用直接观察法时，应该将工作分析人员用适当的方式介绍给员工，使其能够被员工接受。

直接观察法经常和访谈法结合使用，工作分析人员可以在员工的工作期间观察并记录员工的工作活动，然后和员工进行面谈，并请员工进行补充。工作分析人员也可以一边观察员工的工作，一边和员工面谈，这种方式不会干扰员工的工作。

2. 工作日志法

工作日志法又称现场工作日志法，是由职位的任职者本人按照时间顺序记录工作过程，然后经过归纳提炼取得所需资料的一种方法。该方法适用于确定工作职责、工作关系及劳动强度等方面的信息。其优点在于收集的信息比较全面，一般不容易遗漏，可靠性也很高；缺点是使用范围较小，信息整理工作量大，归纳工作烦琐。由于是自行记录，主观色彩较浓，使记录的客观性和准确性受到一定程度的影响，因此多应用于工作内容较为多样化或工作较多变化的工作中，在工作分析中常与其他方法结合使用，很少作为唯一的工作分析方法。

工作日志法的操作看似简单，但在实际工作过程中会出现人员多、员工个人素质参差不齐、信息记录需要有一定的规范和要求，而且过程枯燥易导致填写人员敷衍应付等问题，这些问题都会直接影响工作日志能否获得真正有效的工作信息，进而影响其后的工作信息汇总及对工作信息的各类分析。因此，在采用工作日志法收集工作信息时，必须做好充分的准备工作，以确保整个日志填写及随后的信息整理分析过程的顺利进行。

3. 访谈法

访谈法又称面谈法，是一种应用广泛的工作分析方法，主要是指工作分析者就某一个职务或职位面对面地询问任职者、主管、专家等人对工作的意见和看法。与任职者的面谈主要集中于有关工作内容和工作背景的信息；而主管的典型作用是评审和证实任职者回答的准确性，并提供有关任务重要性、所期望的绩效水平、新工人的培训需要和工作的必要条件等进一步的信息。此种方法可对任职者的工作态度与工作动机等深层次内容进行详细了解。访谈的程序可以是标准化的，也可以是非标准化的。一般情况下，应用访谈法时以标准访谈格式记录，以便于控制访谈内容，并可对同一职务不同任职者的回答进行比较。

访谈法是收集信息的有效方法，特别是对于有些工作(如工作分析人员无法亲身体验，或者是不可能通过观察来了解工作内容、工作方法时)，访谈法就显得尤为重要。例如，在对飞行员、外科手术医生等的工作进行分析时，不可能去现场观察，这就需要通过对工作者本人进行访谈来收集有关的信息。访谈法主要可以分为三种类型：个别访谈法、集体访谈法及主管人员访谈法。个别访谈法主要是在各职位的工作职责之间有明显差别时使用。集体访谈法则主要在多名员工从事同样的工作时使用。主管人员访谈法是指与一个或多个主管面谈，因为他们对工作非常了解，有助于减少工作分析的时间。

访谈法的优点主要有：①应用范围相当广泛；②可以发现一些在其他情况下无法了解的工作活动和行为；③为企业提供了一个解释职务分析的必要性及功能的机会；④相对比较简单，效率高，可以迅速收集所要调查的信息；⑤可控性强，通过事先设计的提纲，可以系统地了解所要调查的内容，当被调查者对回答的问题出现相互矛盾或不清楚时，可以进行跟踪提问，当被访问者对所提问题采取不合作态度时，可以进行劝导或换人。

访谈法的缺点主要有：①工作分析者对工作固有的观念会影响其做出正确的判断；②被访问者出于自身的利益考虑有时会采取不合作的态度，或有意无意夸大自己工作的重要性和复杂性，从而导致所提供的工作信息失真，打断被访问者的工作；③访问者的问题可能因不够明确或不够准确而造成误解，严重影响工作信息的收集。

在实际访问过程中，要提高工作信息的质量，更深入地了解问题，应在五个方面多做工作：①在访谈前都要准备一个大致的提纲，列出需要提问的主要问题；②尽量与被访问者处于同一位置，尤其是普通员工，要想办法打消他们的顾虑，并在工作中信守对这些普通员工的承诺，并注意非语言的交流；③鼓励访谈对象用自己习惯的方式表达他们的想法；④灵活安排时间，让访谈对象来确定日程；⑤协助者需起到一定的引导作用。

4. 问卷调查法

问卷调查法是工作分析中最常用的方法，是指采用调查问卷获取工作分析的信息。由有关人员事先设计一套工作分析问卷，然后由工作承担者填写问卷，也可以由工作分析人员填写，最后再将问卷加以归纳分析，并做好详细记录，据此写出工作说明书，形成工作说明书后要再征求任职者的意见，并进行补充和修改。该方法的关键在于问卷设计的质量，一份设计良好的问卷可以将员工回答问题时可能出现的误差减至最小。一般来说，为了信息收集的效果，所提问题要尽量简单易懂，避免理解上的偏差；问题的范围要尽量广泛，避免出现遗漏；问卷的设计要尽量结构化。问卷调查法适用于脑力工作者、管理工作者或工作不确定因素很大的员工，如软件设计人员、行政经理、秘书等。

问卷调查法的优点是：①能够迅速得到进行工作分析所需的资料，速度快；②节省时间和人力，实施费用一般比其他方法低；③调查表可以在工作之余填写，不会影响工作时间；④可以使调查的样本量很大，适用于需要对很多工作者进行调查的情况；⑤调查的资料可以数量化，采用计算机进行数据处理。该方法的缺点在于：①设计理想的调查表要花费很多时间；②填写调查表是由工作者单独进行的，缺少交流；③被调查者可能不积极配合、不认真填写，从而影响调查的质量。

5. 资料分析法

为了降低工作分析的成本，应当尽量利用现有的资料，以便对每个工作的任务、责任、权利、工作负荷、任职资格等有大致的了解，为进一步调查奠定基础。

岗位责任制是国内企业，特别是大中型企业十分重视的一项制度。但是，岗位责任制只规定了工作的责任和任务，没有规定该工作的其他要求，如工作的社会条件、企业环境、工作流程及任职条件等。如果根据各企业的具体情况，对岗位责任制添加一些必要的内容，则可形成一份完整的工作描述和工作说明书。

另外，还可通过作业统计，如对每名生产工人的出勤、产量、质量、消耗的统计，对工人的工作内容、负荷有更深入的了解，使其成为建立工作标准的重要依据。人事档案则可提供任职者的基本素质资料。资料分析法一般不单独使用，而是与其他工作分析方法结合使用。

6. 工作实践法

工作实践法，顾名思义，是指由工作分析人员亲自从事所需研究的工作以收集相关信息的方法，又叫实地工作法。这种方法的优点在于能够获得第一手资料，可以准确地了解工作的实际过程，了解在体力、知识、经验等方面相应职位对任职者的要求。但是，这种方法只适用于短期内可以掌握的工作或者工作内容比较简单的工作(如餐厅服务员)，不适用于需要进行大量训练和具有危险性的工作。

(二)定量分析方法

针对定性分析方法存在的问题，为了收集更加量化和客观的信息，又发展出一些新型的工作分析方法。这些方法主要是一些量化的方法，其中包括职位分析问卷法、职能工作分析法、关键事件法等。

1. 职位分析问卷法

职位分析问卷法(PAQ)是由美国普渡大学的心理学家麦考密克(Mccormtck)耗费10年时间所设计的一种利用清单的方式来确定工作要素的方法。PAQ是工作分析中运用广泛，同时也是研究透彻的工具之一。该问卷包括194个标准化的问项，这些问项代表了从各种不同的工作中概括出来的各种工作行为、工作条件及工作本身的特点；还包括187项工作元素和7个与薪资有关的问题。这187项工作元素和7个与薪资有关的问题共分为6个类别，而对每个工作元素都要用6个类别进行衡量：使用程度、对工作的重要程度、工作所需的时间、发生的概率、适用性、其他。通过这些衡量标准，可以决定一个职务在沟通、决策、社会责任、熟练工作的绩效、体能活动及相关条件5个方面的性质。根据这些性质，可在不同组织的不同工作之间进行相互比较。职业分析问卷法工作元素的分类如表5-3所示。

表 5-3 职位分析问卷法工作元素的分类

类别	内容	例子	元素数目
信息投入	员工从何处及如何获得完成工作所必需的信息	如何获得文字和视觉信息	35
脑力过程	执行工作时需要完成的推理、决策、计划及信息加工活动	解决问题的推理难度	14
体力过程	执行工作时所发生的身体活动及所使用的工具和设备	使用键盘式仪器、装配线	49
人际关系	执行工作时与他人发生的关系	指导他人或与公众、顾客接触	36
工作环境	执行工作过程中所处的物理环境和社会环境	是否在高温环境下或在与内部其他人员有冲突的环境下工作	19
其他特点	其他与工作有关的内容	工作时间安排、报酬等	41

(资料来源：Mc Cornick, Emest J. Daniel Industrial Psychology Englewood Cliffs, NJ: Prentice-Hail Inc.1980.)

PAQ 无须修改就可用于不同的组织、不同的工作，这就使各组织间的工作分析更加容易，也使得组织的工作分析更加准确与合理。PAQ 的优点在于可以将工作按照上述维度的得分提供一个量化的分数顺序，从而对不同的工作进行比较，有点类似于工作评价。但是，这种方法也存在一些问题，西方学者的研究表明：①PAQ 只对体力劳动性质的职业适用性好，对管理性质、技术性质的职业适用性较差；②由于 PAQ 没有对职位的特殊工作活动进行描述，因此无法体现工作性质的差异，如警察和家庭主妇；③PAQ 的可读性差，若没有受过专门的训练，无法理解其全部内容。

2. 职能工作分析法

职能工作分析法(functional job analysis, FJA)，又称功能性职位分析法，是美国培训与职业服务中心开发的一种以工作为中心的职位分析方法。以员工所需发挥的功能与应尽的职责为核心，列出收集与分析的信息类别，使用标准化的陈述和术语来描述工作内容。

1) FJA 依据的理论

FJA 依据的是共同的人与工作关系理论。简而言之，这一理论认为所有工作都涉及职位任职者与数据、人、事三者的关系。通过职位任职者与数据、人、事发生关系时的工作行为，可以反映工作的特征、工作的目的和人员的职能。数据、人、事三个关键性要素的定义如下。

(1) 数据是指与人、事相关的信息、知识、概念，可以通过观察、调查、分析获得。它具体包括数字、符号、思想、概念等。

(2) 人是指人或者有独立意义的动作，这些动作在工作中的作用相当于人。

(3) 事是指人控制无生命物质的活动特征，这些活动的性质可以通过物质本身的特征反映出来。

2) FJA 系统的分析要素

(1) FJA 职能等级。作为一种职位分析系统，FJA 的核心是分析职位的职能。FJA 对职能的分析是通过分析职位任职者在工作中的数据、人、事的特征进行的，如表 5-4 所示。行为难度越大，所需能力越高，说明任职者职能等级越高。

表 5-4 FJA 职能等级

数据		人		事	
号码	描述	号码	描述	号码	描述
0	综合	0	教导	0	装配
1	协调	1	谈判	1	精确操作
2	分析	2	指导	2	操作控制
3	编辑	3	监督	3	驾驶操作
4	计算	4	使高兴	4	操纵
5	复制	5	劝说	5	照看
6	比较	6	发出口头信号	6	送进～移出
		7	服务	7	驾驶
		8	接受指导帮助		

那么，如何进一步操作这些职能呢？表 5-5 给出了相应的标准。

表 5-5 职能分析及其标准(部分)

职能名称及等级	标准
1. 比较	选择、分类或排列数据、人、事，判断他们已具备的功能、结构或特性与原定的标准是类似还是不同
2. 抄写	按纲要和计划召集会议或处理事务，使用各种工具，抄写、编录、邮寄资料
3A. 计划	进行算术运算，写报告，进行有关的预算筹划工作
3B. 编辑	遵照某一方案或系统但又有一定的决定权去收集、比较、划分数据、人、事
……	……

(2) 职业域。职业域是对该领域各职位共同的工作任务、方法、程序等的总结，说明该领域内职位的共同特征。研究职业域对职位分析很有必要，可以把职位分析放在一个广泛的框架内，以便了解职位的基础特征。

(3) 句法分析技术。在 FJA 中，这是一种用文字精确描述职位的方法，表现为用一个句子来提供有关职位内容的信息，即一名工作人员做什么(使用一个动词和一个直接宾语)，他为什么要做这项工作或他已经做了什么及最终结果是什么。

(4) 人员指导尺度。人员指导将工作任务分成两类：一是指定的任务；二是可自由决定的任务。对于指定的任务，职位任职者无法选择要干什么，如何干。这类任务一般是例行的、程序化的。可自由决定的任务是指人员期望的，在执行任务中需要自行判断、计划、决策的任务。这类任务的尺度得分越高，说明工作的自由度越高。一般而言，管理层人员的工作自由度高，不确定性强，而执行操作层人员的任务是例行的、确定的。

(5) 人员特性。职位任职人员所需的几种特性分别是：接受培训的时间、性格、气质、兴趣、体能等。每项因素又细分为几个元素，每个元素均有定义和相应的等级。

3) FJA 的结果表达

FJA 作为一个职位分析系统，从职能等级、职业域、句法分析技术、人员指导尺度和人员特性 5 个方面对职务进行了系统分析和描述。通过这些方面定量和定性的说明，可以了解一个职位的职能层次、任职人员的特点、工作任务的内容和类型等。这些职位信息通过汇总、加工，以一定形式把结果表达出来，这种表达一般采用表格的形式，并配以文字说明。

FJA 的优点是对工作内容提供一种非常彻底的描述，对培训的绩效评估极其有用。但是，FJA 对每项职位都要求做详细分析，因此撰写起来相当费时和费力。同时，FJA 并不记录有关工作背景的信息。

3. 关键事件法

关键事件法(critical incident technique，CIT)是第二次世界大战时由军队开发出来的。这种技术在当时是识别各种军事环境下产生人力绩效的关键性手段。在工作分析中，关键事件法是指通过一定的表格，专门记录工作者工作过程中特别有效或特别无效的行为，以此作为将来确定任职资格的一种依据。这一方法是在 1954 年发展起来的，其主要原则是，认定员工与工作有关的行为，并选择其中最重要、最关键的部分来评定其结果。它要求岗位工作人员或其他有关人员，描述能反映其绩效好坏的"关键事件"，即对岗位工作任务造成显著影响(如成功与失败、盈利与亏损、高产与低产等)的事件，将其归纳分类，最后就会对岗位工作有一个全面的了解。采用这种方法进行工作分析时，首先要对工作行为中的关键事件进行记录，其次要对这些记录进行分类，总结出工作的关键特征和行为要求。关键事件记录应包括以下 4 个方面的内容：①导致事件发生的原因和背景；②员工特别有效或多余的行为；③关键行为的后果；④员工自己支配或控制上述后果的能力。

关键事件的记录可由任职者的直接主管或其他目击者完成，并按照行为发生的顺序记录。为了给确定任职资格提供事实依据，往往需要大量的有效和无效的关键事件，并把它们划分成不同的类别和等级。实际操作的步骤是：①把每一个关键事件打印在卡片上；②让多位有经验的工作分析者对所有卡片进行分类，分类的标准可以统一，也可以不统一，对分类有争议的事件要讨论，直到达成一致意见；③对类别予以明确的概括和定义，将所有放在一起的关键事件进行概括命名，如打字员可命名为"准确、整洁的质量控制能力"；④资格条件比较，从关键事件分类与概括中，可能得出数个任职资格条件，其中一些可能比另一些重要，重要程度可按下面的标准评分：1=很不重要，2=比较重要，3=重要，4=非常重要，5=极其重要，然后以大家的平均分数值作为各个任职资格条件的权重值。

关键事件法的优点是研究的焦点集中在可观察、可测量的职务行为上，同时还可确定行为的任何可能的利益和作用。但这个方法也有两个缺点：①费时，需要大量的时间收集关键事件，并加以概括和分类；②关键事件的定义是显著的、对工作绩效有效或无效的事件，但是这遗漏了平均绩效水平，而对于工作来说，最重要的一点就是要描述"平均"的职务绩效。利用关键事件法难以涉及中等绩效的员工，因此全面的工作分析就不能完成。

关键事件识别对于员工招聘、选拔、培训及制定绩效评估标准，都是极为有效的工具，但这种方法收集的信息量有限，不能提供有关工作职责、工作任务、工作环境等信息。

除此之外，工作分析的方法还有很多，在实践中，往往要根据不同的目的来选择不同的方法；同时，由于每种方法都各有利弊，因此要将有关的方法结合起来使用，以保证收集的信息准确、全面，为信息分析及工作说明书的编写奠定良好的基础。

三、工作分析需要注意的问题

工作分析是一个连续的工作，当企业任何一个职位发生变化时，都要对这个职位重新进行工作分析，调整该职位的职务描述和职务资格要求；否则，职务描述和职务资格要求就会成为一纸空文，发挥不了任何作用。

需要指出的是，在人力资源管理的各个环节中，工作分析应该是一个比较有难度的工作。首先，它对工作分析的实施者(人力资源部门)有一定的专业素质要求；其次，工作分析不是一项立竿见影的工作，很难为企业带来直接和立即的效应；最后，工作分析不是人力资源部门单独可以完成的，需要企业每个部门甚至是每位员工的协助，有时不可避免地会影响正常工作。这些特点可能会影响工作分析的实施。有些企业的管理者并不了解"工作分析"的作用和意义，认为工作分析可有可无，从而使这项工作得不到管理者的支持，进而影响工作分析的开展。主管部门和人员在开展该项工作时要注意以下几点。

(1) 争取高层领导的支持，取得共识。
(2) 企业内部相关人员的参与。
(3) 取得分析工作承担者的理解、支持和配合。
(4) 始终贯穿于培训和积极的沟通中。
(5) 把工作分析和对企业其他方面工作的咨询、建议结合起来。
(6) 工作分析方法的选择和工具的设计必须有针对性。

第四节 工 作 设 计

工作设计是一种极为有效的内在激励，但工作设计的科学性和专业性较强，对管理水平的要求较高。工作时间可选择压缩工作周、弹性工作制、通过互联网实现居家办公等方式。

企业可通过对工作的内容、功能和相互关系等进行设计，发挥工作内在的激励作用，调动员工的工作积极性，降低成本，提高生产率。为了发挥工作的内在激励作用，企业可通过以下四种方式进行工作设计。

(一)工作轮换

工作轮换可以避免常规化的工作易使人感觉单调乏味的缺陷。工作轮换有纵向和横向两种类型。纵向轮换指的是升职或降职，而工作设计中通常采取的工作轮换是水平方向上岗位的多样性变化，即横向的工作轮换。工作轮换可以先制订培训计划，让员工在一段时间内在一个岗位上工作然后再换到另一个岗位工作，以此为手段对员工进行培训；也可以在当前的工作使人产生厌倦和感觉单调，或不再具有挑战性时，让其从事另一项工作。

(二)工作扩大化

工作扩大化是通过增加员工工作的种类,扩大职务范围,使其同时承担几项工作,或者做周期更长的工作循环,来减少对工作的厌烦,增加对工作的兴趣。随着工作任务的增加和多样性的提高,个体在工作时表现出更多的变化。

(三)工作丰富化

工作丰富化是让员工对自己的工作施加更大的控制,使其有机会参与工作的计划和设计,得到信息反馈,评价和改进自己的工作,增强责任感和成就感,对工作本身产生兴趣。

工作丰富化与工作扩大化是有区别的。工作扩大化是扩大工作的水平范围,增加的工作在类型上是相同或相似的,要求的工作能力和技术也是大致相同的。而工作丰富化是从纵向上扩大工作范围,即扩大工作的垂直负荷,要求员工完成更复杂的任务,有更大的自主性,负更大的责任,因而对其能力和技术也就提出了更高的要求。

(四)工作时间选择

(1) 压缩工作周。可将 5 个 8 小时的工作日组成的工作周压缩为每周 4 个 10 小时的工作日,虽然工作日被压缩了一天,但每周的总工作时数不变。没有给员工增加多少选择工作时间的自由度,只是对工作时间的安排提供了一种新的选择。

(2) 弹性工作制。弹性工作制是要求员工每周工作一定的时数,但在限定范围内可以自由地变更工作时间的一种时间安排方案。按照弹性工作制,一天的工作时间由共同工作时间(通常为 5~6 小时)和弹性工作时间组成。在共同工作时间里,所有的员工都要求在岗位上,而在弹性工作时间里,员工可自行安排。

(3) 通过互联网实现居家办公。利用互联网实现居家办公,减少了上下班途中时间耗费和心理压力,提高了处理家庭事务的灵活性。员工对自己的时间拥有充分的支配权,可将工作安排在最具效率的时间段内进行,不仅提高了工作满意感和积极性,还有利于创造性的发挥。但是,居家办公也带来了新的问题,这种安排使员工处于互相隔离的状态,缺少了正常办公所提供的日常社会交往。对管理者来说,他只接触到员工的工作结果,对工作过程无法控制,管理的难度和风险增加了。

本 章 小 结

工作分析是现代人力资源管理所有职能的基础和前提,是确定完成各项工作所需技能、责任和知识的系统过程,只有做好了工作分析,才能据此有效地完成人力资源规划、人员招聘与选拔、绩效考核、薪酬福利制度设计等其他人力资源管理职能。工作分析就是通过调查研究决定一项工作的特定性质与职责,明确工作的各个环节,使人们详细了解工作对员工行为的要求,以确定什么样的人员适合担任组织中的哪一项工作。工作分析可以为管理活动提供与工作有关的各种信息,这些信息可以用"6W1H"加以概括。

工作分析是整个人力资源开发与管理的奠基工程,在人力资源开发与管理过程中有十分重要的意义。它是制定人力资源规划的基础，为人员的选拔和任用提供了标准，为员工的培训和发展奠定了基础，为员工的绩效考核确立了依据，为员工薪酬决策提供了依据。

工作分析的内容取决于工作分析的目的与用途，是工作分析人员进行工作分析的依据。一般而言，工作分析包括工作基本资料、工作内容、工作关系、工作环境、任职条件。工作分析的作用有三个：一是组织决策；二是工作和设备设计；三是人力资源管理。

工作分析是一个细致、全面的评价过程，要以合乎逻辑的方式来进行，经过多年的发展和运用，比较实用、高效、成熟的工作分析程序主要包括准备阶段、调查阶段、分析阶段和完成阶段。

工作分析是一个多层次、多种类，适应面广的管理技术。在实际工作中，因工作分析目的和工作分析对象存在差异，使工作分析的方法多种多样，具体可以分为定性分析方法和定量分析方法。其中，工作分析的定性分析方法包括观察法、工作日志法、访谈法、问卷调查法、资料分析法和工作实践法等。工作分析的定量分析方法包括职位分析问卷法、职能工作分析法、关键事件法等。工作分析是一个连续的工作，当企业任何一个职位发生变化时，都要对这个职位重新进行工作分析，调整该职位的职务描述和职务资格要求；否则，职务描述和职务资格要求就会成为一纸空文，发挥不了任何作用。

通过对工作的内容、功能和相互关系等进行设计，发挥工作内在的激励作用，调动员工的积极性，降低成本，提高生产率。在具体方法上可通过工作轮换、工作扩大化、工作丰富化和工作时间选择等方式进行工作设计。

思 考 题

1. 简述工作分析的含义与作用。
2. 怎样描述工作分析的整个程序？
3. 工作分析的方法是什么？有哪些应用？
4. 工作设计的方法有哪些？

实 践 应 用

A公司职能人员工作分析

A公司是一家以机车修理为主、零部件制造为辅的国有企业，占地300多万平方米，现有职工7000余人，其中专业技术人员2200余人，中高级职称800余人。公司致力于大型铁路工程机械制造业务的发展，具备年检修1000台机车的能力，检修产品包括内燃机车、电力机车等国内主要机型。同时，公司也具备了机车关键部件的制造能力，是目前国内检修机车品种最多、客户分布最广的专业化机车修理和装备制造企业。

一、客户现状及问题

在业务发展的同时，企业遇到了外部市场环境与上级政策调整带来的双重压力，为了保障生产，降低整体成本，对职能部门的职能发挥提出更高要求。作为老牌国企，历史原因导致不少职能部门的员工处于闲散状态,提高了人工成本。企业希望对职能部门进行定岗定编,解决相关问题。经过分析发现,目前主要存在如图 5-4 所示的问题。

1. 职能部门分工过细、岗位设置随意性较强

通过前期对公司各职能部门关键职责与工作流程的梳理,对比各部门岗位配置现状后分析发现,该公司在职能部门的职责划分上分工过细。较为明显的现象是,职能部门需要临时做一件事或新增某项职责时,优先考虑的不是如何将职责分摊到有着类似职责的现有部门员工身上,而是向人力资源部门要求增设某个职位或多配置几名员工。慢慢地,职能部门的职责划分越来越细,由此引发了两个问题:一是很多员工只做专项事,对部门未开展的工作置之不理,主动性比较差,二是职责划分过细,拥有相似职责的岗位会将职责相互推诿,反而不利于工作的开展。

图 5-4　A 公司职能部门问题示意图

2. 职能人员整体的工作都普遍不饱和

通过对职能部门工作行为的观察及员工有效工作时间的计算,得出了以下 4 个结论:①职能部门的员工工作量普遍不饱和,每个部门除了少数几个核心人才的饱和度比较高以外,大多数员工的饱和度在 40%左右;②职能部门的员工很多无效工作时间都花在走流程、等待审批、重复返工等事项上;③职能人员的拖沓现象较为严重,很多 2 个小时就能完成的事情要拖至 5 个小时才完成;④员工普遍缺乏主动找事情做的意识,手头工作结束了就开始做与工作无关的事情,不会主动找活做,被动等待工作的现象较为明显。

二、问题分析

通过对以上两个问题的梳理和进一步分析,此次定岗定编的关键有以下两点。

一是结合公司实际情况,找到符合公司职能部门的科学的定岗定编依据,避免每次岗位增设都是其他部门与人力资源部门进行谈判,由于人力资源部门不了解对方的工作,提不出有力的依据来判断要不要加人,最后扛不住压力就增设岗位、增设编制。人力资源部门需要用科学的依据对其他部门提供支持,更要从公司整体上去控制人工成本。

二是提高职能部门整体的工作效率,一个人能做的工作不让两个人去完成,从制度上引导和激励员工主动找活干,提高自身饱和度,提高工作效率。

(资料来源:企业职能人员工作分析. 世界经理人网站. 2021-07-14. http://www.ceconline.com/.)

【思考题】

1. 在职位分析的过程中，该公司存在哪些问题？

2. 如果你是人力资源部门的新主管，针对该公司职能部门人员的工作问题，可以提出哪些解决方案？

 微课视频

扫一扫，获取本章相关微课视频。

工作分析概述

第六章 人员招聘管理

【学习目标】
1. 了解人力资源招聘的作用和基础工作。
2. 理解人力资源招聘的程序。
3. 掌握人力资源招聘的渠道和技术。

【引导案例】

字节跳动的校园招聘

字节跳动公司在 2020 年 8 月开启了 2021 校园招聘的大门,为全国的 2021 届毕业生提供了 6 000 个工作岗位,校招人数共计超过 1.2 万人,这个规模对国内互联网公司来讲是非常罕见的,可见字节跳动是打算来年"撸起袖子好好大干一场了"。校招的具体职位涉及研发、产品、运营、设计、市场、销售、人力资源等多个类别,工作地点涉及北京、上海、深圳、杭州、成都、广州、武汉、南京等多座城市,持续时间从 8 月初到 10 月 31 日。这么大规模、持续时间这么长的招聘活动,对于主办方来讲必定要做好精心的招聘计划和准备,否则肯定会乱成一锅粥。那么,字节跳动是如何做的呢,通过下面一些细节可以看出端倪。

一、精心设计校招主题

由于是校招,面向的都是年轻人,因此拥有一个能吸引这些群体的主题非常重要。字节跳动这届校招的主题是"和优秀的人,做有挑战的事情"。这无疑有两个暗示,一是字节跳动里都是优秀的人才,既能证明自己,同时在这样一个优秀团队的氛围里,个人能够得到更好的发展;二是公司的发展目标是有挑战性的,加入字节跳动就要承担压力,不惧挑战!这样的主题不仅能够吸引年轻人,同时也对他们充满着激励。

其实,不仅是字节跳动,其他企业也非常注重校招主题的设计。比如,腾讯 2021 校招的主题是"让世界看到你的影响力",小米的主题是"趁年轻做点更酷 dè 事儿",等等。这些主题最大的特点无疑就是对年轻人有吸引力、诱惑力,让年轻人的血液沸腾,激起他们的情怀。因此,企业在进行校招前,应该对主题进行一番打磨,而不是随随便便地写两句有点鸡汤味的标语,让年轻人觉得没什么兴趣。主题确定好了,后面的排期、设计、方案、实施、面试、入职等环节也就有了明确的指向性内容。

二、校招前的准备

为了这次校招，字节跳动在 2019 年 11 月底就开始准备了。他们在准备时很有特点，根据 hrGO 的透露，字节跳动做足了功夫，以下 3 点所有公司都可以借鉴和采用：①强迫 HR 写出职位的卖点，每个职位一共 3 组卖点，每组卖点控制在 4 个字以内；②让 HR 给所有面试官培训，主题只有一个——《反面霸策略》，强化校招面试官的选人效率；③让公司的一把手和二把手，亲自面试本届候选人中的一部分，让他们保持一线手感，同时也感受一下 HR 工作的不容易。

三、科学的校招流程

根据字节跳动校招官网的介绍，其校招的流程是网申/内推→笔试→面试→offer 发放，如图 6-1 所示。在网申这一步，如果字节跳动觉得你不符合该岗位的要求，会通知本人改投公司建议的岗位。另外，这次校招，字节跳动还首次面向应届毕业生开放了 2 次投递机会，应聘者可以选择一次性投递 2 个岗位，也可以分 2 次各投递 1 个岗位，每个职位可选择服从调剂的三个城市。这样就能增加大学生获取心仪岗位的机会，提升入职概率。由于受到疫情的影响，笔试/面试全部改在线上进行。

图 6-1　字节跳动公司的校招流程

虽然不知道在面试环节，字节跳动的面试官和 HR 具体会问些什么问题，但根据某乎上透露出来的信息，第一轮是电话面试，主要问的是应聘者的基本情况和应聘者对公司及岗位有什么了解，时间大概 10 分钟；第二轮是视频面试，持续的时间要长一点，在半个小时左右，问的问题会更加深入一点，如个人未来的发展，对工作的看法，等等；第三轮是高阶的面试官，耗时更长，问的问题更有深度和压力。总之，能获得关注并在最后拿到 offer 的同学都是优秀的人！

另外，这里想要多说一句的就是这个内推。现在很多企业都流行内推这种方式，这给一些无良的中介机构留下了可操作的漏洞，同学们一定要擦亮眼睛，小心上当受骗。字节跳动这次大面积的校招，据说就是想要不断地扩展新的业务并淘汰公司中一些薪酬高、贡献差、不让位的平庸人才。所以，字节跳动在校招之前，一定会做一次大面积的人才盘点，列出需要替换的员工，急需招募的人才，以及需要储备的人才。

举个简单的例子，在字节跳动的人力资源部，最近出现了一个新的 HR 哥伦布计划，目的是召集一群有想法、有能力的新生代 HR，他们有着和哥伦布一样的精神，致力于做人力资源体系的探险家，和字节跳动一起发现人力资源领域的"新大陆"。

字节跳动的 HR 透露，HR 哥伦布计划在本质上和当年华为的"战略预备队"类似，选出 HR 当中最精锐的那群人成为中坚力量，然后把他们外派到全球、全国各地，培养他们成为优秀的 HRBP，甚至是地区的 HRD。所以，能有幸成为 HR 哥伦布计划的人选，是一个非常棒的发展机会，一定要牢牢把握。

(资料来源：字节跳动的校园招聘. 2021-02-08. http://www.hrsee.com.)

第一节　人员招聘概述

随着我国市场经济的发展及人事制度的改革，人员的流动率越来越高，同时企业对人才的需求也发生了很大的变化。企业为了谋求更大的发展，必须通过各种信息，把组织所需人才的申请者吸引到空缺岗位上来，而越来越多的求职者也将通过应聘的方式来获得理想的职位。因此，如何花最少的成本在市场上招聘到最合适的人才已经成为人力资源管理部门的一项重要任务。

人员招聘工作是人力资源管理中最基础的工作，也是出现得最早的工作。在人类出现雇佣关系的同时，招聘和录用活动就出现了。在泰勒的科学管理时代就已经创造了招聘、筛选、工作分析等工作，这些工作后来一直是人力资源管理的基础。

一、人员招聘的概念与目标

(一)人员招聘的概念

人员招聘是指组织为了实现经营目标与业务要求，在人力资源规划的指导下，根据工作说明书的要求，按照一定的程序和方法，招募、甄选、录用合适的员工担任一定职位的工作的一系列活动。

准确理解人员招聘的概念，应当把握以下四个要点。

(1)　人力资源规划和工作分析是确保招聘科学、有效的两个前提。人力资源规划决定了预计要招聘的部门、职位、数量、专业和人员类型。工作分析为招聘提供了参考依据，同时也为应聘者提供了关于该职位的基本信息。人力资源规划和工作分析使得企业招聘能够建立在比较科学的基础上。

(2)　人员招聘工作主要包括招募、甄选和录用。人员招聘必须发布招聘信息，通过信息发布，让所有具备条件的人员知晓并吸引他们前来应聘。除了发布信息寻求潜在职位候选人之外，招聘工作还包括人员甄选和人员录用等内容。招募、甄选、录用是员工招聘工作的基本流程。

(3)　人岗匹配是人员招聘的重要原则。成功的招聘活动应该实现人员与岗位的匹配，既不能出现大材小用，也不能出现小材大用。

(4)　招聘的最终目标是满足企业生存和发展的需要。招聘是人力资源管理的重要职能活动之一，招聘工作和其他人力资源管理模块一样，都必须服从和服务于企业的战略和目标需要。

(二)人员招聘的目标

(1)　恰当的时间(right time)：就是要在适当的时间完成招聘工作，以及时补充企业所需的人员，这也是对招聘活动最基本的要求。

(2)　恰当的范围(right area)：就是要在恰当的空间范围内进行招聘活动，这一空间范围只要能够吸引足够数量的合格人员即可。

(3)　恰当的来源(right source)：就是要通过适当的渠道来寻求目标人员，不同的职位对人员的要求不同，因此要针对那些与空缺职位匹配程度较高的目标群体进行招聘。

(4) 恰当的信息(right information)：就是在招聘之前要对空缺职位的工作职责内容、任职资格要求及企业的相关情况做出全面而准确的描述，使应聘者能够充分了解有关信息，以便对自己的应聘活动做出判断。

(5) 恰当的成本(right cost)：即在保证招聘质量的条件下以最低的成本来完成招聘工作。在同样的招聘质量下，应当选择费用最少的方法。

(6) 恰当的人选(right people)：就是要把最合适的人员吸引过来参加企业的招聘，并通过甄选挑选出最合适的人。

二、人员招聘的原则与作用

(一)人员招聘的原则

1. 公平公正原则

员工招聘必须遵循国家的法律、法规和政策的规定，坚持平等就业、双向选择、公平竞争，在一定范围内面向社会公开招聘，对应聘者进行全面考核，公开考核的结果，通过竞争择优录用。企业对所有应聘者应该一视同仁，不得有民族、种族、性别、宗教信仰、身体状况等方面的歧视。这种公平公正原则是保证用人单位招聘到高素质人员和实现招聘活动高质量完成的基础，是招聘的一项基本原则。国家关于平等就业的相关法律、法规和政策规范制约着企业的招募、甄选和录用活动。

2. 因事择人原则

因事择人就是以事业的需要、岗位的空缺为出发点，根据岗位对任职者的资格要求来选用人员。只有这样，才可以做到事得其人，人适其事，防止因人设事，人浮于事的现象。

3. 人岗匹配原则

人岗匹配是招聘工作的重要目标，也是指导组织招聘活动的重要原则。人岗匹配意味着岗位的要求与员工的素质、能力、性格等相匹配。要从专业、技能、特长爱好、个性特征等方面衡量人员与岗位之间的匹配度。另外，人岗匹配也要求岗位提供的报酬与员工的动机、需求匹配，只有岗位能满足应聘者个人的需要，才能吸引、激励和留住人才。

4. 德才兼备原则

德才兼备是历来的用人标准。司马光说过一个千古不灭的道理：德才兼备者重用，有才无德者慎用，无德无才者不用。通用电气公司前总裁韦尔奇(Jack Welch)在他的"框架理论"中也说过此事。他以文化亲和度(品德)为横坐标，以能力为纵坐标，在坐标内画十字，这样就把员工分成四类。在谈到对这四类不同员工的政策时，韦尔奇唯独对有能力但缺少文化亲和力(品德)的人提出了警告，因为无德无才的人没有市场和力量，并不可怕，而有才无德的人最有迷惑力和破坏力，许多企业的失败都与用错这种人有关。为此，在招聘选用工作中，坚决不用有才无德的人。

5. 效率优先原则

效率优先是市场经济条件下一切经济活动的内在准则，员工招聘工作也不例外。招聘过程中发生的成本主要包括广告费用、宣传资料费用、招聘人员工资补助等。效率优先要求企业在招聘过程中以效率为中心，力争用最少的招聘成本获得最适合组织需要的员工。这就需要人力资源部门和其他部门密切配合，在招聘时采取灵活的方式，利用适当的渠道，作出合理的安排，以提高招聘工作的效率。

(二)人员招聘的作用

对于企业而言，当有了周详的目标之后，就需要组成一个人力资源管理系统，在适当的组织结构与指挥协调机构的领导下，使用原材料、机器、资金等生产产品，或进行销售，或提供服务。在人力资源管理中，人力资源的使用与配置是企业成功的关键，而人力资源的使用与配置包括人力资源的"进""用""出"三个环节。在这三个环节中，人力资源的"进"又是关键中的关键。具体而言，人员招聘与录用的作用具体表现在以下五个方面。

1. 人员招聘是获取人力资源的重要手段

企业只有通过人员招聘才能获得人力资源，尤其是对新成立的企业来说，人员的招聘与录用更是企业成败的关键。如果企业无法招聘到合乎企业发展目标的员工，那么企业在物质、资金、时间上的投入就会浪费，完不成企业最初的人员配备，企业就无法进入运营阶段。对已经处于运营之中的企业来说，人力资源的使用与配置也会因企业的战略、经营目标、计划与任务、组织结构的变动和自然原因而处于经常的变动之中。因此，招聘和录用工作对企业来说是经常性的。招聘与录用的目标是保证企业人力资源得到充足的供应，使人力资源得到高效的配置，从而提高人力资源的投资效益。

2. 人员招聘是人力资源管理工作的基础

一方面，人员招聘工作直接关系企业人力资源的形成。另一方面，招聘与录用是人力资源管理工作的基础。企业人力资源管理所包括的各个环节，从招聘、培训、考核、薪酬到人力资源保护、劳动关系、奖惩与激励制度等，而人员的招聘与录用是基础。如果招聘和录用的人员不能胜任，或不能满足企业的要求，那么企业人力资源管理的工作效益就得不到提高，各项工作的难度将增加。图 6-2 显示了人员的招聘、录用与其他人力资源管理职能的关系。

3. 人员招聘是人力资源投资的重要形式

从人力资源投资的角度出发，招聘也是企业人力资源投资的重要形式。人员招聘无疑将花费企业的大量费用。如果人员招聘与录用工作出现失误，对企业产生的影响将是极大的。例如，如果录用的生产线的员工不符合标准，那么可能要花费额外的精力进行修正(培训)；如果与客户打交道的员工缺乏技巧，那么可能会使企业丧失商业机会；在工作团队中，如果招聘的人员缺乏人际交往技能，那么就会打乱整个团队的工作节奏和产出效益；等等。员工的等级越高，招聘与录用工作越难开展，其成本也就越大。要衡量一位招聘来的管理人员的作用，需要花费很长时间才能确切评价，尤其是在人才竞争的 21 世纪，企业能否招聘到对企业发展来说至关重要的人才，对企业的发展是非常重要的。当今世界的企业竞争就是人才的竞争，从一定程度上来说，是招聘与录用的竞争。因此，如果企业的招聘与录用工作的质量较高，不仅能为企业招聘优秀人员，而且也能为企业减少由于录用人员不当所带来的损失。

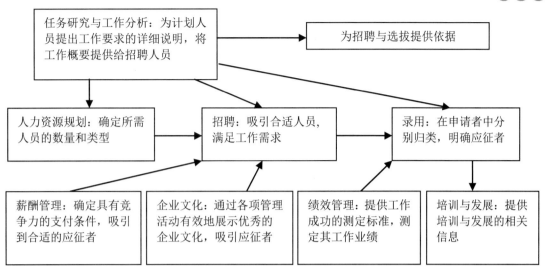

图 6-2　人员招聘、录用与其他人力资源管理职能的关系

4. 人员招聘活动能够提高企业的声誉

人员招聘工作需要严密的策划，一次好的招聘策划活动，一方面，可以吸引众多求职者，为应征者提供一个充分认识自己的机会；另一方面，既是企业树立良好公众形象的机会，也是企业一次好的广告宣传。成功的招聘与录用活动，能够使企业在求职者心中、公众心目中留下美好的印象。

5. 人员招聘工作能够提高员工的士气

当企业在不断发展时期，自然会产生一些空缺职位，这时企业需要从外部寻找合适的人来填补空缺，使企业的发展不至于受到限制。一方面，引进"新"员工可以带来新的思想，使员工队伍具有新的活力；另一方面，也为"老"员工带来新的竞争，使他们在招聘的岗位上获得新的挑战机会。

总之，招聘工作不仅影响企业的未来，同时也关系着员工个人的前程，对每个人都有重要的作用和意义。

三、人员招聘与录用的基础工作

人员招聘是指企业在某些岗位空缺时，向外界发布消息，决定聘请符合这些岗位要求的人员的过程。人员录用是指在应聘的候选人当中，通过科学的筛选，寻找最适合该岗位人选的过程。因此，人员招聘与录用所包含的整体内容，是从企业某些岗位空缺开始到岗位空缺被填补为止，制定的一系列决策和实行的一整套措施。从人力资源管理工作的环节来看，人员招聘和录用工作实际上是建立在两项基础性工作的基础之上的。

(一)人员招聘与录用工作基础之一：人力资源规划

人力资源规划是指为实施企业的发展战略，完成企业的生产经营目标，根据企业内外环境和条件的变化，运用科学的方法对企业人力资源需求和供给进行预测，制定相应的政策和措施，从而使企业人力资源供给和需求达到平衡的过程。企业人力资源规划的目标主要是：

确保企业在适当的时间和适当的岗位获得适当的人员,实现人力资源的最佳配置,最大限度地开发和利用人力资源潜力,使企业和员工的需要分别得到充分满足。人力资源规划作为人力资源管理的基础性活动,其核心部分包括人力资源需求预测、人力资源供给预测和供需综合平衡三项工作。

(二)人员招聘与录用工作基础之二:工作分析

工作分析又称为职务分析,就是对企业中的某项职务进行全面、系统地调查、分析和研究,分析职务本身的各项内容及雇员对此职务应承担的责任和应具备的素质等。工作分析包括职务描述和工作说明书两个部分。前者是关于职务方面的内容,包括职务性质、内容、规定的责任、工作条件和环境等;后者是关于雇员方面的内容,包括雇员自身素质、技术水平、独立工作能力等。

企业的人力资源规划是运用科学的方法对企业人力资源需求和供应进行分析和预测,判断未来的企业内部各岗位的人力资源是否达到综合平衡,即在数量、结构、层次多方面平衡。工作分析是分析企业中的这些职位的责任是什么,这些职位的工作内容有哪些,以及什么特点的人能够胜任这些职位。两者的结合使得招聘工作的科学性大大加强。

四、人员招聘与录用的影响因素

人员招聘与录用工作相当重要,企业需要进行周密策划。这不仅需要制定高效可行的招聘与录用方案,而且需要对招聘与录用工作的各种影响因素进行综合分析。招聘与录用的成功取决于很多因素,具体包括以下几个方面,如图6-3所示。

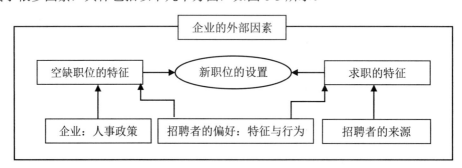

图6-3 招聘与录用的影响因素

(一)企业的外部因素

影响企业招聘与录用工作的外部因素有很多,概括起来可以分为两类:一是经济因素;二是法律和政府政策因素。

对于经济因素来说,它具体包括人口和劳动力因素、劳动力市场条件因素及产品和服务市场条件因素。人口和劳动力因素直接决定着劳动力的供给状况,而人口与劳动力的结构与分布特点,关系到一个具体地方劳动力的供给。劳动力市场条件因素关系到劳动力达到供求平衡的快慢,完善的劳动力市场能够便捷地为企业和求职者之间架起沟通的桥梁,能够迅速帮助企业实现内部劳动力的供求综合平衡。产品和服务市场条件因素不仅影响企业的支付能力,也影响企业员工的数量和质量。当产品和服务市场增大时,市场压力会迫使企业将生产能力和雇佣能力扩大，这样企业员工的数量就要增加，但由于此时劳动力稀缺，因此企业所增加的员工的质量会降低。当产品和服务市场减小时，企业一般会降低雇佣水平，提高雇员质量。

对于法律和政府政策因素来说，它主要是指劳动就业法规和社会保障法及国家的就业政策等内容。首先，当政府购买某类产品和服务时，该类企业在劳动力市场上的需求也会相应地增加；政府还可以通过就业政策和就业指导中心等机构直接影响企业的招聘工作。其次，法律和法规应该成为约束雇主招聘和录用的重要因素。在我国，1994年通过的《中华人民共和国劳动法》(分别于2009年8月27日和2018年12月29日进行过两次修订)在招聘工作中起着重要的约束作用。劳动法的主要精神就是保障公平就业及雇员的工作生活质量。从这个意义上来讲，我国在这方面还有很多工作要做。

(二)企业和职位的要求

企业和职位的要求具体包括企业所处的发展阶段、工资率及职位要求等内容。当企业处于扩张阶段时，其对劳动力的需求是很旺盛的，这时企业的招聘工作将会围绕着数量这个中心来进行。当企业处于收缩阶段时，其工资和劳动力需求都会下降，这时招聘工作的重心将会转向质量方面。当企业的工资率提高时，产品成本会上升，产品需求会下降，劳动力需求也会下降。于是，企业会减少劳动投入比重，这也会降低雇佣水平。职位要求则限定了招聘活动进行的地点、选择的沟通渠道及进行选拔的方法。所以说，企业和职位要求也影响着招聘工作。

很显然，新职位的设置是否合理或是否必要，对招聘与录用工作的影响很大，招聘的人员无法配置或配置不当，对企业和新进人员都是有害的。在考虑新设职位时，应该弄清楚以下问题。

(1) 设立这个新职位的目的是什么？
(2) 有没有其他办法达成目的？是不是非设立这个新职位才能解决问题？
(3) 如果这个新职位要有人来填补，那么其未来5年的成本将是多少？
(4) 这个职位对企业维持或改善销售的影响如何？对维持或改善收入的影响如何？对改善人的使用的影响如何？
(5) 现在是谁在进行该职位的工作？
(6) 现在进行该职位工作的人超时工作已经多久了？
(7) 这个"超载"职位的部分职责能否转移到该部门的其他地方进行？
(8) 在劳动力市场上招聘这个职位的人员可能性有多大？
(9) 该职位能够维持存在至少两年吗？
(10) 是否其他部门及员工都认为这个职位是必须的？
(11) 这个新职位对其他职位的影响如何？尤其是对那些被它"抢走"了职责的相关职位的影响如何？
(12) 如果不新设这个职位，最坏会发生什么情况？

(三)应聘者个人资格和偏好

应聘者个人资格和偏好是人力资源自身的因素。一个企业已雇佣的人员决定着其企业文化，同时现存的企业文化又对新雇员产生影响。所以，在招聘过程中，企业文化与个人偏好的切合度，决定着一个应聘者求职的成功与否。同时，求职者个人在智力、体力、经验、能力等方面都有差别，这些差别也影响着招聘活动的开展和招聘结果的产生。

五、人员招聘时应注意的问题

(一)符合国家的有关法律、政策和本国利益

招聘中应遵守劳动法的有关规定，坚持平等就业、双向选择、公平竞争、禁止未成年人就业、照顾特殊人群、先培训后就业、不得歧视妇女等原则。同时，在与应聘者签订劳动合同时，应对求职者与原用人单位所签订的劳动合同的情况进行核实，以防订立无效的劳动合同。

(二)节约成本，提高效率

招聘是有成本的，招聘费用包括广告费用、场地费用、交通费用、电话费用、宣传材料费用等。如果因招聘不慎重而使招聘的新员工难以胜任所在岗位的工作或马上流失，就会使机会成本增加，必须再重新招聘，增加了重置费用，所以应严格把守招聘的各个关口，充分了解应聘者的求职心理，把握应聘者的求职动机，运用先进科学的方法，提高招聘效率，为企业降低招聘成本，在众多的求职者中挑选可靠的人。

(三)为企业找到合适的人

求职者的素质不一样，工作经验、受教育水平、个性品德、技术能力、工作效率及人际关系等方面更是参差不齐。招聘者要把握本企业的发展方向和目前人员的总体水平，找到真正适合企业的人。只有对求职者进行详细的了解，明确其真正的需求，才能为企业找到合适的人，才能使招聘的人在企业中稳定地工作下去，从而降低离职率，稳定员工队伍，增强凝聚力，充分发挥团队精神。

(四)公平原则

招聘前要明确是以内部招聘为主还是以外部招聘为主，两者各有优劣，如表6-1所示。

表6-1　内部招聘和外部招聘优劣比较

内部招聘	外部招聘
优势：	优势：
1. 员工熟悉企业	1. 引入新概念和新方法
2. 招聘和训练成本较低	2. 员工在企业新上任，凡事可以从头开始
3. 提高现职员工士气和工作意愿	3. 引入企业没有的知识和技术
4. 成功概率与能否有效地评估员工能力和技术有必然关系	
劣势：	劣势：
1. 引起员工之间为争取晋升而尔虞我诈	1. 新聘员工需要适应企业环境
2. 员工来源渠道狭窄	2. 降低现职员工的士气和投入感
3. 没有获得晋升的员工可能会士气低落	3. 新旧员工之间相互适应期较长

第二节　人员招聘的程序与策略

一、招聘程序要素的选择

人员招聘程序要素的选择主要是指招聘时间、地点的选择及成本的核算，招聘人员来源的评价，劳动合同的签订等内容。

(一)招聘时间、地点的选择及成本的核算

招聘时间的确定、招聘地点的选择及招聘成本的估算是招聘计划的内核。三者的恰当选择，是招聘计划成功的关键。

1. 招聘时间的确定

招聘时间的确定主要考虑两个因素：一是人力资源需求因素；二是人力资源供给因素。从人力资源需求因素考虑，其方法是：

$$招聘日期 = 用人日期 - 准备周期 = 用人日期 - 培训周期 - 招聘周期$$

其中，培训周期是指对新招员工进行上岗培训的时间；招聘周期是指从开始报名、确定候选人名单、面试直到最后录用的全部时间。

例如，某公司用人日期为2023年1月1日，培训周期为2个月，招聘周期为1个月，则按上述公式计算，应从2022年10月1日开始招聘。

从人力资源供给因素考虑，招聘时间则主要是历年的大中专学校毕业分配前的三四个月。

2. 招聘地点的选择

招聘的地域范围要根据人才分布规律、求职者活动范围、人力资源供求状况及招聘成本大小等确定。一般的招聘地域选择规则是：高级管理人员和专家是全国(甚至跨国)招聘，专业人员跨地区招聘，一般办事员及蓝领工人常在企业所在地招聘。

3. 招聘成本的估算

招聘成本的分析是决定招聘工作何时何地及如何开始的重要因素，招聘成本是指平均招收一名员工所需的费用，计算公式为：

$$每招聘一人所需费用 = \frac{招聘总费用}{招聘人数}$$

此外，招聘费用还包括如下内容。

(1) 人事费用：即招聘人员的工资、福利及加班费等。

(2) 业务费用：包括电话费、差旅费、生活费、专业服务费、广告费(广播电视报刊和实地调查费)、录用前体检费、信息服务费(如介绍公司及其环境的小册子等)、生活用品及邮资费等。

(3) 企业一般管理费用：如租用临时设备、办公室等的费用。

(二)招聘金字塔

为保证招聘质量，应从足够多的候选人中选拔员工。候选人样本空间越大，所选出的人质量越高。但是，候选人越多，挑选的工作量也越大。根据国外的一些统计资料显示：招聘

金字塔可以确定为了雇佣一定数量的新员工而需要吸引多少人来申请工作，并在逐步筛选过程中保留相应的人数和比例，如图 6-4 所示。

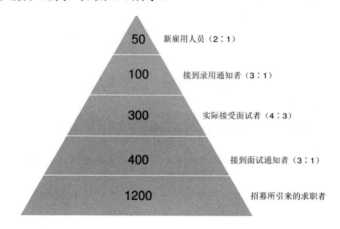

图 6-4　招聘金字塔

二、人员招聘的程序

招聘工作是一项系统工程。完善的招聘工作过程或程序是人力资源管理的经验总结，也是每家企业做好招聘工作的保证。招聘程序是指从企业内出现职位空缺到候选人正式进入企业工作的整个过程，它是利用各种先进的技术吸引应聘者，并反复挑选测试，最后决定人选的一系列程序。这是一个系统而连续的程序化操作过程，同时涉及人力资源部门及企业内部各个用人部门。为了使人员招聘工作科学化、规范化，应当严格按照一定程序组织招聘工作，这对招聘人数较多或招聘任务较重的企业尤其重要。人员招聘与录用的程序如图 6-5 所示。

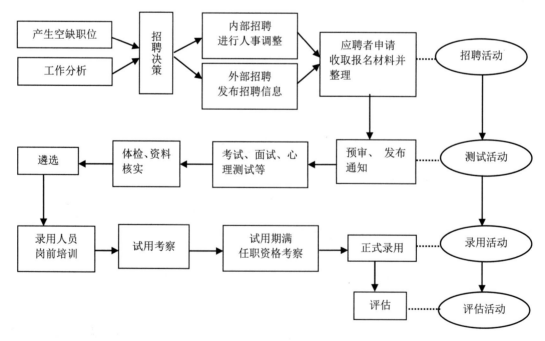

图 6-5　人员招聘与录用的程序

从广义上来讲，人员招聘包括招聘准备、招聘实施和招聘评估三个阶段。狭义的招聘仅指招聘的实施阶段，主要包括招募、选择、录用三个步骤。本章重点关注广义的人员招聘程序，具体分析如下。

(一)招聘准备阶段

(1) 招聘需求分析。根据人力资源需求预测和现有人力资源配置状况分析，明确这样的问题：是否一定需要进行招聘活动？弄清楚这些问题有利于制订合理可行的招聘计划和招聘策略。

(2) 明确招聘工作的特征和要求。根据工作分析及其信息资料，明确拟招聘的工作岗位具有什么特征和要求，明确这些工作对应聘者的知识、技能等方面的具体要求和所能给予的待遇条件。只有这样，招聘计划的制订和实施才能做到有的放矢。

(3) 制订招聘计划和招聘策略。在上述两个方面工作的基础上，制订具体的、可行性高的招聘计划和招聘策略。同时，要确定招聘工作的组织者和执行者，并明确各自的分工。

(二)招聘实施阶段

招聘实施是招聘活动的核心，也是最关键的一环，先后要经历招募、选择、录用三个步骤。

(1) 招募阶段。根据招聘计划确定的策略及单位需求所确定的用人条件和标准进行决策，采用适宜的招聘渠道和相应的招聘方法，吸引合格的应聘者，以达到适当的效果。每一类人员均有自己习惯的生活空间和喜欢的传播媒介，单位想要吸引符合标准的人员，就必须选择该类人员喜欢的招聘途径。

(2) 选择阶段。选择阶段是指组织从"人、事"两个方面出发，使用恰当的方法，从众多候选人中挑选最适合对应职位的人员的过程。在人员比较选择的过程中，不能仅仅进行定性比较，还应尽量以工作岗位职责为依据，以科学、具体、定量的客观指标为准绳，排除凭经验、印象进行差不多的确定，更不能以领导者的意志或权力来圈定。常用的人员选拔方法有：初步筛选、笔试、面试、心理测验、评价中心等。需要强调的是，这些方法经常相互交织并且结合使用。

(3) 录用阶段。候选人选拔测评完毕，招聘工作便进入了录用阶段。录用是依据选择的结果做出录用决策并进行安置的活动，主要包括录用决策、发录用通知、办理录用手续、员工的初始安置、试用、正式录用等内容。在这个阶段，招聘者和求职者都要做出自己的决策，以便达成个人和工作的最终匹配。一旦有求职者接受了组织的聘用条件，劳动关系就算正式建立起来了。

(三)招聘评估阶段

招聘与录用工作结束后，还应该有招聘评估阶段。对招聘活动的评估主要包括两个方面：一是对照招聘计划对实际招聘录用的结果(数量和质量两个方面)进行评价总结；二是对招聘工作的效率进行评估，主要是对时间效率和经济效率(招聘费用)进行评估，以便及时发现问题，分析原因，寻找解决的对策，及时调整有关计划，并为下次招聘总结经验教训。

三、人员招聘的策略

所谓招聘策略(recruitment tactic)，是指组织在制订和实施招聘计划过程中所采取的具体的行为方式、方法及策略选择，是组织进行招聘管理的指导思想，也是组织提高招聘有效性首先要考虑的问题。

(一)招聘计划与策略

制订招聘计划是人力资源部门在招聘中的一项核心任务，通过制订计划来确定公司所需人才的数量和类型，以避免工作的盲目性。有效的招聘计划离不开对招聘环境实施分析，包括对企业外部环境因素的分析，如对经济环境、劳动力市场及法律法规等的研究，还包括对企业内部环境的分析，如企业的战略规划和发展计划、财务预算、组织文化、管理风格等。招聘计划一般包括：人员需求清单、招聘信息发布的时间和渠道、招聘组人选、招聘者的选择方案、招聘的截止日期、新员工的上岗时间、招聘费用预算、招聘工作时间表等。

招聘策略是招聘计划的具体体现，是为实现招聘计划而采取的具体策略。在招聘中，必须结合本企业的实际情况和招聘对象的特点，给招聘计划注入有活力的元素，这就是招聘策略。招聘策略包括招聘地点策略、招聘时间策略及招聘中的组织宣传策略。

(二)招聘的具体策略

1. 招聘地点策略

在确定招聘地点时，企业必须充分考虑内部和外部的影响因素。外部影响因素包括劳动力市场供求状况、所需人才的分布规律、求职者的活动范围及企业所在地的经济水平；内部影响因素主要是指招聘职位、组织的知名度和组织的经济实力。这些因素影响着企业如何选择劳动力市场作为目标，即选择地方性还是全国性的劳动力市场，选择职业劳动力市场还是行业劳动力市场。

企业可以根据自身发展的不同阶段和对人力资源的不同需求来选择不同的劳动力市场。从劳动力的实用性和品质来看，地方性和区域性的劳动力市场是很值得关注的。在经济全球化和世界经济一体化的背景下，特别是在一些劳动力整体短缺的国家，从全球范围选择具有全球战略眼光的管理人员和其他各层级人员已经成为一种趋势。劳动力市场的种类与企业职位间的选择程度如表 6-2 所示。

表 6-2 劳动力市场的种类与企业职位间的选择程度

按照地理范围划分的劳动力市场种类	组织招聘的职位		
	普通员工	中级专业技术人员和管理人员	高级专业技术人员和管理人员
地方性劳动力市场	比率高	比率较高	比率低
区域性劳动力市场	比率不高	比率高	比率较高
全国性劳动力市场	比率不高	比率不高	比率高
世界性劳动力市场	比率不高	比率不高	比率不高

企业同样可以选择行业劳动力市场和职业劳动力市场进行人员的补充和储备。在这类市

场上，雇佣劳动力的成本更低，取得的效益也更快、更明显。在行业劳动力市场和职业劳动力市场上，劳动力人口一般已经具备了从事该行业或职业的需要的技术和经验，已经比较符合企业的需要，他们进入企业之后的适应期短，只需要较少的培训甚至不需要培训，减少了培训的成本和时间。

2．招聘时间策略

招聘过程中的一个重要问题是在保证招聘质量的前提下确定一个科学合理的招聘时间。寻找高质量的应聘者及做出一个好的招聘决定所应花费的时间经常被许多企业所低估。招聘截止日期的压力连同企业日常运行的压力综合发生作用，往往会促使企业降低自己的招聘标准，并使得招聘的整个过程大打折扣，一些必需的审查和挑选往往被忽略，甚至连必要的条件要求也会改变。因此，确定招聘时间策略是非常有必要的。

1) 在人才供应高峰时招聘

人才的供应本身也是有规律的，通常每年的9、10月份是人才供应的低谷期，每年1、2月份和 6、7 月份是人才供应的高峰期。按照成本最小化的原则，组织应避开人才供应的低谷期，在人才供应的高峰期进行招聘，使招聘的效率最高。同样，若到农村招聘体力劳动型工人，则最好在农闲时节。

2) 计划好招聘的时间

通常，企业人力资源规划总是预先提供了有关空缺可能出现的时间，而有效的招聘策略应该据此确定招聘的时间安排，即估计满足人员需求应花费的时间和在什么时候招聘最为合适，因此招聘时间表的制定很重要。要确保征集个人简历表、邮寄面试邀请信、进行面试、面试后企业做出录用决策、得到录用通知的人做出接受录用决策、接受工作到实际开始工作这一过程所需的总时间在企业需要的范围内。

3．招聘中的组织宣传策略

在招聘过程中，企业一方面要尽可能地吸引应聘者，另一方面还必须利用招聘的机会进行企业形象或者声誉的宣传。招聘人员作为企业的代表，其素质的高低直接关系到企业能否吸引优秀人才，以及能否树立良好的企业形象。因为大部分应聘者与企业的第一次直接接触都是在应聘时，他们往往会通过招聘人员素质的高低来判断企业有无发展前途。如果招聘人员语言粗俗，素质低下，势必会吓走真正的人才。因此，招聘人员的选择有相应的技巧。

1) 企业主管应积极参与招聘活动

在过去，员工招聘的决策与实施完全由人事部门的招聘人员负责，用人部门的职责仅仅是负责接受人事部门招聘的人员，完全处于被动的地位。在现代企业中，起决定性作用的是用人部门，其直接参与整个招聘过程，并在拥有计划、选拔、安置及之后的绩效评估等职权与职责，完全处于主动地位。对于中小企业而言，招聘工作的成败，取决于企业主管对招聘工作的热心程度。毫无感染力的企业主管不可能吸引人才。同样，当大中型企业招聘较高层人员时，也需要高层领导人亲自出面。

2) 招聘人员必须热情且公正

招聘人员在招聘中的态度首先是要热情，只有那些对招聘工作充满热情的人才会对应聘者的问题百答不厌。招聘者热情的程度能够反映招聘者对应聘者的关心程度，同时还能够反映招聘者对应聘者为企业做贡献的潜力是否热心。招聘者依靠其热情给应聘者一种带动和示范，无形中感染别人，对企业吸引人才有很大益处。同时，招聘人员还应该是一个公平、公正的人。招聘者在选拔应聘者时，必须要有正确的出发点，这个出发点就是坚持公正的原则，否则容易出现任人唯亲的情况，影响招聘的质量。

3) 对招聘人员的其他要求

招聘人员除了应当具有丰富的专业知识、心理学知识和社会经验之外，还应当品德高尚，举止儒雅、文明，办事高效等，应聘者都希望接触开明而爽朗的人，这样可以使谈话的气氛愉快、幽默、风趣和轻松。

第三节　人员招聘的渠道与技术

一、人员招聘的渠道

招聘工作就是通过各种途径和方法获取候选人的过程。人员招聘的渠道主要有两条，即内部招聘和外部招聘，且每一种招聘渠道又有多种形式。因此，明确每一种招聘渠道的优缺点及其适用范围，是按照招聘计划中岗位的需求数量和资格要求，以及根据对成本收益的计算来选择最有效率的招聘渠道的前提和保障。

(一)内部招聘的主要方法

1. 推荐法

推荐法可用于内部招聘，也可用于外部招聘。它是由本企业员工根据企业的需要推荐其熟悉的合适人员，供用人部门和人力资源部门选择和考核。

在企业内部最常见的推荐法是主管推荐，其优点在于，主管一般比较了解潜在候选人的能力，由主管提名的人选具有一定的可靠性，而且主管觉得自己具有对所辖岗位的用人决策权，成功率和满意度也会比较高。缺点在于这种推荐会比较主观，容易受个人因素的影响，主管们提拔的可能往往是自己的亲信而不是一个胜任的人选。而且有时候，主管们并不希望自己手下很得力的下属被调到其他部门，这样会影响本部门的实力。

2. 职位公告法

职位公告法是内部招聘最常用的方法，尤其是对非管理层的普通职员而言。职位公告法的优点在于，让企业更广泛的人员了解到此类信息，为员工职业生涯的发展提供了更多机会。内部职位公告应注意：一是资格问题，即应是经过企业试用期而长期聘用的员工；二是职位公告的内容，即职位资料应全面、准确，此外人力资源部门还应负责回答雇员提出的疑难问题；三是公告范围，即应保证企业内每一位员工都能获得内部招聘的信息；四是减少内部招聘可能对原来的人员产生的冲击；五是职位公告应具有公开性；六是职位公告的时间安排也应适当，即根据不同的具体情况来确定到底留出多少时间给员工做出反应。职位公告法的步骤如表 6-3 所示。

3. 档案法

人力资源部门都有员工档案，从中可了解员工在教育、培训、经验、技能、绩效等方面的信息，帮助用人部门和人力资源部门寻找合适的人员补充职位空缺。尤其是在建立了人力资源管理信息系统(HRMIS)的企业，则更为便捷、迅速，可以在更大范围内进行挑选。员工档案对员工晋升、培训、发展有着重要的作用，因此员工档案应力求准确、完备，对员工在职位、技能、教育、绩效等方面信息的变化应及时做好记录，也为人员选择配备做好记录。

表6-3　职位公告法的步骤

步骤	有关人员	要做的事情
1	人力资源助理	一旦接到人力资源申请表，就向每一位合适的基层主管起草一份通知书，说明现在的职位空缺。通知书应包括职位的名称、工作编号、报酬级别、工作范围、履行的基本职责和需要的资格(从职务说明、规范中获取资料)，确保这份通知书张贴在公司所有的布告栏上
2	基层主管	确保每一位有能力胜任该职位的员工都能清楚的了解空缺的职位
3	感兴趣的员工	与人力资源部门联系

(二)外部招聘的主要方法

1. 广告招聘

广告招聘是指通过在大众传媒上刊登职位空缺的消息，吸引对这些空缺职位感兴趣的潜在人选应聘的方法。发布广告是企业从外部招聘人员最常用的方法之一。广告招聘需对两个问题做出决策：一是广告媒体的选择，二是广告内容的设计。广告招聘的特点是信息传播范围广、速度快，应聘人员数量大、层次丰富，企业的选择余地大，同时有广泛的宣传效果，可以展示企业实力，树立企业形象。但是，广告招聘有时会表现为低效，因为它们不一定能传达给最适合的候选人——目前并不在寻找新工作的成功人士。此外，广告费用不菲，且由于应聘者较多，招聘费用也会随之增加。

2. 公共就业机构

随着人才流动的日益普遍，人才交流中心、职业介绍所、劳动力就业中心等就业服务机构覆盖着我国每一个大的经济区域。这些机构承担着双重角色：既为企业择人，也为求职者择业，并常年为企业服务。遍布在全国各大中城市的人才交流服务机构一般都建有人才资料库，用人单位可以很方便地在资料库中查询条件基本符合的人员资料。通过人才交流中心选择人员，有针对性强、费用低廉等优点，但对于如计算机、通信等专业的热门人才或高级人才的招聘效果则不太理想。

3. 猎头公司

随着市场经济的发展，"猎头公司"在招聘高级管理人才方面扮演着越来越重要的角色。这些公司通晓各种各样的企业对人才的特殊需要，同时又掌握着丰富的有特殊才能人员的信息，在供需匹配上较为慎重，为用人单位提供人才的成功率较高。当然，与高素质候选人才相伴的，是昂贵的服务费。但是，如果企业把自己招聘人才的所有成本、人才素质的差异等隐性成本计算进去，猎头服务或许不失为一种经济、高效的方式。猎头公司的工作程序是：分析客户需要；搜寻目标候选人；对目标候选人进行接触和测评；提交候选人的评价报告；跟踪与替换。

4. 校园招聘

校园招聘是招募初级专业人员及管理人员的一个最重要来源。其优点是：学生可塑性强，选择余地大，候选人专业多样化，可满足企业多方面的需求；招聘成本较低，有助于宣传企业形象等。但校园招聘也有其明显不足之处，通常只用来选拔工程、财务、会计、计算机、法律及管理等领域的专业化初级水平人员，且学生缺乏实际的工作经历，对工作和职位容易滋生不现实的期望，流失率较高。

5. 网络招聘

网络招聘是指企业通过网络渠道来获得应聘人员的资料，从而选拔合格员工的方式。企业可用两种方式通过网络来进行招聘：一是在企业网站上建立一个招聘渠道，由企业来进行求职者资料的获取和筛选；二是委托专业的招聘网站进行招聘，最后再进行验证测试即可。

6. 熟人推荐法

通过单位员工、客户、合作伙伴等熟人推荐人选，也是企业招募人员的重要来源。其优点是：对候选人了解比较准确，候选人一旦被录用，顾及介绍人的关系，工作也会更加努力，招募成本也很低。其缺点是：可能在单位内形成小团体。

(三) 招聘方式的选择

由于招聘岗位不同，人才需求数量与人员要求不同，以及新员工到位时间和招聘费用的限制，导致了招聘对象的来源与范围的不同，招聘信息发布的方式、时间范围不同，也因此导致了招聘方式的不同。不同招聘方式适用的招聘对象如表 6-4 所示。

表 6-4　不同招聘方式适用的招聘对象

招聘方式	适用对象	不太适用
发布广告	中下级人员	
借助一般中介机构	中下级人员	热门、高级人员
猎头公司	热门、尖端人员	中下级人员
上门招聘	初级专业人员	有经验的人员
熟人推荐	专业人员	非专业人员

选择招聘渠道和方式时应根据单位和岗位的特点来确定。采用哪种招聘渠道和方式取决于企业所在地的劳动力市场，拟招聘职位的性质、层次和种类，企业的规模，以及聘用成本等。

二、人员招聘的技术

招聘是一项系统性较强的工作，各环节相互连接、相互影响，构成了招聘工作的全过程。企业的招聘管理工作主要包括人员的招募、选拔、录用和评估四个阶段，且在每个阶段中企业都应考虑相应的招聘技术与方法。

(一)招募阶段

1. 明确招聘工作的职责

在招聘管理活动中,起决定性作用的是直线部门经理,他们参与招聘管理活动的全过程,包括招募、选拔、录用和评估,完全处于主动地位,而人力资源部门在招聘管理中负责政策的制定、支持和服务,如表6-5所示。

表6-5 招聘管理中人力资源部门与直线部门经理的职责划分

招聘管理环节	人力资源部门	直线部门经理
招募阶段	预测招聘需求	预测岗位需求
	对应聘者进行登记与审查	提出空缺岗位说明书及录用标准
	通知参加选拔的应聘者	
选拔阶段	组织选拔活动	确定参加选拔的人员名单
	核实个人资料	负责对应聘者进行选拔
	组织录用人员体检	确定应聘者是否符合录用标准
录用阶段	组织试用合同的签订	确定正式录用人员名单
	组织试用人员报到及生活安置	新员工工作的安排
	组织正式合同的签订	组织新员工岗位培训
	组织新员工培训	
评估阶段	对新员工工作绩效评估的记录与审查	对新员工工作绩效进行评估
	负责对招聘管理活动的评估	对本部门的招聘活动进行评估
	负责对人力资源规划的修订	对本部门的人力需求规划进行修订

2. 展开招聘工作培训

人员招聘管理是一项政策性、复杂性和敏感性极强的管理活动,增加对招聘工作人员面试技术和沟通方面的培训有助于通过这些工作人员给应聘者留下良好的印象,增加招聘的成功率,也有利于让招聘人员遵守国家相关法律规定,增加对新事物的判断能力,避免出现违法和违背伦理道德的行为。对招聘人员进行企业文化和企业战略的培训,以及人力资源管理战略和人员规划技术方法的培训,有利于企业招聘到理想的应聘者。对应聘者进行各种选拔方法和技术的应用培训,以及对企业各部门和岗位知识与工作内容的培训,有助于提高选拔的准确性和招聘的成功率,并降低招聘成本。

3. 制订招聘工作计划

不同企业、不同管理风格会有不同的招聘计划。通常,招聘计划包括:人员需求;招聘信息发布的时间、渠道和方式;招聘小组成员名单,包括人员姓名、职务、职责等;应聘者选拔方案,包括选拔场所、种类、时间、负责人名单等;新员工的上岗时间;招聘费用预算,包括可能的资料费、广告费、人才交流会等;招聘时间进度安排表。

4. 信息发布

发布招聘信息就是向可能应聘的人群传递企业将要招聘的信息。通常,企业可以采用一种或多种渠道发布招聘信息,例如报纸、杂志、电视、电台、网站、布告、传单及新闻发布会等。除了这些主要渠道之外，企业还可以在招聘现场发布信息。在采取信息发布策略时，应遵循发布范围广、发布及时、注重层次和效益的原则。

(二)选拔阶段

组织完成了招募阶段的工作之后，就进入了选拔阶段。这一阶段主要由初步面试、评价申请表、人员素质测评、证明材料审查、背景调查及体格检查六个环节组成，具体如图6-6所示。

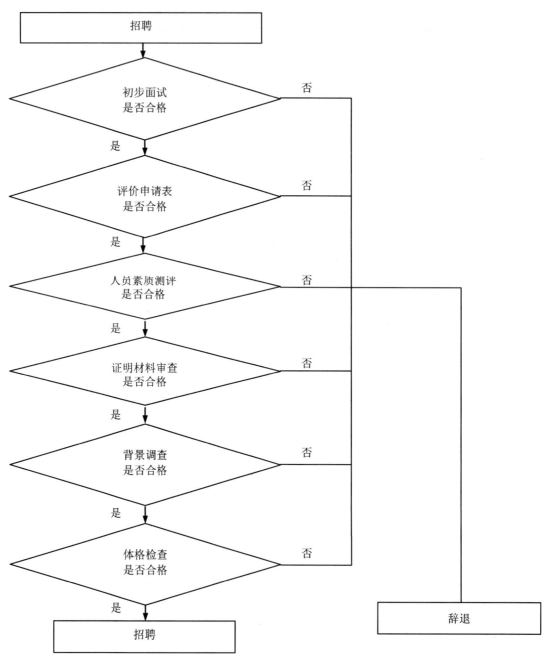

图6-6 人员选拔阶段的环节

其中，人员素质测评环节，通常可以采用以下方法对应聘人员进行筛选。

1. 笔试

在人员甄选中，笔试主要用于测试一个人所掌握的基本知识、专业知识、管理知识、相关知识及综合分析能力、文字表达能力等素质及能力差异。它是一种最古老、最基本的人员素质测评方法，至今仍是企业经常采用的选拔人才的重要方式。

企业在人员招聘中采用的笔试方式包括论文式的笔试和测验式的笔试两种。在论文式的笔试中，招聘人员要求应聘者在一定时间内就某一问题发表自己的看法，然后以答卷的形式写出来，测试者根据被试者的答卷内容对其能力及素质给予评判。测验式的笔试是一种以判断是非法、选择法、填充法或对比法来考察应聘者的记忆能力和思考能力的测验方式。

2. 面试

面试(interview)是指招聘者通过观察应聘者的言谈举止来判断其内在品质，因此带有较强的主观色彩，受招聘者的经验、爱好、价值观和修养的制约。了解这一点对求职者来说是至关重要的。

笔试对人的考察是间接的，应聘者的很多特点是笔试所不能反映的，如应聘者的个性、爱好、特长、动机、愿望等，而面试则不然。面试通过多种多样的形式，对应聘者的口头表达能力、为人处世能力、操作能力、独立处理问题的能力，以及对应聘者的举止、仪容仪表、气质风度、兴趣爱好、脾气秉性、道德品质等进行考察，因而具有全面和客观的优点。面试过程还应当注意一系列问题，如面试主考官的选择、面试评价量表、面试问话提纲、避免误差及不良效应。

面试可以采用不同方式进行，按照不同的标准，面试可以分为多种类型。根据面试的标准化程度，可以将面试分为结构化面试、半结构化面试和非结构化面试；根据面试的实施方式，可以将面试分为单独面试和小组面试；根据面试题目的内容，可将面试分为情景面试和经验面试；根据面试的气氛设计，可以将面试分为压力面试和非压力面试。

3. 人员甄选方法

1) 评价简历

简历是应聘者自己递交的个人介绍资料。通常，简历并没有统一的格式，这也正是企业对应聘者进行初步面试的依据。评价的技巧包括以下四个方面：①首先关注本人的客观信息(诸如工作经验、专业技能要求等)是否与应聘岗位的要求相符；②简历的布局是否合理，内容是否清晰、简洁和富有逻辑；③如果是手写的简历，是否能够从应聘者的笔迹中觉察到有用的信息；④要特别注意简历中与众不同的地方，特别是感兴趣的内容和认为有疑点的内容。

2) 评价申请表

申请表是一种初始阶段的甄选工具。申请表的目的在于快速、系统的收集应聘者的背景和现在情况的信息，以评价应聘者是否能满足最起码的工作要求；判断应聘者是否具备与工作有关的条件；了解申请表中隐藏的问题；为企业以后的背景调查提供信息来源。

3) 笔迹法

笔迹法是以分析书写字迹来判定和预测人的智力、能力和个性特征的甄选方法。利用笔迹分析，可以对应聘者的性格特征及某些能力做出预测。

4）诚信测试

目前，诚信测试普遍采用的是书面诚实性测试，既可以公开透明，也可以以人格为基础进行测验，或两者结合使用。公开的书面诚实性测验通常直接询问应聘者对于盗窃或者他们对过去所经历过的盗窃事件的态度。隐藏的书面诚实性测验是以人格为基础的诚实性测量，不涉及任何有关盗窃的字眼，这样不易伪装。

5）心理测验

心理测验就是借助心理量表，对心理特征和行为的典型部分进行测验和描述的一种系统的心理测试程序。心理测验包括认知测验、人格测验等，一般来说具有较高的可靠性和有效性。组织在选拔人才时，要多选用经典的、在实践中经过多次验证的心理测验量表作为工具，这些量表通常具有较高的可依赖性和真实性。对某些自制量表，须在测验的编制、实施、记分及分数解释程序上实行标准化，建立可靠的常模，以保证测验的可靠性和有效性。

6）评价中心

评价中心是现代人员素质测评的一种新方法，通过应聘者在相对隔离的环境中做出的一系列活动，以团队作业的方式，客观地测定其管理技术和管理能力，为企业发展选择和储备人才。它起源于德国心理学专家哈茨霍恩(Hartshorn)等人在1929年建立的一套用于挑选军官的非常先进的多项评价程序。评价中心实际上是把应聘者置于一个模拟的工作环境中，采用多种评价技术，观察和评价应聘者在该模拟工作情境下的心理和能力，目的是测评应聘者是否适宜担任某项拟任的工作，预测应聘者的能力、潜力与工作绩效的前景，同时观察应聘者的欠缺之处，以确定培养的方法和内容。

4. 背景调查

背景调查用于面试之后，主要是指用人单位和专业服务机构就候选人所提供的入职条件和胜任能力等相关信息进行核实和寻求佐证的过程。背景调查会使企业更好地做出招聘决策，确定合适的岗位并据此挖掘员工的潜力，进行职业生涯规划。缺乏必要的背景调查不仅会做出错误的录用决策，而且还有可能导致企业成本的增加。

5. 体格检查

体格检查简称体检。由于具有较强的专业技术性，企业一般要委托医院来开展体检。体检通常是在甄选活动的后期，对最有希望录用的求职者进行。体检的目的是判断应聘者的健康状况是否能够适应工作的要求，特别是能否满足工作对应聘者身体素质的特殊要求。体检还可以降低缺勤率和事故，发现员工可能不知道的传染病。它同时也为录用以后的健康检查提供了一个比较和解释的基础，这个目的对于确定工伤非常重要。另外，尽管自动化与科技进步已经削弱和调整了许多工作的体力要求，但有些工作仍旧需要某些特定的身体能力。体检就是对身体能力的测试，而不仅仅是一般的健康检查。

(三)录用阶段

录用阶段是企业招聘管理活动开花结果的阶段，前面进行的所有工作，都是为最后这个决策做铺垫的。这个决策也常常是最难做的，因为它关系着整个招聘工作的成败，尤其是决定一个对企业发展很关键的职位的人选(如招聘总经理)时，决策者常会因为要在几个各有优势的候选人之间进行选择而大伤脑筋。录用阶段分为两个环节：一是录用过程，二是上岗引导。录用过程指的是对通过企业甄选的应聘者进行进一步的评估与测试，对合格者做出最终录用决定的过程。上岗引导可看作员工适应性培训。员工的适应性培训是指一个企业为改变或改善本企业员工的价值观、工作态度、工作行为和工作能力等，使他们在现在或未来工作岗位上的工作表现和绩效达到企业的要求而进行的一切有计划、有组织的活动。

(四)评估阶段

评估阶段是招聘过程的最后环节，也是不可缺少的环节。通过对录用员工的绩效、实际能力、工作潜力的评估即通过对录用员工质量的评估，检验招聘工作成果和方法的有效性，有利于改进招聘方法，提高招聘效益。

(1) 招聘效益和成本评估。通过对招聘的效益和成本进行评估，找出招聘工作存在的差距，分析招聘的成本构成，为以后改进招聘工作提供帮助。招聘的成本包括招聘总成本和单位招聘成本。招聘总成本是人力资源的获取成本，由两部分组成：一是直接成本，包括招聘成本、甄选成本、录用成本；二是间接费用，包括内部提升费用、工作流动费用。单位招聘成本是招聘总成本与实际录用人数之比。如果招聘实际费用少，录用人数多，就意味着单位招聘成本低；反之，则意味着单位招聘成本高。

(2) 招聘成本效用评估。对招聘成本和效益进行分析，包括招聘总成本效用分析、招聘成本效用分析、人员选拔成本效用分析、人员录用成本效用分析等。招聘收益/成本比既是一项经济评估指标，也是一项对招聘工作的有效性进行考核的指标。招聘收益/成本比越高，招聘工作越有效。

(3) 录用人员的数量评估。通过数量评估，可以分析在数量上满足或不满足招聘需求的原因，有利于找出招聘工作各环节的薄弱之处，以改进招聘工作。同时，通过录用人员数量与招聘计划数量的比较，为人力资源规划的修订提供依据。录用人员数量评估可以从录用比、招聘完成比和应聘比三个方面进行。

(4) 录用人员质量评估。录用人员质量评估实际上是在人员选拔过程中对录用人员的能力、潜力、素质等进行的各种测试与考核的延续。它是检验招聘工作成果与方法有效性的另一个重要方面。它也可根据招聘的要求或工作分析得出的结论，通过对录用人员进行等级排列来确定其质量。录用比和应聘比这两个数据也在一定程度上反映了录用人员的质量。

(5) 招聘的时间评估。填补空缺岗位所需的时间是评估招聘工作最常用的一种方法。如果不能迅速招聘到合适的应聘者将会影响企业的工作和生产能力。一般来说，计算对一种资源的应聘者从接触到正式雇佣的平均招聘时间是有必要的。除此之外，对整个招聘活动进行书面总结也是不可缺少的一个方面。

三、人员招聘管理工作

招聘管理是一个复杂的过程，应聘者通过招聘环节对企业进行了解，并最终确定个人的就业决策，而企业通过这一过程对应聘者进行了解并最终做出录用决策。在实践中，招聘管理工作尤其要注意以下五个方面的问题。

(一)建立招聘制度

员工招聘与录用是企业为了自身发展及时获取各类所需人才的重要途径和手段。针对企业的具体情况，建立招聘制度，对招聘需求、招聘政策和招聘程序等加以规定，可使招聘工作常规化、科学化、规范化,确保企业及时补充有较好素质并能给企业带来价值的新员工。

(二)选择和维护招聘网络

为确保人员供给的数量与质量,企业应在众多招聘渠道中选择适合自己需求的人员供给渠道,并与之建立良好的关系,从而形成自己的招聘网络。例如,企业可选择一些大学作为重点招聘基地,并与这些大学的就业服务中心建立固定的联系,通过设立奖学金、举办比赛、赞助公共活动等方式提高企业在大学中的知名度。又如,与某个招聘网站签订较长时间的合作协议,随时可以将企业的职位空缺信息发布出去。

(三)开发和建设招聘工具和文件

人员招聘需要运用许多专业工具,如对应聘者心理、能力、专业知识测试,以及面试需要的大量测试题目,而题目的科学性、针对性对企业做出正确的录用决策起着关键性的作用,因此,企业有必要根据自己的需求开发专业试题,建设包含各种不同用途题目的题库。此外,一些辅助性文件在招聘中也是必不可少的,如求职申请表、应聘人员初试评价表、录用通知书、试用员工评核表等,企业要做好这些工具和文件的设计开发,提高其针对性、科学性和有效性。

(四)加强对招募人员的培训

不是任何人都可成为招募人员的。一方面,招聘是一种复杂的预测工作,要对应聘者做出准确的评价,要求招募人员能够熟练运用各种人员选拔和测评技术,尤其是面谈、倾听技巧和信息收集技术等。面试时,招募人员必须善于察言观色,善于提问和倾听,对企业招聘职位的责任和义务有充分的了解,准确把握评分标准。这些方面不经过必要的培训是很难做到的。另一方面,招募人员还是企业形象的宣传者,在招聘过程中,他们会向应聘者提供企业的有关信息,其良好的素质水平能为企业赢得声誉,吸引更多的职位候选人。因此,企业应提前对人力资源部门的工作人员、各部门管理人员进行招聘技术及素质方面的培训,以便在需要他们参加招聘工作时,能称职地完成任务。

(五)建立人才库

为了促进企业目标的实现,企业需储备一定数量的各类专门人才,如中高层管理人员、技术骨干、市场营销骨干等,他们都是市场上的稀缺人才。企业固然可以委托猎头公司为自己招聘,但如果企业有自己的人才库,在招聘时就可以更加主动。在人才库中,既要包括企业内部人才,也要包括企业外部人才。人才库中人才的信息要尽量全面,如要有姓名、地址、联系电话、技术专长等信息,还要包含其兴趣、爱好、家庭情况等,这样,当企业出现人才空缺时,能很快地得到补充。

本 章 小 结

企业人力资源的使用与配置是企业成功的关键,人员招聘与录用工作则是人力资源管理最基础的工作。人员招聘与录用有着非常重要的作用,是企业获取人力资源的重要手段,是整个企业人力资源管理工作的基础,是企业人力资源投资的重要形式,能够提高企业的声誉及员工的士气。

人员招聘是指企业为了实现经营目标与业务要求,在人力资源规划的指导下,根据工作说明书的要求,按照一定的程序和方法,招募、甄选、录用合适的员工担任一定职位工作的一系列活动。员工招聘工作需要遵循公平公正、因事择人、人岗匹配、德才兼备、效率优先等原则。

人员招聘工作是企业从某些岗位空缺开始到岗位空缺被填补为止所制定的一系列决策和实行的一整套措施。人员招聘与录用工作建立在两项基础性工作之上,即人力资源规划和工作分析。影响企业招聘与录用工作的外部因素有很多,概括起来可分两类:一类为经济因素;一类为法律和政府政策因素。

人员招聘程序要素的选择主要是指招聘时间、地点的选择及成本的核算,招聘人员来源的评价,劳动合同的签订等内容。人员招聘工作是一项系统工程,完善的招聘程序是人力资源管理的经验总结,主要包括招聘准备、招聘实施和招聘评估三个阶段。企业员工招聘需要重视招聘计划、招聘地点、招聘时间、组织宣传等方面的策略。

招聘工作就是通过各种渠道和方法获取候选人的过程,主要有内部招聘和外部招聘两种途径,且每一种招聘渠道又有多种形式。其中,内部招聘的方法有推荐法、职位公告法、档案法等;外部招聘的方法则包括广告招聘、公共就业机构、猎头公司、校园招聘、网络招聘和熟人推荐法等,企业应该根据自身和岗位的特点来选择招聘渠道和方法。企业的具体招聘工作主要包括人员的招募、选拔、录用和评估四个阶段,在每个阶段中企业都应考虑相应的招聘技术与方法。

思 考 题

1. 请说明内部招聘和外部招聘所具有的相对优点。
2. 员工招聘的来源有哪些?各自的特点是什么?
3. 对于企业来说,如何提高人员招聘的面试效果?
4. 在网络条件下,企业间是如何在市场上争夺人才的?
5. 企业应该如何录用合适的应聘者?

实 践 应 用

利剑还是钝器?"三支柱模型"的困惑与反思

人力资源专家中心建设(COE,为业务单元提供人力资源专业咨询),人力资源共享服务平台建设(SSC,对企业各业务单元的人力资源管理基础性行政工作统一处理)及建立人力资源业务伙伴关系(HRBP,人力资源与业务单元之间沟通的桥梁)被称作人力资源的三支柱模型。"三支柱模型"在业内风靡多年,但实施效果似乎并不尽人意。那么,是实践者没掌握要领,还是"三支柱模型"本身就不靠谱?因此,有必要对过热的"三支柱模型"进行反思和研讨。

关于"三支柱模型"的起源有一个广泛共识:源于尤里奇(Uirich)先生 1997 年在其著名

著作《人力资源优胜者》(Human Resource Champions)中设计的"四角色模型"。在国外业界，"三支柱模型"更多地被称之为：尤里奇模型(Ulrich Model)或"HRBP模型"。虽然亦有人认为，"三支柱模型"与福特、GE等公司在20世纪80年代实践的"财务共享中心"有关，虽然"三支柱模型"包含共享中心SSC，但其核心却是HRBP。三支柱只是借用了SSC的实践成果。因此，"三支柱模型"其实是一个典型的"学术作品"。尤里奇先生本人是学者出身，从未担任过人力资源经理和HRBP，毫无人力资源管理实操经验。像许多学者一样，他设计的模型只是一个存活在书本上、理论上看起来很好事实上却存在严重缺陷的纯学术模型。

1. 指导思想的偏差

在设计指导思想上，尤里奇先生过分强调"HR服务于谁"，而弱化了"HR对谁负责"。传统HR模型设计的指导思想强调的是"HR对组织(老板/股东——资方)负责"。而尤里奇先生设计的HRBP角色则充分体现了"业务部门是HR的客户"这一理念。笔者认为：虽然强调"为业务从战略层面到业务层面提供全面的HR的专业支持"并没有错，但在"HR服务于谁"和"HR对谁负责"两个问题中，更重要的是后者。"三支柱模型"过分强调"HR全面为业务服务"产生的后果是：当业务部门的运营措施与组织战略方向不一致时(实际中经常发生)，HRBP可能会损害公司老板/董事会/股东的利益。

"三支柱模型"是基于"转型、变革"的指导思想而设计的。其基本思路是：企业面临发展的挑战，因此HR要"变革，变革，再变革"。这里，尤里奇先生过分夸大了"企业发展和HR变革之间的必然关系"。首先，事实上，发展与"颠覆性变革"之间并不存在线性逻辑关系；其次，企业生命周期中存在着相当长的"稳定期"，人力资源管理也应当保持相对的稳定性；再次，"变革是手段而非目的"，为变革而变革是不严肃；最后，尤里奇先生并未严格论证："颠覆传统HR"比"改进传统HR"更有利和必要。

同时，"三支柱模型"过分强调HR战略功能，忽视HR运营功能，而战略功能很难与日常运营工作密切对应，这也是导致"三支柱模型"在实操中难以落地的原因之一。

2. "三支柱"概念并不清晰

尤里奇在《人力资源优胜者》(Human Resource Champions)一书中只是定义了"HR的四种角色"，但并未从功能上以"三支柱"为维度进行HR职能划分。因此，业内对"三支柱模型"的概念，特别是对SSC、COE、HRBP的职责定位和功能界限等细节上的认识缺乏清晰、权威的解释。尤里奇先生旨在把传统HR的"做了什么"颠覆为"达成什么"，但这带来的弊端是"三支柱"各自对"该做什么"模糊了。

在"三支柱模型"中，定位和功能职责最清晰的是SSC：多单元组织内的一个负责任的实体，其职责是向业务单元、各个部门提供人力资源专业服务。这得益于SSC来自20世纪80年代福特、GE等公司的财务共享中心的实践。

虽然COE在书面定义上相对清晰：是人力资源顾问、人力资源高级经理为主的专家中心、政策中心。其角色包括：人力资源政策流程和方案设计者、政策流程的合规性和风险的管控者、HR专业领域的技术专家。但COE与HRBP在职责上的分界并不清晰。

作为"三支柱"核心的HRBP的概念的清晰度最弱。著名的《维基百科》中连HRBP、HR Business Partner等相关的词条都没有。尤里奇先生的解释是：HRBP = 战略合作者+HR效率专家+员工支持者+变革推动着，这意味着：HRBP承揽了"四角色模型"中的所有功能。这从另一个侧面否决了"COE存在的必要性"。百度百科的解释似乎更实操一些："实际上就是企业派驻到各个业务或事业部的人力资源管理者，主要协助各业务单元高层及经理在员工发展、人才发掘、能力培养等方面的工作。"这个定义，与传统 HR 模型中的事业部(二级子公司)HR 经理的定义并无两样。

3. 模型本身固有缺陷

虽然源于实践的 SSC 在"三支柱模型"中落地效果最佳，对集团总部和相对集中的基地型事业部(组织)有较强的功能发挥，但对于分散的非基地型事业部(或下级组织)来说，"三支柱模型"并未给出解决方案和对策。

"三支柱模型"对 HRBP 是基于"资深通才"设计的。按照尤里奇的设计，HRBP 承担着"四角色模型"的几乎全部功能：战略伙伴、员工关系专家、事务管理专家、变革推动者。但在现实中，符合标准的"资深通才"并不多见。合格人才的缺乏必然导致 HRBP 角色实现的不可能。

员工支持者(employee champion)是尤里奇设计的 HRBP 的功能之一。根据《牛津英语词典》的解释：champion 是"一个代表他人或为此而斗争和争辩的人"(a person who fights or argues for a cause or on behalf of someone else)。显然，这个(champion)角色应当由工会而非 HR 担任。HR 本质上是代表资方的。HR 应当关心和支持员工，应是 support 而非 champion。否则，存在"利益冲突"。

同时，HRBP 角色是基于"业务部门运营与企业战略一致"假设的，但在现实场景下，业务部门从小集体利益角度出发，偏离企业战略方向和大目标的情形经常发生。而"三支柱模型"本身并未设计也不具备"检验和审核小集团战略实施是否与企业战略一致"的"实时反馈监督调整"的功能。

另外，从理论上来说，HRBP 是个既懂业务又懂 HR 的专业人士。但如果 HRBP 精通 HR 专业，那么 COE 显然没有存在的必要；如果 HRBP 是 HR 通才并非专家，HRBP 又如何能在战略高度和决策层面给业务部门以 HR 专业意见？"三支柱模型"似乎在逻辑上存在悖论。

由上述分析可以看出："三支柱模型"的学术基础并不扎实，指导思想和模型本身均存在问题，加上理论和实操之间存在较大的鸿沟，因此将有缺陷的学术模型直接应用于人力资源管理实践肯定不是一个慎重的选择。

(资料来源：根据中国管理科学学会人力资源管理专业委员会副主任张苏宁的原文增删整理.)

【思考题】

1. "三支柱模型"存在哪些缺陷？请举例说明。
2. 你认为"三支柱模型"还可以从哪里着手改进？

微课视频

扫一扫，获取本章相关微课视频。

招聘渠道

面试

第七章　员工培训管理

【学习目标】
1. 认识培训及培训管理的内涵、意义、原则和目的。
2. 熟悉企业培训体系构建的原则和思路。
3. 了解企业培训项目的含义和类型。
4. 掌握培训项目的管理流程。

【引导案例】

万达学院：培养人才的摇篮

成立于 2011 年的万达学院，每年源源不断地向万达输送着中高级管理人才，不愧是万达的黄埔军校，培养人才的摇篮。2019 年，万达学院被评为"年度中国最佳企业大学"和"中国标杆企业大学"。

1. "11130 教学法"

所谓的"11130"指的是 1 个业务问题、1 个典型案例、1 个解决问题的工具、30 分钟讲解。当然，30 分钟只是个概念，寓意时间短，不要长篇大论。在万达的快速发展过程中，很多"高手"解决问题的经验、方法并没有得到及时沉淀，也没能转化为企业的"知识资产"，这种宝贵资产的流失非常可惜。而培训最重要的一个功能，就是能把个人的"隐性知识资产"转化为企业的"显性知识资产"，把个人的经验智慧转化为企业的经验智慧，让所有人都可以快速学习，让二流的人也可以干一流的事。

1 个业务问题：可以解决培训中经常遇到的核心问题，解决了因培训内容大而全、不聚焦、无重点、内容太多而导致的学员根本记不住的问题。强调聚焦一个或一类业务问题，把问题分析透，彻底解决问题。

1 个典型案例：解决了理念多、概念多、空洞说教的问题，用工作中实际发生的案例来呈现问题，并附带解决方法，问题实，方法实，有价值。

1 个解决问题的工具：解决了培训效果"不落地"的问题，针对问题，给大家提供了实用的工具，可落地操作的方法，让每个人都能解决问题。这个工具可以是表格、流程、思路、方法，但必须有具体的表现形式，如 Word 文档、Excel 表格、PPT 或 OA 流程。

30分钟讲解：解决参加培训学习的员工感觉"时间紧""没时间参加培训"的问题，强调培训授课必须"短平快"。30分钟只是一个概念，如果一个问题可以讲透，可以缩短到20分钟、15分钟甚至10分钟。30分钟讲解，让培训可以灵活安排在部门例会后或问题发生的现场，实现随时随地"万达式快分享"。30分钟解决一个问题，30分钟完成一次有实效的培训，这就是万达速度，培训也要讲究"万达速度"。

2. 精品案例微课程

从2016年到现在，万达学院一直在进行"精品案例微课程"的研究，采取的主要教学形式是视频案例片和舞台案例剧。一部案例片或舞台剧的时长基本在10分钟左右，集中解决一个问题，是典型的"微课程"。

精品案例课解决的问题也分为两类：一类是针对业务问题，比如视频案例片《百货合同续约谈判36计之"算计"》。针对业务问题的案例片突出"智慧点"，课程开发过程中加入"情境还原，攻擂守擂，巅峰对决"等真实体验环节，确保汲取和呈现的是众人之"智"，具备普遍的学习价值。另一类是对学员心智模式的影响和重建，这是培训界一个普遍的难题。万达学院经过大量的调研和跟访，发现优秀的精品案例课确实具有"穿越思想屏障，直达潜意识深处，重整心灵源代码，再建心智模式"的作用。这一类精品案例微课程的开发过程分为以下五步。

(1) 故事：小组成员在一起，讲述自己亲身经历的真实故事，并选出一个让人印象最深刻的、最有典型意义的故事作为基础素材。例如，有学员讲述了自己公司某管理者在领导面前酒后失控被公司辞退的故事。

(2) 参悟：参悟故事背后的心智模式，参悟要透彻，可以通过三个步骤(观象、学术、问道)完成。"观象"就是看表面现象，上述学员讲述的故事，从表面上看，就是管理者酒后没控制好自己。随后，学员在"学术"过程中各抒己见，有人说"领导24小时都是领导，时时都在考验你"，有人说"场合意识、分寸意识"，这些都在告诉你如何避免类似错误的方法，属于"术"的层面。但是如果只学"术"，这个错误避免了，却还有可能犯其他错误，所以还要问"道"。"道"是最深层次的动机，是"心法"，即心智模式。比如在这个故事中，一旦引导学员进入"道"的层面，树立起"敬畏之心"，就能做到"慎独"，在任何场合都能够"自律"，这才是对自己最好的保护。

(3) 立意：将第二步参悟的"道"精准地表达出来，传递给观众学员，就是立意。对于上一个故事，通过"观象、学术、问道"，最终确定的立意是"要有敬畏之心"。根据学员的实际反馈，这个案例故事配合这段歌曲，对他们的触动非常大。如果没有"问道"，而只停留在"观象"和"学术"的阶段，对于这些管理层级比较高的学员，不可能产生这样的触动。

(4) 呈现：关于舞台呈现，标准是"为灵魂画像"。让故事中人物的灵魂和学员的灵魂直接对话，穿越思想屏障，一切影响和改变都在潜意识层面完成。

(5) 包装：在服装、道具、灯光等外在形式上尽可能精细化，让灵魂画像的呈现更加清晰深刻。这些独具特色的教学方法值得好好研究和学习。

3. 严格评估

在万达，每一个员工都有一个计分表，若谁当月得分垫底，轻则批评，重则罚款、解雇。可以说，分就是万达人的命根。那分数怎么打？怎么算？万达有一套细致到令人发指的评分细则，其中就包括评估。

评估不是一个人的事，也不单单针对某一个群体，某一个环节。拿培训来说，评估包括两个方面：第一，学员给讲师评分。讲师的课讲得怎么样，教学态度怎么样，职业素养怎么样等，都需要学员进行综合评价，万达学院管理层会根据这些评分和意见对讲师的讲课风格、进度、深度等提出改进意见。若一个讲师连续多次得分严重偏低，学院也会考虑解聘。第二，讲师给学员评分。一个学员学习态度如何、学习能力如何、求学态度和处事态度如何等，作为讲师肯定会有一个基础的了解。在这个基础上，讲师会综合学员的各项表现对其打分。学院的相关人员会将这些评分信息收集整理，并分别反馈给学员的领导，让领导清晰地了解学员的培训进度和培训情况。等学员培训结束，回到原岗位工作后，相关领导也会将其工作情况和表现反馈给学院，让学院方面能有一个真实的数据参考，评估一下教学的实际效果和需要改进的方面。

(资料来源：万达学院：培养人才的摇篮. (2020-01-05). http://www.hrsee.com.)

第一节 培训管理概述

企业要在竞争激烈的市场环境中获胜，一定要拥有高素质的人才，而员工培训是提高员工素质必不可少的一环。从某种意义上来说，一个企业对员工培训的重视程度，可以预测其未来的竞争潜力。自人事管理阶段发展到人力资源管理阶段，企业越来越强调员工培训的长远意义。它不仅影响员工的当前状态，而且还能促进员工进一步的潜力开发，特别是通过培训活动能够持续提升员工的个人素质、知识水平和技能水平。企业也不再仅仅考虑培训活动的企业收益，而是同时关注培训发展对员工个人生活与事业的帮助，追求企业与员工的双赢。

企业培训活动一方面可以提高员工的知识技能，另一方面可以使员工认可和接受企业的文化和价值观，提升员工的素质并吸引、留住优秀员工，增强企业凝聚力和竞争力。在纷繁复杂、不断变化的市场竞争环境下，企业要想立于不败之地，就必须持续扩充和增强人力资本，准确理解培训活动的价值。

一、培训管理的内涵与意义

(一)培训管理的内涵

人员培训(employee training)是向新员工或现有员工传授其完成本职工作所必需的相关知识、技能、价值观念、行为规范的过程。培训管理(training management)是指企业为开展业务及培育人才的需要，采用各种方式对员工进行有目的、有计划的培养和训练的管理活动。其目标是使员工不断地更新知识，开拓技能，改进员工的动机、态度和行为，使员工更好地胜任现职工作或担负更高级别的职务，从而促进组织效率的提高和组织目标的实现。

企业发展最基本、最核心的制约因素就是人力资源；培训管理是现代组织人力资源管理的重要组成部分；适应外部环境变化的能力是企业具有生命力与否的重要标志，要增强企业的应变能力，关键就是不断地通过培训来提高人员的素质。现代企业管理注重人力资源的合理使用和培养，代表了一种现代管理哲学观的用人原则：开发潜能、终身培养、适度使用。

企业通过培训、开发等手段，拿捏用人的原则，推动企业的发展，同时帮助每一位企业成员很好地完成各自的职业发展规划，实施职业管理。因此，培训可带来企业与员工个人的共同发展。员工培训是人力资源管理的核心内容，任何组织的管理，只要涉及人员的聘用、选拔、晋升、培养和工作安排等各项工作，都离不开员工培训，特别是对于那些需要适应现代化发展需求的企业和组织来说，更是如此。

培训管理具有如下特点：①培训管理是一个完整的组织管理系统，它具有目的性、计划性和针对性，与绩效管理系统等其他子系统之间存在密切的联系。②培训管理是一种企业人力资本的投资行为，可以对其成本和收益进行衡量。③培训管理是创造智力资本的基本途径，是企业赢得智力资本竞争优势的重要手段。智力资本由专业知识、基本技能、高级技能和自我激发创造力等组成。④培训管理是持续的学习过程，是构建学习型企业文化的基础。学习型组织是指员工不断学习新知识、新技术并应用于实践以提高产品和服务质量的组织。

(二)培训管理的意义

所有企业培训的目的，都是保持或改善员工的绩效，从而保持或改善企业的绩效。从长期来看，培训管理活动是为了满足企业战略发展的需要；从短期来看，是为了满足企业年度计划的需要；从职位来看，是为了满足职位技能标准的需要；从个人来看，是为了满足员工职业生涯发展的需要。具体来讲，培训管理的重要意义主要集中体现在以下四个方面。

1. 能使企业员工不断适应社会环境的变化

企业所处的环境在急剧变化，而培训是员工迎接新技术革命挑战的需要。从本质上来说，新技术革命在改变着社会劳动力的成分，不断增加对专业技术人员新的需求。电脑芯片每18个月更换一代，十年前的知识90%都会老化，原来合格的员工，如果不经常培训，成为不合格的员工几乎是不可避免的。对员工进行培训，是避免由于工作能力较低而不适应新兴产业需要引起的"结构性失业"的有效途径。有效的培训能够使员工增进工作中所需要的知识，包括企业和部门的组织结构、经营目标、策略、制度、程序、工作技术和标准、沟通技巧及人际关系等知识。

2. 满足员工个人发展的需求

每个员工都有一种追求自身发展的欲望，这种欲望如得不到满足，员工会觉得工作没有激情、生活乏味，最终导致员工流失。尤其是优秀的员工，其自身发展的需求更加强烈。培训是使员工的潜在能力外在化的手段。通过培训，一方面使员工具有胜任现职工作所需的学识技能，另一方面希望员工事先储备将来担任更重要职务所需的学识技能，以便一旦高级职务出现空缺即可予以升补，避免延误时间与业务。经过培训和发展之后，员工不但在知识和技能方面有所提高，自信心加强，而且能感到管理层对他们的关心和重视，进而使企业的员工士气、产品品质和安全水平都得以提高。

3. 建构优秀的企业文化

培训和发展计划能传达和强化企业的价值观和行为，使企业领导者的愿景深入到企业每一个员工的心中。此外，通过企业各层次员工在培训活动中的互动，促进各层次员工的交流与沟通，可以进一步增强企业的凝聚力，形成相互融合、不断进取的高度统一、高度认可的企业文化。

4．塑造良好的企业形象

企业培训与发展不但可以在内部形成优秀的企业文化，而且可以在外部为企业塑造良好的企业形象。拥有科学系统的培训与发展的企业将给予社会公众一个成熟、稳健、不断进取的形象。在我国，有些外资企业之所以能够吸引大量的优秀人才，其中一个关键因素就是能为员工提供大量培训与发展的机会，在人们心中建立起了长期发展的形象，从而获得了人力资源的竞争优势。

总之，企业能在培训中通过学习、训练等管理手段来提高员工的工作能力、知识水平，充分挖掘其潜能，最大限度地促进员工个人素质与工作需求相一致，从而达到提高工作绩效的目的。

二、培训管理的历史发展

有人认为人力资源培训是新兴领域，其实人力资源培训的历史源远流长，大约可以追溯到 18 世纪。培训管理发展大致经历了五个阶段。

1．早期的学徒培训

在手工业时代，培训与开发主要是一对一的师父带徒弟的模式。

2．早期的职业教育

1809 年，美国人戴维德·克林顿(David Clinton)建立了第一所私人职业技术学校，使培训与开发进入学校阶段，预示着培训进入专门化和正规化的阶段。

3．工厂学校的出现

新机器和新技术的广泛应用，使培训需求大幅度增加。1872 年，美国印刷机制造商 Hoe &Company 公司开办了第一个有文字记载的工厂学校，要求工人短期内掌握特定工作所需要的技术。随后福特汽车公司等各个工厂都尝试自行建立培训机构，即工厂学校。1917 年，美国通过了《史密斯-休斯法》，规定由政府拨款在中学建立职业教育课程，标志着职业教育体系开始形成。

4．培训职业的创建与专业培训师的产生

第二次世界大战时期，美国政府建立了行业内部培训服务机构来组织和协调培训计划的实施。1944 年，美国培训与发展协会(ASTD)成立，为培训行业建立了标准，之后有了专业培训人员，使培训成为一个职业。

5．现代人力资源培训领域的蓬勃发展

20 世纪六七十年代，培训功能主要是辅导和咨询有关知识和技术、人际交往功能等问题。随着企业商学院、企业大学的成立和运作，自 20 世纪 80 年代以来，人力资源培训已成为组织变革、战略性人力资源管理的重要组成部分。

三、企业生命周期与培训的发展阶段

(一)企业生命周期

企业生命周期可分四个阶段：创业阶段、整合阶段、规范阶段和精细阶段。在生命周期不同的阶段，企业的重点目标、规范程度、组织形式、集权程度、领导风格、奖励模式等有所不同。

在创业阶段，企业目标首先是生存，一般是简单的、不规范的直线职能管理，强调领导者个人的集权和家长式作风，员工的奖励凭直接主观印象而定。

在整合阶段，企业注重成长目标，开始职能制管理，逐步开展制度化建设，初步规范化管理，权力集中在高层，强化权威与执行，注重令行禁止，奖励方式也基本还是凭主观印象。

在规范阶段，企业度过高速成长期，注重稳定发展，实行职能制或事业部制管理，制度化建设基本完成，各项工作管理规范化，企业开始进行有控制的分权，界定各级各部门权力界限，建立了正规的绩效考核和奖励体系。

在精细阶段，企业有明晰的愿景，使命与战略清晰完整；工作管理规范化、精细化；组织形式上一般采用职能制加矩阵结构模式；实行有控制的分权，上下各级部门之间权力界限明确；鼓励员工参与；强化系统考核制度，注重团队价值与作用。

(二)企业培训的发展阶段

企业培训的发展阶段可分为：了解学习、引入课程、资源建设、精细发展。在不同的培训发展阶段，企业发展阶段和存在的问题及培训的特点有所不同。

(1) 了解学习阶段。这个阶段一般是企业的创业期或整合初期，以生存为重点，管理不规范。这个时期的培训特点是以业务和销售培训为重点，以内部培训为主，培训负责人以兼职为主。存在的主要问题是：培训与否，讲什么内容等凭领导的感觉做决定，培训无明确的经费预算，培训效果也无法评估。

(2) 引入课程阶段。这个阶段一般处于企业发展的整合期或规范初期，企业初步开始进行规范化管理，企业规模快速扩张，企业培训的需求快速增长。此阶段的培训特点是以管理培训和全员培训为重点，以外部培训为主，大量引进外部课程，有专职培训负责人。存在的问题是：由于企业扩张发展很快，产生大量的经营与管理培训需求，故此阶段的培训以补课和应急为主；由于是大量引进外部课程，缺乏对自身企业的针对性，因此培训的专业化水平较低；培训效果如何难以评估，培训部门开展培训评估也难以推行。

(3) 资源建设阶段。这个阶段处于企业发展阶段的整合后期或规范期，企业管理基本实现规范化，持续稳定成长为企业目标的重点。此阶段的培训特点是：企业开始把培训体系建立为重点任务，注重培训资源建设；内部为主、外部为辅；有较完整的培训管理机构，职责明确；培训活动计划性强。存在的问题是：培训活动的重点不明确，培训还只是培训部门的事情，缺乏战略性，尚不能有效推动组织变革，也正因为如此，培训活动缺乏与其他部门和管理层的有效配合。

(4) 精细发展阶段。这个阶段处于企业发展的规范后期或精细期，企业的管理体系完善，企业的重心在于如何更好地提高核心竞争力。此阶段的培训特点是：企业的培训体系完善，不同类型的培训对象明确(管理者、员工、新员工、合作伙伴)，课程体系完备，构建完成内外讲师队伍，培训预算与基础设施落实到位，培训制度完善。培训机构完整，有的企业设立培训中心，甚至企业大学，专业化分工明确，整体协调，效果明显。

(三)企业培训管理的工作层次

企业培训管理的工作层次分为三个方面：培训规划管理、培训资源管理和培训营运管理。

培训规划管理包括企业文化推动、核心能力培养、培训政策制定等。培训资源管理包括课程体系建立与管理、讲师培养与管理、培训信息体系建设与管理、培训经费管理等。培训营运管理包括需求调查、计划制订、培训实施、培训评估、培训管理制度的监督与执行等。企业的发展具有生命周期，在企业的生命周期中，培训发展阶段不同，培训管理工作层次的重点就不同。

四、培训管理的发展趋势

(一)目的：培训活动更注重企业文化与团队精神的培育

培训目的比以往更加广泛，除了新员工上岗引导、素质培训、技能培训、晋升培训、轮岗培训之外，培训活动更注重企业文化、团队精神、协作能力、沟通技巧等。这种更加广泛的培训开发目的，使每个企业的培训开发模式从根本上发生了变化，如图7-1所示。

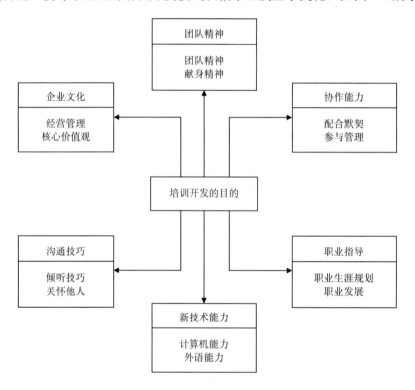

图7-1 培训开发目的变化

(二)组织：转向虚拟化在线学习和更多采用信息新技术

虚拟培训与开发组织能达到传统培训组织所无法达到的目标。虚拟培训与开发组织是应用现代化的培训与开发工具及手段，借助社会化的服务方式而达到培训与开发的目的。现代化的培训与开发工具及手段包括多媒体培训与开发、远程培训与开发、网络培训与开发、电视教学等。在虚拟培训与开发过程中，虚拟培训与开发组织更加注意以顾客为导向，凡是顾客需要的课程、知识、项目、内容，都能及时供给并更新原有的课程设计。虚拟培训与开发组织转向速度快，知识更新和课程更新有明显的战略倾向性。虚拟培训与开发组织的优点、缺点比较如表 7-1 所示。

表 7-1 虚拟培训与开发组织的优点、缺点比较

培训与开发技术	优 点	缺 点
多媒体培训与开发	自我控制进度;内容具有连续性;互动式学习;反馈及时;不受地理位置限制	开发费用高昂;不能快速更新
网络培训与开发	自我控制培训传递;信息资源共享;简化培训管理过程;培训项目更新迅速	受到网络速度限制;开发成本高;培训成果转化一般
虚拟现实	适合危险或复杂工作培训;培训成果转化率高;反馈及时	有时缺乏真实感
智能指导系统	模拟学习过程;自我调整培训过程;及时沟通与回应;培训成果转化率高	开发费用高
远程学习	多人同时培训;节约费用;不受空间限制	缺乏沟通;受传输设备影响大

(三)效果：日益注重培训效果的评估和培训模式再设计

控制反馈实验是检验培训开发效果的正规方法。组织一个专门的培训开发效果测量小组,对进行培训与开发前后的员工的能力进行测试,以了解培训与开发的直接效果。对培训与开发效果的评价,通常有四类基本要素。一是反应：评价受训者对培训开发计划的反应,即对培训开发计划的认可度及感兴趣程度。二是知识：评价受训者是否按预期要求学到所学的知识、技能和能力。三是行为：评价受训者培训开发前后的行为变化。四是成效：评价受训者行为改变的结果,如顾客的投诉率是否减少,废品率是否降低,人员流动是否减少,业绩是否提高,管理是否更加有序,等等。

(四)模式：培训活动更强化协作、更倾向于开展联合办学

培训模式不再是传统的企业自办培训模式,更多的是企业与学校联合、学校与专门的培训开发机构联合、企业与中介机构联合或混合联合等方式。社会和政府也积极地参与培训与开发(如再就业工程),社区也在积极地参与组织与管理。政府的专门职能部门也与企业、学校挂钩,如人事部门组织关于人力资源管理的培训,妇联组织关于妇女理论与实践的培训与开发,以及婚姻、家庭、工作三重角色相互协调的培训与开发等。

第二节 企业培训体系构建

一、企业培训体系的界定

所谓体系,是指"若干有关事物或某些意识相互联系而形成的一个整体"。其内涵说明：体系应由若干要素组成,这些要素相互联系、相互配合,是一个以系统形式存在和运行的整体。目前,对培训体系的认识可以归纳为以下四种见解。

(1) 从培训流程角度来定义，这是比较普遍的观点，即认为培训体系由确定培训需求、设计和策划培训、提供培训和评价培训结果四个闭合的环节构成。

(2) 培训体系是由培训机构、培训内容、培训方式、培训对象和培训管理构成的。

(3) 完整的培训体系由培训课程体系、培训师资体系、培训效果评估和培训管理体系四部分组成。

(4) 培训体系是指课程体系、讲师体系、制度体系及企业年度培训计划。

不同的培训体系的观点和见解，反映了人们从不同领域、不同角度对培训体系的理解。本书所指的培训体系主要由培训制度体系、培训课程体系、培训师资体系和培训管理体系四部分组成，如图 7-2 所示。

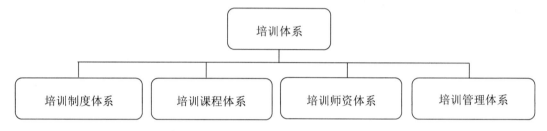

图 7-2　企业培训体系

完整的人力资源培训体系应具备以下六个较好的基础条件。

(1) 高层管理者的支持。首先，只有高层管理者确信培训规划的有效性并且予以批准，员工的培训与开发工作才能进行；其次，培训规划的实施程度依赖于高层管理者对培训的支持程度。

(2) 培训机构的设置。培训机构是培训的物质载体，是开展培训活动的重要物质保证之一。如培训的规模、培训的活动场所、培训的时间、培训的师资配备等，都是培训机构必须承担的任务。

(3) 合格的培训师资。培训师是指在人力资源培训与开发过程中具体承担培训与开发任务，并且向受训者传授知识和技能的人员。培训师对于员工的培训与开发工作非常关键，他们的能力与素质直接影响培训的效果。合格的培训师资可以保证受训员工真正达到增长知识、提高技能的目的，并有效地将培训过程中所获得的知识、技能应用于具体的工作之中。

(4) 足额的培训经费。培训经费是人力资源培训与开发的重要保障。若缺乏足够的经费，人力资源培训与开发工作则难以得到真正的落实，就会出现半途而废、因陋就简、顾此失彼等现象。因此，企业在对员工进行培训与开发工作之前，必须落实培训经费并使这些经费得到合理有效的使用。

(5) 齐备的培训设备设施。培训设施是指黑板、幻灯、投影仪、电视、网络传递系统、案例分析场所、教学实验基地等使培训得以顺利进行的基本物质条件。它是员工有效培训、提高技能和职业素养的重要保证。

(6) 完整的培训工作记录。人力资源培训与开发的过程，其实也是员工知识、技能的总结与提高的过程。每一期的培训与开发都会为下一期积累经验，提供参照，因此要认真、完整、准确地做好每一期的培训记录，这样做有利于随时发现工作中的失误，并为下次培训做准备。

二、企业培训体系构建的原则

若要建立科学的培训体系,就需要在设计培训体系时遵循以下原则。

(一)战略性原则

培训的目的是通过提升员工的素质和能力来提高员工的工作效率,让员工更好地完成本职工作,实现企业经营目标。因此,培训体系的建立必须根据企业的现状和发展战略的要求,为企业培训符合企业发展战略的人才。

(二)全员参与原则

培训体系的建立不能只是人力资源部或培训部孤军奋战,必须上下达成共识,全员参与,必须得到领导的大力支持、业务部门的积极配合,只有这样才能确保培训体系建设的全面性和有效性。

(三)目标性原则

根据目标设定理论,员工只有在培训目标明确的前提下,才能使培训达到最优效果。因此,在培训设计的过程中,除了要设立目标之外,还要考虑目标的明确性。即无论是总体性目标还是阶段性目标,无论是大目标还是小目标,首要原则是"要清晰和明确"。

(四)理论与实践相结合的原则

根据企业生产经营的实际状况和受训者的特点开展培训工作,既讲授专业技能知识和一般原理,也结合企业的实践,毕竟用企业成功和失败的案例比用经典或别人的案例效果要好得多,这也符合传播学的"就近原理"。此外,形式要多样化,多沟通互动,在学习知识的同时增加培训的趣味性,这样不但能提高受训者的理论水平和认知能力,而且能解决企业发展中实际存在的问题。最终,在激发受训者积极性的同时也有利于提高其工作热情。

(五)动态开放原则

企业只有不断适应内外部环境的变化才能发展,这就要求企业的培训体系必须是一个动态的、开放的系统,而不是固定不变的。培训体系必须根据企业的发展战略及时调整,否则培训体系就失去了实际意义,不可能真正发挥提升企业竞争力的作用。

三、企业培训体系的建设重点

在企业建立培训体系之前,要了解培训体系应该包含的内容,同时还要了解企业自身培训管理的现状和存在的问题或不足,这样才便于着手去做相应的工作。企业培训体系构建要重点建设以下四个方面。

(一)培训课程体系的建设

企业的课程资料数据库,是针对企业业务的需求或岗位的要求的课程设计、规划及配置。

企业培训课程包括专业课程和公共课程。专业课程涉及产品、制造、财务、资材、商务、市场、服务、人力资源、审计、法务、后勤、信息、企划、质量、研发、行政管理、销售等。每种业务类别可形成各自的专业课程体系。公共课程包括文化战略、职业技能、管理技能、自我拓展等。文化战略课程涉及公司文化、规章制度、战略规划等；职业技能课程关注工作中所需要的通用知识和技巧及职业素质培训；管理技能课程涉及管理的知识、理念、方法和技巧等；自我拓展课程注重个体发展、心理素质及潜能的开发。不同的公共课程对于新员工、老员工、不同层级的管理者的重要性程度不同。

(二)培训讲师队伍的建设

培训课程需要讲师研发与传授，在一场培训中，若有一个良好的讲师则相当于这个培训已经成功了一半。讲师队伍包括企业的内部讲师和外部讲师资源、企业教练、辅导员队伍等。讲师的主要职责是进行课程调研与开发；开展培训活动；做好培训辅导与跟踪；学习研究工作；等等。

(三)培训管理队伍的建设

企业培训组织的结构设置，包括培训组织的层级、人员的配备、培训部门人员的职责及对人员素质的要求等。一般企业会在人力资源部设立培训总监或经理或专员，有的企业设有专门的培训部，条件更好的企业会设有培训中心，现在也有很多企业开始开设企业商学院或企业大学。单就一个培训项目来说，培训管理队伍应该包括培训决策层人员、培训部门人员、业务单元培训接口人员。

(四)培训支持体系的建设

企业保障培训实施与管理所涉及的其他环节或内容，可以分为软件系统和硬件系统两个部分。软件系统是指培训管理的流程、政策及制度等。例如，培训项目流程规范、培训经费管理制度、课程管理制度、讲师管理条例及培训信息管理系统、员工培训档案、课程档案、讲师队伍档案、培训项目档案等。硬件系统是指培训的设施、器具、培训管理的系统等，如培训教室、投影仪、电脑等培训设备及教学管理系统等，这些都是培训顺利开展的必要保障。

有效的人力资源培训体系可以使企业从自身的生产发展需要出发，通过积极学习训练等手段提高员工的工作能力、知识水平及潜力开发水平，最大限度地使员工的个人素质与工作需求相匹配，促进员工现在和未来工作绩效的提高，最终能够有效地改善企业的经营业绩，是一个系统化的行为改变过程。企业正是通过这个行为改变过程来满足企业和员工的需要。同时，按照系统论的观点、原则和要求，全面研究培训体系中各种要素、结构、功能及其相关方面，让培训体系中各个要素得以合理配置，使之相互协调，充分发挥各项功能，在良好的培训环境支持下，实现培训过程的最优化，并通过完善的维护措施使企业培训系统保持稳定的状态。

四、企业培训体系建设的注意要点

不同的企业之间，无论公司文化、发展战略，还是人员规模、行业领域等都有较大的差异。培训体系构建必须从企业自身的特点和实际出发，与本企业的人力资源结构、政策等密切统一起来。构建培训体系时要注意以下五个要点。

(一)密切结合公司发展战略和现状特点

培训的目的是通过提升员工的素质和能力,让员工更好地完成工作,达到企业的经营目标,以实现企业、股东、员工、客户乃至社会的共赢。因此,培训体系的建设必须密切结合企业的实际和发展战略的要求,并为企业培养符合企业发展战略的人才。有些高科技公司,为员工的发展设置了技术职务和管理职务两个不同的职业通道。专业技术好的员工,可选择走技术通道,从技术员一直到高工或总工,之间分为若干个不同的级别。针对这种情况,企业在课程体系设计上,不但要考虑管理职务通用的管理类课程,同时还要根据技术方面的要求,设计不同层级和不同水平的专业课程。

(二)培训设计要维持层级和职能的均衡

从企业人才培养的角度出发,骨干员工和核心人力接受的培训相对多一点,但也不能忽视对其他员工的培训。课程体系的建设要保证每个员工在不同的岗位上都能接受相应的训练。在设计课程体系时,需要从横向和纵向两个方面去考虑。纵向要考虑从新员工到高层之间各个不同的级别,针对每个级别不同的能力要求设置相应的培训课程;横向指的是各职能部门要完成相应工作需要哪些专业技能,以此寻找培训的需求并设计相应的课程。如果横向和纵向两个方面都考虑了,那么每个级别和每个岗位基本就不会遗漏。

培训部门要建立资料库,收集和整理现有的课程资料,包括讲师的课件、教案及学员用的教材等,经过不断改进和积累,变成有企业自身特色的课程。如果不做这项工作,培训体系中非常重要的一环——课程体系,就无法建立起来。有的企业常做无为的劳动,前任员工一走,一切就要从头再来。为了避免这样的恶果,保证培训工作的正常运转,有效的培训管理是必不可少的。

(三)培训设计关注直线部门的需求和建议

培训体系的建立,不只是培训部门或培训管理员的事,还必须要得到领导的大力支持,同时需要其他部门的积极配合。培训体系中的任何一项工作,都不能只靠培训部门孤军奋战,一定要上下达成共识。以开发和设计职能部门的培训课程为例,部门不同、岗位不同,培训需求和能力的要求也都不相同。在开展业务时,员工需要哪些知识和技能,工作中存在哪些问题和不足,对于这些问题,各职能部门的管理者肯定要比培训部门更加清楚,因此一定要站在企业的立场上去了解和把握不同部门的培训需求。

在调查培训需求时,所谓的职务分析,就是要明确各个岗位及各个级别的能力要求,这样才能根据培训对象开发不同的课程。有的公司采用胜任力模型来了解员工目前的能力状况,并以此为依据设计不同的培训课程。比如,针对基层、中层、高层这些不同层级的管理者进行管理技能培训时,就要考虑到对他们不同的能力要求。基层管理者也要带团队,但事务性工作和亲自做事的比例要多一些,这个层级相当于人体的四肢;中层管理者不但要管事、做事,而且管人的比例也提高了,所以在管理能力上要求更高,这个层级相当于人体的腰部,对企业而言是非常重要的;高层是企业的领头雁,决定着企业的发展方向,这个层级相当于人体的司令部——大脑。如果不加分析就盲目地设计课程或实施培训,结果必定不会理想。

(四)制定培训管理制度并强化有效落实

有的公司虽然建立了一些培训制度,但却形同虚设,根本没有落实到位,这和公司的文化也不无关系。制定切实可行的培训制度,并有效地遵守和执行,就可以避免一些问题。比如前面提到的培训对象的选拔,如果制定了培训的积分制度,要求每个员工的培训积分都要达到公司的要求,并且和员工的考核、晋升挂钩,就可以防止和避免"替代"培训的现象,可以让应该接受培训的员工都能按时参加相应的培训。

以内部讲师队伍建设为例,内部讲师的安心授课同样需要制定相应的制度来保障。多数企业内部讲师通常是兼职人员,他们有自己的工作,讲课是额外的任务,所以有些内部讲师的直属上司不愿意放人,担心他们不务正业,从而会影响部门工作。有一个员工很愿意做公司内部的讲师,课讲得也不错,但他的上司很不支持,每次这个员工去授课,上司的语言和表情都让他觉得难受,好像自己真的是去做不务正业的事。最终他辞职了,使公司失去了一名优秀的内部讲师。企业要结合公司实际情况制定相关的制度,积极鼓励具备条件的员工担任内部讲师。同时,要营造上下认同的文化,不但让讲师自己感到做讲师光荣,也要让部门领导感到骄傲,这样才能保证内部培训顺利开展下去。

(五)培训设计充分考虑员工发展的需要

员工职业发展规划包括两个方面:一方面是员工自己制定的职业生涯规划;另一方面是公司给员工提供的施展能力的舞台,对员工职业发展进行管理。如果培训体系和培训课程的开发能够与员工自我发展的需要相结合,那么就可以让企业和员工达到双赢,员工自己得到发展的同时也为公司的发展做出贡献。企业面临内部重要的岗位空缺时,可首先考虑在内部进行选拔,这样就给有能力的员工或愿意挑战新岗位的员工提供了机会和发展的空间,再结合本岗位的职务要求提供相应的职能培训,这也是留住好员工的方法之一。

培训体系的建立需要时间和过程。尚未建立培训体系,或培训体系尚不完善的企业,要逐步积累资源。在培训的组织机构和培训支持的硬件体系没有建立起来的情况下,专职或兼职的培训管理员可以着手去积累培训资源和开始软件体系的建设。比如,在引进外部课程后,思考一下能否经过改善,将其转变成公司课程体系中的一门课程。慢慢把课程体系搭建起来,然后再开始讲师体系的建设。当然这两个体系的建立也可同步进行。

第三节 企业培训项目管理

一、培训项目的含义与类型

广义上的培训,是指有意识塑造员工行为方式的所有活动。在这个意义上,培训渗透于企业管理的所有活动之中,甚至可以说管理就是培训。但是,作为人力资源管理特定领域的培训工作,与一般管理活动相比又有其独特之处,它是一种不仅具有特殊培训目标,而且投入了相应资源条件并加以专门组织的活动。在实际工作中,任何企业的员工培训活动都可以纳入项目管理的范畴,狭义的培训活动通常体现为培训项目。所谓培训管理,主要是指培训项目管理。培训项目是需要投入专门经费和进行专门管理的培训活动。在确定培训项目时,必须确立特定的培训目标,分析相应的资源条件,进行专门的组织和管理。可见,培训项目是一项可以独立分析投入产出的活动。

企业的培训项目一般可分为四大类,即新员工培训项目、管理者进阶培训项目、常设专题培训项目和临时专题培训项目。

(一)新员工培训项目

每一个企业每年都有人数不等的新员工入职。为了使他们适应企业文化和制度环境,适应岗位工作和工作团队,成为企业中合格的一员,就要对他们进行必要的培训。因此,新员工培训是大多数企业的常设项目,一些规模较大的企业还设有专门负责新员工培训的工作部门或团队。

无论新员工此前有无工作经验,他们在进入企业之前,每一个人的工作经历、价值观念、文化背景等各不相同,与企业组织文化也不完全一致。虽然他们在应聘阶段对公司的背景、形象、产品、市场、营销模式、应聘职位所要承担的工作职责及公司将给予的薪酬待遇等有一定的了解,但所获取的信息很可能是比较片面的或零散的。当新员工进入现实的工作环境时,如果不对其进行导向培训,极易产生现实冲突,即新员工对新工作环境怀有的期望与工作实际情况之间存在落差,这种落差会使新员工产生失落感或挫折感。因此,企业为了实现新员工与企业的双赢,便会对新员工进行培训。

新员工培训的内容主要包括三个方面:公司基本情况及相关制度和政策、工作基本礼仪和工作基础知识、部门职能与岗位职责及知识和技能。

1. 公司基本情况及相关制度和政策

公司基本情况包括:公司的创业、成长和发展过程;公司的组织结构和部门职责;公司的产品及市场;公司的经营理念、企业文化和价值观、行为规范和标准、优秀传统、创始人故事、公司标志的意义;公司的主要设施等。

公司相关制度和政策主要是指人事制度和政策。它们与员工的利益密切相关,应详细介绍并确认新员工已全部理解。其主要内容有:工资构成与计算方法、奖金与津贴、销售提成办法、福利、绩效考核办法与系统、晋升制度、员工培训和职业发展政策,此外还有详细的劳动纪律、上下班时间、请假规定、报销制度、保密制度等。

2. 工作基本礼仪与工作基础知识

这部分内容对企业特有氛围的养成与维护有着特别的意义。工作基本礼仪与工作基础知识主要包括:问候与用语;着装与化妆;电话礼仪;指示和命令的接受方式;报告、联络与协商方式;与上级和同事的交往方式;个人与企业的关系。

3. 部门职能与岗位职责及知识和技能

部门职能主要包括:任职部门的工作目标及优先事项或项目、与其他职能部门的关系、部门结构及部门内各项工作、工作团队之间的关系等。

岗位职责及知识和技能主要包括:工作职务说明书、工作绩效考核的具体标准和方法、常见的问题及解决方法、工作时间和合作伙伴及服务对象、请求援助的条件和方法、规定的记录和报告等。

(二)管理者进阶培训项目

管理者进阶培训项目是企业针对管理人员而进行的体系化和阶梯化的培训计划。其主要特征是,企业规定了不同层级的管理者必须接受的培训。

在现实工作中,几乎每一个企业都会把管理者的职务和能力发展描述为图 7-3 所示的一个由低级到高级的阶梯路线。这种描述有两层意义:一是客观地呈现了管理者能力必然是一个由低级向高级递进式发展的过程;二是向员工暗示他们职业发展的路径,以及通过努力是可以实现的。

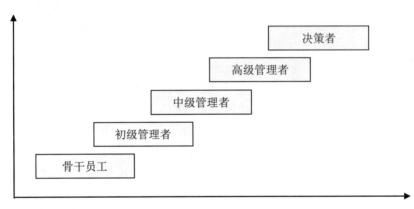

图 7-3 管理者职务与能力发展阶梯图

与管理者职务和能力发展阶梯路线相适应的是,企业认为个体只有具备了一定的知识和技能才能成为相应级别的管理者。一些规模较大的企业为不同管理层的人员定义了必须学习的一系列课程。图 7-4 和图 7-5 是 A 公司中级管理人员需要学习的课程列表和 B 公司管理人员需要学习的课程列表。

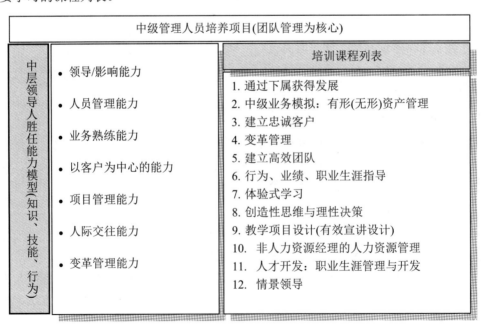

图 7-4 A 公司中级管理人员培训课程列表

1级(主管)	2级(一般部门经理)	3级(大部门经理)	4级(副总监及以上)
• 个人领导力提升 • 个人沟通技巧 • 20/80原则 • 全面质量管理基础 • MRPⅡ/ERP • 财务与会计(1级)	• 个人领导力提升 • 人员开发基础技能 • 领导力-3E模型 • 项目管理 • 最大程度发挥创造性和逻辑思维能力 • 团队建设 • 有效授权 • 全面评估面谈 • 财务与会计(2级)	• GO.R.W • 组织能力开发 • 团队建设(高级) • 系统管理工作坊 • OGSM/SDDS • 人员开发(高级) • 情景领导 • 成功人士的七个习惯 • 突破思维方法 • 正面的权力和影响力	• 组织技能 • 跨文化工作坊 • 危机管理

图7-5 B公司管理人员培训课程列表

企业在规定了上述不同的管理层级必须学习相应的管理课程以后，就会按照这一规定要求和组织企业的管理人员进行学习，我们将这类培训活动称为管理者进阶培训项目。

当然，大多数企业并没有建立管理者进阶培训课程体系和相应的管理制度，因此这类企业所组织的培训活动均不属于这一类型的培训项目。它们的培训活动大多归于下面将要介绍的两种类型。

(三)常设专题培训项目

常设专题培训项目是指企业每年都设有特定内容范围的活动计划，要培训的对象也比较清楚，但是具体选择什么培训内容则并不确定，而是在具体实施计划时再依据某些标准做出选择。

例如，某著名电器公司每到年终都会举办一次针对营销系统各层级人员的集中培训。培训活动基本上固定的围绕着三大主题展开：①"明日之星培训"——该培训项目的培训对象是销售系统中的一线"尖子"销售人员。企业将他们作为未来的管理精英人员看待，培训既是为了提高他们的知识和技能，又是对他们的激励措施之一，培训内容每年会有一定的区别。②"销售公司总经理培训"——该培训项目的培训对象是全国范围内各区域销售公司副总经理以上人员，培训内容视当年各销售公司成就卓越的培训经理所面临的问题而定。③"经销商大会培训"——该培训项目的培训对象是前来参加公司经销商大会的全国范围内的主要经销商，培训内容视当年和来年厂商合作关系中的焦点问题而定。

(四)临时专题培训项目

临时专题培训项目是指企业在做一项培训活动时，事前没有规范的课程体系，也没有分类培训主题和明确的课程内容。培训活动是以一次或多次的单一课程培训为主题而临时寻找和安排的。许多中小企业的培训活动都处在这一项目类型之内。比如，当一个企业发现办公室文员的时间管理存在问题时，便采取招投标的方式请一位外部培训师来企业讲授一次为期两天的"时间管理"课程。又比如，许多公司都会买培训公司的"学习卡"，它们经常会根据卖卡公司的公开课列表，临时选派人员参加其主办的公开课。还比如，当一家民营企业的老板感到他的员工工作责任心不强时，便即兴要求培训部门搞一个有助于提高员工责任心的课程来让员工学习，培训人员经过筛选，确定了一个名为"责任胜于能力"的课程，并且企业对培训师也比较满意，于是双方签订服务合同执行了课程。

如果一个企业的所有培训活动都是临时专题培训项目，那么说明该企业的培训工作还远没有步上轨道，组织对培训部门的绩效认同也一定存在问题。但是，临时专题培训项目并非只在培训管理"不成熟"的企业出现，事实上，那些培训管理水平堪称标杆的大企业偶尔也会安排这类培训项目，只是在这类企业中，临时专题培训项目所占的比例极小。

二、培训项目的管理流程

培训管理是一个有计划、有步骤的过程，需要予以专门的计划与实施。在实际工作中，培训项目的管理流程通常由培训需求分析、培训计划制订、培训组织实施和培训效果评估四个子系统组成，如图7-6所示。

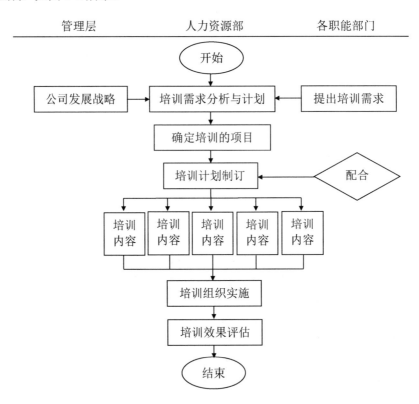

图7-6　培训项目的管理流程

(一)培训需求分析

培训需求分析是培训项目管理的起点。培训需求分析的目的在于确定哪些员工需要进行培训，需要培训的内容有哪些。培训需求分析与计划系统包括两项基本功能。第一，明确培训对象。其中，需要培训的员工又分为两种：一是工作岗位发生重大变革，需对该岗位的所有员工进行技术、知识、能力等方面的培训；二是由于员工个人原因(如适应岗位晋升需求等)

需要对其进行专门的培训。第二，制定培训标准，确定员工需要培训的具体标准，或员工培训后应达到什么程度的标准。

为保证企业人力资源的培训质量，企业需要根据自身发展的战略规划，在培训需求分析的基础上，制订一套完整的培训计划。首先要确认培训内容；然后根据培训内容，选择培训方式或方法，进行培训课程设计，确定培训时间和培训教师；最后编制培训预算和培训计划。培训需求分析与计划流程如图 7-7 所示。

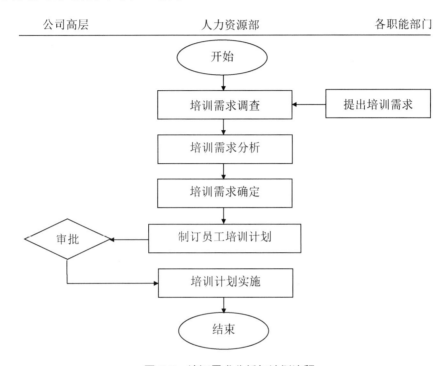

图 7-7　培训需求分析与计划流程

培训需求分析的主要内容如下。

1. 职能或业务部门根据发展要求，找出目标与现实差距，提出培训需求

培训需求的提出主要有个人提交、部门提交和人力资源部统一安排三种形式，如图 7-8 所示。一般来讲，人力资源部门可以通过编制"企业人力资源培训需求调查问卷"、实际调查等方式进行培训需求调查，提出培训需求。

2. 人力资源部对培训需求进行分析，确定培训内容，制订实施计划

实施计划的主要内容包括培训内容、培训时间、培训讲师、培训地点、培训人员等。在制订培训计划时，人力资源部必须要考虑四个因素：一是员工的参与很重要。让员工参与培训计划的制订，除了可以加深员工对培训的了解外，还可以增加员工对培训计划的兴趣和承诺，而且员工的参与有助于培训课程体系的设计更切合员工的需求。二是管理者的参与。各部门管理者对本部门员工的能力及其能力提升需要培训的类型通常比计划制订者更清楚，故他们的参与对培训的成功有很大作用。三是成本因素。培训计划必须符合企业资源限制，不切实际的培训最终可能致使企业半途夭折。四是培训的时间安排。在制订培训计划时，必须准确预测培训所需时间及该段时间内人手调动是否影响组织的正常运作。

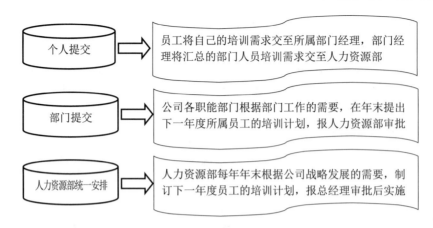

图 7-8　培训需求提出的三种形式

(二)培训计划制订

明确了企业的培训需求之后，便能确定培训的目标。目标拟定之后，接下来就要根据目标制定详细的培训策划书，为下一步的培训实施做好准备。在培训策划书里需要明确培训时间(when)、培训地点(where)、培训教师(who)、培训对象(whom)、培训方式和手段(how)及培训内容(what)等。

1. 培训时间

培训绩效的显现很多时候都不是立竿见影的，将培训转化为现实的生产力，需要经过一段时间才能在工作中得到体现。因此，应根据企业的未来发展战略，估计培训转化的时间，依据时间差来最终确定培训时间。

2. 培训地点

培训地点的拟定要根据培训的内容、方式及手段、规模、经费，综合分析各种因素，权衡之后确定。常见的培训场所有企业内部的会议室、多功能教室、酒店、室外的空旷地、车间等。

3. 培训教师

师资质量是决定培训工作质量的关键。培训部门必须建立高质量的培训教师队伍，以确保培训工作的成功开展。通常下列人员可充当教师角色：专职培训人员、专业技术方面的专家、科研院校的教师和学者、各部门主管领导、咨询专家等。这些人具有不同方面的能力、知识和技能的特长，可以从不同角度完成培训任务。

4. 培训对象

培训之前，必须明确要培训的对象是谁。只有了解了培训对象的不同特点及需求，才能有的放矢地实施培训。企业的培训对象主要包括新进员工、老员工和管理人员。针对不同的培训对象，应该选择不同的培训方式，培训内容的侧重点也应有所不同。

5. 培训方式和手段

培训方式多种多样，不同的培训方式有不同的特点，适应于不同的培训内容，也有不同的效果。常见的培训方式有案例研究、研讨会、角色扮演、授课、游戏、计划性指导等，根据培训内容、规模、组织资源采取适宜的培训方法。

6. 培训内容

培训内容是在培训需求分析的基础上，根据培训目标来确定的。培训内容包括知识、技能、素质三个层面。应该以"缺少什么培训什么，需要什么培训什么"为原则。培训内容的安排，要遵循"由简单到复杂、由不熟悉到熟悉"的原则。

在拟定策划书时，不能不考虑培训的预算，因为经费的多少决定了培训的规模和培训师的选择等。培训经费是拟定培训策划书的制约因素，甚至决定着培训策划书能否通过，培训最终能否实施。企业作为市场经济的一个主体，以收益最大化为目标，因此只有培训的预期收益大于培训成本，培训策划书才能获得通过，培训活动才能开展。

(三)培训组织实施

获得批准的培训策划书，为培训活动的开展做好了充分的准备，接下来就是培训组织实施。在培训活动的实施过程中，要做好实施前的准备工作、培训中的控制工作，以及跟进、纠偏工作。前期的准备工作主要有：拟定培训通知书，通知所有参训人员及与培训工作开展相关的人员。与此同时，到培训场所实地勘察，熟悉培训环境，落实并检查与培训相关的设备是否完好。必要的话，还可请培训教师进行实地试培训，并做好参训人员的接待引导工作。

培训活动是交互式的活动。在培训过程中，培训教师应充分调动参训人员的积极性、主动性，以提高培训的效果。同时注意参训人员的反应，及时调整培训活动方案。如果培训活动时间较长，培训教师可以利用培训活动的间隙，尽可能地与培训对象进行交流，了解他们对培训的看法，发现不足，以便改进。培训活动是一项庞大的工作，培训教师的活动只是培训工作的一部分，还要配备相关的设备维护人员、安全工作人员和一些其他工作人员，以使培训工作能够顺利进行。

(四)培训效果评估

培训效果评估是培训项目管理的一项重要工作。评估既是对前一阶段培训效果与利弊的估量，也是改进和完善下一阶段培训工作的重要步骤。

培训效果评估可以通过以下四种方式进行。

1. 学习评估

培训是一种传授知识和技能的活动，受训者通过培训获得知识和掌握技能的程度，是培训效果最直接的反映。了解受训者在培训前后掌握知识和技能的情况，通常可采用考试的方法。如果受训者在培训结束后参加国家和行业统一举办的资格考试(如会计师资格考试、电脑操作资格考试)，那么考试成绩通常能客观反映培训的效果。如果不能参加这类考试，企业应当自己组织考试。但是，企业自行设计的考试内容有时会不客观，有可能会影响受训者的考试成绩，给培训效果的分析带来一些干扰。因此，必须使考试内容的设计客观科学、结构合理、覆盖面适当，力争过滤掉干扰因素。

2. 反应评估

受训人员作为培训的参与者，在培训中和培训后必然会对培训活动形成一些感受、态度及意见，他们的反应可以作为评价培训效果的依据。受训人员对培训的反应涉及培训的各个方面，如培训目标是否合理、培训内容是否实用、培训方式是否合适、培训教师是否有水平等。这些意见既涉及培训方案设计等比较宏观的问题，也涉及教学方法等比较具体的问题。

需要注意的是，由于受训者对培训的反应受主观因素的影响，不同受训人员对同一问题的评价会存在差异，因此应当既客观又灵活地对待受训者的反应。

3．行为评估

培训的主要目的之一是改变培训对象的工作行为，提高工作人员的实践能力。受训者在培训中获得的知识和技能能否应用于实际工作，能否实现由学习成果向工作能力的转化，是评价培训效果的最终标准。受训者的行为评估通常在其回到岗位 1～3 个月后进行。评估的行为变量包括工作积极性、行为规范性、操作熟练性、分析解决问题的有效性等。在评估中，首先对受训者的工作行为是否发生了变化做出判断，然后分析这种变化是否由培训所引起，并分析受训者行为变化的程度。

4．效能评估

评估培训费用的使用效果，即评估培训对实现企业目标的影响性质和影响程度，如对提高劳动生产率、改进产品质量、扩大产品销售量、降低成本、增加利润、提高服务质量等方面的影响。通过分析培训对企业效益的整体影响，进行企业培训的投入产出分析。其计算方法如下。

$$投入回报率 = \frac{收益 - 成本}{成本}$$

(1) 培训成本。培训成本包括直接成本和间接成本。培训的直接成本一般包括：受训者的工资，培训教师的酬劳，培训教材、辅导资料的费用及打印、复印、装订费用，培训场地的费用，培训仪器、设备和设施的折旧费及日常维护与修理的费用，因培训发生的交通费用，因培训发生的食宿及电话费，其他费用。培训的间接成本是培训的机会成本，即同样的资源和时间用于培训而未用于其他活动所带来的损失。

(2) 培训收益。培训收益分为短期收益与长期收益。短期收益体现为通过培训提高的员工工作效率。长期收益体现为员工能力和素质的改善对企业发展的作用。收益的衡量可以通过受训人员与未受训人员的比较进行判断。

建立培训工作的管理信息系统，对于提高培训工作效率具有重要意义。企业的培训管理信息系统所涉及的内容可以通过图 7-9 表达。

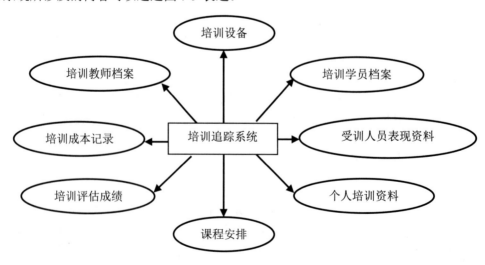

图 7-9　培训管理信息系统

无论是新员工培训项目、管理者进阶培训项目、常设专题培训项目，还是临时专题培训项目，培训项目要想结出理想的果实，都需要精心地策划、安排、组织和控制，这就是培训项目管理的意义和必要性所在。

本 章 小 结

人员培训是向新员工或现有员工传授其完成本职工作所必需的相关知识、技能、价值观念、行为规范。培训管理是指企业为开展业务及培育人才的需要，采用各种方式对员工进行有目的、有计划的培养和训练的管理活动，其目标是使员工不断地更新知识，开拓技能，改进员工的动机、态度和行为，使员工更好地胜任现职工作或担任更高级别的职务，从而促进组织效率的提高和组织目标的实现。从长期来看，培训管理活动是为了满足企业战略发展的需要；从短期来看，培训管理活动是为了满足企业年度计划的需要；从职位来看，培训管理活动是为了满足职位技能标准的需要；从个人来看，培训管理活动是为了满足员工职业生涯发展的需要。

培训管理的发展大致经历了从早期学徒制到现代蓬勃发展五个阶段。对应企业生命周期的创业阶段、整合阶段、规范阶段和精细阶段，企业培训的发展阶段可分为了解学习、引入课程、资源建设、精细发展四个阶段。在不同的培训发展阶段，企业发展阶段和存在的问题及培训的特点不同。企业培训管理的工作层次分为三个方面：培训规划管理、培训资源管理、培训营运管理。培训管理的工作层次重点在企业的生命周期和培训发展阶段不同。

人力资源培训发展趋势：目的层面更注重团队精神；组织层面转向虚拟化和更多采用新技术；效果层面强调培训效果评估和对培训模式的再设计；模式层面的培训活动更强调协作、更倾向于开展联合办学。

企业培训体系建设遵循战略性原则、全员参与原则、目标性原则、理论与实践相结合的原则、动态开放原则。企业培训体系建设重点在四个方面：培训课程体系建设，包括专业课程和公共课程。培训讲师队伍建设，包括企业的内部讲师和外部讲师资源等。培训管理队伍建设，包括培训组织的层级、人员配备、培训部门人员职责及对人员素质的要求等。培训支持体系建设，包括培训管理的流程等软件系统和培训设施等硬件系统在内的支持体系。

企业的培训项目是需要投入专门经费和进行专门管理的培训活动，一般可分为四类，即新员工培训项目、管理者进阶培训项目、常设专题培训项目和临时专题培训项目。培训工作是一个有计划、有步骤的过程，需要加以专门的计划与实施。在实际工作中，培训项目的管理流程通常由培训需求分析、培训计划制订、培训组织实施和培训效果评估四个子系统组成。只有通过精心地策划、安排、组织和控制，培训项目才能结出理想的果实。

思 考 题

1. 简述员工培训与开发的内涵及其在人力资源管理中的地位。
2. 简述员工培训与开发体系的构建思路。
3. 简述企业培训项目的管理流程。

实 践 应 用

迪士尼的新员工培训

每个新员工在迪士尼学院都要经历三个阶段的培训：迪士尼传统、探索迪士尼和岗位培训。其中，迪士尼传统入职培训课程，一方面训练员工用迪士尼用语来称呼顾客、工作、员工等，明确定位并暗示演职人员如何处理他们的角色；另一方面，在扮演每个角色时，要求员工在艺术和技术之间取得平衡。

以扮演白雪公主的演职人员为例，如果她想要在被游客环绕的情况下表演，那么前提是接受大量的培训，掌握扮演白雪公主的艺术。为了和各个年龄段的游客接触，白雪公主必须时时刻刻保持友好的态度，并且像电影中一样。扮演白雪公主的演职人员需要有一定的人际交往技巧，确保她不会把游客的好奇当作烦人的事情。同时，白雪公主的身份也要求演职人员具有成为白雪公主的技术，用专业知识帮助她做身份转换。她必须完全熟悉电影里白雪公主的各个动作，并且把自己想象成自己扮演的人物，让自己真正成为"白雪公主"。他们就是演员，就是戏精，就像迪士尼宣称的一样，工作就是表演。

如果你还没看过迪士尼的动画片和电影，那么恭喜你，你中奖了！迪士尼对新入职的员工都会采取一系列的培训，其中包括迪士尼的历史和文化。因为迪士尼乐园为游客提供的是沉浸于故事之中的独特体验，而培训的最好方式之一，就是让员工观看众多迪士尼动画，了解和熟悉迪士尼的经典故事和人物角色，一直看到让你心里想喊吐，嘴上还在说想看想看想看为止。

除了以上的内容，迪士尼还会向新员工传达它那经典的为顾客服务的四个关键词"安全、礼貌、表演和效率"，迪士尼会让他们了解这其中的真正含义，以及如何在今后的工作中切实地履行这些标准。

团队合作也是培训中的重要内容，迪士尼世界中的"演员们"必须紧密合作，才能产生"魔法"效果。培训通过小组项目来帮助成员学习团队合作，从寻宝游戏到创建迪士尼动画人物列表，最好的团队会获得奖励，而挑战是如此有趣，以至于他们没有察觉到自己是在工作之中。

迪士尼在培训新员工时，还会因不同地区、不同地域而有着不同的特色，我们以上海和东京为例。

上海迪士尼最初选择从美国过来的培训师进行培训，也挑选了一批上海大三、大四的学生到奥兰多迪士尼实习半年，以使他们对迪士尼的理念更熟悉，在感情上更接近。入职以后，这批学生有的成了上海迪士尼的内训师，也成为提高服务水平的重要手段。

东京迪士尼是怎么培训新员工的呢？以最基层的清洁工为例，他们的第一个要求就是为人要乐观，性格要开朗，决定聘用之后，又要对他们进行三天的"特别培训"。

第一天上午培训的内容是扫地。他们有三种扫帚，一种是扒树叶的，一种是扫纸屑的，还有一种是掸灰尘的，这三种扫帚的形状都不一样，用法也不一样，怎么扫不会让树叶飘起来？怎么刮才能把地上的纸屑刮干净？怎么掸灰尘才不会飞起来？这几项是基本功，要用半天的时间学会，然后让每个清洁员工都记牢一个规定：开门的时候不能扫，关门的时候不能扫，中午吃饭的时候不能扫，客人距离你只有15米的时候不能扫。

下午培训的内容是照相。全世界各种品牌的代表性数码相机(现在还应该加上各种手机及滤镜的使用吧),大大小小数十款全部摆在那里,都要学会,因为很多时候,客人会让他们帮忙拍照。东京迪士尼要确保包括清洁工在内的任何一个员工都能够帮上他们,而不是摇摇手说:"我不会用相机。"

次日上午培训的内容是抱小孩和包尿片。有些带小孩的妈妈可能会叫清洁工帮忙抱一下小孩,清洁工万万不能一接过来就把人家小孩的腰给弄断了,小孩子的骨头是非常嫩的,正确的抱法是"端",右手托住孩子的臀部,左手托着孩子的背,左食指要翘起来,顶住孩子的颈椎或者后脑。同时,还要培训清洁工学会给小孩子换尿片,怎么包最科学,怎么叠最合理。

下午培训辨识方位。游客经常会向工作人员问路。"小姐,洗手间在哪里?"……"右前方,左拐,向前50米的那个红色的房子。"……"小姐,我儿子要喝可乐,在哪儿可以买?""左下方7点钟方向前进150米,有个灰色的房子。"每一位清洁工都要把整个迪士尼的平面图刻进脑子里,哪怕是第一天工作,也不能对问路的顾客说"我刚来,我也不知道!"

第三天是花一整天的时间培训沟通方式和多国语言。首先是与人沟通时的姿势,必须要礼貌和尊重,例如和小孩子对话,必须要蹲下,这样双方的眼睛就可以保持在一个相等的高度上,不能让小孩子仰着头说话。至于学外语,要让人在大半天的时间里熟练掌握多国语言是不现实的,所以东京迪士尼只要求他们多国语言中会讲一句就行了,内容是"对不起,我并不能与你顺利沟通,我这就联系办公室,让能够和你交流的人来到你身边"。三天培训结束后,清洁工才能被分配到相应的岗位开始工作。

东京迪士尼对待清洁工花费如此精力去培训,而且培训的如此细致,完全到了近乎"变态"的地步,难怪东京迪士尼乐园被誉为亚洲第一游乐园,年均游园人次甚至超过美国本土的迪士尼。

如此重视员工特别是新员工的培训,也是迪士尼能够获得成功的一大法宝。看完迪士尼的案例,你是不是也获得了一点启发呢?

(资料来源:迪士尼的新员工入职培训案例. 2020-01-15. http://www.hrsee.com.)

【思考题】

1. 迪士尼的新人培训体系有何特点?
2. 迪士尼的人才培训计划对我国企业有何借鉴意义?

微课视频

扫一扫,获取本章相关微课视频。

员工培训管理(一)

员工培训管理(二)

第八章 绩效管理

【学习目标】
1. 理解绩效与绩效管理的含义。
2. 理解绩效管理的流程和技术。
3. 掌握绩效考评的方法。

【引导案例】

脸书(facebook)的360度绩效考核

现如今,一些能登上《财富》杂志世界500强榜单的国外企业已经放弃了年度员工绩效考核与评比(如微软公司),取而代之的是用一套更新的绩效管理系统去重点关注团队和员工的成长及对于员工绩效的及时反馈。然而,作为社交媒体巨头的脸书,却还坚持每半年一次采用传统的360度绩效评估的方式对员工进行评价。那么,你是不是也觉得脸书还在采用这种"落伍"的绩效工具?

按照脸书的绩效管理方式,每半年一次举行的360度绩效评估,要求员工在两周时间内征集3~5个"亲密"同事的反馈,然后自己再写一份自我评价,而经理们将结合这些反馈、自我评价和员工平时的表现,来对员工半年内的工作进行评估,决定员工是否会得到奖励或晋升。

这些信息的收集、反馈、跟踪都在脸书内部软件中得到实现。每个员工在被评估之前,都可以通过平时工作中软件的及时反馈了解彼此的工作表现,这可以消除采用360度绩效评估所带来的不确定性和模糊性。

脸书采用这种绩效管理的手段并不是为了解雇那些表现欠佳的员工,而是把它作为一种检查工作成效的手段,以及时发现问题。同时,脸书也将它作为一种激励员工的手段,使那些表现优异的员工经过评估后能获得奖励(只有2%或更少的员工获得最高的评价)。

脸书在其绩效管理战略中提出了三个核心价值观:公平、透明和发展。这些和脸书高层致力打造的企业文化有关,马克·扎克伯格和谢里尔·桑德伯格愿意倾听员工们的心声,对待他们非常谦和,秉持开放、透明的文化理念。虽然一年两次的绩效评估让员工们感觉有点"亚历山大",但他们中间还是有多达87%的员工表示希望公司能保留这种绩效管理方式,因为这样能更容易让员工们获得认可和关注；再加上脸书的评估程序是公开透明的，员工们都能知道彼此的表现、立场和自己的目标，通过这种正式的评价，也能让员工们知道自己对企业的影响和贡献，以增加对管理层的信任。而经理们也能更容易从评估中识别和奖励表现最好的员工，以打造高绩效的团队。

脸书管理方式也受到了部分员工的质疑。有的员工说，虽然脸书及时地向员工提供、接收反馈，但这种方式仍不可避免地创造了一个充满竞争和敌意的工作氛围。也有的人认为脸书这种评估方式完全是在竞选"最佳人气奖"，只要谁的人缘好，能和经理们处好关系，投其所好，那他(她)就一定能获得高分，而且员工们往往只挑选那些彼此喜欢的人一起共事。

如果从360度绩效考核这个工具来说，脸书似乎只选择"亲密"同事、本人、经理这三个角度进行，感觉还不够全面，还应该可以包括"跨职能"同事或临时项目团队中来自不同部门的同事、用户、供应商、合作伙伴等，而脸书选择角度偏少是不是基于效率和组织特点的考虑就不得而知了，毕竟每个企业都可以选择自己合适的绩效管理方式！

(资料来源：脸书(facebook)的360度绩效考核. 2020-05-31. http://www.hrsee.com.)

第一节　绩效管理概述

企业要想获得长期竞争优势，很大程度上依赖如何有效地调动员工的积极性，激励他们为实现组织的目标而努力，持续地提高绩效水平。

一、绩效的概念

绩效(performance)是管理活动中常用的概念之一。根据词典解释，绩效指的是"执行、履行、表现、成绩"。不同学科领域对绩效的认识也有所不同。

从管理学角度来看，绩效是组织期望的结果，是组织为实现其目标而展现在不同层面上的有效输出，包括个人绩效和组织绩效两个方面。组织绩效建立在个人绩效实现的基础上，但个人绩效的实现并不意味着组织是有绩效的。

从经济学角度来看，绩效与薪酬是组织和员工之间的对等承诺关系，绩效是员工对组织的承诺，而薪酬是组织对员工所做出的承诺。一个人进入组织，必须对组织所要求的绩效做出承诺，这是进入组织的前提条件。当员工完成了对组织的承诺时，组织就以相应的薪酬实现其对员工的承诺。这种对等承诺关系的本质体现了等价交换的原则，而这一原则正是市场经济运行的基本规则。

从社会学角度来看，绩效意味着每一个社会成员应按照社会分工所确定的角色承担他的那一份职责。人们之间的相互协作构成整个社会，而完成个人绩效则是个人作为社会成员的义务。

绩效的定义主要有三种观点：①绩效是结果，与组织战略、顾客满意及投资关系密切；②绩效是行为，与组织目标有关；③强调员工与绩效关系，关注员工素质和未来发展。在实际应用中绩效的概念可分为以下五种，如表8-1所示。

(1)　绩效就是完成工作任务。
(2)　绩效就是工作结果。

(3) 绩效就是行为。
(4) 绩效就是结果与过程(行为)的统一体。
(5) 绩效=做了什么(实际收益)+能做什么(预期收益)。

表8-1 绩效的定义适用情况对照表

绩效的定义	适应的对象	适应的企业或阶段
完成工作任务	体力劳动者、事务性工作者	
结果或产出	高层管理者、销售、售后服务或可量化工作性质的员工	高速发展的成长型企业,强调快速反应、注重创新的企业
行为	基层员工	发展相对缓慢的成熟型企业,强调流程与规范、注重规则的企业
结果+过程(行为/素质)	普遍适用各类人员	
做了什么(实际收益)+能做什么(预期收益)	知识工作者	

综合考虑,绩效可以定义为:人们在工作过程中所表现的与组织相关的并且可以被评价的工作业绩、工作能力和工作态度。其中,工作业绩是指工作的结果,工作能力和工作态度则是指工作的行为,这些行为对个人或组织效率具有积极或消极的作用。

二、绩效的特点

(一)多层次性

绩效是分层次的。按照被衡量行为主体的多样性,绩效可以从组织架构层次角度划分为组织绩效、群体绩效和个人绩效,如图8-1所示。本章主要探讨的是个人层面的问题,即个人绩效管理。不过在某些方面也会适当地涉及组织绩效。因为组织绩效和个人绩效密不可分,个人绩效管理的主要目的实际上就是要实现预期的组织绩效目标,而组织绩效的实现则以个人绩效的实现为基础。而且,对企业高层管理者来说,工作绩效的评价往往也是以对企业经营绩效的评价为主的。

(二)多因性

员工的工作绩效不是取决于单方面的因素,而是多种因素共同作用的结果。也就是说,员工绩效受到多方面因素的影响,主要包括员工的技能、激励、环境和机会这四类因素。其中,技能和激励属于主观性影响因素,而环境和机会属于客观性影响因素。

技能(skill)是指员工的工作技巧与能力水平。它一般取决于个人的天赋、智力、受到的教育和培训等。组织可以通过提供有针对性的各类培训来提高员工的技能水平,进而提高员工的绩效水平。

激励(motivation)是通过改变员工的工作积极性来影响其工作绩效。激励是由员工个人的期望(desire)和组织给予的承诺(commitment)决定的。因此,管理者必须根据员工的个人需要、个性和价值观等,采取适当的手段和方式来激励员工,提高其工作的热情和积极性,从而促使其不断改进绩效。

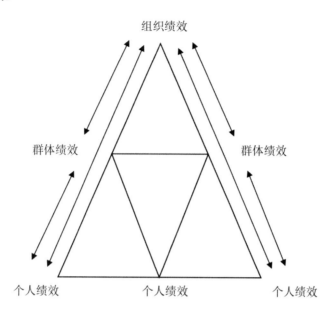

图 8-1 绩效的三个层次

环境(environment)是员工不能控制的因素,但它在客观上会影响员工的绩效。影响绩效的环境因素分为组织内部的环境因素和组织外部的环境因素。组织内部的环境因素包括劳动场所的布局和物理条件、工作设计的质量、任务的性质、工具的好坏等。组织应该为员工创造良好的工作环境,同时,在评价员工绩效时要尽量分离那些环境因素对员工绩效造成的影响。

机会(occasion)是指可能性或机遇。它主要因环境变化而提供,是影响员工绩效的偶然性因素,但这种偶然性是相对的。管理者应该努力为员工创造各种发展机会,帮助员工开发潜力以提高绩效水平。

(三)多维性

绩效的多维性指的是评价主体需要多维度、多角度地去分析和评价绩效。对于组织绩效,布雷德拉普(Bredrup)认为组织绩效应当包括三个方面,即有效性、效率和变革性。有效性是指达成预期目的的程度;效率是指组织使用资源的投入产出状况;变革性则是指组织应付将来变革的准备程度。这三个方面相互结合,最终决定了一个组织的竞争力。对于员工的个人绩效,在对其进行评价时,通常需要综合考虑员工的工作结果和工作态度。对于工作结果,可以通过对工作完成的数量、质量、效率及成本等指标进行评价。对于工作态度,可以通过全局意识、纪律意识、服从意识及协作精神等评价指标来衡量。根据评价结果的不同用途,可以选择不同的评价维度和评价指标,并根据期望目标与实际值之间的绩效差距设定具体的目标值和相应的权重。

(四)动态性

员工的绩效会随着时间的推移而发生变化,原来较差的绩效有可能好转,而原来较好的绩效也可能变差。因此，在确定绩效评价和绩效管理的周期时，应充分考虑绩效的动态性特征，具体情况具体分析，确定恰当的绩效周期，保证组织能够根据评价的目的及时、充分地掌握组织不同层面的绩效情况，减少不必要的管理成本。此外，在不同的环境下，组织对绩效不同内容的关注程度也是不同的，有时侧重于效率，有时侧重于效果，有时则兼顾多个方面。无论是组织还是个人，都必须用系统和发展的眼光来认识和理解绩效。

三、绩效评价与绩效管理

(一)绩效评价与绩效管理的内涵

绩效评价(performance appraisal)也叫绩效考核、绩效考评或绩效评估，是指衡量和评价员工工作绩效的过程。通俗地讲，就是要了解和判断员工的工作做得怎么样。绩效评价是绩效管理过程中的一个重要环节。在这个环节中，管理者检查和分析员工的绩效完成情况，判断绩效标准或目标是否达成。

绩效管理(performance management)是指管理者确保员工的工作活动和结果与组织目标保持一致的过程。绩效管理是企业获取竞争优势的关键，不是简单的一次性活动，其目的是改进员工的工作绩效进而提升组织绩效，而不是评价本身。绩效管理具有战略意义，不是简单的任务管理。也就是说，绩效管理并不只是围绕实现当期的某个任务目标来进行，而是根据组织的战略目标来管理员工的绩效。绩效管理不仅重视结果，而且重视获得结果(达成目标)的过程。管理者通过持续的沟通、督促、辅导来确保员工绩效目标的实现，同时也能促进员工能力的提升。

(二)绩效管理与绩效评价的区别

管理者要想通过有效的绩效管理来改进员工绩效，首先必须认清绩效管理与传统的绩效评价是不同的。绩效管理是经理和员工的对话过程，目的是帮助员工提高绩效能力，使员工的努力与公司的远景规划和目标任务相一致，使员工和企业实现同步发展。绩效评价是对员工一段时间的工作、绩效目标等进行考核，是前段时间的工作总结。同时，考核结果也为相关人事决策(如晋升、解雇、加薪和奖金)等提供依据。许多人把绩效评价等同于绩效管理，而忽视了绩效管理是一个过程。许多企业的管理者错误地以为做了考核表，并在年终进行评价就是完成了绩效管理。这种认识上的误区使得管理者只看到了对员工绩效的评价，而忽视了对绩效管理全过程的把握。绩效管理与绩效评价的区别如表8-2所示，具体体现在以下六个方面。

(1) 绩效管理是一个完整的系统，而绩效评价只是这个系统中的一部分。

(2) 绩效管理是一个过程，注重过程管理，而绩效评价是一个阶段性总结。

(3) 绩效管理具有前瞻性，帮助企业和经理前瞻性地看待问题，有效规划企业和员工的未来发展，而绩效评价则是回顾过去阶段的成果，不具备前瞻性。

(4) 绩效管理有完善的计划、监督、控制手段和方法，而绩效评价只是考核手段。

(5) 绩效管理注重能力的培养，而绩效评价只注重成绩的大小。

(6) 绩效管理注重事先信息沟通和绩效提高，而绩效评价偏重事后评价。

表 8-2　绩效管理与绩效评价的区别

不同点	绩效管理	绩效评价
立足点不同	组织战略和长远发展	员工或部门某一时期的工作绩效
考察阶段性不同	事前、事中、事后	集中在事后
侧重点不同	组织整体绩效水平的提高	评判和评价员工或部门工作绩效的水平
时间跨度不同	管理活动的全过程	特定在某一时期

总之，绩效管理是一个完整的系统，仅抓住系统的一个部分，是不能很好地发挥作用的。绩效管理不是什么特别的事物，更不是人力资源部的专利，它首先就是管理，涵盖管理的所有职能：计划、组织、领导、协调和控制。因此，绩效管理本身就是管理者日常管理的一部分。而且，绩效管理是一个持续不断的交流过程，该过程是由员工和他的直接主管之间达成的协议来保证完成的。绩效管理也是一个循环过程，它不仅强调达成的绩效结果，更重视通过计划、实施、考核、反馈来达成结果的过程。

综上所述，绩效评价只是绩效管理的一个环节，在绩效管理中投入的精力最少。不能简单地将绩效管理理解为绩效评价，更不能将绩效管理看作一项孤立的工作，认为它只是反映过去绩效，而非未来绩效。绩效管理绝对不能一评了之，它不仅仅是对员工过去的工作表现做个评定，更重要的是要帮助和促进员工提升能力和改进绩效。在绩效管理中，管理者应与员工充分沟通，共同关注和分析工作中需要改进的地方及如何改进绩效。在人力资源管理体系中，绩效评价和绩效管理可以为人员晋升、职位调整、聘用与解聘、工作设计、薪酬分配、培训开发等工作提供基础信息和依据，具有十分重要的意义。

四、绩效管理的目的

人们对绩效管理目的的理解有一个动态的变化过程，而且不同的企业在进行绩效管理时侧重点也可能不同。归纳起来，绩效管理主要有以下三个目的。

(一)战略目的

绩效管理系统必须将员工的行动与组织的战略目标联系在一起。组织实施战略时，绩效管理系统首先界定实现战略目标所必需的行为、结果乃至员工的特质，然后设计相应的绩效评价和反馈系统，以确保员工能够最大程度地展示那些特质、表现那些行为及创造那些结果。为了达到这个战略目的，绩效管理系统必须具有灵活性。因为当目标和战略发生变化时，组织所期望的结果、行为和员工的特质常常需要随之进行相应的变化。

虽然战略目的是绩效管理的首要目的，但在实践中，很少有企业使用绩效评价体系在组织内部有意识地传递和沟通组织的目标。大部分企业的绩效管理系统都将重心放在管理目的和开发目的上。

(二)管理目的

很多时候，组织在进行管理决策时需要使用绩效管理的信息，特别是绩效评价的信息。绩效评价的结果是组织做出薪资调整、职务晋升、留用或解雇等人事决策时的重要依据。尽管这些决策很重要，但是作为绩效信息的提供者，很多管理者对待绩效管理的态度却很消极，仅仅把绩效评价看作是自己不得不做的、令人生厌的工作职责。对员工进行评价并反馈其评价结果,也让许多管理者感觉很难受。因此,他们倾向于给所有的员工高分或至少给予相似的评价,从而使得绩效评价信息实际上变得毫无意义。

(三)开发目的

绩效管理有开发和培养可以有效胜任工作的员工的目的。当员工的绩效没有达到应有的水平时,绩效管理就应该促使他们去改进绩效。绩效评价过程中给出的反馈一般都明确指出了员工的缺点和不足。不过,从理想的角度来讲,绩效管理系统不仅要识别员工绩效的不足之处,还要确定导致其绩效不佳的原因——如技能欠缺、积极性不高或存在某些障碍因素等。只有在明确了导致绩效不佳的原因后,才能真正帮助员工改进绩效。另外,有效的绩效管理还能帮助员工认识自我、确定并实现职业目标。

对大多数管理者而言,与员工面对面探讨其绩效缺陷,是一件令人头痛的事情。这种面谈对于提高员工和组织的绩效非常必要,但也可能使得平常的工作关系变得紧张。在实践中,很多管理者都会给自己所有的下属予以高的评价,以尽量减少这类冲突。但如此一来,绩效管理系统的开发目的就无法实现了。

值得注意的是,如果同一套绩效评价体系被设计为同时应用于管理目的(如薪酬奖金分配、职务调整)和开发目的(如员工职业生涯规划),那么就有可能发生冲突。一方面,当绩效评价是为了满足人事管理决策的需要时(决策性评价),它关注的重点是员工在过去一段时间内的表现,并且要在员工之间进行横向比较,分出优劣。另一方面,当绩效评价是为了满足员工职业发展的需要时(发展性评价),它关注的重点则在于员工未来的发展潜力及目前需要纠正的缺点。承认和认识自己的缺点和不足,是确定和实现职业发展目标的前提。但是,部分员工因为害怕承认错误可能导致即期利益的损失,所以不愿意承认错误甚至掩盖错误,这肯定不利于其改进和提升绩效水平。因此,有的组织会采用两套平行的评价系统分别满足评价的需要和发展的需要。

第二节　绩效管理的流程与技术

一、绩效管理的流程及流程的整合

(一)绩效管理的流程

绩效管理是一个系统性的工作,它有自己的工作流程和管理过程,是一个持续、不间断的过程,主要包括绩效计划、绩效实施、绩效评价、绩效反馈及绩效改进(包括绩效改进与导入、绩效结果在其他人力资源管理环节的应用),这五个环节构成一个封闭的绩效管理循环,上下承接,紧密联系,只有各环节有效整合才能保证绩效管理最终目的的实现。如图8-2所示。

1. 绩效计划

绩效管理的第一个环节是绩效计划,它是绩效管理过程的起点。绩效计划就是在绩效计划阶段,管理者和员工要对员工在绩效期内的工作目标和标准达成共识,并在共识的基础上,令员工对工作目标做出承诺,明确在绩效评价阶段应该做什么事情,以及应该将事情做到什么程度。

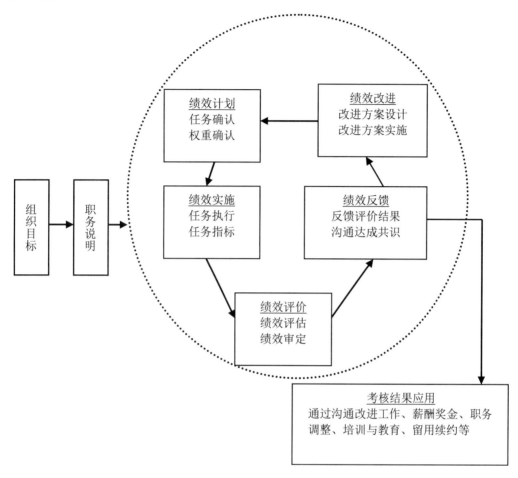

图 8-2 绩效管理的流程

1)绩效计划的制订者

绩效计划需要人力资源管理专业人员、员工的直接上级及员工本人三方共同承担。由于绩效计划是通过实现个人的绩效期望来促进组织目标的实现的,因此绩效计划必须在组织目标的大框架下进行。组织中必须有一个相关的团队(如有高层领导参加的专设的委员会,通常由人力管理部门的相关人员组成)对这项工作进行统筹安排。另外,由于绩效计划涉及如何控制实现预期绩效整个过程方面的问题,员工的直接上级和员工本人都必须参与绩效计划的制订。

2)绩效目标的制定

绩效目标的设立是公司目标、期望和要求的传递过程,同时也是引导员工工作前进的关键。在制定绩效目标的过程中,能量化的尽量量化,不能量化的要细化,不能细化的要流程化。绩效目标的来源主要有以下三个:①部门绩效目标,即公司战略目标的落实,往往是按照组织结构自上而下层层分解,而员工对于落实下来的目标又是自下而上的层层承诺;②岗位职责,即岗位职责描述的是一个岗位在整个组织中所扮演的角色,也就是这个岗位会为组织做出什么样的贡献;③内外客户需求。设定绩效目标时,要兼顾内外部的客户需求。

在制定绩效目标时应遵循以下原则,通常简称为"SMART"原则。

(1) 明确具体(specific,S)。所谓明确具体,指的是绩效目标应该是在绩效标准的基础上更加明细化、具体化。由于每位员工的具体情况不同,绩效目标要明确地、具体地体现管理者对于每一位员工的绩效要求。只有将这种要求尽可能明确而具体地表达出来,才能更好地激发员工实现这一目标,并引导员工全面实现管理者对他(她)的绩效期望。

(2) 可衡量(measurable,M)。计划要尽可能采用可衡量的方式陈述,这样才能对员工行为进行有效的反馈。所谓可衡量,就是可以将员工实际的绩效表现与绩效目标相比较。

(3) 行为导向(action-oriented,A)。目标应具有行为导向的特征,即绩效目标不应该仅仅是一个能够衡量的最终结果,还应包括对员工在实现该结果的过程中应有的行为约束。

(4) 切实可行(realistic,R)。这要求向员工提出一个切实可行的工作方向和目标,以激发员工更好地实现管理者对他(她)的期望。目标制定要恰到好处,过高会使员工失去信心,失去动力;太低则无法使员工发挥应有的水平。

(5) 受时间和资源限制的(time-bounded,T)。绩效目标应带有时间要求和资源限制。这种时间要求和资源限制实际上是一种对目标实现方式的引导。

2. 绩效实施

制订计划后,员工按照计划开始工作。在工作过程中,管理者要对员工的工作进行指导和监督,发现问题及时解决,并随时根据实际情况对绩效计划进行调整。绩效实施是指管理者与员工相互支持,执行绩效计划,完成绩效目标的过程。在此阶段,管理者与员工相互沟通,传递组织战略,改善绩效,共同规避潜在的目标障碍,解决遇到的突发问题,调整绩效计划。绩效实施是连接绩效计划和绩效评价的中间环节,且贯穿于绩效管理循环的整个过程。

绩效实施阶段,管理者需要掌握工作状况,适时给予激励和指导;诊断员工行为,肯定优点,纠正偏差;协调团队工作,使团队行为与组织目标一致;收集评价反馈信息,指导员工进步。其中,绩效信息收集尤为重要,原因如下。

(1) 绩效信息提供事实依据。收集和记录的绩效数据可以作为对员工绩效诊断和绩效考核的重要依据,也可以作为晋升、加薪等人事决策的依据。

(2) 绩效信息提供改进绩效的事实依据。绩效管理的目的是改进和提高员工的绩效和能力,当我们对员工说"你在这些方面做得不够好"时,需要结合具体的事实向员工说明目前的差距及需要如何改进和提高。

(3) 从绩效信息中可以发现绩效问题和优秀绩效原因。绩效信息的记录和收集可以积累突出绩效表现的关键事件,而管理者利用这些信息帮助其他员工提高绩效。

(4) 绩效信息有利于争议的利益保护。翔实的员工绩效表现记录可以在有争议时提供事实依据,既可以保护公司的利益,也可以保护当事员工的利益。

(5) 根据绩效信息可以尽早发现工作中潜在的问题,及时与员工进行沟通,帮助员工改进工作,提升绩效。

绩效计划并非一成不变,随着工作的开展会不断调整。在整个绩效实施期间,需要管理者与员工进行持续的绩效沟通。这种沟通是一个双方追踪进展情况,找到影响绩效的障碍,以及得到使双方成功所需信息的过程。持续的沟通能够保证管理者与员工共同努力,及时处理出现的问题,修订工作职责。

3. 绩效评价

绩效评价是绩效管理系统的主体部分，表现为在定义绩效的基础上制定一个健全合理的评价方案并实施绩效评价。绩效评价旨在通过科学的方法、原理来考核和评价员工在岗位(职务)上的工作行为和工作结果，即在绩效期结束时，依据预先制订的计划，让主管人员对下属的绩效目标完成情况进行评价。绩效评价可以根据具体情况和实际需要进行月度、季度、半年度和年度考核评价。考核期开始时签订的绩效合同或协议一般都规定了绩效目标和绩效衡量标准。绩效合同是进行评价的依据，一般包括工作目的的描述、员工认可的工作目标及其衡量标准等。在绩效实施过程中收集的能够说明员工绩效表现的数据和事实，可以作为判断员工是否达到绩效指标要求的证据。

绩效评价方案主要包括评价的内容、评价的方法、评价的程序、评价的组织者、评价人与被评价人及评价结果的统计处理等。其中，选择合适的评价方法、设计可行的评价表格是最关键也是最困难的工作。

4. 绩效反馈

绩效管理的过程不是为员工打一个绩效考核分数就结束了，管理人员还需要与员工进行一次甚至多次面对面的交谈，以达到反馈与沟通的目的。绩效反馈是指通过评价人与被评价人之间的有效沟通，帮助被评价人了解自身绩效水平。作为绩效管理的手段，反馈的最终目的是提升被评价人的绩效水平。通过反馈，员工可以了解管理者对自己的评价和期望，从而能够根据要求不断提高自己；而管理者可以随时了解员工的表现和需求，以进行激励和辅导。绩效反馈主要有以下四个目的：①对绩效考评的结果达成共识；②促使员工改进绩效；③制定绩效改进方案；④确定下一绩效周期的绩效计划。

5. 绩效改进

当绩效考核完成后，评估结果并不应该束之高阁，而是要与相应的其他人力资源管理环节相衔接。其结果主要可以用于以下四个方面。

(1) 招聘和甄选。根据绩效考核结果的分析，可以确认采用何种评价指标和标准作为招聘和甄选员工的工具，以便提高绩效的预测效度，同时提高招聘的质量并降低招聘成本。

(2) 薪酬及奖金的分配。员工薪酬中的变动薪酬部分是体现薪酬激励和约束的主要方式，员工绩效则是确定和发放变动薪酬的主要依据之一。一般来说，绩效评价结果越好，所得工资越多，这也是对员工努力付出的鼓励和肯定。

(3) 职务调整。职务晋升、轮换、降职或解聘决定，很大程度上是以绩效考核结果为依据的。经多次考核业绩始终不见改善的员工，如果确实是能力不足不能胜任，则管理者应考虑为其调整工作岗位；业绩保持优良且拥有一定发展潜力的员工，则可以通过晋升方式更加充分的发挥其能力并激励其继续努力。

(4) 培训与开发。绩效考核结果可以用于指导员工工作业绩和工作技能的提高，通过发现员工在完成工作过程中遇到的困难和工作技能上的差距，制订有针对性的员工培训和发展计划。发现员工缺乏的技能和知识后，企业应该有针对性地安排一些培训项目，及时弥补员工能力的不足。这样既满足了工作的需要，又实现了员工自我提升的目标，对企业和员工都有利。

绩效考核结果可以为人力资源管理和其他管理决策提供大量有用的信息。考核结果可以用于工资调整和奖金分配、晋升调配、培训教育、选拔培训的效标、招聘决策和末位管理。

(二)绩效管理流程的整合

绩效管理是一个循环的动态系统，各个环节紧密联系、环环相扣，任何一环的脱节都将导致绩效管理的失败。因此，在绩效管理过程中应重视每个环节的工作，并将各个环节有效地整合在一起。

绩效计划是管理人员与员工合作，对员工下一绩效周期应该履行的工作职责、各项任务的重要性等级和授权水平、绩效衡量、可获得的帮助、可能遇到的障碍及解决办法等一系列问题进行探讨并达成共识的过程。因此，绩效计划在帮助员工找准路线、认清目标方面具有前瞻性，是整个绩效管理流程中最基本，也是首要的环节步骤。

绩效实施过程的核心就是持续的绩效沟通，也就是管理者与员工共同工作以分享信息的过程。这些信息包括工作进展情况、问题和困难、可能的解决措施及管理者对员工的指导和帮助等。这种双向的交互式沟通必须贯穿于整个绩效管理过程，通过沟通让员工清楚考核制度的内容、目标的制定、工作中的问题、绩效与奖酬的关系等重要问题，同时聆听员工对绩效管理的期望和建议，从而确保绩效管理最终目标的实现。

绩效评价本身也是一个动态持续的过程，所以不能孤立地进行考核，而应将绩效考核放在绩效管理流程中考虑，重视考核前期与后期的相关工作。绩效计划和绩效实施过程中的沟通是绩效考核的基础，因为只要计划合理、执行认真并做好了沟通工作，考核结果就不会让考核双方大跌眼镜，最终产生分歧的可能性就会较小。而考核最终结果也要通过与员工的沟通反馈得到对方的认可，并提供工作改进的方案，再将结果应用到其他管理环节之中。

绩效诊断和改进作为一种有效的管理手段，其意义在于为企业提供促进工作改进和业绩提高的信号。正确地进行绩效管理，关键不在于考核本身，而在于如何综合分析考核资料并将之作为绩效改进的切入点，这正是绩效诊断和改进的内容。通过绩效诊断发现绩效低下或可以进一步提升的问题，然后找出原因。分析和解决的过程也是管理人员与员工沟通的过程，双方齐心协力将绩效水平推上一个新的平台。

一个循环结束后，绩效管理活动回到起点：再计划阶段。此时，绩效管理的一轮工作基本完成，应在本轮工作的基础上进行总结，并制订下一轮的绩效计划，使绩效管理活动在一个更高的平台上运行。这些环节的整合，使绩效管理流程成为完整的、封闭的循环，保证了绩效能够不断得以提升和改善。

二、绩效管理的技术

在企业绩效管理中，胜任力建模、关键绩效指标、平衡记分卡、360度绩效评价四种技术较为熟悉并被广为运用。这四种技术虽被说是管理技术，其实更多的是作为一种管理思想和理念对管理实践者产生影响。

(一)胜任力建模

胜任力模型是企业建设内部人才标准的常用工具。胜任力概念最早由哈佛大学的著名心理学家麦克利兰(McClelland)于1973年正式提出，它是指能够将某一岗位上表现优异者与表现平平者区分开来的潜在的、深层次的个人特征。

胜任力可以是动机、特质、自我形象、态度或价值观、某领域的知识、认识或行为技能中任何可以被可靠测量或计数的，并且能显著区分工作中优秀绩效和一般的个性特征；是帮助组织和个人取得成功的"语言"。

胜任力有三种类型，包括领导胜任力、通用胜任力和专业胜任力。不同的岗位，所需要的胜任力也相应不同。企业在不同场景中，需要选择合适的胜任力模型进行运用。领导胜任力表现为各级领导者的领导力和管理胜任力及行为要素。通用胜任力通常是指所有组织成员都应当具备的基本胜任力和行为要素，也包含与企业文化、核心价值观等相匹配的胜任力。专业胜任力是指员工为完成某一类专业业务活动所必须具备的能力与行为要素。

胜任力建模包括四种方法：一是战略重点工作分解，基于现有公司政策、章程和流程，分析公司内部价值创造流程，明确重点工作，对标通用能力要求，完善能力行为描述。二是行为事件访谈法(BEI)，通过对高管和关键人才的访谈，识别对业绩和绩效有决定性作用的关键事件，区分普通绩效和高绩效员工的关键行为。三是焦点小组和问卷调查，邀请管理者和关键人才组成焦点小组，讨论业务关键成功要素；抽取合适的样本人群，组织问卷调查，收集关于工作所需知识和技能的信息。四是卡片分类法，基于前期分析调研，形成能力行为描述，引导决策者通过卡片分类和排序的方法，选出最符合要求的行为。

胜任力模型能够帮助企业快速搭建内部人力资源评价标准。有了人力资源评价标准之后，才能够打造一个完整的人力资源管理体系。胜任力模型不仅是绩效管理的基本技术，也广泛应用于战略规划、招聘甄选、培训开发、职业生涯管理，是人力资源管理的基础性技术。

(二)关键绩效指标

关键绩效指标(Key Performance Index，KPI)是指运用关键绩效指标进行绩效考评的方法，其关键是确定合理的KPI。通常，研究组织内部各种工作流程的情况，找出其中的关键参数，并通过对这些参数的衡量，制定评价绩效最重要的若干项绩效指标，形成KPI。KPI实施包括如下步骤。

(1) 绩效管理部门将组织整体目标及各个部门的二级目标传达给相关员工。

(2) 各部门将自己的工作目标分解为更详细的子目标。进行分解时，尽可能地将每一个目标的内容都指标化、具体化。确立关键业绩指标时，应把握以下三点：一是指标应当简洁明了，容易被执行者理解和接受；二是指标应当可以控制，可以达到；三是指标一般应当比较稳定。

(3) 对关键绩效指标进行规范定义。

(4) 根据考核制度规定，由各相应的部门得出考核评价结果，且考核评价结果要应用于工作的有关方面，从而达到改进管理、提高效益的目的。

(三)平衡记分卡

平衡记分卡(balanced scorecard)也叫综合计分卡，是1992年以后产生的一种新的战略性绩效管理系统和方法。平衡记分卡包括财务指标和非财务指标两大类。

财务指标是指从财务的角度分析公众或上级部门对我们的要求如何，我们如何达成公众的意愿，目标在于从股东利益出发达到投资者设定的财务要求。非财务类指标包括客户满意指标、内部营运指标和学习发展指标。

客户满意指标是衡量客户对产品和服务满意程度的评价体系。客户满意指标和财务类指标同样具有缺憾，反映的是组织过去的绩效，同属滞后类指标。

内部营运指标是指对组织在高层次实现其业务流程(如主体需求、研发产品、完成需求、支持营运等)的能力考评，如产量、质量、服务速度或精确性等方面。设定内部营运指标即从内部营运角度思考我们必须从哪些方面进行控制和提高，从哪些方面领先。

学习发展指标是指对满足组织学习、变革和发展需求的能力的考评。设定学习与发展指标即从组织的学习和发展角度思考我们能否持续提升并创造价值，通常从员工、信息系统和组织三个角度来考察组织的学习和发展能力。

(四)360度绩效评价

360度绩效评价是一种集主管评价、同级评价、自我评价、下级评价(如果有下级的话)、客户评价，有时甚至还包括专家评价等多方评价于一体的绩效考评方法，也是目前最流行的绩效考评方法之一。

360度绩效评价的步骤有：首先，事先设计好与被考评对象所从事工作有关的调查问卷或工作调查表；其次，分发给与被考评者有关的考评主体，由他们结合被考评者过去一段时期内的工作表现和工作业绩来实事求是地填写调查问卷或工作调查表；再次，通过调查资料的汇总、分析来评价被考评者的工作绩效。

这种方法集多方评价于一体，能比较客观地反映被考评者的工作绩效。当然，360度绩效评价也有其自身的局限性，如工作量大、成本高，如果对组织中的每位员工都使用360度绩效评价来考评其工作绩效，目前在我国公共组织中还有很大难度。另外，360度绩效评价也有其漏洞，如在同事考评时，被考评者之间可能会合谋，互相给予对方好的评价，结果是你好我好大家好，或者出现群体合谋打击另一些人的情况等。

第三节　绩效考评的方法运用

绩效考评的方法多种多样，且各种方法都有其优点和局限性，以及特定的范围。考评方法的选择一定要与组织的类型、工作的性质、考评对象的特点等相匹配。如果考评方法选择不当，再好的考评量表也起不到作用，且有的时候，不但达不到考评的目的，甚至还会产生副作用。

一、主观考评法

主观考评法主要有书面评估报告和比较法两种，而比较法又分为排序法、配对比较法、强制分布法和人物比较法。

(一)书面评估报告

书面评估报告是最古老的，也是被最广泛应用的绩效评估方法。评估者对员工做出简要的有关叙述性的评论。由于这些评述是有关个性特征或者绩效的，因此这种评估方法适用于以员工或绩效为导向的系统。书面评估报告无需多少训练就可以做，但此法考验写作能力，绩效评估的好坏往往取决于评估者的写作技巧。

(二)比较法

比较法是一种考评者通过把一个人的工作绩效与其他人的工作绩效进行比较来确定员工绩效水平的方法。它具有设计简易、使用容易的优点。其缺点是员工对由这种方法得出的绩效结果的接受度较低，而且这种方法的信度也相对较低。

1. 排序法

排序法是将员工绩效依据某一标准按从高到低的顺序进行排列的方法。排序法又分为直接排序法和交替排序法。

(1) 直接排序法。直接排序法是在通盘考虑的基础上，根据一定评价标准，将被考评者按先后顺序排列起来，再按评价标准划分等级，通常有最好、较好、一般、较差、最差，或优、良、一般、合格、不合格等。

(2) 交替排序法。交替排序法是一种比直接排序法运用得广泛得多的方法，其具体操作步骤是：①列出所有被考评者的名单，并将因不熟悉而无法对其考评的人的名字划去。②选出最好的和最差的分列在如表 8-3 所示的第 1 位和倒数第 1 位，再在剩下的员工中挑出次好的和次差的分列在第 2 位和倒数第 2 位。以此类推，将所有被考评者按优劣顺序排序。

表 8-3 交替排序法举例

1.张华	11.…	21.…
2.王来	12.…	22.…
3.东子	13.…	23.…
4.张宝	14.…	24.李华
5.马东	15.…	25.张花
6.王明	16.…	26.刘明
7.夏海	17.…	27.齐其
8.…	18.…	28.陈亥
9.…	19.…	29.赵冉
10.…	20.…	30.李伟

2. 配对比较法

配对比较法(paired comparison method)，又称成对比较法或一一比较法，它是将一定范围内的每一位员工按照所有的评价要素(如工作数量、工作质量等)与所有其他员工进行比较，如果某位员工在与另一位员工的比较中被认为工作绩效更优秀，那么该员工可得一个"＋"；如果该员工的工作绩效不如另一个员工，则得一个"－"。在全部的配对比较完成后，考评者通过统计每位员工获得较好评价的次数(将所得分数加总)，即可得到每位员工的绩效评价分数，进而区分员工工作绩效的优和劣，如表 8-4 所示。配对比较法是一项耗时比较多的考评方法，但随着计算机技术的发展，将配对比较原理程序化和系统化已逐渐成为现实，从而为这种方法能在一些大中型企业中推广提供了便利。

表 8-4　配对比较法举例

比较对象	员工 A	员工 B	员工 C	员工 D	员工 E	员工 F	排序
员工 A		+	-	-	+	-	4
员工 B	+		+	-	-	+	3
员工 C	-	-		-	-	+	5
员工 D	+	+	+		-	+	2
员工 E	+	+	+	+		+	1
员工 F	-	-	-	-	-		6

3. 强制分布法

强制分布法(forced distribution method)是将被考评对象分类，每一类强制规定一个百分比，然后按员工绩效情况将其归入某一适当的类别中。强制分布法按类别而非按个人绩效排序，其理论依据是正态分布理论。该理论认为员工的绩效分布应该遵从正态分布，进而将员工分成最高、较高、一般、较低、最低，或杰出、高于一般、一般、低于一般和不合格五个等级，如表 8-5 所示。

表 8-5　强制分布法举例

分　类	最　高	较　高	一　般	较　低	最　低
比　例	10%	20%	40%	20%	10%
员工姓名					

4. 人物比较法

人物比较法就是在考核前，先选出一位员工，以他的各方面表现为标准，对其他员工进行考核，如表 8-6 所示。

表 8-6　人物比较法示例

被考核者	考核项目：工作态度			基准人物姓名	
	档　次				
	甲	乙	丙	丁	戊
A					
B					
C					
D					
E					

二、客观考评法

(一)行为法

行为法是一种用来对员工为有效完成工作所必须表现出来的行为进行界定的方法。其具体做法是：首先，用各种技术对这些行为加以界定；其次，管理者对员工在多大程度上表现了这些行为根据事先的界定进行评价。行为法的优点是：①能将组织战略与执行这种战略所需要的某些特定行为类型联系起来；②能向员工提供组织对他们绩效期望的特定指导和信息反馈；③以工作分析为基础的方法有较高的有效性；④可接受性较高。行为法包括行为锚定等级评价法、行为观察法、组织行为修正法和评价中心法。

1. 行为锚定等级评价法

行为锚定等级评价法(BARS)是史密斯(Smith)和肯德尔(Kendall)于 1963 年提出的建立在关键事件法基础上的方法，通过一张标示某一职位各个考评维度评分等级的评价表，附以描述关键事件的说明词与量表上的一定评分等级相对应，供考评者对被考评者的实际表现进行评价。

行为锚定等级评价法的实施操作步骤是：①获取大量能代表某项工作绩效优或劣的关键事件并进行描述。②建立绩效评价等级，并对绩效要素内容加以界定，那些被专家认为能够清楚代表某一特定绩效水平的关键事件将会被作为指导考评者的行为事例。③以行为锚定为指导来确定每一绩效评价等级中的哪些关键事例与员工的实际工作表现或行为最为符合，以确定员工的绩效得分。如图 8-3 所示。

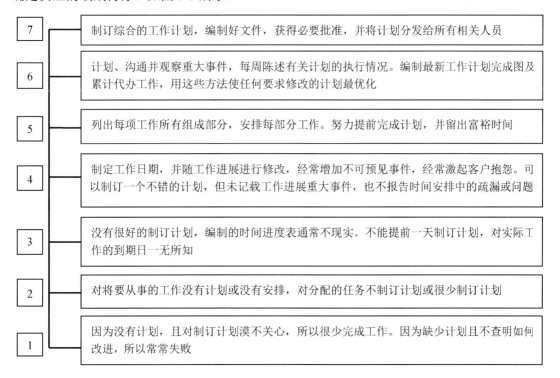

图 8-3　行为锚定等级评价法举例

行为锚定等级评价法的优点是：①对工作绩效的计量比较精确；②工作绩效评价标准比较明确；③具有良好的反馈功能。其缺点是：在信息回忆方面存在偏见，与行为锚定最为近似的行为最容易被回忆起来，可能会影响评价的客观性。

2. 行为观察法

行为观察法(behavioral observation scales)是行为锚定等级评价法的变异形式，但其标准比行为锚定等级评价法更明确。实施这种方法时，首先需要确定衡量绩效水平的角度，如工作质量、人际沟通能力、工作可靠性等，每个角度均应细分为若干具体标准，并设计一个评价表；然后需要评价者将员工行为与评价标准相比较，得出某一衡量角度所有具体科目的得分和总分；最后将员工在所有方面的表现的得分加总，计算出员工的最终得分。如表8-7所示。

表8-7 行为观察法举例

克服变革的阻力
(1) 向下属描述变革的细节。 　　　几乎从来不　1　2　3　4　5　几乎常常如此
(2) 解释为什么必须进行变革。 　　　几乎从来不　1　2　3　4　5　几乎常常如此
(3) 与员工讨论变革会给员工带来何种影响。 　　　几乎从来不　1　2　3　4　5　几乎常常如此
(4) 倾听员工的心声。 　　　几乎从来不　1　2　3　4　5　几乎常常如此
(5) 在变革成功的过程中请求员工帮助。 　　　几乎从来不　1　2　3　4　5　几乎常常如此
(6) 如果有必要，会就员工关心的问题定一个具体的日期进行变革之后的跟踪会谈。 　　　几乎从来不　1　2　3　4　5　几乎常常如此
总分数=
很差　　　尚可　　　良好　　　优秀　　　出色 6～10　　11～15　　16～20　　21～25　　26～30

(资料来源：诺伊. 人力资源管理：赢得竞争优势[M]. 3版. 刘昕, 译. 北京：中国人民大学出版社, 2001.)

行为观察法的优点是：①能够将高绩效者和低绩效者截然区分开来；②能够保证客观性；③便于使用，便于反馈；④便于确定培训需求。其缺点是：所需要的信息量较大，有时甚至会超出管理者所能提供的最大信息量。

3. 组织行为修正法

组织行为修正法是通过一套正式的行为反馈与强化系统来管理员工行为的方法。该方法建立的基本思路是：员工的未来行为是由其过去得到过的正强化行为决定的。组织行为修正法大多由四个部分组成：①要界定一套对工作绩效来讲非常必要的关键行为；②用一套衡量系统来检验和评价这些行为被表现的可能性；③管理者或考评者将这些关键行为告知员工或被考评者，并要求员工以怎样的频率来表现这些行为；④向员工提供反馈与强化。

4. 评价中心法

评价中心法不仅在员工甄选和晋升中得到了广泛应用，而且近年来在绩效考评中也开始使用。在评价中心法中，考评者通过观察员工完成大量已事先布置好的模拟任务(如文件筐技术、无领导小组讨论、角色扮演、个人演说等)时所表现出来的行为，来评价员工作为一名管理人员所应具备的能力、技能或潜力。评价中心法的优点是：能对一个人在从事管理任务方面的绩效做出比较客观的衡量，具有较好的反馈功能，有利于员工个人发展规划的制定。

(二)特性法

特性法是一种用来衡量员工所具备的对组织发展来讲非常有利的特征或特点的方法。该方法通过对一系列特征或特点(如主动性、领导能力、竞争力等)的界定，来评价员工的绩效水平。特性法的优点是：不仅容易开发，而且对不同工作、不同战略和不同组织均具有普遍适用性。其缺点是：与组织战略间的一致性往往较差，信度和效度均较低；而且这类方法的绩效标准一般比较模糊，不同考评者对同一绩效标准可能会做出不同解释。特性法常见的具体形式有图评价尺度法和混合标准尺度法。

1. 图评价尺度法

图评价尺度法(Graphic Rating Scales，GRS)，也称图表等级评价法，是根据事先列出的每一绩效维度(如工作量、可信赖程度、工作知识、出勤率、工作准确性和合作性等)的评价尺度(可以是 5 分制的，也可以是其他分制的)来评定被考评者绩效等级的方法。这种方法包括数字排列和文字描述两种方式。表 8-8 和表 8-9 分别列出了使用数字排列和使用文字描述的图评价尺度法举例。

在评价过程中，考评者每次只需考虑一位员工，并从中圈出一个与被考评者在某一特征程度上最为符合的分数即可。图评价尺度法有两大缺陷：①因背景、经历和个性等的差异，考评者很难以同一方式对文字所描述的内容做出相同的解释；②考评者有可能选择与员工工作绩效无关的绩效维度，或者遗漏对工作绩效有重大影响的绩效维度。

表 8-8 使用数字排列形式的图评价尺度法举例

绩效维度	评价尺度				
	优异	优秀	值得表扬	合理	较差
知识	5	4	3	2	1
沟通能力	5	4	3	2	1
判断力	5	4	3	2	1
管理技能	5	4	3	2	1
团队合作	5	4	3	2	1
人际关系	5	4	3	2	1
创造力	5	4	3	2	1

(资料来源：诺伊. 人力资源管理：赢得竞争优势[M]. 3 版. 刘昕，译. 北京：中国人民大学出版社，2001.)

表 8-9 使用文字描述形式的图评价尺度法举例

工作量——员工每个工作日的工作量				
(　　)	(　　)	(　　)	(　　)	(　　)
没有达到最低要求	刚好达到要求	工作量令人满意	很勤奋超额完成	有非常优异的工作记录

可信赖程度——只需最少监督就能令人满意地完成指定工作的能力				
(　　)	(　　)	(　　)	(　　)	(　　)
需要密切监督不可信赖	有时需要监督	通常在适当监督下即能完成规定工作	需要很少监督是可信赖的	所需监督是最低限度的

工作知识——员工为取得满意工作绩效应该具备的有关工作任务的信息				
(　　)	(　　)	(　　)	(　　)	(　　)
对工作任务认识不足	工作中缺乏某些阶段所需的知识	对工作有一定认识,能回答工作中的多数问题	理解工作的所有阶段	已完全掌握所有工作阶段

出勤率——每天上班且严格遵守工作时间				
(　　)	(　　)	(　　)	(　　)	(　　)
经常缺勤且没有充分理由,或经常迟到,或兼而有之	出勤散漫,有时工作准时,或两者兼而有之	经常准时出勤	非常及时出勤,且很正常	总是正常及时出勤,在需要时自愿加班

准确性——履行工作责任的正确性				
(　　)	(　　)	(　　)	(　　)	(　　)
屡屡犯错误	粗心,经常犯错误	通常准确,只犯平均数量的错误	很少需要监督,多数时候准确	需要最低限度的监督几乎总是准确

(资料来源:劳埃德. 人力资源管理[M]. 6 版. 李业昆,译. 北京:华夏出版社,2002.)

2. 混合标准尺度法

混合标准尺度法(Mixed Standard Scales,MSS)是为解决图评价尺度法所遇到的问题而被提出来的。这种方法要求在量表设计时,首先要对相关的绩效维度进行界定,并为每一维度所代表的好、中、差的绩效等级加以文字标注,然后将这些标注性语句打乱次序,使之随机排列,并且不指出每一评价特征,考评者只需要根据被考评者的实际工作表现,与这些标注性语句描述进行逐条对照评价即可。若标注性语句描述与被考评者表现相符,则在此语句后写"0";若被考评者表现不及标注性语句所描述的,则在该语句后写"-";若被考评者表现优于标注性语句所描述的,则在该语句后写"+"。最后,根据所给符号来评判被考评者的工作表现。如表 8-10、表 8-11 和表 8-12 所示。

由于混合标准尺度法打乱了评价维度,因此在绩效考评时可减少考评者的主观成分,提高考评的准确度。

表 8-10　混合标准尺度法举例

绩效维度	绩效等级	绩效等级说明	绩效判断
主动性	高	该员工确实属于工作主动的人,他一贯积极主动地做事,从不需要上级监督	
智力	中	尽管此员工并非天才,但却比我认识的许多人聪明	
与他人的关系	低	这位员工有与别人发生不必要冲突的倾向	
主动性	中	虽然通常来讲这位员工的工作是积极主动的,但有时也需要上级督促才能完成工作	
智力	低	尽管此员工理解问题速度比某些人慢,学习新东西比别人花更长时间,但具备一般智力水平	
与他人的关系	高	这位员工与每个人的关系均很好,即使与别人意见相左时,也能与人友好相处	
主动性	低	这位员工有点儿坐等指挥的倾向	
智力	高	这位员工非常聪明,学东西的速度非常快	
与他人的关系	中	这位员工与大多数人相处均较好,只在少数情况下偶尔与他人产生工作冲突,但冲突通常很小	

说明:员工绩效高于等级说明的填"+",相当的填"0",低于等级说明的填写"-"。

表 8-11　员工绩效判定等级分数

绩效维度	绩效等级说明			绩效判定得分
	高	中	低	
主动性	+	+	+	7
智力	−	+	+	5
与他人的关系	−	−	0	2

(资料来源:劳埃德. 人力资源管理[M]. 6 版. 李业昆, 译. 北京:华夏出版社, 2002.)

表 8-12　混合标准尺度法赋分标准

绩效等级说明			绩效判定得分
高	中	低	
+	+	+	7
0	+	+	6
−	+	+	5
−	0	+	4
−	−	+	3
−	−	0	2
−	−	−	1

(三)结果法

结果法是根据员工的工作结果或工作行为表现来评价员工绩效的方法。这种方法有利于促使员工对其工作行为和结果负责,从而使员工慎重地选择工作方法。该方法中最具代表性的就是目标管理法。

目标管理法(MBO)是由管理者或考评者与员工或被考评者共同讨论和制定员工或被考评者一定考评周期内所需达到的绩效目标,经贯彻执行后,到规定的考评周期末由双方共同对照原定目标来测评实际绩效,找出成绩和不足,而后再制定下一周期的绩效目标,如此循环下去的一种方法。

目标管理概念源于布兹(Booz)、艾伦(Allen)与汉密尔顿(Hamilton)合伙的会计师事务所,这种方法当时被称作"管理者通信"。20 世纪 50 年代,哈罗德·史密迪(Harold Smiddy)将这种思想移植到电气公司(GE)并进一步扩展。

在目标管理法中,绩效目标的设计开始于组织的最高层,他们提出组织使命声明和战略目标,然后通过各部门向下传递至各具体的员工。员工个人目标的完成,通常代表着最有助于该组织战略目标实现的绩效产出。

在大多数情况下,个人目标是由员工及其上级主管在沟通和协商一致的情况下制定的,而且在目标设定过程中,他们往往需要就特定绩效标准及如何测量目标的完成等达成共识。目标管理法的实施程序如图 8-4 所示。

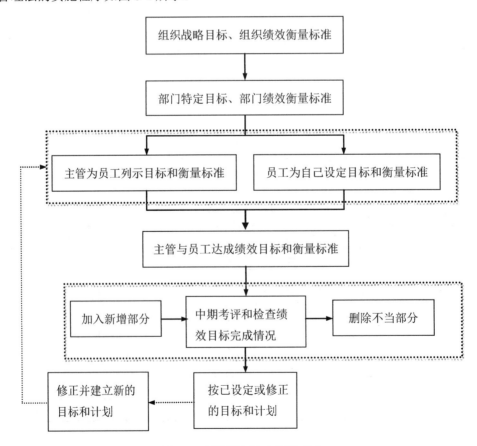

图 8-4　目标管理法实施程序图

另外，主观臆断评价法、述职考评法等也被广泛使用。但主观臆断评价法、述职考评法均掺杂太多的主观成分，信度和效度不高，因此使用这类方法时，应与问卷调查或访谈相结合，尽可能纠正其偏差，剔除不真实成分。

三、绩效考评方法的选择

在实际绩效考评中，这些让人眼花缭乱且仍在不断发展着的绩效考评方法，到底应该如何选择才能保证绩效考评的质量，一直以来可谓仁者见仁，智者见智。表8-13从战略一致性、效度、信度、可接受性和明确性五个方面对上述几类方法进行了简要的总结分析，以供大家选择考评方法时参考。

表8-13对部分类别的绩效考评方法做了简要评价，实际上，在考评方法选择过程中，到底什么样的方法是优或劣、好或不好，并不取决于这种方法的新与旧、复杂或简单，而应以是否适合本组织的战略目标、组织的考评要求及组织的成本预算等为取舍标准，而不能以新、奇、特和复杂性作为取舍标准，否则，即便费了时、费了力、花了钱，也难收到良好的效果。

表8-13 部分类别的绩效考评方法评价

方法	标准				
	战略一致性	效度	信度	可接受性	明确性
描述法	较差；除非管理者能够将对员工绩效和工作表现的观察与组织战略紧密结合起来	较低	取决于考评者	较低	很低
比较法	较差；除非管理者能花时间去努力建立两者之间的联系	如果等级评价非常仔细，则可能会很高	取决于考评者，但通常不会使用统一的评价标准	中等；容易建立和使用，但不符合规范化评价标准要求	很低
行为法	能达到较高水平	通常较高；需将污染和缺失成分降到最小	通常较高	中等；难以建立，但在使用时很容易被接受	很高
特性法	通常较低；要求管理者去建立两者之间的联系	通常较低；若设计时仔细，则可能会有所改善	通常较低；但可通过对特性进行界定来改善	较高	很低
结果法	很高	通常较高；但可能会受到污染或存在短缺	较高	较高；系统建立时能吸引被考评者参与	与结果高度相关，但与实现结果所需行为间无太多联系
360度绩效评价法	通常较高	通常较高	通常较高	较高	较高

本 章 小 结

绩效反映了在一段时间内,员工以一定的方式完成一项任务时吸纳某种结果的过程。绩效是人们在工作过程中所表现出来的与组织相关的并且可以被评价的工作业绩、工作能力和工作态度。其中,工作业绩是指工作的结果;工作能力和工作态度则是指工作的行为,这些行为对个人或组织效率具有积极或消极的作用。绩效具有四个特点:多层次性、多因性、多维性和动态性。

绩效评价与绩效管理既有区别,又有联系。绩效评价也叫绩效考核、绩效考评或绩效评估,是指衡量和评价员工的工作绩效的过程。绩效管理是指管理者确保员工的工作活动和结果与组织目标保持一致的过程。绩效评价只是绩效管理的一个环节,不能简单地将绩效管理理解为绩效考评。绩效管理具有重要的战略目的、管理目的和开发目的。

绩效管理是一个持续的系统性过程,包括绩效计划、绩效实施、绩效评价、绩效反馈及绩效改进五个环节,构成了一个封闭的绩效管理循环,上下承接、紧密联系,只有各环节的有效整合才能保证绩效管理最终目的的实现。

目前,在企业绩效管理中,胜任力建模、关键绩效指标、平衡积分卡和360度绩效评价四种技术较为熟悉并被广为运用。这四种技术虽说是管理技术,但其实更多的是作为一种管理思想和理念对管理实践者产生影响。

绩效考评方法多种多样,并且各有优点、局限性和特定的适用范围。主观考评法有书面评估报告和比较法等,客观考评法有行为法、特性法和结果法等。绩效考评方法的选择一定要与组织的类型、工作的性质、考评对象的特点等相匹配。如果考评方法选择不当,再好的考评量表也起不到作用。

思 考 题

1. 简述绩效的特点及影响因素。
2. 简述绩效管理的原则及要求。
3. 常用的绩效考评方法有哪些?各有哪些利弊?
4. 简述目标管理法与关键绩效指标考评法。

实 践 应 用

KPI还是OKR?绩效管理的实质

近几年来,在中国企业中逐渐开始刮起了OKR(objectives and key results)风。最先出现的是对传统绩效管理KPI体系的口诛笔伐,认为它有很多缺点。例如,只看短期结果,不看长期影响;有了KPI,经理就不跟员工沟通了;只看个体/局部利益,不看整体利益;团队内部争夺资源;等等。同时,OKR却被戴上了一个个光环。于是,在不少企业的HR眼里,OKR成了绩效管理的灵丹妙药,好像一旦推行了OKR,企业绩效管理的问题就都能迎刃而解了。

那么，真是这样吗？

我们可以尝试从不同的角度思考：KPI 所有的"缺点"中有哪些是 KPI 体系的本身属性？KPI 体系规定了只能看重短期，不能关注长期影响吗？KPI 体系规定了经理设定目标以后就不可以跟员工沟通了吗？KPI 体系规定了只能关注局部利益，不允许关注整体利益吗？KPI 体系规定了团队内部必须要互相争夺资源吗？

在目标战略分解上，KPI 和 OKR 有何不同？为什么说 KPI 是以"未来可预测"为前提？KPI 体系的前提难道不应该也是"上下方向一致"吗？为什么说 KPI 体系下不能是"每个人都是领导者"？KPI 体系规定了它的目的只是"考核员工"，就不能做"沟通和管理的工具"吗？KPI 体系规定了它不能是"公开透明"的吗？谁让 KPI 体系变成了"要我做"而非"我要做"的事？是体系本身吗？"结果导向"和"产出导向"有什么区别？什么叫结果？产出不是结果，结果不能是产出吗？是谁"不接受改变"？KPI 体系还是使用 KPI 体系的人？

KPI 与 OKR 的比较如图 8-5 所示。

	KPI	OKR
定义	根据企业的结构将战略目标层层分解并细化为战术目标，来实现绩效考核的一种工具	定义和跟踪目标及完成情况的管理工具和方法、工作模式
前提	未来可预测；职责分工明确；严格执行pay by performance；目标能数字化	上下方向一致；每个人都是"领导者"；公开透明
目的	考核员工	时刻提醒每个人的任务是什么
环境	不公开	公开透明
实质	绩效考核工具	管理方法(测量员工是否称职)；沟通和管理工具
本质	要我做的事	我要做的事
关注点	关注的是财务和非财务指标，默认完成的情况对于财务结果有直接影响，侧重考核工作量	关注员工有没有好好工作，最终的目的不是考核
导向性	纯粹的结果导向；结果导向	产出导向而不是任务导向，即关注事情的成果，而不仅仅是关注事情做了没有；产出导向，关注事情的成果
激励	激励手段，与薪酬挂钩	激励手段，不与薪酬挂钩
灵活性	不接受改变	可以根据情况调整

图 8-5　KPI 与 OKR 的比较

其实，KPI 体系的缺点及对它的那些批评，没有一个是 KPI 体系自身所带来的，都是在使用过程中人为地加上的属性，就好比给你一把菜刀，你既能用它来切菜，也能拿它来杀人。可见，是 KPI 体系替它的使用者背了一个大大的锅。

OKR 到底是什么？OKR 的主要推动者约翰·杜尔(John Doerr)曾经说过 OKR 是一个目标设定系统(goal-setting system)。也就是说，它并不是一个完整的绩效管理体系，而是帮助经理进行目标拆解与设定的工具。

绩效管理是一个由若干环节组成的复杂的系统工程，目标设定只是其中的一个环节。因此，KPI 也好，OKR 也罢，抛开绩效管理的本质去讨论工具，只是在纠结一个伪命题。就好像一个小孩子去开宝马车，把车撞了，你说宝马车不好，那么给他换一辆奔驰车，他就能开好了吗？不少企业的 HR，都在不停地推动这样那样的工具、方法、流程、表格，就好像不停地在市场上寻找各式各样的新款汽车，却很少去思考如何教孩子们驾驶技术，如何把他们培养成舒马赫。

为什么 OKR 的推崇者能举出各种各样的案例来证明 OKR 如何好，实施了 OKR 的公司绩效管理怎么改善了呢？其实这未必是 OKR 体系的功劳，其背后的原因是"新鲜感"。KPI 体系是自德鲁克在 1954 年开始推动目标管理(MBO)后逐步形成的，各个企业的经理们对于如何对付它的"窍门"和"捷径"早就烂熟于心，而 OKR 作为一个新生事物，在开始进入人们的视线时，让人产生了一种新鲜感和好奇心，而且对于如何在形式上符合其要求而投机取巧还没有掌握方法，此时往往在执行中会更加用心和认真，而一旦用了心，不仅仅只是为了填表格而填表格，就一定会产生好的效果。

KPI 与 OKR 之争，其实是一个伪命题。那么，什么是"真命题"？所谓真命题，就是绩效管理的本质问题。

对于绩效管理，学术大咖都给出过经典的定义，具体如下。

绩效管理是一个对"要成就什么"及"如何做"而达成共识的过程。这是一种管理员工以提高成功可能性的方法。

绩效管理包括一些保证目标能够被持续地、有效果和效率地达成的行动。

绩效管理是被设计并用来提高组织、团队和个人绩效的过程，它由主管经理负责并推行。

很多不同的人给出不同的答案。例如，"绩效管理就是在实现公司的目标""绩效管理就是为了激励员工更好地达成业绩""绩效管理就是设定目标并达成目标的过程"等。这些回答都没有错，但并没有抓住绩效管理的本质和核心。

"绩效管理"的本质就是"差异化"，即识别不同团队成员的绩效差异，并采取差异化的措施和手段进行干预，以达到实现团队及个人目标、激励并发展员工的目的。街边小饭馆老板对于他店里小伙计的管理，没有什么体系、流程和表格，既不懂 KPI，也没听说过 OKR，但是他一定会用一定的方法和手段，去观察、识别这几个小伙计在接待客人时的态度好不好，洗碗洗得快不快、干净不干净，翻台时利索不利索，等等，然后他一定会根据这些伙计们在这些方面的表现差异来决定平时给多少工钱，年底给多少红包。实际上，小饭馆老板的这些管理行为真正体现了绩效管理最本质的底层逻辑。

那为什么要追求差异化呢？其实，差异化背后所体现的是"公平"。如果不去追求差异化，对所有员工的绩效评判都一样，那么实际上实现的是平均，而对人的管理，公平就是不平均，平均就一定不公平。公平的环境是员工工作最重要的心理动机之一，这也是为什么绩效管理做得好的经理，也能更有效地激励员工和保留人才的原因。

(资料来源：蒋靖，曾任财富 500 强欧美企业全球人力资源负责人。原稿略有删减。)

微课视频

扫一扫，获取本章相关微课视频。

绩效管理体系

第九章 薪酬管理

【学习目标】

1. 了解人力资源薪酬和薪酬管理的概念与内涵。
2. 熟悉人力资源薪酬体系设计原则和设计流程。
3. 掌握人力资源的激励性薪酬管理与福利设计。

【引导案例】

辽宁方大集团的员工福利

辽宁方大集团实业有限公司(以下简称"方大集团")是一家以炭素、钢铁、医药、商业四大板块为主业,重型机械制造、矿山、贸易、房地产等为补充的跨行业、跨地区、多元化、具有较强国际竞争实力的大型企业集团。

2019年,方大集团销售收入和总资产实现"双千亿"。由中国企业联合会、中国企业家协会发布的"2020中国企业500强"榜单中,方大集团位列第217位。方大集团实体总部位于北京,金融、医药板块总部位于上海,所属公司分布于北京、上海、天津、辽宁、甘肃、江西、四川等二十余个省、市、自治区,拥有员工6万多人。

方大集团秉承"以人为本,诚信为先"的企业精神,坚守"经营企业一定要对政府有利,对企业有利,对职工有利"的企业价值观。其在员工福利上投入巨资,让员工分享企业经营成果,感受企业的关怀和温暖。据方大集团官网介绍,自2010年至2020年,方大集团相关福利政策费用支出超18亿元。

方大九钢"给员工发小汽车"

给员工发手机、现金经常能见到,可你见过给员工发小汽车的吗?方大集团就是这为数不多的企业中的一员。

九江萍钢钢铁有限公司为方大集团下属江西萍钢实业股份有限公司下设的子公司,2012年,濒临破产的方大九钢加入方大集团大家庭。四年之后的2016年,方大集团董事局主席方威做出"方大轿车"的奖励建议:从2016年开始,方大九钢如果连续5年每年实现预定利润目标,就给每名职工发放一辆约10万元的轿车,双职工可选择一辆价值约20万元的轿车。

2020年6月,离约定的5年期还差半年,方大九钢就提前实现5年之约的盈利目标。方大集团履行了当初的承诺。方大九钢向一线职工共发放小汽车4116辆车,包括价值10万元的江铃福特领界定制版2933辆和价值20万元的一汽大众迈腾1183辆,总价5亿元。

医疗福利惠及全家

"小汽车福利"是偶尔为之,能起到激励员工的作用。但是,福利的另外一个重要功能就是对员工起到保障作用,使员工产生对企业的归属感。特别是医疗健康保障,员工都是非常看重的。

2011年1月开始,方大集团连续4年出台4个医疗福利政策,对全体员工及其配偶、子女,以及在方大工作满10年的退休员工,凡生病纳入医保统筹基金报销范围内的个人自付医疗费用给予全额资助,这解决了员工家庭因病致贫、因病返贫的问题。

截至2020年8月,方大集团已累计资助9万余人次,资助金额近亿元。彭川是方大集团的员工,这名90后小伙家在农村,父母都没有工作。2016年,彭川的母亲被检查出身患肠癌,这样一场大病,对于他们全家人的打击可想而知,高昂的医疗费让这个家庭难以承受。

2016年12月以来,依托医疗资助福利政策,方大集团共为彭川的母亲提供了约14.89万元的医疗资助,这对于他们一家来说无疑是"雪中送炭"。

"孝敬父母金"发扬"孝道"理念

孝敬父母金是方大集团推出的一项特殊福利项目。方大集团一直以来都倡导"孝道"理念,不仅将员工父母纳入医疗保障,还推行"孝敬父母金"。只要员工在方大集团工作,其父母每个月都能领到1000元的"孝敬父母金"。

王大庆在方大集团旗下的中兴便民超市担任防损员,他母亲的银行卡已连续6个月每月收到1000元的"孝敬父母金"。

方大萍安钢铁员工邹沿红,一家兄弟姐妹5人都在萍安钢铁工作,八旬老父亲银行卡已经数月收到5000元"孝敬父母金",并成为小区里人人羡慕的"大明星"。

有人调侃:"家里多几个孩子在方大集团工作,一个月领到的福利比工资都高。"老人都对方大集团赞不绝口,并为子女能在这样的企业工作而感到骄傲。

奖学金福利资助员工子女教育

方大集团自2016年始设立"方成励志奖学金",对考入国内前20名大学的员工子女给予大学本科期间全额学费奖学金;对考入世界前50名大学的员工子女,大学期间(本科)每年颁发定额奖学金8万元。"学有所成、报效祖国"是方大集团颁发奖学金的唯一要求——获得奖学金的员工子女完成学业后,应为中国政府或中国企事业单位工作,也可在境外注册的中资机构工作。

截至目前,方大集团已经为63位员工子女发放该奖学金福利。除了大学奖学金福利之外,方大集团对员工子女上高中的学费也给予报销。

其他福利项目则包括:员工生病住院及家庭遇到特殊困难的,企业会及时慰问和帮助;2008年6月开始,每逢春节、端午节、中秋节发放节日福利,每逢三八妇女节、七一党的生日、八一建军节发放节日纪念品;2011年7月开始,集团所属各公司通过配送的方式为员工发放手机并给予报销一定额度的话费;2012年1月开始,全体员工享受一餐免费用餐。近年,集团所属方大房地产公司开发的楼盘,员工还享受团购价购买。

2018年1月,方大集团推出关爱员工养老的福利政策,对那些与集团发展风雨同舟并且子女为独生子女或无子女的、符合条件的退休老员工,按照所在市最好的公立养老院的收费标准给予一定的费用补贴。

总结

方大集团除了在员工福利方面投入很大之外,还有一个很大的特点就是竭力发挥福利的激励和保障作用。在完成利润目标的前提之下,方大集团给一线职工发放小汽车,这样的福利显然产生了极大的激励效果,让员工觉得在方大努力工作,只要企业的效益越来越好,自己的日子也会越过越好。这不仅能提升员工的积极性和忠诚度,而且是一般福利项目不能达到的效果。一家濒临破产的企业能连续五年实现既定的利润目标,这种福利所产生的效果是显而易见的。

方大集团在医疗保障、孝敬父母金、子女教育等福利项目上的设置充分考虑了员工的家人。只要员工安心在企业工作,员工的家人就都能感受到企业的温暖和保障,让员工觉得自己和家人及企业都紧密联系在了一起,这样建立起来的归属感不容易消失,从而帮助企业凝聚强大的发展动力。

(资料来源:辽宁方大集团的员工福利案例. (2020-11-26). http://www.hrsee.com.)

第一节 薪酬管理概述

薪酬管理是人力资源管理的核心内容,也是高层管理者最关注的领域之一。薪酬的决定与分配是组织与员工之间、员工与员工之间的利益冲突点,因而薪酬管理也被认为是一项最困难、最敏感、政策性最强的人力资源管理工作。在现代人力资源管理中,薪酬不仅具有一些简单、传统的功能,而且还被赋予了很多全新的内涵。薪酬管理已经与组织发展和人力资源战略紧密结合在一起,成为组织战略实现的重要工具。

一、薪酬的概念

薪酬(compensation)是员工因向所在组织提供劳动或劳务而获得的各种形式的酬劳或酬谢。薪酬是劳动力价格的支付形式,在市场经济环境下同时又是人力资本竞争的价格表现。薪酬分为经济性薪酬(也称外在薪酬,extrinsic compensation)与非经济性薪酬(也称内在薪酬,intrinsic compensation)。非经济性薪酬是员工由于完成工作而形成的心理思维形式,包括工作保障、身份标志、给员工更富有挑战性的工作、晋升、对突出工作成绩的承认、培训机会、弹性工作时间和优越的办公条件等。本书中所指的薪酬主要是指经济性薪酬。

在经济性薪酬的具体构成上,各学者的观点并没有取得完全的统一。比较典型的观点是,经济性薪酬由直接薪酬和间接薪酬构成,其中直接薪酬包括基本薪酬、绩效薪酬、各种激励性薪酬和各种延期支付计划。间接薪酬包括各种员工保护项目、各种非工作薪酬和服务与津贴。为了更好地理解薪酬结构,我们综合了不同观点,从薪酬的支付方式和变动状况出发,把经济性薪酬划分为三个主要部分,如图9-1所示,并对薪酬的这些构成进行以下简要介绍。

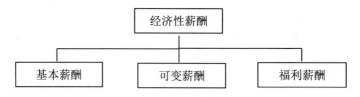

图 9-1　经济性薪酬的构成

1. 基本薪酬

基本薪酬(basic pay)也称标准薪酬或基础薪酬，主要包括岗位薪酬和技能薪酬两种形式。岗位薪酬是指一个组织根据员工所承担或完成的工作本身对企业的边际贡献而向员工支付的报酬。技能薪酬是依据员工所具备的完成工作的技能或能力而向员工支付的稳定性报酬。基本薪酬对于员工来说是至关重要的，是员工从组织获得的较为稳定的经济报酬，为员工提供了基本的生活保障和稳定的收入来源。

2. 可变薪酬

可变薪酬(variable pay)也称浮动薪酬，是薪酬系统中与绩效直接挂钩的部分。可变薪酬的目的是在薪酬和绩效之间建立一种直接的联系，这种绩效既可以是员工个人的绩效，也可以是组织中某一个业务单位、群体、团队甚至整个组织的业绩。可变薪酬对员工具有很强的激励作用，对组织绩效目标的达成也起着非常积极的作用，因此也有人将可变薪酬称为激励薪酬(incentive pay)。

3. 福利薪酬

福利薪酬(welfare)也称间接薪酬，主要是指组织为员工提供的各种物质补偿和服务形式，包括法定福利和组织提供的各种补充福利。从支付形式上来看，传统的员工福利以非货币形式支付，但是随着组织部分福利管理职能的社会化，一些福利也以货币形式支付，即货币化福利。

福利薪酬与基本薪酬和可变薪酬明显的不同在于：福利不是以员工向企业供给的工作时间为单位来计算的薪酬组成部分，一般包括带薪的工作时间(如午休假)、员工个人及其家庭服务(儿童看护、家庭理财咨询、工作期间的餐饮服务等)、健康及医疗保健、人寿保险及养老金等。一般情况下，福利的费用是由雇主全部支付的，但是有时也要求员工承担其中的一部分。作为一种不同于基本薪酬的薪酬支付手段，福利减少了以现金形式支付给员工的薪酬，企业通过这种方式能达到适当避税的目的。另外，福利和服务为员工将来的退休生活和一些可能发生的意外事件提供了保障。

二、薪酬的作用

薪酬是组织对员工贡献的回报，是组织的费用支出，是劳动者的收入构成，也是组织和员工之间形成的一种利益交换关系，其功能可从以下三个方面理解。

(一)对员工的功能

1. 经济保障功能

薪酬是员工以自己的付出为企业创造价值而从企业获得的经济上的回报。对于大多数员工来说，薪酬是他们的主要收入来源，它对劳动者及其家庭的生活所起到的保障作用是其他任何收入保障手段都无法替代的。即使是在西方发达国家，工资差距对于员工及其家庭的生存状态和生活方式所产生的影响仍然非常大。在现代经济条件下，薪酬对于员工的保障并不仅仅体现在满足员工吃、穿、用、住、行等方面的基本生存需要，同时还体现在满足员工娱乐、教育、自我开发等方面的发展需要。

2. 激励功能

员工对薪酬状况的感知可以影响员工的工作行为、工作态度及工作绩效，即产生激励作用。企业员工总是期望自己所获得的薪酬与同事之间具有一种可比性，从而获得公平感。如果员工能够获得比他人更高的薪酬，就会认为是对自己能力和所从事工作价值的肯定。当员工的低层次薪酬需求得到满足以后，通常会产生更高层次的薪酬需求，而且员工的薪酬需求往往是多层次并存的，因此企业必须注意同时满足员工不同层次的薪酬需求。如果员工的薪酬需要得不到满足，则很可能会产生工作效率低下、人际关系紧张、缺勤率和离职率上升、组织凝聚力和员工对组织的忠诚度下降等多种不良后果。

3. 社会信号功能

薪酬作为一种信号，可以很好地反映一个人在社会流动中的市场价格和社会位置，又可以反映一个人在组织内部的价值和层次。可见，员工薪酬水平的高低除了具有经济保障功能外，还具有信号传递作用，实际上还反映了员工对于自身在社会或组织内价值的关注。

(二)对企业的功能

1. 成本控制功能

薪酬构成了企业的人工成本，过高的薪酬水平，会提高产品的成本，进而提高产品的价格，影响产品的竞争力。尽管劳动力成本在不同行业和不同企业的经营成本中所占的比重不同，但对任何企业来说，薪酬都是一块不容忽视的成本支出。企业支付的薪酬水平，直接影响着企业在劳动力市场上的竞争力，只有那些保持相对较高薪酬水平的企业，才能够吸引和保留足够多的合格员工。因此，企业为了吸引、获得和保留人才必须付出一定的代价。同时，为了提高产品在市场上的竞争力，又必须注意对薪酬成本的控制。

2. 改善经营绩效

由于薪酬决定了现有员工受到激励的状况，影响着他们的工作效率、缺勤率、对组织的归属感及组织承诺度，因此直接影响着企业的生产能力和生产效率。通过合理的薪酬设计及科学的绩效考核，企业可以向员工传递什么样的行为、态度及业绩是受到鼓励的，是对企业有贡献的等信号。通过信号的引导，员工的工作行为和工作态度及最终的绩效都将会朝着企业期望的方向发展。相反，不合理和不公正的薪酬会引领员工采取不符合企业利益的行为，从而限制企业经营目标的达成。因此，如何通过充分利用薪酬这一利器来改善企业经营绩效，是企业薪酬管理的一个重大课题。

3. 塑造和强化企业文化

薪酬影响员工的工作行为和工作态度，因此一项薪酬制度可能会促进企业塑造良好的文化氛围，也可能会与企业现有的价值观形成冲突。薪酬的导向作用要求企业必须建立科学合理并具有激励性的薪酬制度，从而对企业文化的塑造起到促进作用。

(三)对社会的功能

薪酬对社会具有劳动力资源再配置的功能，因此市场薪酬信息时刻反映着劳动力的供求和流向等情况，并能自动调节薪酬的高低，使劳动力供求和流向逐步趋向一致。劳动力市场通过薪酬的调节，可以实现劳动力资源的优化配置，并能调节人们择业的愿望和就业的流向。

三、影响员工薪酬的因素

薪酬是员工执行工作，而企业依据其工作职责内容、工作绩效表现、个人条件特性而给予的各种形式的相对奖酬。薪酬的高低易受劳动市场、生活物价水平及政府相关法规等外在环境因素影响。工作职责、工作绩效及个人条件属于个体因素，劳动供需、产品市场、物价水平及政府法规属于总体因素，如图9-2所示。

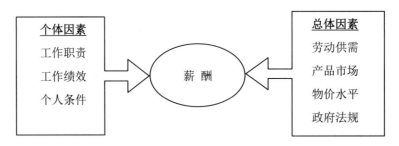

图9-2　影响员工薪酬的因素

(一)个体因素

1. 工作职责

薪酬水平依据员工个人所执行职务的价值而定，如果该职务对企业经营有较高的价值与贡献度，则给付较高的薪酬；反之，则给付较低的薪酬。职务价值与贡献度的高低受该职务所负责任的轻重、工作复杂与否、决策范围的大小、督导人数的多寡、工作环境危险程度与使用体力多寡等因素影响。该类型薪酬可称为"职务薪"，薪酬水平与个人条件(如年资、学历经历或技术水准)没有直接关系。因此，只要执行相同职务，即给付相同的薪酬。此类型薪酬给付方式较符合同工同酬的精神，但通常因职务间较难相互调动而缺乏弹性。

2. 工作绩效

薪酬的高低是由一个人的工作绩效或部门企业绩效来决定的，绩效良好则薪酬水平相对增加。依据个人绩效而发放的有年终绩效奖金、营业奖金及生产奖金等；依据部门绩效而发放的有史坎隆成本结余奖金计划(scanlon plan)等；依据公司整体绩效而发放的有利润分享或分红等。整体而言，此类薪酬较适用于能够被明确衡量绩效的工作，且其工作结果要是员工所能掌握、可被合理预期的。这类薪酬可称为绩效薪，员工个人薪酬水平与个人、部门或整体企业绩效表现联系在一起。对员工个人而言，这类薪酬具有激励作用；对企业而言，这类薪酬具有成本控制的效益。然而，绩效薪对于员工收入而言缺乏保障。

3. 个人条件

(1) 年资。薪酬水平依据个人企业服务年数而定,原则上无论员工所执行的工作有多大差异,所拥有的专业知识与技术有多大差别,薪酬不因此而有差别,薪酬只依个别员工服务年数逐年增加,此类薪酬可称年资薪。年资薪较适用于低职位、重复性高的职务,也适用于很难观察、测量其工作表现的职务。年资薪对于员工长期服务、降低离职率有正面功效,但较难符合同工同酬精神,对于相同年资但执行不同职务,或拥有不同技能的员工却给付相同薪酬的现象,容易引起员工"给付不足"或"给付过当"的不公平感。

(2) 技能。薪酬高低是依据担任个别工作所拥有的知识、技术与能力的高低或多寡而言的,即使员工有相同年资,执行相同职务,但其知识、技术、能力不同即给付不同薪酬。此类薪酬又可称为技能薪,通常技能薪必须通过证照制度或技能鉴定来判定个人技能的等级,以此作为核薪与调薪的标准。技能薪通常较适用于必须具有多样性技术的工作,如专业技术人员和工程师,或较适用于技能会快速更新换代的产业,如高科技产业,或适用于具有高度弹性、员工须具备多样性技能的组织中,如团队组织。技能薪主要依据技能的高低程度与多寡作为薪酬给付的标准,而非工作职责或年资,因此具有较大的弹性,并可支持企业技术快速发展的需求。其主要缺点在于:为了帮助员工提升其技术,必须做大量的训练;为了判定员工技能水准,而要做技能鉴定,这些训练与鉴定会增加培训及行政作业上的成本。

(二)总体因素

1. 劳动市场供需

传统劳动经济学指出,工资的水平是由总体劳动供需的情形来决定,如图 9-3 所示。例如,当供给人数(就业者)不变,而企业需求增加时,企业为了能雇佣到生产所需员工就会提高薪酬水准;相对地,当企业对劳动力的需求不变,而就业人数却增加时,在就业者为谋职而相互竞争的情况下,企业可用较低的薪酬雇佣到所需的人力。因此,薪酬水平就在劳动者供需平衡的条件下完成。劳动供需决定薪酬理论,正可以说明为什么目前一些供给少而需求大的工作(如软件工程师、信息科技、电子相关技术人员)的薪酬要较一般工作人员高一些。

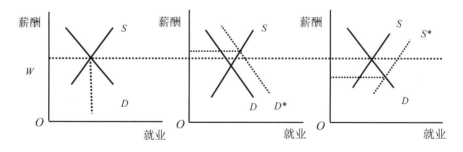

图 9-3 劳动供需变化

2. 产品市场供需

产品与服务的需求也是影响薪酬水平的因素之一,当市场对企业产品与服务的需求增加时,企业就会增加员工以符合生产与服务的需要,此时,企业也比较愿意提高薪酬以吸引、保留所需员工。通常,薪酬提高后企业会将增加的薪酬成本转嫁到消费者身上,从而提高产品或服务的售价,然而这种成本转嫁的行为,只有在产品或服务需求较强时才容易实现。

3. 物价水平

薪酬除了代表雇主对员工劳动付出的相对酬赏之外，也包含了保障员工基本生活的内涵，但通常员工所领取的名义薪酬，往往会因为物价不断上涨而削弱其购买力。因此，为保障员工的薪酬不至于因为物价的上涨而受损，企业必须依据物价水平进行适度调薪，以"实质薪酬"保障其薪酬所得不至于因物价的提高而受损。

4. 政府法规

政府对于薪酬水准的影响，包括直接通过劳动力相关法规或间接通过财经政策来达到。在直接影响部分，如最低工资、劳动法的加班、工时等相关规定，劳动健康保护等，都会直接影响企业在工资和福利方面的支出；而在财经政策上，政府对税率与利率的调整，则会间接提高或降低企业薪酬成本的付出。

四、薪酬理解的误区

薪酬是激励员工的重要手段。合理而具有吸引力的薪酬不仅能有效激发员工的积极性、主动性，促进员工努力去实现组织的目标，提高组织的效益，而且能在人力资源竞争日益激烈的知识经济下吸引和保留一支素质良好，且具有竞争力的员工队伍。虽然薪酬如此重要，但目前无论是理论界还是企业界，对薪酬的认识和理解仍不够清晰，甚至不正确，以致陷入种种误区。

(一)误区1：报酬=工资+奖金+福利

持这种观点的人是对企业报酬的一种曲解：从人力资源学来看，国内外学者对报酬的认识取得了较一致的看法，即员工为企业付出劳动的回报。既然如此，这种回报自然应该是物质和精神两个方面的回报。这绝不是仅仅用工资、奖金和福利就可以与报酬画上等号的。报酬包括财务性(货币化)的报酬和非财务性(非货币化)的报酬。货币化的报酬又包括直接货币收入和间接货币收入。直接货币收入就是我们通常所说的工资(薪水、佣金)和奖金，而福利则属于间接货币收入。非货币化的报酬是指员工对工作本身或对工作在心理与物质环境上的满足感。员工正是通过上述两大类报酬来判断自己的努力是否得到了组织的充分回报。

在现实生活中，员工与雇主倾向于注重货币化的报酬，因为非货币化的报酬难以清晰地定义、讨论、比较或谈判。当一个员工正在竭尽全力地为其家庭提供衣、食、住、行的货币保障时，金钱对他来说可能是最重要的奖赏；而当一个员工的收入已经不菲时，他可能更注重非货币报酬，如工作的挑战性及个人价值的自我实现。因此，只有明确了报酬的概念及含义后，才能指导企业在报酬制度的设计上体现其科学性、合理性及可行性。

(二)误区2：报酬越高，员工的满意度越高

有人说员工的报酬越高，他的满意度就越高，也就越能激励他努力工作，从而提高工作绩效。事实真是如此吗？我们可以从期望理论模型中找到答案。此模型可表述为当员工受到激励时，将努力工作，从而获得绩效。这当然要求员工具备获得绩效的能力。当员工获得报酬后，将得到一定的满意度；当员工觉得满意时，将重新获得激励，更加努力地工作，这样又开始了一个新的循环。从以上表述中我们似乎可以得到一个肯定的答案，即一旦企业提高

员工的报酬提高，员工的满意度将增加，从而获得更大的激励。但是，这并不能说成高报酬必然导致员工满意度增加，因为在报酬与满意度的关系之间还有一个重要的因素，那就是个人的平等感，即个人对所获报酬是否公平的感知。报酬高并不意味着他对所获报酬觉得公平。例如，两个会计师甲、乙在同一家公司从事类似的工作，会计师甲被大家公认为业绩远远超过会计师乙。如果甲、乙获得同样丰厚的报酬，那么甲的满意度将大大降低，因为他会感觉自己受到不公平待遇。这种不公平将会使甲的满意度大大降低甚至为零，从而引发道德上的严重问题，诸如甲可能以后不再尽力工作，甚至离开该公司。由此可见，报酬高，员工的满意度并不一定增加，关键在于员工对报酬的公平感。进一步而言，报酬公平不仅包括外部公平，还包括内部公平。外部公平是指公司员工所获报酬比得上其他公司相类似工作员工的报酬、公司内部相类似工作员工的报酬的情形；内部公平则是在组织内部依照员工所从事工作的相对价值而支付的报酬的情形。从某种意义上来说，员工对报酬的满意度是期望值与实际收入的函数，当员工将他们的工作经验、技巧、教育、努力同他们所获得的报酬相比较时，满意的感受便产生了。

(三)误区3：高工资是一种最好的激励

任何企业的发展都需要前进的动力，激励就是产生动力的源泉。激励是管理中最重要的职能，也是工资利益运行的目标所在。工资的高低不仅在物质上给员工提供了不同的生活水准，而且还在某种程度上体现了一个人的价值大小。从这个角度来看，高工资不失为一种好激励。但是，高工资就像一把双刃剑，若实行得当，企业将获益；反之，企业将陷入困境，因为实行高工资本身仍存在以下不利方面。

(1) 高工资增加了企业的人力成本。人力成本属于间接成本的一部分，最终将转移到产品的价格中去。这会导致该企业产品在同类产品中价格提高，从而使竞争力下降，势必会影响企业的效益。

(2) 高工资缺少增长余地。如果企业一开始就定了较高的工资标准，那么工资涨幅将非常有限。当员工看不到工资有较高增长，或低于其他类似企业的工资增长时，干劲将不足，并可能产生不满，这样，高工资的激励作用将大打折扣。

(3) 高工资并不一定能留住人才。高工资绝对是有吸引力的，但要让员工留在本企业，并能长期努力工作，不是单单靠高工资就可以解决的。人的需要是多层次、多方面的，金钱只是其中的一种。随着收入的提高，收入弹性增大，其替代作用将增加，单纯的工资激励效用将下降。

(4) 高工资将给员工心理造成负面影响。这种负面影响一方面可能由于企业中高薪工作与薪水相对较低的工作间薪酬水平差别过大，造成薪水相对较低员工心理上的不平衡，容易引发员工之间、员工与领导之间的矛盾冲突。另一方面，企业中的某些人因高工资而提前兑现了对生活的追求，产生小富即安的惰性心理，本可干得更好的工作，却只做到某种程度就停止了。

综上所述，高工资能吸引一些人才，但并不见得能激励员工发挥最大的工作干劲。可见高工资是一种好的激励方式，但绝不是一种最好的激励方式。

第二节　人力资源薪酬体系设计

在人力资源管理领域中，薪酬管理是最困难的管理任务。对多数员工而言，他们会非常关心自己的薪酬水平，因为这直接关系到他们的生存质量。企业为了让薪酬更加合理，更加能反映员工的工作业绩，不惜将薪酬结构和薪酬体系制定得非常复杂和烦琐。实际上，过于复杂的薪酬管理与过于简单的薪酬管理都会降低薪酬激励作用。因此，企业必须树立正确的薪酬管理观念，学习和掌握薪酬管理的理论及技术，制定合理的薪酬制度和薪酬计划，以便有效地开发人力资源，为企业提高经营效益提供支持。

一、薪酬设计的四种思路

(一)基于能力的薪酬体系设计

能力薪酬体系是指企业根据员工所具备的能力或者任职资格来确定其基本的薪酬水平，对人不对事，其中基于岗位的能力占了岗位薪酬总额的绝大部分。员工能力的高低和薪酬、晋升相挂钩。能力薪酬体系设计可分五个步骤。

(1) 从企业宗旨和价值观中得出连锁企业应当具备哪些核心竞争力。

(2) 分析员工应当具备哪些核心知识、技能和专长，从而确定哪些能力是连锁企业发展所需要的，是值得企业付出相应报酬的。

(3) 对岗位任职能力分级，形成能力区间，在每个区间对任职能力区分，下限能力规定为完成工作所必需的能力要求，而最高的职位能力则规定为会产生优秀绩效的能力要求，用能力区间检验这些能力是否能使员工绩效突出。

(4) 在此基础上，依据能力要求，评估员工能力，给予合理的薪酬水平。

(5) 通过对核心能力进行分析、分级和评价，以形成基于能力的薪酬体系。

能力薪酬体系的设计流程如图9-4所示。

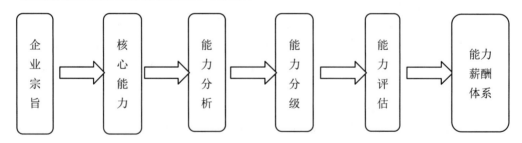

图9-4　能力薪酬体系的设计流程

(二)基于绩效的薪酬体系设计

绩效薪酬本质上就是对员工薪酬的控制，绩效工资随员工业绩的变化而变化。控制薪酬可以从两个方面实现：一是员工只有实现了既定的任务，才能得到变动薪酬部分；二是激励员工投入更多，产出更高。绩效薪酬框架图如图9-5所示。

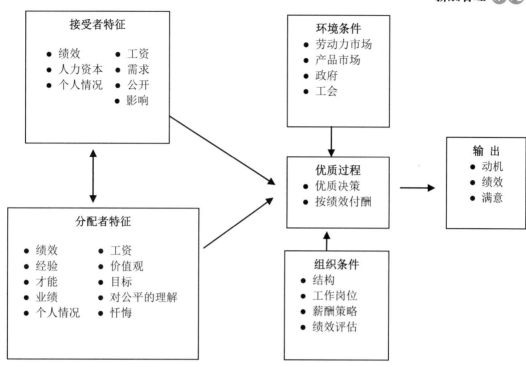

图 9-5 绩效薪酬框架图

(三) 基于市场因素的薪酬体系设计

基于市场因素的薪酬体系是指通过市场调查，了解相关行业的薪酬状况，结合企业自身的实际状况制定薪酬体系的设计方法。基于市场因素的薪酬设计如图 9-6 所示。

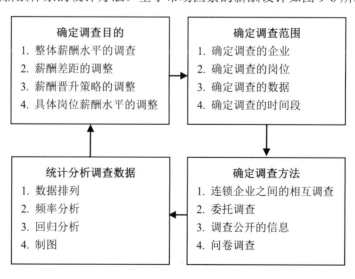

图 9-6 基于市场因素的薪酬设计

(四) 基于职位价值的薪酬体系设计

基于职位价值的薪酬体系设计所隐含的逻辑基础是，企业根据职位的相对价值给员工支付报酬。基于职位价值的薪酬体系设计的基本框架如图 9-7 所示。

(1) 工作分析。了解、获取与工作有关的信息并以一种格式把这种信息描述出来，从而使其他人能了解这种工作的过程。

(2) 职位评价。组织基于职位分析的结果，系统地确定职位之间的相对价值，从而为组织建立一个职位结构的过程。它是以工作内容、技能要求、对组织的贡献及外部市场等为综合依据的。

(3) 薪酬调查。薪酬调查的目的是了解处于特定行业、地理区域或职能类别的职位的外部薪酬水平。

(4) 薪酬水平定位。薪酬水平定位对组织的总费用会产生重大影响。在其他条件相同的情况下，薪酬水平越高，劳动力成本越高。但有些公司认为，支付高薪可以从更有效率的员工那里得到弥补。高薪可能会减少员工的跳槽率，从而降低招聘和培训成本。

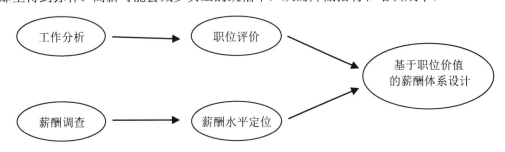

图 9-7 基于职位价值的薪酬体系设计

二、薪酬制度设计原则

哈佛商学院教授迈克尔·比尔(Michael Beer)在其专著《管理人力资本》一书中指出，企业在进行薪酬设计时应该遵循四个原则：形成内部一致性、达到外部竞争性、承认员工的贡献及管理薪酬制度。

(一)形成内部一致性

形成内部一致性主要是指企业报酬制度的设计要有基准，要让员工相信企业的报酬"公平地、统一地"反映了他们的"价值"。企业会根据特定的原则，确定每一项工作总体重要性或价值，找出在企业适用的付薪因素(compensable factors)。这个确定和判断的过程涉及工作所需的技能和努力、工作的难度、工作人员必须承担的责任的大小等。决定企业工作价值的系统化过程被称为工作评估。这一做法的目的在于解决薪酬的内部公平性问题。

(二)达到外部竞争性

在劳动力市场上，企业员工会将自己在本企业得到的报酬与行业中的其他企业员工所得到的报酬进行比较。如果比较的结果让人感觉公平，那么该企业的报酬就达到了外部竞争性。在做薪酬调查时，企业依循的步骤有：收集薪酬调查信息、建立薪酬比率、制定薪酬政策线。薪酬调查的对象一般是与自己有竞争关系的企业或同行业的类似企业，重点考虑流失率高的岗位薪酬情况及热门招聘岗位的薪酬情况。薪酬调查的数据应包括本年度的薪酬增长状况、不同薪酬结构对比、不同职位和不同级别的职位薪酬数据、奖金和福利状况、长期激励措施及未来薪酬走势分析等。

(三)承认员工的贡献

企业的薪酬制度和做法必须体现对员工成果的肯定。技能工资制较能体现企业对员工贡献的承认。这种付酬方法主要依据员工所掌握的与职位有关的技术、知识及在处理问题过程中所表现的胜任力来支付薪酬。企业会根据每项技能对企业的作用为其定价，并向员工进行传播，让他们了解技能和报酬的关系。这一报酬制度适合在组织层级少、实行分权管理体制、运用自我管理团队的组织中使用，而不适合在官僚体系的组织中使用。

(四)管理薪酬制度

管理薪酬制度的主要内容有：如何进行薪酬管理决策；薪酬管理政策是否公开透明；员工是否参与薪酬决策的制定；员工是否有渠道对薪酬体系进行申诉、反馈等。

三、薪酬体系设计流程

一套科学合理的薪酬体系可以让企业在不增加成本的情况下提高员工对薪酬的满意度。一般来讲，要设计一套科学合理的薪酬体系，应遵循一定的规则和程序，并经历以下几个过程，如图 9-8 所示。

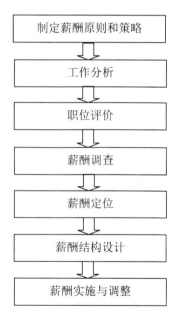

图 9-8　薪酬体系设计流程

(一)制定薪酬原则和策略

企业薪酬策略是企业人力资源策略的重要组成部分，而企业人力资源策略是企业人力资源战略的落实，也是企业基本经营战略、发展战略和文化战略的落实。因此，制定企业薪酬原则和策略要在企业各项战略的指导下进行，要集中反映各项战略的需求。进入 21 世纪以来，企业越来越重视战略性的薪酬管理，探索薪酬制度如何帮助企业实现战略目标并赢得竞争优势。企业需要建立有效的薪酬体系，以适应内外部环境的变化，同时协助企业战略的确定和实施。战略薪酬管理能够帮助企业将愿景、目标和价值观转化为具体的行动方案，基本的管理思路如图9-9所示。

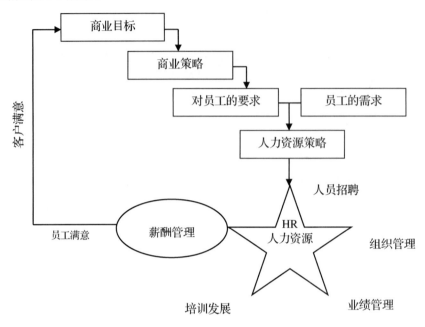

图9-9　战略性薪酬管理模型

薪酬策略作为薪酬设计的纲领性文件要对以下内容做出明确规定：对员工本性的认识，对员工总体价值的认识，对管理骨干(高级管理人才、专业技术人才和营销人才)的价值估计等核心价值观；企业基本工资制度和分配原则；企业工资分配政策与策略，如工资拉开差距的分寸标准，工资、奖金、福利的分配依据及比例标准等。

(二)工作分析

工作分析是确定完成各项工作所需技能、责任和知识的系统过程。它是一种重要的人力资源管理技术，是薪酬设计的基础。

在大多数情况下，完成了工作分析之后都要编写工作说明书和工作规范。工作说明书就是对有关工作职责、工作活动、工作条件及工作对人身安全的危害程度等工作特性方面的信息所进行的书面描述。工作规范则是全面反映工作对从业人员的品质、特点、技能及工作背景或经历等方面要求的书面文件。有关工作分析的介绍，在第四章已有详细阐述，这里不再赘述。

(三)职位评价

职位评价是在工作分析的基础上，对工作岗位的责任大小、工作强度、工作复杂性、所需资格条件等特性进行评价，以确定岗位相对价值的过程。在对企业所有岗位的相对价值进行科学分析的基础上，通过排列法、配对比较法和要素计点法等对岗位进行排序。职位评价是新型薪酬管理的关键环节，也是确保薪酬系统达到公平的重要手段。职位评价有两个目的：

一是比较企业内部各个职位的相对重要性，得出职位等级序列；二是为外部薪酬调查建立统一的职位评估标准。

(四)薪酬调查

所谓薪酬调查，是指企业通过内外薪酬分配的有关状况找出差距和问题，为改进薪酬管理提供信息支持，通过各种合法的手段获取相关企业各职务的薪资水平及相关信息。对薪资调查的结果进行统计和分析会成为企业薪资管理决策的有效依据。薪酬调查重在解决薪酬的对外竞争力问题，因此当企业在确定薪资水平时，一般需要参考劳动力市场的平均薪资水平。

(1) 薪酬调查的对象。薪酬调查的对象最好是选择与本企业有关员工的流失去向和招聘来源。薪酬调查结构的对比、不同职位和不同级别的职位薪酬数据、奖金和福利状况、长期激励措施及未来薪酬走势分析等。只有采用相同的标准进行职位评估，并保证薪酬数据的真实性，才能保证薪酬调查的准确性。

(2) 薪酬调查的方式。薪酬调查可以采用不同的方式，其中最为典型的方式有：问卷调查、访谈调查、电话调查和网络调查。目前，网络调查作为一种新兴的调查方式，具有保密、快捷的特点，又由于其不受地域和时间的限制，可靠性也大幅提高，因此受到越来越多企业的青睐。

(3) 薪酬调查的渠道。一般来说，企业管理者可以利用两种渠道获取薪酬信息：一种是依靠商业机构、专业协会或政府部门的调查报告。例如，一些管理协会或咨询公司会定期进行薪酬调查并为社会提供调查报告。另一种是企业人力资源部门直接进行的正式或非正式调查，这是许多中小企业主要使用的薪酬调查方式。薪酬调查结果表现为薪酬调查报告，不同的薪酬调查方式和渠道所得到的调查信息存在较大差异，薪酬调查结果的表现形式往往也不同。

薪酬调查结果直接影响的方式大致有三种：一是根据调查收集的员工福利方案；二是根据调查结果，对本企业实施调整，以使其符合市场价格；三是参考调查得出的基准职务工资水平，根据不同职务在企业中的相对价值，建立本企业的薪酬标准体系。但要注意，薪酬调查数据只是对过去的反映，是一个静态数据，企业在应用这些数据时应该对薪酬市场的发展趋势和自身薪酬策略有一个自主判断，理性使用薪酬调查数据。

(4) 薪酬调查的原则。薪酬调查原则主要有三个：①保密性原则。由于薪资管理政策及数据在许多企业属于商业机密，不愿意让其他企业了解，因此在进行薪资调查时，要由企业人力资源部门与对方对应部门或总经理联系或利用其他方式获取信息。②准确性原则。调查资料要准确，但是由于企业薪资保密，因此有些信息不全面，准确率低。在取得岗位薪资水平的同时，要与本企业同岗位职责做一致性比较，否则其参考价值则不高。③及时性原则。调查资料要随时更新，因为随着人力资源市场的完善，企业薪资情况也在经常变化，所以只有及时更新的调查资料才有参考价值。

(五)薪酬定位

在分析同行业的薪酬数据后，需要根据公司状况确定不同的薪资水平。

影响公司薪资水平的因素有多种。从公司外部环境来看，国家的宏观经济政策、通货膨胀、行业特点和行业竞争状况、人才供应状况等都对薪酬定位和工资增长水平有不同程度的影响。在公司内部,盈利能力、支付能力、对人员素质的要求是决定薪资水平的关键因素;此外,企业发展阶段、人才稀缺度、招聘难度、公司的市场品牌和综合实力也是重要的影响因素。

在薪资水平的定位上,企业可以选择薪酬领先策略或薪酬跟随策略。采用薪酬领先策略的企业通常具有规模较大,投资回报率较高,薪酬成本在经营总成本中所占比重较低等特征。在实践中,像惠普等大型跨国公司争占薪酬领袖的做法已经众所周知。世界著名的思科公司(CISCO)的薪酬策略是整体薪酬水平就像思科的成长速度一样处于业界领先地位,为保持这种领先地位,思科一年至少做两次薪酬调查,并不断更新。薪酬跟随策略是一种最为通用的薪酬决策类型,大多数企业都采用这种策略。也就是说,如果市场薪酬水平年底将上涨5%,那么企业也考虑将薪酬水平上调5%。

在薪酬系统设计中有一些专用术语,分别叫25P、50P、75P,意思是说,假如有100家公司参与薪酬调查的话,薪酬水平按照由低到高排名,它们分别代表着第25位排名(低位值)、第50位排名(中位值)、第75位排名(高位值)。一个采用75P策略的公司,需要有雄厚的财力、完善的管理、过硬的产品作为支撑,因为薪酬是刚性的,降薪几乎不可能,一旦企业的市场前景不妙,将会使企业的留人措施变得困难。

(六)薪酬结构设计

薪酬价值观和薪酬思想反映了企业的分配哲学,即依据什么原则确定员工的薪酬。不同的企业有不同的薪酬价值观,不同的价值观决定了不同的薪酬结构。企业在设计薪酬结构时,往往要综合考虑五个方面的因素:一是职位等级,二是个人的技能和资历,三是工作时间,四是个人绩效,五是福利待遇。这五个方面的因素在工资结构上分别设计为基本工资、绩效工资、加班工资和薪酬福利。

基本工资由职位等级决定,它是一个员工工资高低的主要决定因素。基本工资是一个区间,而不是一个点。相同职位的不同员工由于在技能、经验、资源占有、工作效率、历史贡献等方面存在差异,导致他们对公司的贡献并不相同,因此在基本工资的设置上应保持差异,即职位相同,基本工资未必相同。这就增加了工资变动的灵活性,使员工在不变动职位的情况下,随着技能的提升、经验的增加而在同一职位等级内逐步提升工资等级。

绩效工资是对员工完成业务目标而进行的奖励,即薪酬必须与员工为企业创造的经济价值相联系。绩效工资可以是短期性的,如销售奖金、项目浮动奖金、年度奖励;也可以是长期性的,如股份期权等。此部分薪酬的确定与公司的绩效评估制度密切相关。

确定基本工资,需要对职位进行分析和评估;确定绩效工资,需要对工作表现进行评估;确定公司整体薪酬水平,需要对公司盈利能力、支付能力进行评估。每种评估都需要一套程序和办法,故薪酬结构设计是一个系统工程。

(七)薪酬实施与调整

薪酬方案一经建立,就应严格执行,发挥其保障、激励功能。在实施过程中,薪酬设计者要对制定的薪酬制度进行修正和调整,这是薪酬设计的最终环节。在这个环节要完成以下任务。

(1) 在薪酬设计过程中,设计者是抛开具体的人针对工作进行设计的,但在实施过程中,则是针对具体的人，因此难免要出现很多在设计过程中没有考虑到的因素。当然，要考虑到所有的因素几乎是不可能的，特别是当设计者是外聘专家时更是如此，因此在正式公布实施薪酬方案前要进行一个预演式的实施，并根据预演情况进行一些修正，以减少公布后出现的风波。

(2) 薪酬设计时效很强，方案一旦成型就要立即实施，因为时间一长，方案中涉及的薪酬数据已经发生了变化，市场价格也已经进行了调整，那么方案的数据也要进行相应调整，否则会使员工对方案的科学性和可行性产生怀疑。

(3) 要及时做好员工的沟通和必要的宣传与培训。从本质上来讲，劳动报酬是对人工成本与员工需求进行平衡的结果。公平是必要的，但绝对的公平是不可能的，因此实施者要做好宣传解释工作，如利用薪酬满意度问卷、员工座谈会、内部刊物甚至BBS论坛等形式，向员工阐明薪酬设计的依据，以尽可能地消除误解，让尽可能多的员工满意。

(4) 在保证薪酬方案相对稳定的前提下，还应随着企业经营状况和市场薪酬水平对总体薪酬水平做出准确的预算，目前，由人力资源部门做此预算更合适一些，因为财务部门并不十分清楚员工具体薪酬和人员变动情况，更不清楚企业的人力资源规划及实施情况。因此，人力资源部门要做好薪酬台账，设计一套比较好的人力成本测算方法。

第三节 激励性薪酬和福利管理

一、激励性薪酬的设计

激励性薪酬是指以员工、团队或者企业的绩效为依据而支付给员工个人的薪酬。与基本薪酬相比，激励性薪酬具有一定的变动性，但由于它与绩效联系在一起，因此对员工的激励性更强。激励性薪酬一般可分为个人激励薪酬和群体激励薪酬两种类型。

(一)个人激励薪酬

个人激励薪酬是指主要以员工个人的绩效表现为基础而支付的薪酬，这种支付方式有助于员工不断地提高自己的绩效水平。但由于它支付的基础是个人，因此不利于团队的相互合作。个人激励薪酬主要有以下三种形式。

1. 计件制

计件制是一种最常见的激励薪酬形式，是根据员工的产出水平和工资率来支付相应的薪酬。例如，规定每生产1件产品可以得到2元工资，那么当员工生产20件产品时，就可以得到40元工资。

在实践中，计件制往往不采用这样直接计件的方法，更多的是使用差额计件制。也就是说，对于不同的产出水平分别规定不同的工资率，并以此来计算报酬。

2. 工时制

工时制是根据员工完成工作的时间来支付相应的薪酬。最基本的工时制是标准工时制，即首先确定完成某项工作的标准时间，当员工在标准时间内完成工作任务时，依然按照标准工作时间来支付薪酬，由于员工的工作时间缩短了，这就相当于工资率提高了。

在实践中，员工因节约工作时间而形成的收益是要在员工和企业之间进行分配的，不可能全都发放给员工，因此标准工时制也有两种变形：一是哈尔西 50~50 奖金制，就是指通过节约工作时间而形成的收益在企业和员工之间平均分享；二是罗恩制，就是指员工分享的收益根据其节约时间的比率来确定。例如，某项工作的标准工作时间为 5 小时，员工只用 4 个小时就完成了工作，那么因工作时间节约而形成的收益，员工就可以分享到 20%。

3. 绩效工资

绩效工资是指根据员工的绩效考核结果来支付相应的薪酬。由于有些职位的工作结果很难用数量和时间进行量化，不太适用上述的两种方法，因此就要借助绩效考核的结果来支付激励薪酬。绩效工资有四种主要形式：一是绩效调薪；二是绩效奖金；三是月/季度浮动薪酬；四是特殊绩效认可计划。

(1) 绩效调薪。绩效调薪是指根据员工的绩效考核对其基本薪酬进行调整，调薪的周期一般按年来进行，而且调薪的比例根据绩效考核结果的不同也应当有所区别，绩效考核成绩越好，调薪的比例相应就要越高。在进行绩效调薪时，有两个问题需要注意：一是调薪不仅包括加薪，而且还包括减薪，这样才会更有激励性；二是调薪要在该职位或该员工所处的薪酬等级所对应的薪酬区间内进行，也就是说，员工基本薪酬增长或减少不能超出该薪酬区间的最大值或最小值。

(2) 绩效奖金。绩效奖金也称为一次性奖金，是根据员工的绩效考核结果给予的一次性奖励，奖励的方式与绩效调薪有些类似，只是对于绩效不良者不会进行罚款。

虽然绩效奖金支付的依据也是员工的绩效考核结果和基本薪酬，但它与绩效调薪还是有明显不同的。首先，绩效调薪是对基本薪酬的调整，而绩效奖金则不会影响基本薪酬。例如，假设某员工的基本薪酬为 1000 元，第一年绩效调薪的比例为 6%，那么他第二年的基本薪酬就是 1060 元，如果下一年度绩效调薪的比例为 4%，那么其基本薪酬就要在 1060 元的基础上再增加 4%，即 1102.4 元；如果是绩效奖金，那么他第一年的绩效奖金数额是 60 元，第二年就是 40 元。其次，支付的周期不同。由于绩效调薪是对基本薪酬的调整，因此不可能过于频繁，否则会增加管理的成本和负担；而绩效奖金则不同，由于它不涉及基本薪酬的变化，因此周期可以相对较短，一般按月或按季来支付。最后，绩效调薪的幅度要受薪酬区间的限制，而绩效奖金则没有这一限制。

(3) 月/季度浮动薪酬。在绩效调薪和绩效奖金之间还存在一种折中的奖励方式，即根据月或季度绩效评价结果，以月绩效奖金或季度绩效奖金的形式对员工的业绩加以认可。这种月绩效奖金或季度绩效奖金一般采用基本工资乘以一个系数或者百分比的形式来确定，然后用一次性奖金的形式来兑现。在实际操作时，往往会综合考核部门的绩效与个人的绩效。

(4) 特殊绩效认可计划。特殊绩效认可计划是指在个人或部门远远超出工作要求，表现出特别的努力而且实现了优秀的绩效或做出了重大贡献的情况下，组织额外给予的一种奖励与认可。其类型多种多样，既可以是在公司内部通信上或者办公室布告栏上提及某个人，也可以是奖励一次度假的机会或者一定数额的现金。

(二)群体激励薪酬

与个人激励薪酬相对应，群体激励薪酬是指以团队或企业的绩效为依据来支付薪酬。群体激励薪酬的好处在于，它可以使员工更加关注团队和企业的整体绩效，增进团队的合作，从而更有利于整体绩效的实现。在新经济条件下,由于团队工作方式日益重要,因此群体激励薪酬也越来越受到重视。但是,它也存在一个明显的缺点,那就是容易产生"搭便车"的行为,因此还要辅以对个人绩效的考核。群体激励薪酬绝不意味着进行平均分配。群体激励薪酬的形式主要有利润分享计划和收益分享计划。

1. 利润分享计划

利润分享计划是指对代表企业绩效的某种指标(通常是利润指标)进行衡量,并以衡量的结果为依据对员工付酬。这是由美国俄亥俄州的林肯电器公司最早创立的一种激励薪酬形式,在该公司的利润分享计划中,每年都依据对员工绩效的评价来分配年度总利润(扣除税金、6%的股东收益和资本公积金)。

利润分享计划有两个潜在的优势:一是将员工的薪酬和企业的绩效联系在一起,因此可以促使员工从企业的角度去思考问题,增强了员工的责任感;二是利润分享计划所支付的报酬不计入基本薪酬,这样有助于灵活地调整薪酬水平,在经营良好时支付较高的薪酬,在经营困难时支付较低的薪酬。

利润分享计划一般有三种实现形式:一是现金现付制(cash or current payment plan),就是以现金的形式即时兑现员工应得到的分享利润。二是递延滚存制(deferred plan),是指利润中应发给员工的部分不立即发放,而是转入员工的账户,留待将来支付,这种形式通常是与企业的养老金计划结合在一起的;有些企业为了降低员工的流动率,还规定如果员工的服务期限没有达到规定的年限,将无权得到或全部得到这部分薪酬。三是混合制(com-bined plan),即前两种形式的结合。

2. 收益分享计划

收益分享计划是企业提供的一种与员工分享因生产率提高、成本节约和质量提高等而带来的收益的绩效奖励模式。通常情况下,员工按照一个事先设计好的收益分享公式,根据本人所属部门的总体绩效改善状况获得奖金。常见的收益分享计划有斯坎伦计划(scalon plan)。

斯坎伦计划最早是 20 世纪 20 年代中期由美国俄亥俄州一个钢铁工厂的工会领袖约瑟夫·斯坎伦(Joseph F. Scanlom)提出的一个劳资合作计划,就是以成本节约的一定比例来给员工发放奖金。它的操作步骤如下。

第一步,确定收益增加的来源,通常用劳动成本的节约表示生产率的提高,用次品率的降低表示产品质量的提高和生产材料等成本的节约。将上述各种来源的收益增加额加总,得出收益增加总额。

第二步,提留和弥补上期亏空。收益增加总额一般不全部进行分配,如果上期存在透支,要弥补亏空;此外,还要提留一定比例的储备,得出收益增加净值。

第三步,确定员工分享收益增加净值的比重,并根据这一比重计算员工可以分配的总额。

第四步,用可以分配的总额除以工资总额,得出分配的单价。员工的工资乘以这一单价,就可以得出该员工分享的收益增加数额。

此外,在股份制繁荣发展的今天,对员工的激励又衍生出了新的形式,就是让员工拥有公司的部分股票或者股权。虽然这种形式是针对员工个人实行的,但是由于它与公司的整体绩效是紧密联系在一起的,因此我们还是将它归到群体激励薪酬中。股票所有权计划是长期激励计划的一种主要形式。目前,常见的股票所有权计划主要有三类:现股计划、期股计划和期权计划。

现股计划是指公司通过奖励的方式向员工直接赠予公司的股票或者参照股票当前的市场价格向员工出售公司的股票，使员工立即获得现实的股权。这种计划一般规定员工在一定时间内不能出售所持有的股票，这样股票价格的变化就会影响员工的收益。通过这种方式，可以促使员工更加关心企业的整体绩效和长远发展。

期股计划是指公司和员工约定在未来某一时期，员工要以一定的价格购买一定数量的公司股票，购买价格一般参照股票的当前价格确定，如果未来股票的价格上涨，那么员工按照约定的价格买入股票，就可以获得收益；如果未来股票的价格下跌，那么员工就会损失。例如，员工获得了以每股15元的价格购买股票的权利，两年后公司股票上涨到20元，那么他以当初的价格买入股票，每股就可以获得5元的收益；相反，如果股票价格下跌到10元，那么他以当初的价格买入股票，每股就要损失5元。

期权计划与期股计划比较类似，不同之处在于公司给予员工在未来某一时期以一定价格购买一定数量公司股票的权利，但到期时员工可以行使这项权利，也可以放弃这项权利，购股价格一般也要参照股票当前的价格确定。

二、福利管理

福利是指企业支付给员工的间接薪酬。在劳动经济学中，福利又曾被称为小额优惠。与直接薪酬相比，福利具有两个重要的特点：一是直接薪酬往往采取货币支付和现期支付的方式，而福利多采取实物支付或延期支付的形式。二是直接薪酬具备一定的可变性，与员工个人直接相连，而福利则具有准固定成本的性质。

相比直接薪酬，福利具有自身独特的优势。首先，它的形式灵活多样，可以满足员工不同的需要；其次，福利具有典型的保健性质，可以减少员工的不满意，有助于吸引和保留员工，增强企业的凝聚力；再次，福利还具有税收方面的优惠，可以使员工得到更多的实际收入；最后，由企业集体购买某些产品，具有规模效应，可以为员工节省一定的支出。但是，福利也存在一定的问题。首先，由于它具有普遍性，与员工个人的绩效并没有太大的直接联系，因此在提高员工工作绩效方面的效果不如直接薪酬那么明显，这也是福利最主要的问题；其次，福利具有刚性，一旦为员工提供了某种福利，就很难将其取消，这样就会导致福利的不断膨胀，从而增加企业的负担。

(一)福利的内容

在不同的企业中，福利的内容各不相同，且存在着非常大的差异。但是，一般来说，我们可以将福利项目划分为两大类：一是国家法定的福利；二是企业自主的福利。

1. 国家法定的福利

国家法定的福利是由国家相关法律法规规定的福利内容，具有强制性，任何企业都必须执行。从我国目前的情况来看，法定福利主要包括以下四项内容。

(1) 法定的社会保险包括基本养老保险、基本医疗保险、失业保险、工伤保险和生育保险，企业要按照员工工资的一定比例为员工缴纳保险费。例如，我国的《失业保险条例》第六条规定，城镇企事业单位要按照本单位工资总额的2%缴纳失业保险费。

(2) 公休假日是指企业要在员工工作满一个工作周后让员工休息一定的时间，我国目前实行的是每周休息两天的制度。

(3) 法定休假日是员工在法定的节日要享受休假，我国目前的法定节日包括元旦、春节、清明节、端午节、国际劳动节、中秋节、国庆节和法律及法规规定的其他休假节日。

(4) 带薪休假是指员工工作满足规定的时期后，可以带薪休假一定的时间。《中华人民共和国劳动法》(以下简称《劳动法》)第四十五条规定："国家实行带薪年休假制度。劳动者连续工作一年以上的，享受带薪年休假。"

2. 企业自主的福利

除了国家法定的福利外，许多企业也自愿向员工提供其他种类的福利，比如除了法定之外的由于某种原因而为员工另外提供的各种假期、休假，为员工及其家属提供的各种服务项目(儿童看护、老年人护理等)，以及灵活多样的员工退休计划等，这类福利统称为企业自主的福利。与法定福利本质上的不同之处在于：它们不具有任何强制性，具体的项目也没有一定的标准，企业可根据自身的情况灵活决定。

(二)福利管理的步骤

为了保证给员工提供的福利能够充分发挥其应有的作用，在实践中，一般要按照下面的步骤来实施福利管理。

1. 调查阶段

为了使提供的福利能够真正满足员工的需要，首先必须进行福利需求的调查。在过去，我国大多数企业都忽视了这一点，盲目地向员工提供福利，虽然也支出了大笔费用，但效果却不理想。在进行福利调查时，既可以由企业提供一个备选"菜单"，让员工从中进行选择，也可以直接收集员工的意见。

与基本薪酬的确定一样，福利调查也要分为两个部分。内部福利调查只是解决了员工的需求问题，但是这些需求是否合理？企业总体的福利水平应当是多少？类似问题都需要进行外部福利调查。当然，这种调查没有必要单独进行，可以在薪酬调查的同时进行。

2. 规划阶段

福利调查结束后，就要进行福利的规划。首先，企业要根据内外部调查的结果和企业自身的情况，确定需要提供的福利项目。其次，要对福利成本做出预算，包括总的福利费用、各个福利内容的成本、每个员工的福利成本等。最后，要制订详细的福利实施计划，如福利产品购买的时间、发放的时间、购买的程序、保管的制度等。

3. 实施阶段

实施阶段就是要按照已制订好的福利实施计划，向员工提供具体的福利。在实施中兼顾原则性和灵活性，如果没有特殊情况，一定要严格按照制订的计划来实施，以控制好福利成本的开支；即便遇到特殊情况，也要灵活处理，对计划做出适当的调整，以保证福利提供的效果。

4. 反馈阶段

实施阶段结束后，要对员工进行反馈调查，以发现在调查、规划和实施阶段中存在的问题，从而不断地完善福利实施的过程，改善福利管理的质量。

(三)福利管理的发展趋势

传统上，企业提供的福利都是固定的，向所有的员工提供一样的福利内容，但是员工的实际需求其实并不完全一样，因此固定的福利模式往往无法满足员工多样化的需求，从而削弱了福利实施的效果。从20世纪90年代开始，弹性福利模式逐渐兴起，成为福利管理发展的一个趋势。

弹性福利也叫自助式福利，就是由员工自行选择福利项目的福利管理模式。需要强调的是，弹性并不意味着员工可以完全自由地进行选择，有一些项目还是非选项，如法定的社会保险。

从目前的实践来看，发达国家的企业实行的弹性福利主要有以下五种类型。

1. 附加型弹性福利

附加型弹性福利是指在现有的福利计划之外，再提供一些福利项目或提高原有的福利水准，由员工选择。例如，原来的福利计划包括房屋津贴、交通补助、免费午餐等，实行附加型弹性福利后，可以在执行上述福利的基础上，额外提供附加福利，如补充的养老保险等。

2. 核心加选择型弹性福利

核心加选择型弹性福利由核心福利项目和选择福利项目组成的福利计划，其中，核心福利是所有员工都享有的基本福利，不能随意选择；选择福利项目包括所有可以自由选择的项目，并附有购买价格，每个员工都有一个福利限额，如果总值超过了所拥有的限额，差额就要折算为现金由员工支付。福利限额一般是未实施弹性福利时所享有的福利水平。

3. 弹性支用账户

弹性支用账户是指员工每年可以从其税前收入中拨出一定数额的款项作为自己的"支用账户"，并以此账户去选购各种福利项目的福利计划。由于拨入该账户的金额不必缴纳所得税，因此对员工具有吸引力。为了保证"专款专用"，一般都会规定账户中的金额如果本年度没有用完，不能在来年使用，也不能以现金形式发放，而且已经确定的认购福利款项也不得挪作他用。

4. 福利"套餐"

由企业提供多种固定的福利项目组合，员工只能自由地选择某种福利组合，而不能自己组合。

5. 选择型弹性福利

选择型弹性福利是指在原有的固定福利的基础上，提供几种项目不等、程度不同的福利组合供员工选择。这些福利组合的价值，有些比原有固定福利高，有些则比原有固定福利低。如果员工选择比原有固定福利价值低的组合，就会得到其中的差额，但是员工必须对所得的差额纳税。如果员工选择了价值较高的福利组合，就要扣除一部分直接薪酬作为补偿。

弹性福利模式的发展解决了传统的固定福利模式所存在的问题，更好地满足了员工的不同需要，从而增强了激励的效果。此外，这种模式也减轻了人力资源管理人员的工作量。但是，这种模式也存在一定的问题：员工可能只顾眼前利益或者考虑不周，从而选择了不实用的福利项目；由于福利项目不统一，减少了购买的规模效应，而且还增加了管理成本。

从发达国家的实践来看，还出现了福利管理社会化和货币化趋势。福利管理社会化是指企业将自己的福利委托给社会上的专门机构进行管理，这样企业的人力资源管理部门就可以摆脱这些琐碎的事务，集中精力从事那些附加值高的工作。此外，由于这些机构是专门从事这项工作的，因此提供的福利管理更加专业化。但又由于这些机构对企业的情况不太了解，若沟通不畅，则会导致福利针对性偏弱。

福利管理货币化是指企业将本应提供给员工的福利折合成货币，以货币的形式发放给员工，这大大降低了福利管理的复杂程度，减轻了企业的管理负担。但福利管理货币化改变了福利原有的性质，削弱了福利应有的作用。例如，体育比赛由员工自发组织和由企业出面组织在凝聚力方面会存在很大的差距。此外，由于不再集中购买，则会失去规模效益，这样在企业付出相同成本的条件下，员工的实际福利水平是下降的，会影响员工的满意度。

本 章 小 结

薪酬指的是员工因向所在组织提供劳动或劳务而获得的各种形式的酬劳或酬谢，分为经济性薪酬与非经济性薪酬。非经济性薪酬包括工作保障、身份标志、给员工更富有挑战性的工作、晋升、对突出工作成绩的承认、培训机会、弹性工作时间和优越的办公条件等。经济性薪酬包括基本薪酬、可变薪酬和福利薪酬三个部分。薪酬是组织对员工贡献的回报，它是组织的费用支出，是劳动者的收入构成，也是组织和员工之间所形成的一种利益交换关系。影响薪酬的因素既包括员工的工作职责、工作绩效、个人条件等个体因素，又包括劳动供需、物价水平及政府法规等总体因素。

薪酬管理是人力资源管理中最困难的管理任务。薪酬设计应遵循四个原则：形成内部一致性、达到外部竞争性、承认员工的贡献及管理薪酬制度。设计一套科学合理的薪酬体系，完整的过程包括：制定薪酬原则和策略、工作分析、职位评价、薪酬调查、薪酬定位、薪酬结构设计和薪酬实施与调整。

激励性薪酬是指以员工、团队或者企业的绩效为依据而支付给员工个人的薪酬。激励性薪酬具有一定的变动性，与绩效相联系，对员工的激励性更强。激励薪酬一般可分为个人激励薪酬和群体激励薪酬两种类型。福利是指企业支付给员工的间接薪酬或小额优惠。与直接薪酬相比，福利具有自身独特的优势。

思 考 题

1. 简述薪酬的概念和作用。
2. 简述薪酬体系的设计原则和基本流程。
3. 相比直接薪酬，福利具有哪些独特的优势？

实 践 应 用

京东的"以人为本"薪酬管理制度

在现代企业中,员工最关心的就是自身的利益问题,也就是薪酬。公平合理的薪酬体系是形成团队凝聚力的重要保证,是激发每一个员工积极性和创造性的根本驱动力。那么,京东怎么惦记员工的呢?怎么爱员工的呢?最简单直接的做法,就是从根本上做到"以人为本"。

2016年年底,京东集团对外披露了京东员工的福利保障数据。数据显示,2016年,京东集团总共为包括基层快递员在内的员工缴纳的五险一金超过了 27 亿元人民币。除了五险一金之外,京东还为所有配送员额外购买了商业保险,保证员工在遇到意外伤害时能够得到及时救助。同时,京东于2016年还投入3000万元设立了专项救助基金,以及时帮助遇到重大困难或疾病的员工及家庭渡过难关。

京东配送员还享有通信、防寒防暑、特殊环境、交通工具等 30 多种福利待遇及补贴。公司每年投入数千万元安排员工进行体检,京东女性员工享受比国家规定多一个月的产假,男性员工享受比国家规定多 7 天的陪护假。由于京东 70%以上的员工来自农村,与子女及其他家人少有团聚,因此京东于 2014 年始推出了"我在京东过大年"的特殊福利政策,用于支持春节期间坚守岗位的一线员工将子女接到身边过年。4 年来,京东为此已经投入了 2 亿多元,帮助超过 2 万个员工家庭在春节团聚。

京东一直高度关注一线员工的福利,努力为基层员工创造有尊严的生活和工作环境。当外界质疑京东利润微薄的时候,刘强东曾表示:"如果一家公司是靠克扣员工的五险一金来挣钱,牺牲他们 60 岁以后保命的钱,是耻辱的,那么赚多少都会让我良心不安。"在 2017年的京东年会上,刘强东再次重申了这一观点,他指出:"如果按照各地最低工资标准缴纳五险一金,每个月公司每人只要补贴一两百块钱就可以了,但能够为这么多的蓝领兄弟们足额缴纳五险一金,付出比其他企业多五倍六倍的代价,不是每家企业都能做到的。通过这件小事,京东向全社会证明了用合法的手段做生意,走正道照样可以取得成功!"

正是由于对基层员工全方位、人性化的关爱,京东物流一直在全行业里保持了服务和口碑上绝对的优势,并再一次彰显了京东"以人为本"的企业文化在促进企业发展和社会贡献上的强大动能。

刘强东说过一句话,"对员工好,准没错。"企业的失败不是因为对员工好,而是因为没有管理,"对员工好"跟"有管理系统",二者是不矛盾的。

企业永远不可能只凭高层的战略和决策就能取得成功,最后还得靠基层员工去落地执行。只有充分尊重基层员工,在合理的范围内给予员工想要的,不剥夺员工应得的,才能充分发挥基层员工的作用和价值。

从京东的例子我们可以得到一些启发,企业做薪酬设计时,要体现人性化的管理原则,既要以制度管人,更要以情暖人。只有员工身心愉悦地投入工作,效果往往才会事半功倍。

那么,企业该如何建立"以人为本"的薪酬管理制度呢?

首先,要真正了解员工的需求。员工的需求是有差异的,不同的员工,或者同一员工在不同时期的需求都有可能不同。例如,对于低工资人群,奖金的作用十分重要,而对于收入水平较高的人群，晋升、职称等显得更为重要。

其次，对薪酬概念要有新的认识。薪酬已不是传统意义上的"基本工资+奖金+福利"，而是所有对员工能起到激励作用的因素整合。这种广义的薪酬管理思想，一方面有利于充分挖掘企业的资源，有更多的方式来激励员工。另一方面，这种认识也有利于内部激励和外部激励相结合，让激励发挥更大作用。

最后，制度创新是关键。以人为本的薪酬管理制度的建立没有硬性标准，关键在于要结合企业的实际情况进行创新。

总之，企业的竞争力主要体现在人才上，而人才的高效则来源于好的制度，以人为本的薪酬体系会使企业更好地吸引人才，留住人才，从而在激烈的市场竞争中站稳脚跟。

(资料来源：搜狐网. 2020-09-23. https://www.sohu.com/.)

【思考题】
1. 本案例体现了人力资源薪酬管理的哪些内容？
2. 结合本案例，谈谈京东的薪酬管理制度可以为其他企业带来怎样的借鉴意义。

微课视频

扫一扫，获取本章相关微课视频。

薪酬管理概述

薪酬体系设计

第十章　职业生涯管理

【学习目标】
1. 了解职业生涯和职业生涯管理的概念。
2. 理解职业选择理论和职业发展理论。
3. 熟悉职业生涯发展通道。
4. 掌握职业生涯分阶段管理和职业生涯管理的开展步骤。

【引导案例】

3M 公司的职业生涯管理

3M 公司的管理层始终尽力满足员工职业生涯发展方面的需求。从 20 世纪 80 年代中期开始,公司的员工职业生涯咨询小组就一直向个人提供职业生涯问题咨询、测试和评估,并举办个人职业生涯问题公开研讨班。通过人力资源分析过程,各级主管对自己的下属进行评估。而公司采集有关职位稳定性和个人职业生涯潜力的数据,借助计算机进行处理,然后用于内部人才的提拔。

公司的人力资源部门可对员工职业生涯发展中的各种作用关系进行协调。公司以往的重点更多地放在评价和人力资源规划上,而不是员工职业生涯发展的具体内容。而新的方法则强调公司需求与员工需求之间的平衡,为此,3M 公司设计了员工职业生涯管理体系。

(1) 职位信息系统。根据员工民意调查的结果,3M 公司于 1989 年年底开始试行了职位信息系统。员工的反应非常积极,人力资源部、一线部门及员工组成了专题工作小组,进行了为期数月的规划工作。

(2) 绩效评估与发展过程。该过程涉及各个级别(月薪和日薪员工)和所有职能的员工。每一位员工都会收到一份供明年使用的员工意见表。员工填入自己对工作内容的看法,指出主要进取方向和期待值,然后与自己的主管一起对这份工作表进行分析,就工作内容、主要进取领域和期待值及明年的发展过程进行讨论并最终达成一致意见。在第二年中,这份工作表可以根据需要进行修改。到年底时,主管根据以前确定和讨论的业绩内容及进取方向完成业绩表彰工作。绩效评估与发展过程促进了 3M 公司主管与员工之间的交流。

(3) 个人职业生涯管理手册。公司向每一位员工发放一本个人职业生涯管理手册,它概述了员工、领导和公司在员工职业生涯发展方面的责任，还明确提出公司现有的员工职业生涯发展资源，同时提供一份员工职业生涯关注问题的表格。

(4) 主管公开研讨班。为期一天的公开研讨班有助于主管们理解自己所处的复杂的员工职业生涯管理环境，同时提高他们的领导技巧及对自己所担任的各类角色的理解。

(5) 员工公开研讨班。提供个人职业生涯指导，强调自我评估、目标和行动计划，以及平级调动的好处和职位晋升的经验。

(6) 一致性分析过程及人员接替规划。集团副总裁会见各个部门的副总经理，讨论其手下管理人员的业绩情况和潜能，然后由管理层层层召开类似会议，与此同时开展人员接替规划项目。

(7) 职业生涯咨询。公司鼓励员工主动去找自己的主管商谈个人职业生涯问题，也为员工提供专业的个人职业生涯咨询。

(8) 职业生涯项目。作为内部顾问，员工职业生涯管理人员根据员工兴趣印发一些项目，并将它们在全公司推出。

(9) 学费补偿。这个项目已实行多年，它报销学费和与员工当前岗位相关的费用，以及与某一工作或个人职业生涯相关之学位项目的全部学费和其他费用。

(资料来源：3M 公司的职业生涯管理. 2016-11-05. http://www.hrsee.com.)

第一节 职业生涯管理概述

一、职业与职业生涯的概念

(一)职业

职业一般是指人们为了谋生和发展而从事相对稳定的、有收入的、专门类别的社会劳动。职业是人类文明进步、经济发展及社会劳动分工的结果。同时，职业也是组织与个体的结合点。也就是说，个人是职业的主体，但个人的职业活动又必须在一定的组织中进行。组织的目标靠个体通过职业活动来实现，个体则通过职业活动对组织的存在和发展作出贡献。因此，职业活动对员工个人和组织都具有重要的意义。

从个人的角度来讲，职业活动几乎贯穿于人生的全过程。人们在生命的早期阶段接受教育与培训，目的是为职业发展做准备。从青年时期进入职业世界到老年退离工作岗位，职业生涯长达几十年，即使退休以后也仍然与职业活动有着密切的联系。职业不仅是谋生的手段，而且是对个人生活方式、经济状况、文化水平、行为模式、思想情操的综合反映，也是一个人的权利、义务、职责及社会地位的一般性表征。

对于组织来说，不同的工作岗位要求具有不同能力、素质的人来担任，把合适的人放在合适的位置上，是人力资源管理的重要职责。只有让员工选择了适合自己的职业并获得职业上的成功，真正做到人尽其才、才尽其用，组织才能可持续发展。组织能不能获得员工的情感认同，能不能充分调动员工的积极性，关键因素在于组织能不能为员工创造条件，并对他们的职业进行管理，使他们有机会获得一个有成就感和自我实现感的职业。

(二)职业生涯

1. 职业生涯的概念

职业生涯的概念大致有两种观点。一种是从某一类工作或某一组织出发，把职业生涯看作是其中一系列职位构成的总体；另一种则是把职业生涯看作个人的一种功能，而不是某种工作或某一组织的功能。由于每个人几乎都经历过一系列独特的工作、岗位经验，因此这种观点认为，每个人实际上都在追求一个独特的职业生涯。综合学者们的观点，我们将职业生涯界定为一个人与工作相关的整个人生历程，是一个人在一生中所经历的与工作、生活和学习有关的过程、经历和经验。对于职业生涯的定义，我们可以这样理解：每个人只有一个职业生涯历程，不管他从事多少份工作或经历多少个岗位，都是他职业生涯的一部分；职业生涯是一个连续的过程，从接受教育为职业做准备直到退出工作领域；职业生涯是不断变化的过程，会经历不同的组织和不同的工作岗位；职业生涯没有专业的限制，任何与工作相关的经历都可以称为职业生涯，包括自由职业者或进修人员等。

2. 职业生涯的特点

职业生涯具有时间性、独特性、主动性和不可逆转性的特点，了解职业生涯的特点能帮助我们进一步了解职业生涯。

(1) 时间性。与人的自然成长规律一样，职业生涯的发展也具有阶段性。这种阶段性一般是根据工作年限来划分的，且每一个阶段都会表现出不同的职业特点，如成长阶段、探索阶段、确立阶段、维持阶段和衰退阶段。每个时期的职业特点和职业内容都有所不同，组织在不同的时间段，对员工的管理也不相同。各阶段之间并不是简单的并列关系，而是一种递进关系，前一阶段是后一阶段的基础，前一阶段的状态越好，后一阶段的状态才有可能越好。另外，每个人经历的组织和岗位，或者从事某个职业的时间也不一样，有的人一生只从事一种职业，但有的人一生会从事各种不同的职业。

(2) 独特性。每个人的价值观、人格、能力、成长环境、受教育背景等各不相同，导致每个人所从事的职业也不相同，其职业生涯会存在很大差异。例如，有的人适合或有兴趣从事销售工作，但有的人却适合或有兴趣从事研发工作。正是由于这种差异性的存在，因此每个人的职业生涯设计都应该是个性化的。只有职业生涯规划是个性化的，才能对自己的职业生涯发展具有切实的指导意义。此外，差异性并不妨碍人们对职业生涯发展规律的认识和运用。对职业生涯的差异性和自身的独特性认识得越充分，职业生涯管理才会越有针对性。

(3) 主动性。职业生涯是一个人一生连续不断的发展过程，每个人都会主动去规划和管理自己的职业生涯。比如，主动寻找适合自己的工作，希望能够有更好的成长和发展机会。因此，善于规划并有明确目标和强烈进取精神的人可能会成长得快一些、好一些；而不善于规划，没有明确目标的人可能会成长得慢一些。但是，不管怎样，随着时间的推移，每个人都会在不同方面有不同程度的成长。

(4) 不可逆转性。一个人由幼年到成年，再到老年，这是一个不可变更的自然发展过程，它必须遵循从生到死的规律，想重来是不可能的。职业生涯发展过程也是一样，具有不可逆转性。有些人到了职业生涯的一定阶段后，往往会后悔之前没有好好珍惜，或者没有去合理规划，但是之前的职业生涯已经不再可能改变。职业生涯发展的不可逆转性提醒人们要充分重视职业生涯发展中的每一步，因为今天的每一个选择，都可能影响你的下一个选择。每个人都应该正确认识职业生涯的不可逆转性，好好规划自己的职业生涯，尽可能不留遗憾。

二、职业生涯管理的概念

一般来说，职业生涯管理是组织和员工个人对职业生涯进行设计、规划、执行、评估和反馈的一个综合性的过程，通过员工和组织的共同努力与合作，使每个员工的生涯目标与组织发展目标一致，使员工的发展与组织的发展相吻合。职业生涯管理包括以下两个方面。

(一)个体视角的职业生涯管理

从个人的角度来讲，职业生涯管理是指一个人有目的地对自己的技能、兴趣、知识、动机和其他特点进行认识，获取职业信息并进行职业选择，同时为实现自己的职业目标而积累知识、开发技能的过程。个人可以自由地选择职业，但任何一个具体的职业和岗位，都要求从事这一职业的个人具备特定的条件，如受教育程度、专业知识与技能水平、身体状况、个性要求及品质要求等。并不是任何一个人都能适应任何一个职业的，这就产生了职业对人的选择。一个人在择业上的自由度很大程度上取决于个人所拥有的职业能力和职业品质，而个人的时间、精力、能力毕竟是有限的，要使自己拥有不可替代的职业能力和职业品质，就应该根据自身的潜能、兴趣、价值观和需要来选择适合自己的职业，这就需要对自己的职业生涯进行管理。因此，人们越来越重视职业生涯的管理，越来越看重自己的职业发展机会。

(二)组织视角的职业生涯管理

从组织的角度来讲，对员工的职业生涯进行管理，集中表现为帮助员工制定职业生涯规划，建立各种适合员工发展的职业通道，针对员工职业发展的需求进行适时的培训，给予员工必要的职业指导，以促使员工职业生涯的成功。组织是个人职业生涯得以存在和发展的载体。因此，员工的职业发展不仅是其个人的行为，也是组织的职责。例如，工作分析、员工筛选、员工培训、绩效管理等人力资源管理活动的重要作用在于为组织找到合适的人选，并为组织的发展提供人力资源保障。然而，人力资源管理活动还越来越多地扮演着另外一种角色，这就是确保员工在组织中找到自己的职业方向，并且鼓励员工不断成长，使他们能够发挥其全部潜能。这种趋势得到强化的一个信号是，许多组织越来越多地强调和重视员工的职业规划和职业发展。

综上所述，员工和企业都可以也应该对员工的职业生涯进行管理，以实现员工的职业理想并帮助企业吸引人才。但是，在本书中，职业生涯管理作为企业人力资源体系的一部分，我们仅侧重于讲述作为一种组织管理职能的职业生涯管理，即组织对员工的职业生涯管理。因此，我们将职业生涯管理界定为：组织为了更好地实现员工的职业理想和职业追求，寻求组织利益和个人职业成功最大限度的一致化，而对员工的职业历程和职业发展进行计划、组织、领导、控制等所采取的一系列手段。对于组织而言，职业生涯管理是组织的一项管理职能，最终目的是通过帮助员工实现职业理想，达到组织既定的目标，并会在职业生涯的管理中使用计划、组织、领导、控制等各项管理手段。职业生涯管理是组织对员工在本企业中的职业发展历程所进行的管理，包括为员工设计职业发展路径，确定职业发展方向，提供职业发展机会和平台，提供培训与开发机会，以帮助员工实现职业目标。

三、职业生涯管理的意义

对于企业来说,人是最重要的资源。一方面,企业想方设法保持员工的稳定性和积极性,不断提高员工的业务技能以创造更好的经济效益;另一方面,企业又希望能维持一定程度的人员、知识、观念的重新替代以适应外界环境的变化,保持企业活动和竞争力。开展职业生涯管理工作则是满足员工与企业双方需要的最佳方式,因此职业生涯管理对个人和组织都具有极为重要的意义,主要表现在以下五个方面。

(一)优化人力资源配置,提高人力资源效率

职业管理中的一个基本问题是"员工适合做什么",要回答这个问题就要明确员工的职业倾向、能力素质等。首先,员工在进入组织时,组织通过各种工具对员工进行测试和评价,了解员工的特长、能力、气质、性格、兴趣等,在充分了解员工之后再把员工放在合适的岗位上;其次,可以使企业获得培训需求的信息,基于员工的职业发展计划的各项培训会得到员工的支持和认同,有效的培训可以使员工更好地适应工作,满足工作岗位上所需要的知识和技能;最后,如果企业中出现岗位空缺,那么能结合员工的个人能力和素质,根据人岗配置原则对员工进行调动、整合和再配置等活动,以便合理配置企业内的工作岗位。因此,加强职业生涯管理,使人尽其才、才尽其用,可以优化组织人力资源配置,提高人力资源利用率。

(二)有效提高员工满意度,降低员工流动率

企业通过对员工的潜能进行评价、辅导、咨询、规划和培训等为其提供更大的发展空间,使员工发展更有目的性,而员工可以确定自己的职业定位、职业兴趣、职业路径等,有助于员工实现自己的职业目标和职业理想,从而提高员工满意度。另外,员工在理解企业人力战略的情况下,结合自身特点提高自身素质,并把自身利益与企业发展更紧密的结合起来。岗位的适应性也能大大提升一个人的满意度,从而使员工的流动性降低。

(三)促进组织与个人共同发展,保持竞争优势

现代企业都处于复杂和动态的环境之中,任何企业都难以摆脱某些事件的影响。例如,企业常常面临兼并、收购重组或精编性裁员等预想不到的变化,这时组织结构就会发生变化,员工的职务也会发生变化。通过职业生涯管理,组织有长期的人才战略规划,能应对此类动荡造成的影响,也能保持企业持久的竞争优势;对员工来说,有较强的知识和技能,就能应对企业大量裁员的困难,同时也不会因为组织变化而造成失业。组织和员工只有在通力合作的前提下,才能共同发展,进而在激烈竞争的环境中保持优势,而职业生涯管理能达成组织和员工的通力合作。

(四)创建优秀的企业文化,实现"以人为本"

企业文化的核心理念是企业员工具有共同的价值观和行为方式,"以人为本"的管理理念是充分尊重并满足员工个人正当合理的发展需求。企业进行员工职业生涯规划就是强调和肯定人的重要性,给员工提供不断成长、不断挖掘潜力并取得职业成功的机会和条件,从而创造一种高效率的工作环境和引人、育人、留人的积极向上的、健康的企业文化。

(五)创建"学习型企业",促进企业的发展

员工职业生涯管理的核心是鼓励学习、鼓励创新、鼓励竞争。企业通过员工职业生涯管理,能构建一种善于学习、积极向上、不断进取、健康活泼的企业文化氛围,培养和造就大批能将企业发展目标和个人奋斗目标较好结合的、对企业忠诚的、勇于创新的各类人才队伍,从而为企业在激烈的市场竞争中立于不败之地奠定坚实的基础。

四、职业生涯发展的趋势

随着信息技术和知识经济的迅猛发展,组织结构正在发生着根本性的变化,从传统科层体制向更具柔性、更扁平的组织形式发展,出现了信息化、分散化、虚拟化、小型化等多元发展趋势。在这一背景下,企业势必要改变传统的长期雇佣而代之以更具弹性的雇佣形式,如雇佣短期化、员工派遣、裁员等。相对传统职业生涯发展模式,出现无边界职业生涯和易变性职业生涯。

(一)无边界职业生涯

无边界职业生涯的概念最早出现于20世纪90年代,是由外国学者阿瑟(Arthur)在1994年《组织行为学杂志》(Journal of Organizational Behavior)的特刊上首先提出来的,他将无边界职业生涯定义为"超越单个就业环境边界的一系列就业机会"。1996年,阿瑟又进一步进行了修正和丰富,详细描述了六种不同的无边界职业生涯:①像硅谷公司职员一样跨越不同雇主的边界流动的职业;②像学者或木匠等职业那样从现在的雇主之外获得从业资格的职业;③像房地产商那样受到外部网络和信息持续支持的职业;④打破关于层级和职业晋升的传统组织设想的职业;⑤不是非职业本身或组织内部原因,而是个人或家庭原因令其放弃现有职业机会的职业;⑥基于从业者自身的理解,认为是无边界而不受结构限制的职业。与传统职业生涯不同,无边界职业生涯注重职业技能的提升以代替长期雇佣保证,如表10-1所示。

表10-1 传统职业生涯与无边界职业生涯的区别

	传统职业生涯	无边界职业生涯
雇佣关系	用工作安全性换取忠诚	用灵活性换取工作业绩
环境边界	1~2家公司	多家公司
能力	由公司确定	可转移
如何衡量成功	报酬、提升、地位	心理上有意义的工作
职业生涯管理的责任	组织	个人
培训	正式的培训计划	在岗的学习和培训
里程碑	与年龄有关	与学习有关

无边界职业生涯的特点有:①经常改变雇主,更换工种;②人们拥有的工作技能、知识和能力不局限于某一公司,同样的技能、知识和能力可以在其他公司使用;③通过有意义的

工作实现个人价值；④在职学习、随时自觉学习、向同事学习；⑤建立和发展广泛的关系网，靠外部信息和网络开展业务；⑥个人对自己的职业生涯管理负责；⑦公司与员工之间的关系发生改变，员工通过在工作中的良好绩效来获得持续学习机会和竞争力；⑧内部传统层级逐渐模糊。

无边界职业生涯对于员工来说，要避免短视行为，如盲目追求高收入和高职位而频繁跳槽，审慎选择每一份工作。无边界职业生涯能增强员工职业洞察力、持续积累人力资本和培育社会资本。对于组织来说，要为员工职业发展生涯提供咨询和各种职业信息，注意避免员工技能老化，支持员工持续学习，培育支持员工无边界职业生涯管理的组织文化。

无边界职业生涯是时代发展的产物，符合知识经济社会的要求。无边界职业生涯理论强调职业生涯发展呈现的无限可能性，以及怎样识别并利用这些机会取得成功。大部分研究者在研究无边界时，着眼于迁移，但事实上，无边界职业生涯并不等同于盲目、无效的迁移，它更强调跨越，这是因为人们的职业迁移是由意愿驱动的，并且这种迁移更强调对各种边界的跨越。

(二)易变性职业生涯

职业生涯的传统观点认为，一个人应该在一个或几个企业中线性发展，而职业生涯成功的衡量标准是职位和薪水的高低；企业应该为员工提供长期稳定的工作及纵向的晋升机会，规划员工的职业生涯。这样的观点在过去较长一段时期占据统治地位，它与稳定的组织结构是匹配的，并且受到当时的经济环境和社会规范的支持。在如今多变、动荡、激烈竞争的商业环境中，任何企业都无法保证长期雇佣关系的存在，因此易变性职业生涯的概念应运而生。易变性职业生涯是对传统职业生涯观点的颠覆，它强调职业生涯的主体是个人而不是组织，个人遵循内心的价值观选择职业，职业成功的标志不是客观标准(如年薪或者职位高低)，而是主观标准(如家庭幸福等)。易变性职业生涯的本质在于它不受外在组织和特定职业生涯路径的约束，职业选择完全遵从内心的意愿。与传统职业生涯相比，它为个人的职业发展提供了更加柔性、广阔和开放的框架，鼓励个人不断学习，不断突破，最终能够达到自我职业理想的实现。表10-2展示了传统职业生涯与易变性职业生涯的区别。

表10-2 传统职业生涯与易变性职业生涯的区别

	传统职业生涯	易变性职业生涯
目标	晋升、加薪	心理成就感
心理契约	工作安全感	灵活的受聘能力
管理责任	公司承担	员工承担
变动	垂直变动	水平变动
模式	直线型、专家型	短暂型、螺旋型
发展	很大程度上依赖于正式培训	更依赖于人际互助与工作经验
专业知识	知道怎么做	学习怎么做

易变性职业生涯的特点有：①个人管理主导着自己的职业生涯，而组织是个人发展的舞台，这是易变性职业生涯的根本前提。当员工按照自己的意愿选择职业路径并主动承担在职业发展上失败或成功的责任时，才会形成易变性职业生涯。②易变性职业者需要具备高度的自我认知及适应能力，如果一个人有自我反思的能力，能够不断地评估和了解自己，了解对自己来说真正重要的东西是什么，那么他才会做出有效的职业决策，及时调整自己的行为和态度，更好地适应职业转变及新的工作，主动承担在职业发展上失败或成功的责任，享受职业成功。③易变性职业生涯要求员工持续不断地终生学习。技术和产品的生命周期在大大缩短，相应地个人掌握它们的周期也在缩短，因此当易变性职业者在各种不同的产品、技术等领域及不同的组织出入时，他们的职业生涯实际上是由一系列短期学习周期组成的，为了应对每个周期的挑战，易变性职业者必须持续地学习。

第二节　职业生涯管理理论

一、职业选择理论

职业选择是指人们从自己的职业期望、职业理想出发，依据自己的兴趣、能力、特点等素质，从社会现有的职业中选择一种适合自己的职业的过程。从某种意义上来说，选择了自己的职业，实际上就等于选择了自己的职业生涯。自主择业、双向选择是现代社会的主要就业方式，职业流动、职业转换现象司空见惯。也就是说，人们不仅在就业前面临着职业选择的问题，即使就业后仍然有对职业重新选择的机会。职业选择成为人们职业生涯管理中的一个重要环节。长期以来，很多心理学家和职业指导专家都对职业选择的问题进行了专门研究，并提出了自己的理论。以下介绍两种具有广泛影响的职业选择理论。

(一)霍兰德的职业性向理论

美国职业指导专家约翰·霍兰德(J. Holland)在研究中发现，不同的人具有不同的人格特征，不同的人格特征适合从事不同的职业。由此他指出，人格(包括价值观、动机和需要等)是决定一个人选择何种职业的另外一个重要因素，并提出了著名的职业性向理论，即决定个人选择职业的六种基本的"人格性向"：现实型、调研型、社会型、常规型、企业型和艺术型。

1. 现实型(R)

现实型的人一般具有机械方面的能力，乐于从事半技术性的或手工性的职业，他们更愿意去从事那些包含体力活动并且需要一定的技巧、力量和协调性才能完成的工作。现实型的人适合从事农场主、运动员和装配工人等职业。

2. 调研型(I)

调研型的人为了知识的开发与理解而乐于从事现象的观察与分析工作。这些人思维复杂，有创见，有主见，但无纪律性，不切实际，易于冲动。具有这种性向的人会被吸引从事那些包含较多认知活动的职业，如生物学家、社会学家和大学教授。

3. 社会型(S)

具有社会型性向的人喜欢为他人提供信息，帮助他人，喜欢在秩序井然、制度化的工作环境中发展人际关系和工作，其个性独断专行，爱操纵别人。社会型的人适合从事诊所心理医生、外交工作者等包含大量人际交往活动的职业。

4. 常规型(C)

具有常规型性向的人会被吸引从事那些包含大量结构性和规则性的职业，他们喜欢和数据型及数字型的事务打交道，喜欢明确的目标，不能接受模棱两可的状态。这种个性最适合从事事务性职业，如会计、出纳员和银行职员。

5. 企业型(E)

企业型与社会型的人相似，也喜欢与人合作。企业型的人喜欢领导和控制他人，以实现特定的组织目标。具有这种性向的人会被吸引从事那些包含大量以影响他人为目的的语言活动的职业，如管理人员和律师。

6. 艺术型(A)

艺术型与传统型形成了最强烈的反差。他们喜欢选择音乐、艺术、文学和戏剧等职业，感情极丰富、无组织纪律。具有这种性向的人会被吸引从事包含大量自我表现、艺术创造、情感表达和个性化职业，如艺术家和广告创意人员。

霍兰德的六种人格类型特征及相应的职业如表10-3所示。

表10-3 霍兰德的六种人格类型特征及相应的职业

职业类型	人格特点	代表性职业
现实型	踏实稳重、诚实可靠、不善言辞，做事保守、较为谦虚、动作协调	飞行员、摄影师、制图员、机械装配工、司机、木匠、厨师、技工、修理工、农民等
调研型	持续性强，有韧性，喜欢钻研，有好奇心，独立性强，求知欲强，善思考	科学研究人员、大学教授、工程师、电脑编程人员、医生、系统分析员等
社会型	为人友好、热情、善解人意、乐于助人、喜欢与人交往、善言谈	律师、咨询人员、科技推广人员、医生、护士、教师、传教士、临床心理学家等
常规型	有责任心、依赖性强、效率高、稳重踏实、细致、有耐心、有条理、习惯被指导	统计员、办公室人员、记事员、会计、行政助理、图书馆管理员、出纳员、打字员等
企业型	善辩、精力旺盛、独断、乐观、自信、好交际、机敏、有支配愿望	项目经理、营销人员、政府官员、企业领导、法官、律师、采购员等
艺术型	有创造性、非传统的、敏感、容易情绪化、较冲动，不服从指挥	导演、艺术设计师、雕刻家、建筑师、摄影家、广告制作人、歌唱家、作曲家、乐队指挥、小说家、诗人、剧作家等

实际上，每个人不是只具有一种职业性向，而是可能具有几种职业性向的混合。霍兰德认为，若这几种性向越相似，则表明这个人在选择职业时所面临的内在冲突和犹豫就越少。霍兰德用一个六边形来表示各种性向的相似性，如图10-1所示。

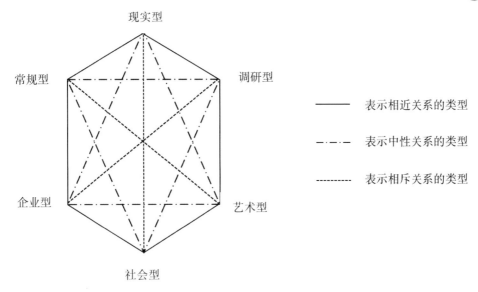

图 10-1 人格类型关系

图10-1所示的六边形中，越接近的两种人格，相关性越强。当个体无法找到与自己人格类型完全匹配的工作，但却找到与自己人格类型比较接近的人格类型适合的工作时，个体适应的可能性会比较大。如果个体找到的工作是与自己的人格类型相反的人格类型适合的工作，则个体适应的可能性会较小。

(二)沙因的职业锚理论

职业锚理论(career anchor theory)是由职业生涯规划领域具有"教父"级地位的美国麻省理工学院斯隆管理学院教授、哈佛大学社会心理学博士埃德加·H.沙因(Edgar H. Schein)最早在《职业锚：发现你的真正价值》(*Career anchors: Discovering your real values*)中提出来的。沙因教授通过面谈、跟踪调查、公司调查、人才测评、问卷等多种方式对斯隆管理学院的44名MBA毕业生进行了12年的职业生涯研究，经过分析总结，提出了职业锚理论。

职业锚是职业生涯主线或主导价值取向，即当个体不得不做出选择的时候，无论如何都不会放弃原则性的东西，是人们职业选择和发展所围绕的中心。职业锚是个人经过持续不断的探索确定的长期职业定位。个体职业锚由三个部分组成：自己认识到的才干和能力、自我动机和需要、态度和价值观。

沙因将职业锚分为八种，分别是技术/职能型职业锚、管理型职业锚、自主/独立型职业锚、安全/稳定型职业锚、创造/创业型职业锚、服务/奉献型职业锚、挑战型职业锚、生活型职业锚。

1. 技术/职能型职业锚

拥有技术/职能型职业锚的人希望过着"专家式"的生活。他们工作的动机来自有机会实践自己的技术才能，并乐于享受作为某方面专家带来的满足感。拥有这种职业锚的人从事的是在某一个专门领域中富有一定挑战性的工作。在薪酬补贴方面，这类人更看重外在平等，他们希望组织能够按照受教育背景和工作经验确定技术等级并得到相应报酬，他们的同行中具有同等技术水平者的收入是他们的参照系。他们惧怕公司提供给他们类似于股票收益的

"金手铐"，因为金手铐意味着他们很可能陷入一份缺乏挑战的工作。在晋升方面，这类人更看重技术或专业水平，而不是职位的晋升。对他们来说，不需要用等级晋升来激励，而应该考虑通过加大工作范围，给予更多的资源和更大的责任，更多经费、技术、下属等的支持，或通过委员会和专家组等方式参与高层决策。对他们的认可有三种：一是他们看中的是同行专业人士的认可，而不是管理者的表扬。在他们眼里，管理者不可能真正理解他们的工作价值，甚至来自了解工作过程和工作成果的下属的认可，都会比管理者的认可更能让他们欣慰。二是获得专业领域继续学习和发展的机会，他们惧怕落伍，接受培训的机会。对他们而言，组织赞助的休假、鼓励参加专业性会议、提供购买资料和设备的经费等，都是非常有价值的认可。三是作为专家被接纳为其他团体和组织的成员，以及来自社会的或者专业团体的奖励，都是他们喜欢的认可方式。

2. 管理型职业锚

拥有管理型职业锚的人具有成为管理人员的强烈愿望，并将此看成职业进步的标准。他们把专业看作陷阱，当然，这不等于他们不明白掌握专业领域知识的必要性，不过，他们更认可组织领导的重要性，掌握专业技术不过是通向管理岗位的阶梯。与技术/职能型职业锚相比，管理职业锚更喜欢不确定性的挑战，而技术/职能型职业锚则要千方百计消除不确定性。他们从事的是综合性的领导工作，对组织成功越重要的工作，对他们越有吸引力。这种人对薪酬补贴的态度不同于技术/职能型职业锚的人，他们倾向于纵向比较，只要他们的工资在整个组织中比他们的下属高，他们就满足了，他们不会横向比较同行的工资。他们对组织中的"金手铐"很热衷，股票期权等代表所有者和股东权益的奖励方式对他们来说非常具有吸引力。他们的工作晋升基于个人的贡献、可量化的绩效和工作成就，他们认为达到目标的能力才是关键的晋升标准。对他们来说，最好的认可方式是提升到具有更大管理责任的职位上。他们希望得到上级主管的认可，同样，金钱形式的认可对他们来说也是重要的，他们喜欢加薪、奖励、股票期权，喜欢头衔和地位象征物(大办公室、象征地位的小车、某种特权等)。

3. 自主/独立型职业锚

拥有自主/独立型职业锚的人追求自主和独立，不愿意接受别人的约束，也不愿意受程序、工作时间、着装方式及在任何组织中都不可避免的标准规范的制约。即使在面对职业选择时，他们也会为了保住自主权而权衡工作的利弊。他们注重培养自力更生、对自己高度负责的态度。他们倾向于专业领域内职责描述清晰、时间明确的工作。他们可以接受组织强加的目标，但希望独立完成工作。如果他们热爱商业，多会选择不受公司约束的咨询服务和培训工作。即便在公司里，他们也会倾向于选择独立性较强的部门或者岗位。他们最明显的特点是，不能忍受别人的指指点点，也不愿接受规范性约束。这种人喜欢的薪酬补贴方式是便捷的自选式收益，不在乎与别人的比较，倾向于接受基于工作绩效并能即时付清的工资和奖金。他们惧怕"金手铐"的约束。他们期望的工作晋升是能够获得更多自主权的方式，任命他们更高职务而减少自主权，反而会让他们感到窝火或者憋气。对他们的认可方式可以是直接的表扬或认可，如勋章、证书、推荐信、奖品等奖励方式，比晋升、加衔、金钱更有吸引力。

4. 安全/稳定型职业锚

拥有安全/稳定型职业锚的人选择职业最基本、最重要的需求是安全与稳定。通常，只要有条件，他们就会选择提供终身雇佣、从不辞退员工、有良好退休金计划和福利体系、看上去强大可靠的公司,他们喜欢组织的"金手铐",希望自己的职业跟随组织的发展而发展。只要获得了安全感,他们就会有满足感。相比工作本身,他们更看重工作内容。他们愿意从事安全、稳定、可预见的工作。因此,政府机关和类似单位,以及能够提供终身职务的大学,是他们的首选。这种人适合直接加薪、改善收益状况的激励方式。对于薪酬补贴,只要按部就班、有基于工作年限、可预见的稳定增长就可以。他们喜欢基于过去资历的晋升方式,乐于见到明确晋升周期的公开等级系统。他们希望组织能够认可他们的忠诚,而且相信忠诚可以给组织带来绩效。

5. 创造/创业型职业锚

拥有创造/创业型职业锚的人最重要的是建立或设计某种完全属于自己的东西。他们有强烈的冲动向别人证明这一点,这种人通过自己的努力创建新的企业、产品或服务,以企业或者产品能打上自己的名号而自豪。当在经济上获得成功后,赚钱便成为他们衡量成功的标准。这种类型就是从萨伊到熊彼特再到明茨伯格所说的企业家角色。虽然自主/独立型职业锚的人也会发展自己的生意,也要创业,但是他们发展自己的生意是源于表现和扩大自主性的需要,而创造/创业型职业锚的人在创业的初期阶段,会毫不犹豫地牺牲自己的自由和稳定以实现生意的成功。他们的工作类型在于不断地接受新挑战,不断创新。他们着迷于实现创造的需求,容易对过去的事情感到厌烦。在薪酬补贴方面,他们看中的是所有权,通常他们并不为自己支付很多工资,但是他们会控制自己公司的股票,如果他们开发出新产品,他们会希望拥有专利权。对于工作晋升,他们希望职业能够允许他们去做自己想做的事,有一定的权力和自由去扮演满足自己不断进行创新变化需求的任何角色。创造财富、创建企业、开发事业,就是对他们的认可方式。他们积累财富只是用来向他人展示和证明自己的成功。

6. 服务/奉献型职业锚

拥有服务/奉献型职业锚的人希望能够体现个人价值观,他们关注工作带来的价值,而不在意是否能发挥自己的能力。他们希望能够以自己的价值观影响雇佣他们的组织或社会,只要显示出世界因为他们的努力而更美好,就实现了他们的价值。这种人的供职机构既有志愿者组织和各种公共组织,也有顾客导向的企业组织。至于薪酬补贴,他们希望得到基于贡献的、公平的、方式简单的薪酬。钱并不是他们追求的根本。对于他们,晋升和激励不在于钱,而在于认可他们的贡献,给他们更多的权力和自由来体现自己的价值。他们需要得到来自同事及上司的认可和支持,并与他们共享自己的核心价值。

7. 挑战型职业锚

拥有挑战型职业锚的人认为他们可以征服任何事情或任何人,在他们眼里,成功就是"克服不可能超越的障碍,解决不可能解决的问题,战胜更为强硬的对手"。所谓"更高、更快、更强",最对这种人的胃口。他们的挑战领域不局限于某一方面,而是所有可以挑战的领域。前面各种类型的职业锚也存在挑战,但那种挑战是有领域有边界的。挑战型职业锚是不断挑战自我,呼唤自己去解决一个比一个困难的任务。对于他们来说,挑战自我、超越自我的机会比工作领域、受雇佣的公司、薪酬体系、晋升体系、认可方式都重要。如果他们缺乏挑战机会,就失去了工作的动力。这种人会看不起与他价值观不同的人,并不断给阻碍他挑战的人制造麻烦。这种人为竞争而生,没有竞争的世界会使他们失望。

8. 生活型职业锚

拥有生活型职业锚的人似乎没有职业锚，他们不追求事业的成功，而是需要寻求合适的方式整合职业的需要、家庭的需要和个人的需要，因此他们最看重弹性和灵活性。他们会为了工作的弹性和灵活性选择职业，这些选择包括在家庭条件允许的情况下出差，在生活需要的时候非全职工作，在家办公等。

沙因认为，他概括的这八种职业锚已经可以涵盖绝大部分人的事业追求。一个人只能拥有一种职业锚。个人的内心渴望和追求可能是多种多样的，但总会有一个才能、动机和价值观的组合排序，职业锚就处于这种组合排序中最优先的位置。如果一个人的职业锚不清晰，那么只能说他还不具备足够的社会生活经验来判断他最需要什么。必须注意的是，人的职业、岗位可以多次变化转换，但职业锚是稳定不变的，这由沙因的调查资料可以证实。由于组织职位设计的原因，相当多的人从事的职业很难与职业锚实现完全匹配，这时，个人的潜能就难以充分发挥。不匹配的程度越高，个人能力发挥的余地就越小，工作中得到的愉悦就越少，这不等于个人不努力，恰恰相反，他有可能付出了更大的努力。

个人与企业的发展并不矛盾。作为个人，需要不断地进行自我探索，确认自己的职业锚，并将自己的认识与企业进行沟通。尽管实现职业锚与职业匹配的责任在企业，但别指望企业能充分了解个人的内心隐秘。作为企业，需要建立灵活的职业发展路径，多样化的激励体系和薪酬体系，以满足同一工作领域中不同职业锚的需求。组织管理者也要清楚，即便是同一性质的岗位，也可能会有不同的职业锚停泊。例如，同样是产品研发岗位，可能会有技术型、管理型、创造型、挑战型等职业锚的完全匹配。单个企业，由于业务、规模、技术等的限制，不可能实现职业锚的完全匹配，这就需要政府和公共组织充当减压阀和缓冲器，提供寻找更好匹配的通道。职业锚的本质，是实现个人与企业的相得益彰，化解个人与企业的冲突，把达成企业目标和自我实现融为一体。

二、职业发展理论

职业生涯的发展常常伴随着年龄的增长而变化，尽管每个人从事的具体职业各不相同，但在相同的年龄阶段往往表现出大致相同的职业特征、职业需求和职业发展任务，据此可以将一个人的职业生涯划分为不同的阶段。

(一)萨帕的职业生涯阶段理论

唐纳德·萨帕(Donald Super)是美国职业生涯研究领域的一位里程碑式的大师，他提出了职业发展理论，这一理论得到大多数职业生涯研究学者的认可，成为职业生涯研究领域的重要理论。萨帕的职业发展理论是围绕着职业生涯不同时期而进行的，他将职业发展时期分为以下五个不同的阶段。

1. 成长阶段(0~14岁)

成长阶段属于认知阶段，在这一阶段，自我概念发展成熟起来。初期时，个人欲望和空想起支配作用，其后开始注意社会现实并产生兴趣，个人的能力与趣味则是次要的。成长阶段又可分为空想期、兴趣期和能力期三个小阶段。空想期主要是儿童时期，这时职业的概念尚未形成，对职业的认识只是根据周围人的职业情况和一些故事中的人物，空想将来要做某某职业；兴趣期主要是小学阶段，对职业的认识主要依据个人的兴趣，并不考虑自身的能力和社会的需要，带有理想主义色彩；能力期主要是进入初中阶段，对于职业不仅仅从兴趣出发，同时注意到能力在职业生涯中的重要性，开始注重培养自己某方面的能力，以便为将来的职业做准备。

2. 探索阶段(15~24岁)

探索阶段属于学习打基础阶段，个人在学校生活与闲暇活动中研究自我，并进行职业上的探索，对自己的能力和天资进行现实性评价，并根据未来职业选择做出相应的教育决策，完成择业及最初就业。探索阶段是人生道路上非常重要的转变时期，它可以分为试验期、过渡期和试行期。试验期从15岁到17岁，这一时期个人在空想、议论和学业中开始全面考虑欲望、兴趣、能力、价值观、雇佣机会等，做出暂时性的选择；过渡期从18岁到21岁，这是个人接受专门教育训练和进入劳动力市场开始正式选择的时期，这时个人着重考虑现实，在现实和环境中寻求"自我"的实现；试行期从22岁到24岁，这个时期开始进入似乎适合自己的职业，并想把它当作终生职业对待。

3. 确立阶段(25~44岁)

确立阶段属于选择和安置阶段，进入职业以后的人会发现真正适合自己的领域，并努力试图使其成为自己的永久职业并谋求发展，这一阶段一般是大多数人职业生涯周期的核心部分，又可分为尝试期和稳定期。尝试期是确立阶段的初期，有些人在岗位上"试验"，若不合适就改为其他职业。目前很多大学生刚工作就不断地"跳槽"，就是他们在不断地"尝试"，并寻找自己最合适的职业。稳定期是经过工作岗位上的"试验"，最终找到适合自己的岗位，并在某种职业岗位上稳定下来，致力于实现职业目标，是富有创造性的时期。

4. 维持阶段(45~64岁)

维持阶段属于升迁阶段。在这一阶段个体长时间在某一职业工作，在该领域已有一席之地，一般达到常言所说的"功成名就"的境地，已不再考虑变换职业，只力求保住这一位置，维持已取得的成就和社会地位，重点是维持家庭和工作的和谐关系，传承工作经验，寻求接替人选。

5. 衰退阶段(65岁以上)

衰退阶段属于退休阶段。由于健康状况和工作能力逐步衰退，即将退出工作领域结束职业生涯。因此，这一阶段要学会接受权力和责任的减少，学习接受一种新的角色，适应退休后的生活，以减缓身心的衰退，维持生命力。

萨帕以年龄为依据对职业生涯阶段进行划分，但现实中职业生涯是一个持续的过程，各阶段并没有明确的界限，其经历时间的长短常因个人条件的差异及外在环境的不同而有所不同，有长有短，有快有慢，有时还可能出现反复。

(二)施恩的职业生涯阶段理论

美国著名心理学家和职业管理学家施恩(Edgar H. Schein)教授，根据生命周期特点及不同年龄阶段面临的问题和职业工作主要任务，将职业生涯分为九个阶段，如表10-4所示。

表 10-4　施恩职业生涯九个阶段的理论

阶　段	角　色	主要任务
成长和幻想 探索阶段 0~21岁	学生、 职业工作者 的候选人和 申请者	1. 发展和发现自己的需要、兴趣、能力和才干，为进行实际的职业选择打好基础； 2. 学习职业方面的知识，寻找现实的角色模式，获取丰富信息，发展和发现自己的价值观、动机和抱负，作出合理的受教育决策，将幼年的职业幻想变为可操作的现实； 3. 接受教育和培训，开发工作领域中所需要的基本习惯和技能
进入工作世界 16~25岁	应聘者、 新学员	1. 进入职业生涯，学会寻找、评估、申请选择一项工作； 2. 个人和雇主之间达成正式可行的契约，个人成为一个组织或一种职业的成员
基础培训 16~25岁	实习生、 新手	1. 了解、熟悉组织，接受组织文化，融入工作群体，学会与人相处； 2. 适应日常的操作程序，承担工作，尽快取得组织成员资格
早期职业的 正式成员资格 17~30岁	取得组织正 式成员资格	1. 承担责任，成功地完成工作分配有关的任务； 2. 发展和展示自己的技能和专长，为提升或进入其他领域的横向职业成长打基础； 3. 根据自身才干和价值观，根据组织中的机会和约束，重估当初追求的职业，决定是否留在这个组织或职业中，或者在自己的需要、组织约束和机会之间寻找一种更好的平衡
职业中期 25岁以上	正式成员、 终生成员、 管理者	1. 选定一项专业或进入管理部门； 2. 保持技术竞争力，在自己选择的专业或管理领域内继续学习，力争成为一名专家或职业能手； 3. 承担较大责任，确立自己的地位，开发个人的长期职业计划
职业中期 危险阶段 35~45岁	正式成员、 终生成员、 管理者	1. 现实地评估自己的进步、职业抱负及个人前途； 2. 就接受现状或者争取看得见的前途做出具体选择； 3. 建立与他人的良好关系
职业后期 40岁到退休	骨干成员、 管理者、 贡献者	1. 成为一名良师，学会发挥影响，指导、指挥别人，对他人承担责任； 2. 扩大、发展、深化技能、提高才干，以担负更大范围更重大的责任； 3. 职业生涯如果停滞，则要接受和正视自己影响力和挑战能力的下降
衰退和离职 阶段 40岁到退休		1. 学会接受权力、责任、地位的下降； 2. 面对竞争力和进取心的下降，要学会接受和发展新的角色； 3. 评估自己的职业生涯，着手退休
退休		1. 保持一种认同感，适应角色、生活方式和生活标准的急剧变化； 2. 保持一种自我价值观，运用自己积累的经验和智慧，以各种资源角色，对他人进行传帮带

需要指出的是，施恩虽然基本依照年龄增大顺序划分职业发展阶段，但并未囿于此，其阶段划分更多地根据职业状态、任务、职业行为的重要性。正因为施恩教授划分职业周期阶

段是依据职业状态和职业行为和发展过程的重要性,又因为每人经历某一职业阶段的年龄有别,所以他只给出了大致的年龄跨度,在职业阶段上所示的年龄有所交叉。

第三节 组织的职业生涯管理

一、职业生涯发展通道设计

职业生涯发展通道是指组织为内部员工设计的自我认知、成长和晋升的管理方案。职业生涯发展通道设计通过帮助员工胜任工作,确立组织内晋升的不同条件和程序对员工职业发展施加影响,使员工的职业目标和计划有利于满足组织的需要。职业生涯发展通道设计指明了组织内员工可能的发展方向及发展机会,而组织内每一个员工可能就沿着本组织的发展路径晋升工作岗位。良好的职业生涯通道设计,一方面让员工明白自己的努力方向和目标,有利于组织吸收并留住最优秀的员工;另一方面能激发员工的工作兴趣,挖掘员工的工作潜能。因此,职业路径的设计对组织来说十分重要。这里主要介绍四种职业生涯发展通道:单一职业发展通道、双重职业发展通道、横向职业发展通道和网状职业发展通道。

(一)单一职业发展通道

单一职业发展通道是传统的职业通道模式,从一个特定的工作到下一个工作纵向向上发展路径。员工按照逐级上升的方式,从一个岗位向上一级岗位变动,如图10-2所示。

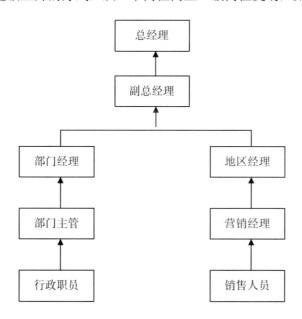

图10-2 单一职业发展通道模式

这是我国多年来一直使用的模式。其优点是员工可清晰地看到职业发展序列,而最明显的缺陷是只侧重管理类人员的发展路径,却没有中高级专业技术人员相应的发展路径,导致高级专业技术人员因缺少发展路径而离开组织,从而发生人才流失,或专业技术人员被提升到管理岗位,因能力和岗位不适应而造成人才浪费。

(二)双重职业发展通道

双重职业发展通道是指在组织行政职务阶梯之外,为专业技术人员设置的一个平行的、与行政职务同等重要的,有序的、开放的业务或技术能力阶梯,并且这个能力阶梯与待遇挂钩。在双重职业发展通道中,管理人员使用行政职务阶梯,专业技术人员使用业务或技术能力阶梯,如图10-3所示。

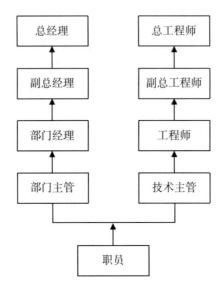

图10-3 双重职业发展通道模式

行政职务阶梯上的提升,意味着具有更多制定决策的权力,同时要承担更多的责任。业务或技术能力阶梯上的提升,意味着具有更强的独立性,同时拥有更多从事专业活动的资源。这种双重职业发展通道的设计,赋予了个人不同的责、权、利,有利于调动管理人员和专业技术人员的积极性,实现各尽其能,各展其长,是一种非常适合组织使用的职业发展通道模式。

(三)横向职业发展通道

横向职业发展通道是为拓宽职业生涯通道,满足人们不同的职业需求,消除因缺少晋升机会造成的停滞现象而设计的,如图10-4所示。

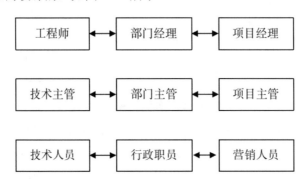

图10-4 横向职业发展通道模式

横向职业发展通道的设立能够使人们焕发新的活力,迎接新的挑战,同时也有利于员工开阔视野,获得在各种岗位上工作的经验和资历。这种横向流动不仅有利于激发个人的工作热情和积累工作经验,也有利于保持和发展整个组织的朝气与活力,实现组织内部稳定与流动、维持与发展的平衡。虽然只是横向发展,并没有得到加薪或晋升,但员工可以增加自己对组织的价值自信,与此同时也使他们自己获得新生。

(四)网状职业发展通道

网状职业发展通道包括纵向的工作序列和一系列横向的工作机会。这条职业通道对于某些层次的经验的可替换性予以认同,同时认为,晋升到较高层次之前需要拓宽本层次的经历,如图10-5所示。

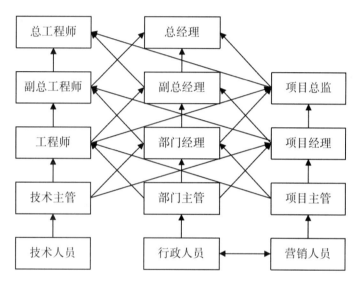

图 10-5 网状职业发展通道模式

网状职业发展通道在纵向上和横向上的选择,拓宽了人们的职业通道,减少了职业通道的堵塞。比起传统职业发展通道,网状职业发展通道更加现实,它拓宽了组织成员在组织中的发展机会。这种灵活的职业发展路径设计,能够给员工和组织带来巨大的便利。对员工来说,这种职业发展设计为他们带来了更多职业发展机会,也便于员工找到真正适合自己的工作,找到与自己兴趣相符的工作,实现自己的职业目标。对组织来讲,这种职业发展设计增加了组织的应变性,当组织战略发生转移或组织环境发生变化时,通过这种职业发展设计能够顺利实现人员转岗安排,保持整个组织的稳定性。

二、分阶段的职业生涯管理

职业生涯管理是一个长期的、动态的管理过程,贯穿于员工职业生涯发展的全过程。每一位员工在职业生涯不同阶段的发展特征、发展任务都不相同。每一阶段都有各自的目标、特点和发展重点。此外,由于决定职业生涯的主客观条件的变化,员工的职业生涯规划和发展也会发生相应的变化,对每一个职业生涯发展阶段的管理也应有所不同。

(一)职业生涯早期管理

1. 员工在职业生涯早期阶段的特点

职业生涯早期阶段指的是一个人由学校走向社会，由学生变成雇员，并为组织所接纳的过程，这一角色和身份的变化，需要经历一个适应过程。在职业生涯早期阶段，员工个人年龄正值青年时期，一般还没有建立自己的小家庭，有足够的精力应对工作中可能出现的困难，而且初入职场，进取心强，具有积极向上的良好心态。但也会因为年轻气盛而难免表现出浮躁和冲动，很可能导致不和谐的人际关系。员工尚为职场新手，缺乏工作经验，需要逐步适应环境和人际交往方式，一切还在学习和探索之中，对职业锚的选择会犹豫不决且易于变动。

2. 企业对员工职业生涯早期阶段的管理

首先，员工在准备进入企业时，企业应实事求是和充分地介绍组织信息，使求职者有清晰和正确的认识，提高潜在应聘者尽快适应企业和长期留在企业的比率。其次，在员工甄选时采用科学的方法对员工的兴趣、技能、价值观、潜力等进行综合评估，力求在这一阶段为空缺职位找到最合适的人选，即人适其岗，这对于一个新员工未来的职业发展非常关键。再次，为员工提供系统的入职培训。入职培训的内容包括对未来工作流程的学习、企业文化的宣传、规章制度的了解、职业发展的情况介绍等。通过入职培训，让新员工尽快熟悉和适应企业，减少由于对环境不适应而带来的负面影响。最后，员工工作一段时间后，会面临许多困惑，如工作没有方向、不被领导认可、人际关系不够融洽等，组织应积极给予新员工帮助，如选派一位老员工担任其导师并向新员工提供指导和训练，鼓励员工更多地参与企业的事务，争取上级信任，帮助员工改善人际沟通的技能等。

(二)职业生涯中期管理

1. 员工在职业生涯中期阶段的特点

经历了职业生涯早期阶段，完成了组织和雇员的相互接纳后，就要进入职业生涯的中期阶段了。在职业生涯中期阶段，员工积累了一定的经验，能够独立承担和开展工作，开始走向职业发展的顶峰，职业发展也呈复杂化和多元化的特征，既要力争在自己的专业领域保持领先水平，以自己积累的经验和丰富的知识获取更高的组织地位和更多的报酬，又要面对职业生涯中期的危机。同时，家庭的负担也会在这个阶段显现出来，如何平衡工作和家庭也成为这个阶段的员工面临的一项挑战。

2. 企业对员工职业生涯中期阶段的管理

首先，企业应促进员工的职业向顶峰发展，可以针对员工个人的不同情况，分类指导和积极采用各种措施，促进职业发展，如为员工设计多种职业通道，提供继续教育和培训机会等。其次，扩大现有的工作内容和进行职业轮换，当员工在纵向的职业发展上遇到瓶颈时，可以适当拓展员工的发展领域，让其从事其他职能领域的工作，让员工的工作增加挑战性或承担更大的责任，帮助员工找到工作兴趣和新的发展机会。最后，职业生涯中期阶段员工的人生感情复杂化，可能引发职业中期危机，员工需要重新审视自己的人生理想与现实的差距，考虑接受现实和争取看得见的前途等。企业应通过与员工的沟通，帮助员工解决实际问题，激励员工继续前进，使员工顺利度过职业生涯中期阶段的危机。

(三)职业生涯后期管理

1. 员工在职业生涯后期阶段的特点

职业生涯后期阶段的员工拥有丰富的工作经验、娴熟的工作技能和丰富的人生阅历，但面临知识技能老化，职业工作能力和竞争力明显下降，对新生事物的敏感度下降，态度趋于保守，喜欢根据老经验办事和思考问题。在组织中的角色也会发生明显变化，权力和责任渐渐削弱，其核心骨干的中心位置和作用逐步丧失。

2. 企业对员工职业生涯后期阶段的管理

首先，鼓励具有经验和技能优势的老员工多做"传、帮、带"的工作，继续在组织内部发挥导师和顾问的作用，同时安排组织需要的管理专家和技术权威到相应的重要岗位上，让其发挥一技之长。其次，有计划地安排好人员的退休工作，尽早选拔和培养岗位接替人员，做好新老接替工作，以确保企业的正常运行。最后，对退休员工要给予更多地关心和照顾。很多员工无法接受自己即将退休的现实，因对心理上造成冲击而产生失落感，企业可以适时开展座谈会，并进行深入的沟通交流，了解员工的想法，有针对性地做好思想工作。

三、职业生涯管理的开展步骤

企业有关职业生涯管理的思路和规划必须通过实际操作才能落到实处，而这种实际操作需要依靠组织一系列的人力资源实务来作为沟通规划和现实的桥梁。具体而言，良好、顺畅的职业生涯管理体系需要以下五个方面的工作作为支撑：①基础详细的工作分析；②员工基本素质测评；③建立与职业生涯管理相配套的培训与开发体系；④制定较完备的人力资源规划；⑤制定完整、有序的职业生涯管理制度与方法等。

(一)基础详细的工作分析

工作分析对各个职位的工作内容和任职资格都做出了明确的规定和要求，依据这些信息，企业一方面可以安排员工到与其相适应的岗位上工作，同时为其安排后续的职业发展路径；另一方面也可以结合员工未来的发展规划，为员工的培训与开发提供依据。与职业生涯管理相匹配的工作分析，应包括员工的基本资料、工作描述和工作规范三部分内容。

(1) 基本资料。工作编号、工作名称、工作类别、所属单位、直接上级、定员人数、管辖人员数、工资等级、工资水平、直接升迁的职务、可相互转换的岗位、由什么岗位升迁至此、其他可担任的岗位。

(2) 工作描述。将各岗位的工作细分成条目，输入每个条目的编号、工作内容、基本功能和工作基准。其中，工作基准的确定是一项至关重要的工作。工作基准确定的基本原则是按优、良、中、差四个等级对岗位的每项工作作出明确的界定，尽可能采用量化指标。

(3) 工作规范。最低学历、最低职称、适应年龄、适应性别、适应身高、适应体质、所需的专业训练、所需的上岗证书、所需的经验要求、所需的培训要求、适应性格、职业兴趣要求、智力要求、工作行为要求、气质要求、一般职业能力要求、特殊职业能力要求、领导类型、管理能力要求。

(二)员工基本素质测评

通过对员工进行素质测评，了解并记录员工的个性特点、智力水平、管理能力、职业兴趣、领导类型等各个方面的信息，全面了解员工的长处和短处、优势和劣势，以便做好人岗的匹配，实现职业发展路径的科学合理。员工基本素质测评可以使用以下工具。

(1) 管理能力测评。应用情景模拟方法中的公文处理技术对每个管理人员或应聘人员的管理能力进行测评。

(2) 智力测验。测验人的逻辑推理、言语理解、数字计算等方面的基本能力。

(3) 卡特尔人格测验。测验人的内向或外向、聪明或迟钝、激进或保守、负责或敷衍、冒险敢为或胆小畏缩、情绪激动或情绪稳定等方面的个性特征。

(4) 职业兴趣测验。职业兴趣分为现实型、调研型、企业型、常规型、社会型、艺术型六种。通过职业兴趣的测验，有助于被试者选择适当的工作。

(5) 气质测验。人的气质分为四种类型：胆汁质、多血质、黏液质和抑郁质，对人的气质的测验，有助于帮助被试者选择较适合的工作，有助于管理人员对被试者进行了解。

(6) 一般能力倾向测验。测验人的图形识别、空间想象、计算的速度与准确性、言语理解、词语组合等方面的能力倾向性。

(7) A 型行为与 B 型行为测量。A 型行为的人对自己要求较高，经常制订超出自己实际能力的计划，完不成计划又很焦虑。B 型行为的人随遇而安，不强迫自己紧张工作。

(8) LPC 领导测评。对管理人员或应聘人员的领导类型进行测评，确定其是否适合在当前职务上工作，哪些职务适合其工作，如何提高管理水平等。

(三)建立与职业生涯管理相配套的培训与开发体系

公司根据员工基本素质测评和工作分析结果，找出员工能力、智力、个性、领导类型等方面与本职工作所存在的差距，以及今后职业发展道路上会面临的问题，有针对性地拟定员工培训与开发方案，以适应本职工作和今后职业发展的需要。通过培训，进一步发现员工的潜在能力与特长，为其职业生涯的规划打下良好的基础。

(四)制定较完备的人力资源规划

企业的人力资源规划包括总体规划和业务规划，其中业务规划包括人员补充计划、人员配置计划、人员接替和提升计划、人员培训与开发机会、退休解聘计划等内容。这些内容都与员工在组织内的职业发展历程息息相关，直接影响着员工的职业发展。企业的人力资源规划应该与职业生涯管理一脉相承，两者之间要保持一致，以这些规划作为原则和指导，并将其落实到每位员工的身上，构建一套相互衔接的人力资源规划和职业生涯管理体系。

(五)制定完整、有序的职业生涯管理制度与方法

没有规矩不成方圆，企业中的晋升、调动更是如此。为了保证企业的有序运作和企业内部的公平性，企业必须制定完整、有序的职业生涯管理制度与方法。任何员工的升迁、调动等行为都要在制度的框架内运作，以保证制度的权威性。在这方面，组织应该做到以下三点：一是制定完备的员工职业生涯管理制度和管理规划，并且让员工充分了解单位的企业文化、

经营理念和管理制度等；二是通过各种方式让员工了解内部劳动力市场信息，如网上公布职位空缺信息，介绍职业阶梯或职业通道，建立职业资源中心等；三是提供丰富的内部晋升渠道，帮助员工实现职业发展目标，如建立内部竞聘制度。

本 章 小 结

职业一般是指人们为了谋生和发展而从事相对稳定的、有收入的，专门类别的社会劳动。职业生涯管理是组织和员工个人对职业生涯进行设计、规划、执行、评估和反馈的一个综合性的过程，通过员工和组织的共同努力与合作，使每个员工的生涯目标与组织发展目标一致，使员工的发展与组织的发展相吻合。职业生涯管理对员工个人和组织都具有重要的意义。

在当前的知识经济时代，随着信息技术和知识经济的迅猛发展，组织结构正在发生着根本性的变化，从传统科层体制向更具柔性、更扁平的组织形式发展，出现了信息化、分散化、虚拟化、小型化等多元发展趋势。相对于传统的职业生涯发展模式，存在无边界职业生涯和易变性职业生涯的发展趋势。

职业选择是指人们从自己的职业期望、职业理想出发，依据自己的兴趣、能力、特点等素质，从社会现有的职业中选择一种适合自己的职业的过程。很多心理学家和职业指导专家对职业选择的问题进行了专门研究，提出了自己的理论，如霍兰德的职业性向理论、沙因的职业锚理论等。一个人的职业生涯可以划分为不同的阶段，相关的职业发展理论有萨帕的职业生涯阶段理论、施恩的职业生涯阶段理论等。

职业生涯发展通道是指组织为内部员工设计的自我认知、成长和晋升的管理方案。职业路径设计十分重要，主要有四种职业生涯发展通道：①单一职业发展通道；②双重职业发展通道；③横向职业发展通道；④网状职业发展通道。

职业生涯管理是一种长期的、动态的管理过程，贯穿于员工职业生涯发展的全过程。每一位员工在职业生涯的早期、中期和后期等不同阶段的发展特征、发展任务都不相同，每一阶段都有各自的目标、特点和发展重点，组织对每一个职业生涯发展阶段的管理也应有所不同。

企业有关职业生涯管理的思路和规划必须通过实际操作才能落到实处，良好、顺畅的职业生涯管理体系需要以下五个方面的工作作为支撑：①基础详细的工作分析；②员工基本素质测评；③建立与职业生涯管理相配套的培训与开发体系；④制定较完备的人力资源规划；⑤制定完整、有序的职业生涯管理制度与方法等。

思 考 题

1. 职业生涯管理的内涵与意义是什么？
2. 无边界职业生涯和易变性职业生涯各自表达了什么内涵？
3. 简述霍兰德的职业性向理论与沙因的职业锚理论的特点。
4. 职业生涯发展通道有哪几种？员工早、中、后期职业生涯应如何管理？
5. 职业生涯管理的开展有哪几个步骤？每个步骤的内容是什么？

实 践 应 用

腾讯公司员工职业发展体系的建设与实践

腾讯员工职业生涯管理有管理通道与专业通道两条发展通道。管理通道：基层管理者、中层管理者和高层管理者；专业通道：骨干、专家/资深专家、权威。

在纵向上，腾讯为员工搭建职业发展阶梯，清晰指引员工的发展目标，体现了对员工能力发展的期望与要求。纵向上分为以下六个等级(由高到低)。

6级：权威(fellow)，作为公司内外公认的权威，推动公司决策。

5级：资深专家(master)，作为公司内外公认的某方面专家，参与战略制定并对大型项目/领域的成功负责。

4级：专家(expert)，作为公司某一领域的专家，能够解决较复杂的问题或领导中型项目/领域，能推动和实施本专业/领域内重大变革。

3级：骨干(specialist)，能独立承担部门某一方面工作/项目策划和推动执行，能够发现本专业业务流程中的重大问题，并提出合理有效的解决方案。

2级：有经验者(intermediate)，作为一个有经验的专业成员能够应用专业知识独立解决常见问题。

1级：初做者(entry)，能做好被安排的一般性工作。

以上六个等级，每个等级还包括三个子等级，分基础等、普通等和职业等。

(1) 基础等是指刚达到本级别能力要求，尚需巩固。

(2) 普通等是指完全达到本级别各项能力要求。

(3) 职业等是指本级别各方面能力表现为公司或部门内的标杆。

腾讯之所以要设计子等级，是因为考虑到各员工的个人能力的发展是一个逐步积累和提升的过程，并需要有持续的绩效表现。

在横向上，按能力与职责相近的原则，腾讯为具备不同能力的员工设计了不同的职业发展通道。

技术族(T1-6)：包含软件开发类、技术研究类、设计类、游戏美术类等。

产品/项目族(P1-6)：包含游戏策划类、项目类等。

市场族(M1-6)：包含战略类、销售类、营销类、客服类等。

专业族(S1-6)：包含企管类、财务类、人力资源类、法律类、行政类等。

腾讯按照通道/职位建立员工专业技术能力标准，包括的项目有专业经验、绩效表现、通用能力、专业能力和组织影响力。

在职级评定中，腾讯鼓励员工充分参与，结合业绩与能力评估，并确保评定过程的客观与公正，提高评估的规范性与专业性。申报基本资格的表格如表10-5所示。

表10-5 申报基本资格

申报类型	资历条件	绩效条件	
		上次	本次
1级内晋等	0.5年	—	符合预期及以上
1级晋2级 2级内晋等 2级晋3级 3级基础等晋3级普通等	0.5年	最近两次绩效同时满足以下两个条件： 1. 至少有一次"超出预期"及以上； 2. 本次绩效不是"低于预期"	
3级普通等晋3级职业等 3级晋4级	1年		
4级内晋等	2年		

(资料来源：腾讯员工职业发展体系建设与实践. 2017-01-10. http://www.hrsee.com.)

【思考题】

1. 本案例体现了员工职业生涯管理的哪些内容？
2. 腾讯员工职业发展体系有什么借鉴意义？又有哪些可以改进的地方？

微课视频

扫一扫，获取本章相关微课视频。

职业生涯管理

第十一章 员工关系管理

【学习目标】
1. 了解员工关系管理的概念和内容。
2. 熟悉劳动关系的概念和劳动合同管理。
3. 掌握员工安全管理的内容。

【引导案例】

中山佳能的员工关系管理

作为世界500强,佳能于2001年在广东中山成立了佳能(中山)办公设备有限公司。该公司主要以生产彩色、黑白激光打印机为主,产品出口至世界各地,是全球重要的激光打印机生产基地。

公司拥有3190名员工(2019),董事长是日本人三浦贤二,年产值约为11亿美元(2017)。根据统计调查数据表明,中山佳能入职5年以上的员工占比44.08%,近几年员工稳定率年均为94%以上(2019)。作为一家日资的生产制造企业,中山佳能为什么能在员工管理上有这么亮眼的数据呢?看完下面的内容,你将不难发现其中的原因。

平等而和谐的劳动关系

该企业成立至今,秉承佳能"共生"的企业理念,以"不分文化、习惯、国籍、语言、民族差别,实现长久地共同生存、共同工作、共享幸福的跨国企业"为目标,追求公司与员工共同发展,构建一种平等而和谐的劳动关系。

在中山佳能成立后的第三年,该公司组建工会,发挥其在营造企业和谐氛围,协调劳资关系方面的重要作用。

中山佳能工会设有专门的员工意见箱,安放在食堂、宿舍、更衣室等地方,员工有任何问题或建议,均可以畅所欲言。同时,每周三下午是员工接待日,工会委员接待员工面对面地反映生活、工作等方面的问题。

此外,公司领导在每个月定期与工会举行"协议会",相互沟通和交流情况,这样公司可以适时了解大部分员工的状况,工会也能向公司提出意见,获得公司决策的信息,并向员工公布。

每年年底，工会举行工资集体协商，针对公司经营情况、本地区物价水平和周边企业薪酬水平等进行商讨，制定下一年度工资调整方案，将各工种分工、业绩考核、等级设置、等级晋升、奖罚条例、员工福利待遇等作为协商的重点内容。

更为重要的是，中山佳能工会设立了劳动法律部，与公司共同组建了劳动争议调解委员会，并配置了11名协调委员。在员工与公司产生争议后，协调委员与员工进行面谈，积极发挥劳动争议调解作用，把矛盾化解在源头。近几年来，该公司还未发生过劳动争议仲裁案件。

人性化管理

人性化管理实质上就是"充分发掘员工的潜能，尊重员工，通过充分的沟通和激励，让员工在工作中找到自身价值，最终实现企业与员工的双赢"。

佳能非常明白，如果企业不善待员工，员工就有可能把不满发泄在产品上。因此，中山佳能施行工时制，不搞计件工资制，同时结合业绩评价制度对员工的工作成果进行综合评价，以体现公平合理原则。

如果员工在工作中犯错，公司不会对员工进行罚款，而是让其部门班组长负责查找原因，如果是员工能力问题，其部门班组长负责培训该员工，公司管理层常说"学员没有学会，是指导者没有教好，没有学不好的员工，只有教不好的老师。"

另外，该企业推行"报告、联络、商谈"三步骤的高效工作方式，在企业管理者与员工之间建立良好的沟通机制，从而使员工充满工作动力，以最佳的精神状态全身心地投入到工作中，进而直接提高企业的生产经营工作效率。

注重人文关怀

佳能非常重视员工的工作和生活环境，每年都会组织员工健康检查，而且公司还设有健康管理室，对一般性疾病提供免费就诊及拿药。

在员工住宿方面，公司为员工提供免费宿舍。宿舍里的标配有空调、电视、洗衣机、饮水机、风扇、吹风机等大小家电，沙发、茶几、床及床品一应俱全。公司内还设有家属房、电影院、健身房、网吧、图书室、瑜伽馆、桌球馆、篮球场、羽毛球场、足球场等娱乐运动设施和场地，供员工免费使用。

公司食堂每天推出不同的菜品，川菜、粤菜、西北面食应有尽有，员工可根据自己的口味进行选择。

中山佳能非常重视员工的家庭团聚，没有员工之家前，当员工父母前来看望孩子时，公司会将他们安排在临时宿舍里，或者安排到附近的宾馆免费住宿。但考虑到宾馆离公司还有一段距离，来往不便，而临时宿舍的条件又不免简陋，于是，公司利用空置的员工宿舍进行装修并布置成员工之家，里面生活设施一应俱全，为员工家人团聚提供优越的条件，让他们感受到来自企业的温暖。无论哪位员工的父母来公司探亲，都可以免费入住一周，特殊情况下还可以延长，员工和父母可以在这里实现家庭团聚，享受天伦之乐。

除此之外，无论员工是在工作中还是生活上遇到了困难，公司及同事都会向他们伸出援助之手以帮助他们渡过难关，让员工对企业产生比较强烈的归属感。把企业看作个人生活的依靠和事业发展的基地。因此，该公司员工都非常关心企业的发展与成长，也愿意安心在这里干下去。

丰富的企业文化活动

中山佳能以丰富多彩的企业文化活动而著称。从成立至今,每年一度的"纳凉节"大型联欢会一直都是传统节目和重头戏。联欢会从筹备到结束会持续 5 个月左右。从节目的筛选到主持人、礼仪小姐的选拔,从模拟店的设置到水上运动嘉年华等活动,无一不是别开生面的精彩呈现。通过大家一起筹备、一起感受、一起分享的过程,将佳能人的距离一次次拉得更近……除了纳凉节,公司还会举办其他各种类型的活动,如春节、端午节、中秋节等重大节日主题活动,还有员工合唱大赛、趣味运动会、班长慰劳会……这些丰富的企业文化活动不仅能让员工们感受到企业的文化,更能让他们对企业的理念产生认同和共鸣,从而增进企业和员工之间的关系。

(资料来源:中山佳能的员工关系管理. (2020-06-04). http://www.hrsee.com.)

第一节　员工关系概述

一、员工关系的概念和特点

(一)员工关系的概念

员工关系管理是人力资源管理的一个重要组成部分。人力资源管理归根结底是对人的管理,员工关系涵盖了与员工这一群体有关的各种复杂关系。员工关系管理源于传统的"劳动关系管理",即早期资本主义工业化时代的劳动关系管理。随着科学管理理念、行为管理理念、人本主义管理理念等的发展,员工关系管理已逐步成为时代的主流。

18 世纪中期,西方资本主义国家开始进入工业化时代。在这个时期,工厂生产规模逐渐扩大,企业需要雇佣越来越多的劳动力参与生产,同时,由于社会的剧烈变革,大量劳动者失去赖以生存的土地,为了谋生,他们纷纷进入工厂工作。工厂员工的不断增加,催生了新型的雇佣关系,并上升到理论层面,即为劳动关系管理。此后,随着科学技术的进步,管理思想的不断发展,员工关系管理逐渐取代了传统的"劳动关系管理"。

19 世纪中期到 20 世纪初期是资本主义自由经济向垄断经济过渡的时期,新技术革命带来了流水线作业的发展,企业规模越来越大,资本渐趋集中,同时,各国经过经济危机的打击后逐步认识到政府干预的重要性,政府开始介入企业管理,以保障员工的适当利益,稳定社会秩序。

20 世纪初,西方学者从人力资源管理角度提出了员工关系管理,取代了劳动关系的概念。随后,员工关系管理获得了长足的发展,成为现代人力资源管理体系中的一个重要模块。

(二)员工关系的特点

员工关系具有如下特点。

(1) 员工关系是在雇佣过程中产生的,是劳动力买卖关系的衍生关系。
(2) 员工关系的主体有两个:企业管理方与员工或员工代言人。
(3) 员工关系的本质是利益体之间利益和力量的博弈。
(4) 员工关系的形式多种多样,或合作协调,或对抗冲突,是各种形式的总和。

(5) 员工关系不仅受到双方利益关系的影响,还受到社会中经济、技术、政策、法律制度和社会文化等因素的影响。

可见,员工关系是企业中各主体,包括企业所有者、企业管理者、员工或员工代言人等之间围绕雇佣和利益关系而形成的权利和义务关系。

二、员工关系管理的内容

员工关系管理是针对管理者、员工和团体之间产生的,由双方利益引起的,并受经济、技术、政策、法律制度和社会文化影响的合作、冲突、力量和权利等关系的管理。员工关系管理从管理职责来看,可分成八个方面:劳动关系管理、员工纪律管理、员工人际关系管理、企业沟通管理、员工绩效管理、员工心理管理、企业文化建设、管理服务与支持。

1. 劳动关系管理

劳动关系是指劳动力所有者(劳动者)与劳动力使用者(用人单位)之间,为实现劳动过程而发生的一方有偿提供劳动力,而另一方用于同其生产资料相结合的社会经济关系。这种雇佣关系的正常运转需要一定的外在保障力量,否则,恶劣的劳动关系会给企业和社会造成损失。企业劳动关系管理包括员工上岗、离岗面谈及手续的办理、定额定员的管理等日常管理,以及劳动争议、人事纠纷和意外事件的处理等。

2. 员工纪律管理

无规矩不成方圆。企业的正常运作离不开企业的规章制度、劳动纪律等。员工纪律管理是指引导员工遵守组织的各项规章制度和劳动纪律,维持组织内部良好的秩序,并且凭借奖励和惩罚等措施纠正、塑造员工的工作行为,提高员工的组织纪律性,同时员工可以通过书面或者口头的形式对组织或者企业的有关规定提出建议。员工纪律管理在某种程度上对员工行为起约束作用,同时也有利于不断完善企业的管理方针,使其在动态发展中渐趋成熟。

3. 员工人际关系管理

员工人际关系管理是指引导员工建立较好的工作关系,创建有利于员工建立良好人际关系的环境。在市场经济体制下,社会环境不断变化,不确定性持续增强,管理者和员工都面临着更多的工作压力、更大的工作量、更长的工作时间,员工与企业之间的雇佣关系变得越来越不稳定,企业员工流动性增强;同时,社会的快速发展与全球化使员工与管理者个性及思想观念更具多样化。员工之间的沟通与冲突管理难度更大,企业员工人际关系的处理比以前更复杂,因此在复杂多变的管理环境中进行有效的员工人际关系管理显得尤为重要。

4. 企业沟通管理

保证企业沟通渠道的畅通,引导企业上下及时进行双向沟通,有利于形成良好的工作氛围。心理契约是员工关系管理的核心内容,是组织承诺的基础,以员工满意度为目标影响着员工的组织行为。基于心理契约的员工参与是实现企业沟通的良好途径。员工参与使其角色发生改变,使其主人翁意识和积极性不断增强,且员工参与某些政策的制定可以使其更能理解制度的作用和管理者的工作,从而有利于实现企业的和谐发展。

5. 员工绩效管理

员工绩效管理是指各级管理者和员工为了达到组织目标而共同参与的绩效计划制订、绩效辅导沟通、绩效考核评价、绩效结果应用、绩效目标提升的持续循环过程。员工绩效管理的目的是持续提升个人、部门和组织的绩效。在员工绩效管理中，想保持和谐的员工关系就要引导员工正确认识绩效考核，消除其恐惧感和抵触感；制定考核指标时应尽可能量化，保持公平、公正、公开；注重考评过程的公正性和客观性；完善考评反馈机制，及时处理考评中出现的各种问题。

6. 员工心理管理

随着经济社会的发展和行业改革的深入，企业员工面临着更多物质和精神上的考验，员工心理也随之发生诸多变化。逆反、抵触、失衡、随便和狭隘思想是当前存在于员工中比较普遍的问题，而员工心理问题是员工关系的一个重要影响因素，因此员工关系管理需要时刻掌握员工心态的变化，在企业内进行满意度调查，预防并处理各种谣言和员工的怠工现象，解决员工关心的问题。

7. 企业文化建设

企业文化是伴随企业发展形成的企业氛围，是企业发展的"软实力"，也是企业竞争力的重要表现。企业文化对企业员工具有内在约束作用，良好的企业文化能增强企业的凝聚力、向心力，激励员工开拓创新、建功立业的斗志，促进企业经济效益提升。企业管理者需要塑造积极有效、健康向上的企业文化，引导员工树立正确的价值观，维护企业的良好形象。

8. 管理服务与支持

员工关系管理包括对员工提供服务和支持，即为员工提供有关国家法律、法规、公司政策、个人身心方面的咨询服务，协助员工平衡工作与生活。对员工提供相关的服务和支持，帮助员工解决工作和生活难题，发展和谐的员工关系，传递互帮互助的正能量，形成良好的企业工作氛围，留住优秀人才。

三、建立良好员工关系的意义

员工关系的好坏与社会稳定、经济发展、人民群众生活质量的改善都有密切的联系。员工关系改善对于企业经营与管理成效的意义也不言而喻。

1. 对企业的盈利与发展具有重要价值

企业的利润来自成本和销售额的差值，来自产品和服务获得消费者的青睐，而所有这些都要靠员工的努力才能实现。建立良好的内部员工关系，营造良好的工作环境，为员工提供充足的辅导和援助，保障员工的工作安全，有利于优化和改善员工关系，为企业的盈利和长久发展打下基础。

2. 有利于促进员工的身心健康与发展

员工工作状态对其生理和心理都会产生极大的影响，有些工作本身对从业者存在一定危害性，工作压力过大、同事关系不和谐、上级不支持等，也有可能对员工的心理健康产生不良影响。改善员工关系，为员工营造安全、健康、舒心的工作环境，对其身心的健康发展有帮助。

3. 能够增进员工对企业的理解与信任

信任是有效管理的基石，组织的所有管理措施与政策的执行与落实都有赖于员工与企业之间、员工与管理者之间的相互理解与信任。员工关系管理是构建良性心理契约的重要手段和过程。良好的员工关系管理体系既能增进员工与企业之间相互信任，又能带来良好的组织氛围，增进组织成员之间的互信与合作。

第二节 劳动关系管理

一、劳动关系概述

(一)劳动关系的内涵及特点

劳动关系是指国家机关、企事业单位、社会团体、个人经济组织和民办非企业单位(统称为用人单位)与劳动者之间依照法律签订劳动合同，劳动者接受用人单位的管理，从事用人单位合理安排的工作，成为用人单位的一名成员，从用人单位领取劳动报酬和受劳动保护所产生的一种法律关系。劳动关系管理贯穿了员工从进入企业到离开企业的整个过程。劳动关系的特点如下。

1. 劳动关系是经济利益关系

雇员付出劳动从雇主那里换取报酬及福利以维持生活，形成了雇员与雇主之间的经济利益关系。如果缺乏经济利益上的联系，劳动关系就不存在了。经济利益是雇员与雇主最主要的联系，也是两者之间合作和冲突最主要的原因。

2. 劳动关系是一种劳动力与生产资料的结合关系

从劳动关系的主体上来说，雇员一方为劳动力所有者和支出者；雇主一方为生产资料所有者和劳动力使用者。劳动关系的本质是强调雇主需要将雇员提供的劳动力作为一种生产要素纳入其生产过程，并与生产资料相结合。

3. 劳动关系是一种具有显著从属性的人身关系

虽然双方的劳动关系是建立在平等自愿、协商一致的基础上的，但劳动关系建立后，双方在职责、管理上则具有了从属关系。雇员劳动者在整个劳动过程中无论是在经济上，还是在人身上都从属于雇主。

4. 劳动关系体现了表面上的平等性和实质上的不平等性

管理方和劳动者双方都是劳动关系的主体，在平等自愿的基础上缔结劳动关系和解除劳动关系。这是权利义务的对等，但这种平等是相对的。从总体上来看，劳动者和用人单位在经济利益上是不平等的。

5. 劳动关系具有社会关系的性质

劳动关系不仅是一种纯粹的经济关系，更多地渗透到非经济的社会、政治和文化关系中。工作不仅是劳动者赖以生存的基础，工作场所也是满足劳动者以上需要的场所。雇主在满足雇员经济需要的同时，还要关注其社会需求。

(二)劳动关系管理的原则

劳动关系管理作为员工关系管理的一部分,既与员工关系管理的其他内容相联系,又具有自身的特点,这是因为:①劳动关系涉及企业与员工之间的关系,是员工关系中较难处理的关系之一;②劳动关系管理的目的是形成一整套程序化的企业与员工之间的矛盾与冲突的解决模式;③劳动关系管理是员工关系管理中涉及法律法规内容最多的部分;④劳动关系也是员工最为关注、与员工切身利益相关的内容之一。劳动关系管理需要遵循以下特定的原则。

1. 合法性原则

市场主体的行为应该遵守国家的法律法规与国际公认的人权准则,与劳动关系相关的法律法规是立法者为了维护雇佣双方的利益而订立的双方强制遵守的行为准则。在企业的劳动关系管理中,合法性原则是企业与员工双方在处理相互关系时最基本的原则。

2. 公正性原则

公平与正义是所有管理活动都应该遵循的,在涉及员工与企业之间各种利益分配的程序与规则的劳动关系管理中的意义更为重大。公正性原则是有效劳动关系管理的前提与衡量标准,也是管理者需要不断追求的管理目标。

3. 符合企业文化的原则

企业各项制度、政策的落实,都有赖于企业文化力量去推进,与企业文化不相符的劳动关系管理制度与实践往往会由于难以得到员工的心理认同而夭折,因此企业的管理者需要格外注意审视企业的各种劳动关系管理措施是否有与企业文化相冲突的地方,以保证劳动关系管理系统与组织文化保持一致。

4. 高绩效原则

所有人力资源管理实践的终极目的之一是通过采取各种管理措施,极大地开发人的潜能,提升企业绩效,企业的劳动关系管理也不例外。劳动关系管理必须以保证企业实现高绩效为前提与目标,努力通过妥善处理与正确利用员工与企业的雇佣关系来提升企业的绩效。

二、劳动合同的内容和管理方法

劳动合同是建立劳动关系普遍采用的法律形式。加强劳动合同管理,完善合同管理制度的配套工作,具有重要的现实意义。

(一)劳动合同的内容

根据《中华人民共和国劳动法》(以下简称《劳动法》)可知,劳动合同指的是劳动者与用人单位确立劳动关系、明确双方权利和义务的协议。由此可见,劳动合同发生在员工入职之前,并作为员工正式成为企业的一员的标志而存在。它是确立劳动关系的法律形式,维护双方合法权益的法律保障。

《中华人民共和国劳动合同法》明确规定,劳动合同应当具备以下条款:①用人单位的名称、住所和法定代表人或者主要负责人;②劳动者的姓名、住址和居民身份证或其他有效身份证件号码；③劳动合同期限；④工作内容和工作地点；⑤工作时间和休息休假；⑥劳动报酬；⑦社会保险；⑧劳动保护、劳动条件和职业危害防护；⑨法律法规规定应该纳入劳动合同的其他事项。另外，除必备条款外，用人单位与劳动者可以约定试用期、培训、保守秘密、补充保险和福利待遇等其他事项。

(二)劳动合同管理的方法

1. 建立面向不同类型劳动合同的分类管理体系

企业与不同类型的员工群体往往会签订不同类型的劳动合同。对这些劳动合同的管理也应根据不同的类别进行分类管理，同时，针对不同类型劳动合同的特点，制定不同的管理方案与措施，以保证企业通过劳动合同管理来优化员工关系管理。

2. 严格遵守签订劳动合同的规范

劳动合同签订的目的在于约束劳动者与用人单位双方的行为，合理地分配各种收益，其宗旨是同时保护企业与员工双方的利益不受到非法行为的侵害。企业在进行劳动合同的管理时，应该严格遵循相关的法律法规，建立一整套劳动关系管理的规范化程序。

3. 劳动合同管理的程序

对于劳动合同的管理，可以按劳动合同的签订、履行、变更、解除、终止和续订等流程进行管理。劳动合同作为国家法律规定的内容，其每一步都必须符合国家法律的要求。

(1) 劳动合同的订立。劳动者与用人单位在签订劳动合同时,应遵循一定的手续和步骤。根据《劳动法》的有关规定及订立劳动合同的时间，签订劳动合同的程序一般为提议、协商和签约。

(2) 劳动合同的履行。劳动合同的履行是指劳动合同在依法订立生效之后，双方当事人按照合同中约定的条款执行，完成各自应该履行的义务，享受各自依法可以获得的权利。

(3) 劳动合同的变更。劳动合同的变更是指劳动合同尚未开始履行或已经开始履行但尚未完全履行之前，双方当事人按照法律规定的条件与程序,对原合同中的某些条款进行修改、补充等的法律行为。

(4) 劳动合同的解除。劳动合同的解除是指劳动合同有效订立后，在一定条件下通过当事人的单方行为或者双方合意终止合同效力或者溯及地消灭合同关系的行为。劳动合同的解除分为单方解除和双方协议解除两种类型。

(5) 劳动合同的终止。劳动合同的终止，即基于一定法律事实的发生，劳动合同中所设定的权利义务关系即行消灭的法律行为。

(6) 劳动合同的续订。劳动合同的续订是指劳动合同期限届满，经双方协商一致，可以续订劳动合同。

三、劳动争议及其处理程序

我国处于社会转型时期，多种所有制经济共同发展，多种分配方式并存，多种用工方式共存，因此劳动争议问题不可避免，且呈现多样化、复杂化的特点。如何预防劳动争议、有效解决争议，是政府、企业和劳动者都要面对的问题。

(一)劳动争议的特征及范围

劳动争议的特征：①劳动争议发生在劳动者和用人单位之间；②劳动争议实质上是劳动双方针对劳动关系的权利义务所发生的分歧和意见不一致。

我国相关法律规定，劳动争议的范围一般包括：①因确认劳动关系发生的争议；②因订立、履行、变更、解除和终止劳动合同发生的争议；③因除名、辞退和辞职、离职发生的争议；④因工作时间、休息休假、社会保险、福利、培训及劳动保护发生的争议；⑤因劳动报酬、工伤医疗费、经济补偿或者赔偿金等发生的争议；⑥法律法规规定的其他劳动争议。

(二)劳动争议的处理原则

劳动争议和纠纷的发生，不仅不会使正常的劳动关系得到维护，还会使劳动者的合法利益受到损害，同时也会给企业带来不稳定的因素，因此处理好劳动争议是员工关系管理的重要工作。劳动争议处理原则如下。

1. 依法处理

我国有关劳动争议处理的法律主要是《中华人民共和国劳动法》，该法对劳动争议处理的一些基本问题做出了规定。在处理劳动争议时，一定要依照国家的法律法规。

2. 查清事实

处理劳动争议，必须要查清事实，依据事实来进行裁决，正确处理调查取证与举证责任的关系，调查取证是争议处理机构的权利和责任，举证是当事人应尽的义务和责任，只有两者有机结合，才能达到查清事实的目的。在查清事实的基础上，依法处理，确保当事人的合法权益不受损害。

3. 着重调解

调解是处理劳动争议的基本手段，贯穿劳动争议处理的全过程。《中华人民共和国劳动争议调解仲裁法》规定："解决劳动争议，应当根据事实，遵循合法、公正、及时、着重调解的原则。"调解应在当事人自愿的基础上进行，不能勉强或强制。调解应依法进行，而不是无原则地"和稀泥"。

4. 及时处理

及时处理原则就是在法定结案期限内尽快处理完劳动争议。劳动争议往往涉及争议方的切身利益，如果处理不及时，矛盾就有可能激化，最终会对当事人的利益产生不必要的损害。因此，劳动仲裁机构在调解不成功的情况下，应及时裁决；人民法院在调解不成功的情况下，应及时判决。

5. 适用法律一律平等

首先，劳动争议双方虽然在劳动关系中存在行政隶属关系，但其法律地位是平等的，任何一方不得有超越法律规定的特权。其次，对于任何劳动者和用人单位，处理劳动争议时适用的法律不能因人而异、区别对待。

(三)劳动争议的处理程序

1. 劳动争议协商

劳动争议协商是指双方当事人在发生劳动纠纷后,自行协商解决,澄清误解,分清责任,相互取得谅解,最终达成和解协议。

2. 劳动争议调解

劳动争议调解是企业内部的劳动调解,是借由企业内部第三方的帮助来达成一致协议的争议处理办法。在企业内部,第三方一般是调解委员会或其他保持相对中立的人。企业内部调解可以将争议消除在尚未激化的阶段。

3. 劳动争议仲裁

劳动争议仲裁是指由企业之外的第三方居中调解并作出裁断的行为。仲裁与调解不同,仲裁由固定的第三方担任仲裁委员会;调解达成的协议没有强制力,仲裁作出的裁决具有法律约束效力。仲裁既具有调解的灵活、快捷,又具有法律强制执行的特色。劳动争议仲裁采取一次裁决终局制度。

4. 劳动争议诉讼

劳动争议诉讼是当事人不满意仲裁委员会的仲裁结果,依法向人民法院起诉,由法院依法审理并裁决的手段。诉讼处理是劳动争议处理的最后一道程序。最终生效的判决标志着劳动争议案件诉讼程序终结,即劳动争议最终解决。

劳动争议的处理程序如图 11-1 所示。

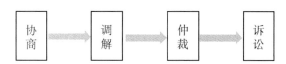

图 11-1 劳动争议的处理程序

四、员工离职管理

(一)离职的概念与分类

1. 离职的概念

离职是指企业员工流出企业的过程。对企业来说,维持员工在合理范围内的流动是一件好事,既可以保持企业的活力,又不至于背负过重的人力成本,也有利于企业挑选适合自己的优秀人才。对劳动者而言,可以在劳动力市场上评估自己的价值,选择更优的企业,更好地实现自己的价值。

2. 离职率

离职率是指在一定时期内,离职员工的数量占员工总数的比率。人员的流动在企业中是正常现象,离职率保持在正常的、可接受的范围内,对企业的利大于弊。但是如果离职率过高,尤其是当企业希望挽留的员工离职率很高时,给企业带来的危害就会超过它的正面作用。因此,企业应尽量降低有价值的、优秀的、核心的员工的离职率。

3. 离职的分类

员工离职包括三种情况：自愿离职、非自愿离职与自然离职。自愿离职是由于员工个人意愿而离开企业的人员流出；非自愿离职是指由于企业的原因或其他客观原因而非出于员工意愿所产生的企业人员流出；自然离职是指由于一些不可避免的人力资源损耗而导致的企业人员的流出。员工离职的分类如图 11-2 所示。

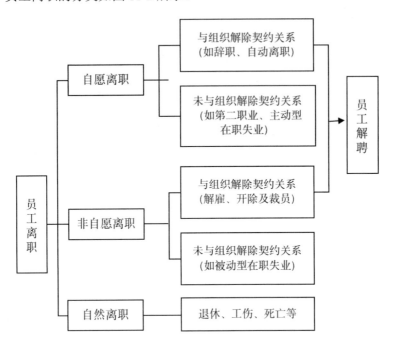

图 11-2　员工离职的分类

(二)自愿离职的管理

对自愿离职员工的管理分为四个步骤：①分析员工自愿离职的原因并进行归类提炼；②查找导致员工离职的组织制度因素；③进行旨在减少自愿离职员工数量的政策改进；④评估变革实施的结果并加以修正。

1. 分析原因

造成员工自愿离职的因素主要可以归结为三点：个人因素、组织因素、报酬因素。其中，个人因素离职是指由于员工个人工作以外的原因而离职；组织因素离职是指由于员工认为组织给其带来的心理满足低于其心理期望而导致的离职；报酬因素离职是指由于员工认为企业所提供的物质回报低于其心理预期所导致的离职。根据每位自愿离职员工的具体原因，企业可以采取措施进行员工管理方面的改进，以使员工的自愿离职率降到可接受的水平。

分析员工离职的原因所使用的方法包括：①离职人员访谈法；②员工主管座谈法；③员工工作满意度调查；④员工意见箱制度；⑤倾听工会的声音；等等。其中，离职人员访谈法与员工工作满意度调查是最常用的两种方法。

2. 查找组织层面因素

在管理者对离职员工的离职原因进行收集与提炼后，就可以着手探寻除了离职者个人因素外，究竟还有哪些组织制度的弊端造成了员工的离职。

3. 改进政策

任何组织层面的变革都会遇到阻力和困难，对组织制度与政策的修补与调整通常具有复杂性强、难度大、所需时间长等特点，是对企业管理者较大的挑战。

4. 效果评估

对离职管理的效果进行评估。在这一环节中，组织的评估可从以下三个方面进行：首先，考察组织在下一个时间段内的员工离职情况，观察优秀人才的离职率是否有所降低。其次，调查在职员工的满意度是否有所提高；最后，对离职管理的成本进行核算，在合理范围内尽量降低成本。

通过以上这四个步骤，企业有可能做到了解自愿离职员工的离职因素，改进组织中有缺陷的制度与政策，为降低组织所不希望发生的自愿离职提供制度保证。

(三)裁员管理

裁员是非自愿离职的典型形态，在企业经营出现困难或遭遇经济危机时，裁员是企业降低人工成本、提高劳动生产率和竞争力的重要手段。有些企业，即使在经济景气、运转良好的情况下，也会对内部员工进行考核，按照末位淘汰的规定对绩效连续不达标的员工进行裁员处理，以此提高员工的绩效。

裁员是员工的非自愿离职，可能会引起一部分员工的不满和怨言，如果处理不好企业与被裁员工的关系，极有可能会损害企业的形象，甚至会给企业带来不小的麻烦。此外，裁员除了降低企业的人力成本外，在某种程度上也会增加企业的管理成本，如招聘成本、培训成本、对员工的补偿成本等。如果裁员不当，在经济好转时，还必须付出更大的成本重新招聘、培训等。

裁员一定要有规划，不能盲目裁员。在面临裁员时，可以对替代方案进行比较，如冻结招聘、停发奖金、限制加班、工作分享、弹性工作日等，选择对公司长远发展最为有利的方式。当不得不进行裁员时，也要进行详细的规划，设计裁员方案，尽量把不利影响降到最低。企业裁员有如下四个步骤。

1. 裁员计划

裁员计划有五个步骤：①明确企业战略及目标，充分考虑企业的现实和未来，对裁员的商业价值进行评估，列出具体的裁员岗位、数目及依据；②明确计划制订过程，具体包括筛选被裁员工的依据、确定遣散费、补偿费及相关法律依据，制定保留或重新雇佣战略；③制定沟通策略，沟通内容包括公司经营现状、裁员原因、标准和过程说明等，确定沟通方式；④建立裁员小组；⑤制定裁员时间表。

2. 裁员筛选

裁员筛选分四个步骤：①制定筛选标准，依据该标准对需要裁员岗位上的员工进行初步评估；②确定最优秀和最应保留员工名单，并对名单进行评估；③确定裁员对象，对裁员名单再次评估；④人力资源工作人员与部门主管进行沟通和商讨，确定最终裁员名单。该过程中要注意保留筛选依据。

3. 裁员实施

人员遣散过程分三个步骤：①面谈并提供咨询帮助，由公司人力资源部门的高层领导与被裁员工进行裁员面谈，沟通裁员结果并充分解释裁员原因，态度要真诚，要站在员工的立场上，表示感同身受；同时为员工提供咨询服务，提高他们对劳动力市场的了解，帮助他们寻找下一份工作。②确定遣散费用方案，包括遣散费用的计算依据、计算公式及审定福利授予方案，处理相关的法律问题和手续。③与保留员工进行深度沟通，消除他们对于裁员的恐惧心理，安抚他们的情绪，鼓励他们尽快恢复正常的工作状态。

4. 裁员评估

事后要对裁员进行评估，评估内容包括：①裁员计划和裁员方案的完整性和周全性。②裁员工作是否按计划进行，时间掌控、成本使用、最终效果是否都达到预期。③员工情绪是否得到很好的平复，裁员过程中是否出现与员工矛盾的激化和诉讼问题。④裁员名单的确定是否科学、合理，有没有裁掉不应该裁掉的员工或保留不该保留的员工。根据评估结果，改进方案，并在以后的裁员过程中汲取经验，不断完善。

(四) 离职管理的注意事项

员工离开原单位后，都会进入另一家单位。跳槽作为一件比较敏感的事情对企业的形象有较大的影响。如果人力资源管理者能够很好的对员工的离职进行管理，妥善处理员工的情绪，也可以帮助企业树立一种正面的、良好的形象；否则，会极大损害公司声誉。企业应重视对员工离职的管理，构建一整套体系来对员工的离职进行监察和管理。这套体系应该适用于所有企业离职人员。

(1) 人力资源管理人员和部门管理者平时应加强对下属员工的观察和关心，及时与员工沟通，随时了解员工的需求和心理变化，帮助员工排遣压力和对工作的不良情绪。让员工体会到上级的关心，有效降低员工的离职意愿。

(2) 员工递交辞职信后，管理者应及时与员工沟通，了解辞职原因，对于优秀员工和核心员工，应与其直接上级沟通，尽力帮助其解决问题，在允许的范围内满足其需求。即便挽留不成功，也尽量不要恶化关系，保持友好的方式，按公司规章制度处理。对竞业限制人员应进行后续跟踪调查，以确定是否违反规定。

(3) 在接受辞呈后，由直接上级监督离职员工完成其理应完成的任务，人力资源管理者及时与部门主管协商、沟通，寻找合适的员工接替离职员工的工作。如果内部没有合适人选，人力资源管理人员应立即着手从外部招聘，争取不使工作出现中断，影响部门工作的正常运转。

(4) 员工正式离职前，人力资源管理人员应再次与该员工进行深度沟通，询问其对公司的看法和意见，由于离职员工不再有自身利益的牵涉，一般会真实地表达自己的看法，同时也能够说出很多在职员工中普遍存在的不满和问题。人力资源管理人员应深入了解这些问题，在未来工作中采取措施加以解决。

第三节　员工安全管理

企业重视员工安全与健康的目的在于保护员工及其他与企业生产与服务相联系的群体免受不必要的身心损害。人力资源部门职责范围内的企业安全与健康政策可以为员工提供安全健康的工作环境，帮助其解决一些私人问题，对退休员工及特殊群体员工提供适当政策援助。

一、劳动保护

(一)劳动保护的概念及其内容

劳动保护是提升劳动安全的重要手段。它是指企业针对员工在劳动过程中存在的不安全、不卫生的因素采取的各种技术措施和组织措施的总称。没有良好的劳动保护措施，企业就没有安全的生产、工作环境，员工的身心健康就得不到保障；没有强健的体魄和健康的心理，员工不可能持续、安心地投入工作。

劳动保护所要解决的问题是针对生产活动中一切有可能危害劳动者的因素，采取有效措施加以消除或控制，创造合乎安全生产要求的劳动条件，防止伤亡事故、职业病的发生。劳动保护的基本任务是保证安全生产，实现劳逸结合，对特殊劳动群体的保护，规定工作时间和休假制度，组织工伤救护及做好职业病的防治等。劳动保护的内容包括劳动时间规定、安全生产技术、职业卫生和对特殊劳动群体的保护。

(1) 劳动时间规定是指企业所实行的员工工作的时间必须符合国家有关法律法规的相关规定，应该有利于员工身心的健康发展。

(2) 安全生产技术是指为了消除生产过程中的不安全因素，保障员工人身安全，预防人身事故而采取的各种技术、物质措施的总称。

(3) 职业卫生是指为了消除由于职业特点而形成的对劳动者健康的不利影响(职业病)，从工作安排、技术组织管理等方面采取各种措施，建立合乎科学的劳动环境，保证劳动者的身体与心理健康。

(4) 对特殊劳动群体的保护主要是指对女员工、年长员工等具有特殊生理特点的员工应实行有针对性的劳动保护措施。

(二)劳动保护的步骤

改善企业的劳动环境，为员工提供更为优质的劳动保护条件，主要分为以下四个相互关联的步骤与环节：排查隐患、评估风险、采取措施和监管控制。

1. 排查隐患

排查隐患是指通过企业全体员工的努力，找到有可能威胁企业员工工作安全与身心健康的工作、工作要素与行为动作。

2. 评估风险

在找到企业存在的安全隐患之后，就需要对这些隐患进行评估与排序。风险评估可用风险的严重性评估指数乘以风险的可能性指数计算,即风险=严重程度×概率值,通过评估结果,将隐患根据其潜在严重程度进行排序。

3．采取措施

管理者找到工作中存在的安全隐患并进行粗略的排序,以确定资源投入的优先顺序,然后基于企业面临的具体环境,采取切实的措施,有效防控隐患演变为事故,改善员工的工作条件。企业改善劳动保护措施包括以下两个方面。

(1) 针对工作的改进措施。针对工作的改进措施着眼于工作中所存在的隐患点,力图通过对工作方面的改进,消除或降低这些隐患点的威胁水平。

(2) 针对员工的改进措施。通过对员工采取一定的措施,力图使员工要么远离危险隐患,要么将这些隐患对员工造成伤害的可能性与程度降至最低。

4．监管控制

监管控制是改善劳动保护效果的最后步骤与环节。它用以监督企业所制定的各项改进措施的实施情况,客观评价这些措施的实施效果。同时,通过这一环节,企业可能进一步得到关于其在劳动保护方面所取得的成效信息,确定下一步的努力方向,对已采用的不尽如人意的措施进行修正。

二、工作时间

工作时间又称法定工作时间,是指劳动者为履行工作义务,在法定限度内,在用人单位从事工作或者生产的时间。工作时间具有如下特点。

(1) 工作时间是劳动者履行劳动义务的时间,有工作小时、工作日和工作周三种,其中工作日即在一昼夜内的工作时间,是工作时间的基本形式。

(2) 工作时间不限于实际工作时间。工作时间的范围不仅包括作业时间,还包括准备工作时间、结束工作时间及法定劳动消耗时间。法定非劳动消耗时间是指劳动者自然中断的时间、工艺需中断时间、停工待料时间、女职工哺乳婴儿时间、出差时间等。此外,工作时间还包括依据法律法规或单位行政安排离岗从事其他活动的时间。

(3) 工作时间是用人单位计发报酬的依据之一。劳动者按照劳动合同约定的时间提供劳动,即可获得相应工资福利待遇。加班加点的工作可获得加班加点的工资。

(4) 工作时间的长度由法律直接规定,或由集体合同或劳动合同直接规定。

(5) 劳动者或用人单位不遵守工作时间规定或约定的,要承担相应的法律责任。

(一)工作时间的种类

1．标准工作日

标准工作日也称标准工作时间,是指根据法律规定,在一般情况下普遍适用的按照正常作息办法安排的工作日和工作周的工时制度。我国的标准工作日为劳动者每日工作 8 小时,每周工作 40 小时,在一周(7 日)内工作 5 天。标准工作日是计算其他种类工作日的依据,比如,实现综合计算工作日的用人单位,其平均日工作时间和平均周工作时间应该与标准工作日基本相同;实行计件工作时间的劳动者,用人单位应当根据每日工作 8 小时,每周工作 40 小时的工时制度,合理确定其劳动定额和计件报酬标准。

2. 缩短工作日

缩短工作日是指法律规定的，在特殊情况下劳动者的工作时间长度少于标准工作时间的工时制度，即每日工作时间少于 8 小时，或者每周工作时间少于 40 小时。缩短工作日适用于：①矿山井下、高温、有毒有害、特别繁重或过度紧张等作业的劳动者；②夜班工作劳动者；③哺乳期女职工。

3. 不定时工作日

不定时工作日又称不定时工作制，是指无固定工作时数限制的工时制度。它主要适用于因工作性质和职责范围等原因，无法实行标准工作日的劳动者。比如，企业中的高层管理人员，外勤人员、推销人员、部分值班人员，从事交通运输的工作人员，以及其他因生产特点、工作特殊需要或职责范围的关系，适合实行不定时工作日的劳动者。采用这种形式时，企业应该与劳动者协商，履行审批手续，确保劳动者的休息休假权利和生产工作任务的完成，同时参照标准工作日制定相应的薪酬。

4. 综合计算工作日

综合计算工作日又称综合计算工时工作制，是指以一定时间为周期，集中安排并综合计算工作时间和休息时间的工时制度，分别以周、月、季、年为周期综合计算工作时间，但其平均日工作时间和平均周工作时间应与标准工作日基本相同。采用此形式时，企业应与劳动者协商，履行审批手续，确保劳动者的休息休假权利和生产工作任务的完成，并参照标准工作日制定相应薪酬。

5. 计件工作日

计件工作日是指劳动者以完成一定劳动定额为计酬标准的工作时间制度，实行计件工作日的用人单位应当按日工作定额确定工作时间，且用人单位确定劳动定额时应当符合法律规定。《中华人民共和国劳动法》规定：对实行计件工作的劳动者，企业应该按照劳动者每日工作时间不超过 8 小时，平均每周不超过 40 小时工时制度的原则，合理确定其劳动定额和计件报酬标准。劳动者超过合理劳动定额以外的工作都应当算作延长工作时间，用人单位应当遵守法律关于延长工作时间的规定，依法支付延长工作时间的报酬。

6. 弹性工作日

弹性工作日是指在完成规定的工作任务或固定工作时间长度的前提下，员工可以自由选择工作的具体时间安排，以代替统一固定的上下班时间的一种制度。弹性工作日是 20 世纪 60 年代由德国的经济学家提出的，当时主要是为了解决职工上下班交通拥挤的问题。

(二)加班加点

加班加点即延长劳动时间，是指劳动者在法定工作时间之外继续工作。加班是指劳动者在休息日和法定休假节日工作；加点是指劳动者在符合法定标准工作时间的工时外延长工作时间，即提前上班或推迟下班。在实际工作中，加班加点统称为加班。加班加点都是相对于特定的工作种类而言的，对实行标准工作日、缩短工作日或弹性工作日的劳动者，才存在加班加点；对实行综合计算工作日或计件工作日的劳动者，如果计算出来的工时超过法定标准工时也应算为加班或加点；对实行不定时工作日的劳动者，则不存在加班加点。用人单位由于生产经营需要，可以延长劳动时间。

(三)休息休假

休息休假是指劳动者在国家规定的法定工作时间外自行支配的时间，包括劳动者每天休息的时数、每周休息的天数、节假日、年休假、探亲假等。根据《中华人民共和国劳动法》与相关劳动法律法规及传统，劳动者的休息休假主要有以下几个方面。

(1) 工作间隙休息是指劳动者在工作日的工作时间内享有的休息时间。

(2) 日休息是指劳动者在每昼夜(24小时)内，除工作时间外，由自己支配的时间。也就是说，除了最多8小时工作时间以外，其余时间均为劳动者的休息时间，包括上午上班前、下午下班后、中午用餐等所有的时间。

(3) 周休息又称公休日，按现行规定，一般情况下劳动者每周应休息两天，即星期六和星期日两天。

(4) 法定节日休假，即全体公民放假的节日。

(5) 探亲休假是指劳动者享有的探望与自己分居两地的配偶和父母的休息时间。

(6) 年休假是指劳动者工作满一定年限后每年享有的保留工作带薪连续休假的时间。

(7) 其他休假，比如婚假、丧假。

三、员工压力管理

(一)压力概述

压力(stress)一词首先由生理学家汉斯·塞里(Hans Selye)提出。塞里认为，压力是机体对伤害性刺激的非特异性防御反应，是机体对各种内外界刺激因素做出的适应性反应过程。当人受到压力作用时，会产生一种相应的反应，并在新的情况下逐渐适应。如果人不能适应这种刺激，就可能在生理或心理上产生异常，甚至可能会生病。员工压力过大或长期处于压力状态下，会对身体健康状况产生严重的不良影响，而且可能产生工作倦怠、工作退缩等消极的现象，对于企业的发展和企业文化的建设都不利。

职场压力分为长期积累压力和短期紧急压力。前者是指工作场合中长期处于复杂的人际关系网中，背负沉重的工作任务，对于升迁等有限资源的渴望等因素，一件件小事、一种种压力长久积累起来最终形成超出负荷的压力；后者则是职场中突发的事件或变化而使员工感受到的压力，如领导的更换、晋升机会的出现、重要任务的限时完成等。后者的压力往往更紧急、更大，但事件一旦结束，压力随之消失；前者压力强度不会过大，但累积时间久了，对员工心理承受能力是一个极大的考验，很多员工离职也是工作压力长期过大所致。

(二)企业的压力管理

管理压力不仅是公司的责任，还需要个体付出努力。

1. 个体方面

个体方面可以通过实行时间管理策略等方式来管理压力。

(1) 常用时间管理策略。列出每天要完成的事情；根据重要程度和紧急程度对这些事情进行排序；根据优先顺序安排日程。

(2) 社会支持可减轻个体所感知的压力水平。扩大自己的社会支持网络，主动和别人进行沟通，既可以获得客观的建议也可以感受到温暖和力量。

(3) 遇到自己无法解决的问题或无法排遣的负面情绪，主动向专业人员咨询，寻求帮助，切忌负面情绪压抑在心里，一旦无法排遣，最后可能积郁成疾。

2. 企业方面

企业方面管理者也可以通过多种举措来管理员工的压力。

(1) 建立完整的压力管理体系；建立良好的沟通机制，沟通释放压力的良好渠道和情绪表达机制；建立实效的员工危机管理机制。

(2) 加强过程管理。一是工作再设计，使更具挑战性、刺激性。二是加强员工培训，提升技能和改善人际关系。三是做好职业规划，协助员工解决问题。

(3) 采取具体措施改善内外环境，减少恶劣环境给员工带来的不良压力。首先，要增强员工相互合作和支持的意识；其次，要增强上下级的沟通；最后，从企业文化氛围上鼓励并帮助员工提高心理保健能力，学会释放压力。

(4) 关心员工的工作和生活，帮助员工解决实际困难。这可以从四个方面着手：一是建立咨询机制，为员工提供免费或低价的职业咨询和心理咨询。二是举办各种活动，丰富员工的业余生活，使员工的身心得到有效的放松。三是设立专门的员工谈心时间。四是针对特殊员工采取特殊措施，帮助提高员工处理家庭事务和沟通交流的能力，尽量做到工作与家庭之间的平衡。

四、员工援助计划

员工援助计划(EAP)是由国外引入的一项员工福利计划。它是由企业出资为帮助员工及其家属解决心理和行为问题的一项服务项目，目的在于提高员工在组织中的身心健康和工作绩效，并改善企业的组织气氛与管理效能。

(一)员工援助计划的内容

1. 心理资本提升

员工援助计划关注的不仅有帮助员工解决问题，而且还有如何采取更积极的方法提升员工的应对能力，进而提升员工绩效与组织绩效。心理资本提升是从积极的视角开展员工援助计划的重要手段。心理资本是弗雷德·卢桑斯(Fred Luthans)提出的个体在成长和发展过程中表现出来的一种积极心理状态。心理资本包括自我效能、乐观、希望和韧性。这具体表现为：在面对充满挑战性的工作时，有信心(自我效能)并能付出必要的努力以取得成功；对现在与未来的成功有积极的归因(乐观)；对目标锲而不舍，为取得成功在必要时能调整实现目标的途径(希望)；当身处逆境和被问题困扰时，能够持之以恒，迅速恢复并成长(韧性)以取得成功。企业可以针对心理资本的每一个维度制定有针对性的开发措施，促进心理资本的提升。

2. 压力管理与心理干预

组织为改善员工的心理健康状况，帮助员工更好地应对压力而采取的干预手段和措施，也是员工援助计划中的一部分内容。

3. 组织变革中的员工心理辅导

转型时期的组织兼并、重组、裁员、新管理手段的运用等带来的冲击使得组织内员工长期处于心理亚健康状态。工作不安全感与工作倦怠的不断滋生已经成为危及员工个人健康与组织健康的关键影响因素。员工援助计划包括员工沟通的流程设计、对于各种危机行为的预防和及时处理。这里需要特别注意的是提供有效的员工沟通、裁员会谈、面对变化的心理辅导等。

4. 劳动关系与人际关系的改善

随着经济的高速发展和组织的转型会出现各种矛盾，因此企业需要建立一套和谐的劳动关系体系。为了保证组织内部人力资源的数量和质量，企业在追求利益最大化的同时，必须投入大量成本来慎重处理劳动关系问题。员工援助计划的基本作用是调整劳动关系，以提高企业的竞争力。另外，组织内部良好的人际关系是企业健康发展的必要保障：一方面，员工援助计划致力于培养和训练员工学会改善人际关系的技巧，提高处理人际关系的能力；另一方面，建立合理的组织结构，营造有力的沟通渠道和交往气氛，可以帮助组织的管理者引导组织内的人际关系朝着积极的方向发展。

(二)员工援助计划的作用

1. 从个体角度

员工援助计划致力于帮助员工及其家人解决各种心理和行为上的问题，可以不断促进个人的发展和成熟。心理学研究表明，人的成功很大程度上依赖于心理健康水平及良好的行为方式。员工援助计划可以通过多种方式解决员工在工作和生活中遇到的心理和行为问题，帮助他们学会用科学的方法解决今后遇到的相似问题，促使他们产生自我实现需要，不断发展和成熟，并成为企业最具竞争力的武器。

2. 从组织角度

从组织角度来看，员工援助计划可以促进组织绩效的提高。员工援助计划可以通过减少错误解聘、降低缺勤率、提升公众形象、鼓舞员工士气、改进生产管理、改善工作氛围等带来高投资回报率。但是，员工援助计划作用的发挥是一个长期的过程，不可能立竿见影，所以不应该以一种浮躁和急功近利的心态要求它。

(三)员工援助计划的实施

员工援助计划是一个全面的、系统的服务过程，包括发现、预防和解决问题。它可以完全由组织内部配备专门人员、设置专门的部门来加以实施，这种形式称为内部员工援助计划形式；也可借助组织外部的专业员工援助计划服务机构完成，即外部员工援助计划形式，它是由组织与服务提供机构签订服务合同。完整的员工援助计划包含组织调研、项目基础工作、制定方案并开展人员培训和项目实施及反馈评估四个阶段。

1. 组织调研

组织调研阶段是员工援助计划有效开展的前提，是有效实施员工援助计划的基础。首先，由员工援助计划咨询人员通过专业的心理学问卷测验、访谈等方法来考察组织成员的压力、心理健康、工作满意度、自我接纳、人际关系等方面的心理状况，以对员工进行全面的心理状况调查、研究和诊断，并建立员工心理档案。与此同时，力求发现和诊断职业心理问题及其导致的因素，帮助组织发现导致员工问题的组织管理因素，并分析是否有进行员工援助计划服务的必要。

2. 项目基础工作

项目基础工作阶段为建立项目及初步工作，根据组织调研阶段发现的问题有针对性地建立员工援助计划项目，确定企业的需求，明确员工援助计划服务的目标，然后就初步决议与组织内部相关部门及组织高层进行沟通，获得他们的支持；同时还需要在员工内部进行宣传推广，使组织员工对心理知识有普遍的认识和了解。这样做的目的在于提高员工的心理保健意识，鼓励其遇到心理问题时积极寻求帮助等，并且在一定程度上可提高组织成员对员工援助计划的关注和热情。

3. 制定方案并开展人员培训

提交项目方案初稿并进行沟通后，修改完善项目方案并最终确定，制订具体的时间计划及操作步骤。在选定服务人员后，要对他们进行培训，教他们从心理咨询的角度出发，运用心理学的方法看待和处理管理中的问题，使之学会一定的心理咨询理论和技巧，在工作中预防、辨识和解决员工的心理问题，并改变管理方式，使管理从命令、惩戒的方式转向支持、帮助的方式。

4. 项目实施及反馈评估

项目实施及反馈评估是员工援助计划中解决组织成员心理问题的最后步骤。方案最终确定后就可以开展员工援助计划了。为防止少部分员工由于问题比较特殊或者涉及个人隐私等原因而不敢公开寻求帮助，需要建立有效的求助渠道和服务平台，如开通热线电话、建立网上沟通渠道、开辟心理咨询室等，以保证员工能够顺利、及时地获得高效的心理咨询及治疗的帮助和服务。在实施过程中要不断进行总结和反馈，了解员工的反映和评价，有针对性地改进。同时，及时发现新的问题，与相关部门协调沟通，提出相应的建议。最后，要定期对项目效果进行评估。

本 章 小 结

员工关系是指企业中各个主体，包括企业所有者、企业管理者、员工和员工代言人等之间围绕雇佣和利益关系而形成的权利和义务关系。建立良好员工关系的意义包括：对企业盈利和长久发展具有重要意义；有利于促进员工身心健康发展；有助于增进员工对企业的理解与信任。员工关系管理就是企业采用各种管理手段和管理行为，调节企业与员工、员工与员工之间的相互联系，使之良性循环和发展，以实现组织目标的过程。

劳动关系是用人单位(雇主)与劳动者(雇员)之间在运用劳动者的劳动能力，实现劳动过程中所发生的关系。劳动关系管理包括劳动合同管理、劳动争议处理、离职管理等。

劳动保护是提升劳动安全的重要手段。它是指企业针对员工在劳动过程中存在的不安全、不卫生的因素采取的各种技术措施和组织措施的总称。劳动保护的内容包括四个部分：

劳动时间规定、安全生产技术、职业卫生和对特殊劳动群体的保护。工作时间、员工压力管理、员工援助计划等人力资源部门职责范围内的企业安全与健康政策，可以为员工提供安全健康的工作环境，帮助其解决一些私人问题，对退休员工及特殊群体员工提供适当政策援助。

思 考 题

1. 什么是员工关系管理？员工关系管理有什么意义？
2. 员工关系管理包括哪几个方面的内容？
3. 什么是劳动争议？如何处理劳动争议？
4. 如何进行员工离职管理？
5. 什么是员工援助计划？员工援助计划有什么意义？

实 践 应 用

爱彼迎：用员工体验代替人力资源管理

爱彼迎(Alrbnb)成立于2008年的美国旅行房屋租赁社区，如今已在全球191个国家/地区的34 000个城市拥有超过1 000 000套的房源信息，现在的爱彼迎已经成为全球共享经济领域中的佼佼者。

曾有人总结，2000年企业雇主关心"员工满意度(employee satisfaction)"，2010年雇主热衷于"员工敬业度(employee engagement)"，但现在发现员工满意度和敬业度只不过是"员工体验(employee experience)"的一小部分而已。强调员工体验的人士甚至喊出了"员工第一，客户第二，股东第三"的口号，并且认为企业在重视了员工体验之后，客户反而会更满意，股东也会更开心。

爱彼迎是率先实践员工体验的企业之一。2015年，马克·利维(Mark Levy)被任命为爱彼迎的首席员工体验官(chief employee experience officer)，领导员工体验团队，取代了爱彼迎之前的人力资源管理部门，这在当年曾经引起轰动。爱彼迎的这支员工体验团队负责管理工作环境、内部沟通、员工奖励和各式主题和纪念日庆祝活动。

实施之后仅仅一年，爱彼迎在美国著名的招聘网站玻璃门(Glassdoor)"最佳工作场所"名单中排名第一位；2017年又在领英(LinkedIn)"顶级公司：当今世界上想要工作的地方"排名第11位；在全球252家顶尖公司员工体验排行榜中，爱彼迎名列第六位。仅仅几年工夫，爱彼迎在员工体验方面就取得如此耀眼的成绩！

作为员工体验践行榜样，爱彼迎究竟是如何实施的呢？与提升用户体验相类似，爱彼迎想为员工创造难忘的工作体验。作为员工体验工作团队，他们将以此为目标，在员工有关的所有管理环节中进行检验和改进，包括招聘流程、员工培训与发展、工作环境营造、薪资福利等。

从爱彼迎的招聘流程就能够体现出公司对员工体验的重视。公司会与应聘者进行接触，尽可能地使他们获得积极的体验。这包括对每一位应聘者表示感谢，通报有关招聘进程的信息，为应聘者了解公司提供建议，欢迎应聘成功的新同事并帮助他们融入公司的流程，以及请公司的员工向被拒绝的应聘者提供反馈和鼓励。这种带有温度的措施不仅让求职者倍感温暖，同时也让员工为自己的企业能有这样的制度而感到自豪。

员工若是能参与到公司的各个环节，就能提高他们的归属感和主人翁意识。爱彼迎在涉及日常工作一些细节问题时，让员工充分的参与进来，从办公环境的设计到办公室的健康零嘴都由员工来决定。一位爱彼迎的员工在宜家看中了一套有趣的样板屋，想把它直接搬到公司的会议室，改变沉默的装修风格，结果她如愿以偿了。员工参与办公室的设计，让爱彼迎的办公室看起来更像一个家而非办公场所。你可以在爱彼迎的办公室看到厨房、图书室、冥想室和瑜伽室，甚至还有家庭花园，在模糊了家庭和工作之间的界限之后，爱彼迎的员工获得了很棒的工作体验。在工作中，爱彼迎关注影响员工体验的诸多因素，希望能够营造一种集体感和归属感。公司给了员工很大的话语权，员工参与到目标的制定和所有主要项目的规划。需要完成哪些工作，采取什么样的衡量标准，都由他们决定。同时，公司也鼓励员工能够选择自己感兴趣的和自身能力相匹配的项目，并自主管理日常工作。在工作需要时，公司还允许员工远程办公。这样做的原因在于，公司相信员工能够根据自己的意愿和兴趣投入到工作之中，能把工作做到最好！

爱彼迎还会为员工提供许多福利，包括免费的一日三餐，健康且美味。它还允许员工将自己的宠物狗带到办公室，每个星期都会安排瑜伽课程，而且各种办公室节日、团队活动多种多样。比如"曲奇饼干时间""新员工茶话会""人墙隧道""周五沟通"等。很多员工评价在爱彼迎的工作时，都用了一个词——"有趣"。

公司每位员工每年都能得到 2000 美元，供他们休假时租用爱彼迎网站上任何地方的出租房。公司希望员工能够和用户建立关系，因此为员工买单入住这些出租房，以此落实这个目的。爱彼迎的员工体验实践提供给企业管理者一条新的思路，让企业赢得竞争优势，获取长足的发展，我们的眼光不仅要盯住外界的客户，同时也要把重点放到内部的员工身上，不能顾此失彼。

(资料来源：爱彼迎：用员工体验代替人力资源管理. 2020-05-26. http://www.hrsee.com/？id=1446.)

【思考题】

1. 分析案例中爱彼迎员工关系管理的意义及挑战。
2. 该公司员工关系给其他企业带来哪些借鉴意义？

微课视频

扫一扫，获取本章相关微课视频。

员工关系管理

第十二章 数字化人力资源管理

【学习目标】

1. 了解人力资源管理的数字化转型现状。
2. 了解数字化人力资源管理系统的结构、类型和模块。
3. 理解数字化人力资源管理系统的设计与选择。
4. 了解智慧数字化人力资源及其未来发展。

【引导案例】

亚信：践行数字化人才管理

一个商业机构的成功因素是什么？这恐怕是商业领域最核心的"秘密"了。

被认为史上经营企业最成功、个性自我的乔布斯，承认自己须花费大约 1/4 的时间去招募人才，他甚至在很多场合说："我过去常常认为一位出色的人才能顶两名平庸的员工，现在认为能顶 50 名。"可见，人才本身，才是一个商业机构能够获得成功的最重要的基础。

数据表明，商业环境日趋完善、竞争日趋激烈的今天，人才的价值正在不断被放大，人才的流动越来越快，而且人才对自身价值的认识也越来越明晰……所有的这一切，都使得想获得长期持续市场价值的商业机构，面临更多的人力资源的挑战：如何快速、精准的从人才库中遴选出企业急需的人才？如何通过培训与职业发展规划留住现有的人才，如何保持较高的员工敬业度和忠诚度？

作为亚信软件公司(以下简称"亚信")高级副总裁兼首席人才官，吕守升面对的问题更棘手。

亚信 1993 年在美国创立，是最早把互联网带入中国的公司。1995 年春天，亚信将业务重心转到中国，承担起中国网络基础建设工作。此后 20 年，亚信经历了从初创到在纳斯达克上市，再到私有化的全过程。其业务领域逐渐演变为，以给电信运营商提供业务支撑系统为主，尤其是以大型软件开发项目见长的亚信软件，成为集团的领头羊，营收和利润一直成熟且稳定。作为一个正式员工过万人的大型软件企业，如何进一步提高人均效能，也一直是亚信软件非常关注的课题。

经过几年的探索，亚信软件为自身定制了具有相当实用价值的数字化管理系统，用数字化手段，从技术角度保证了对人力资源全流程的管理，无论是 3DE(Define-Discover-Develop-Empower)人才管理系统、亚信大学、信部落，还是 E-HR 及基于大数据的 HR 分析预测等。

3DE 人才管理系统保证 HR 全流程管理，被称为亚信软件人才体系架构。其核心流程和指导思想是为公司的人才管理提供可遵循的原则、流程和支撑工具。从定义、发现、发展和赋能四个方面，通过思考"围绕公司战略方向，我们需要什么样的人才""我们需要的人才藏在哪里""如何快速有效地提升人才能量""如何实现干部新陈代谢、激发活力"，运用线下与线上相结合的方法，将能力素质模型、人才评价中心技术、任职资格雷达图、学习地图、云学堂技术联结起来，一方面加速了干部人才培养，提升"存量"干部，补充"增量"人才，另一方面通过完善提拔、调整和激励机制，形成能上能下的用人机制。

基于此构建的亚信软件数字化人才运营体系，利用数字化手段，通过八爪鱼式的"360度个人评价报告""述职分析报告"和"访谈记录"，全方位搜集人才信息，形成快照式的个人综合评估报告，凸显个人核心特质、关键优势与不足。从而实现人才数据在线、实时、可选式分析比对，助力人才选、用、育、留各环节工作顺利开展。就是这样一整套数字化管理系统，使现在的亚信软件分布在全国 31 个省、146 个办公地的 1.1 万余名员工都被纳入其中。

通过这套系统，项目管理者可以清晰看到员工在不同项目上的投入，每个员工的工作效率曲线，以及用于实现目标考核及任务分发等；而更高阶的管理者则可以清楚了解到哪些岗位人员是闲置的，哪些岗位人员工作负荷过重。

正是这一整套针对每一位员工的公平的、可量化的考核标准，赢得了亚信内部每个层级员工的欢迎。有了数据的支持，不仅可以更为直观，也更具有说服力。吕守升跟记者举例说，在部门架构的设计或核心岗位负责人任命时，通过人才报告、内部测评及绩效数据，HR 在与用人部门沟通时有了更多依据。

大数据助力 HR 管理

随着海量数据的不断积累，许多公司开始把大数据运用到日常管理之中。亚信人力资源最近正在把大数据应用到自身人力资源管理上。

亚信在实施内部人才盘点时，人力资源部门尝试利用亚信的大数据能力来对每个员工的工作情况进行分析，"利用自己建立的算法和模型来看哪些因素影响了员工的离职，预测哪类人员有可能会在未来三个月或者六个月离开公司等"，再将这些分析报告提供给决策者。吕守升透露，未来亚信还将进一步完善个人绩效合约系统，通过绩效管理系统来做动态的调整。目前，从亚信软件人才构成来看，年轻员工的占比更高，"有精力，无经验"是年轻人才的特色之一。如何对他们进行高效而有针对性的技术与项目管理培训，进而提升其所需技能和项目交付质量，已经成为亚信软件人力资源管理另一个必须解决的问题。

亚信技术管理学院是亚信进行人才培训的摇篮，负责帮助员工进行职业发展规划。课程设置来自对全体员工培训需求的了解、收集和分析，针对新员工、普通员工和高级管理者设置相应的培训课程，再整合全公司相关资源，通过面授、线上学习、知识管理平台和社交平台，全方位向员工提供主动和被动的培训课程。

吕守升解释，"严格来说，职业发展与规划是个人的事情，公司能做的无非就是给他提供资源、支持和机会平台。"他举例，"譬如员工想从技术人员转为管理者，很多时候他们不清楚自己是否符合要求，需要有哪些条件，以及转岗之后如何适应新的岗位，但这些问题公司都可以帮忙解决。"

但亚信也并不会取代员工做职业规划。吕守升强调，"我们不勉强员工一定要从哪转到哪，但是员工自己可以根据公司的岗位图谱、岗位序列设计，来做自己的职业规划。"这种主动但不强求的风格造就了亚信的工程师文化。在亚信，员工自由度比较高，"就是你有什么样的想法，可以去提出，去尝试"。亚信最值得称道的是构建了一整套通畅的信息沟通体系，用社交手段打破沟通壁垒，如官方微信公众号、信学堂、信部落、技术平台、员工论坛、《你好亚信人》内刊、内部文化传播与办公平台……所有这些内部沟通平台，都是亚信内部人员开发或创建的。这些平台不仅是亚信内部交流的生态圈，也成为了亚信 HR 部门用来传播信息和开展培训的重要工具——通过其了解员工的培训需求，同时，这些平台也是向员工提供培训的重要渠道之一。

在吕守升看来，亚信内部数字化管理变革的主要目的有两个：一是提高沟通效率；二是提高人员管理效率。吕守升承认，在市场中最终能够被检验成功的内部项目概率不会太高，"但是对亚信而言，如果尝试成功了，不仅能为公司创造价值，对其他人也是引领；如果失败了，也可以给其他人提供经验教训。"

(资料来源：亚信：践行数字化人才管理[J]. 哈佛商业评论，2018.)

第一节 人力资源管理的数字化转型

一、数字化人力资源管理的出现

随着互联网、大数据、云计算、人工智能等新技术的不断发展及其在人力资源管理中的应用，以员工为服务对象的人力资源部迎来了一个全新的时代——数字化人力资源服务时代。在新时代，如何为员工创造价值，如何帮企业为客户创造价值，已经成为每一个人力资源管理者必须认真思考和研究的重要问题。过去，人力资源管理者主要从员工招聘、选拔、绩效管理、培养、激励和职业生涯规划等环节为员工创造价值，增强员工的安全感、归属感、凝聚力和满意度。随着新时代的到来，管理者要通过与员工的和谐沟通，对员工进行感情渗透、生活关心和人格尊重，使员工产生信赖感和认同感。只有管理者善于激发人性中善良和积极的因子，员工才会自动自发地投入到工作中，不断发挥工作的积极性、主观能动性和创造性。

互联网、大数据、人工智能、机器学习等新技术的日益成熟，使数字化技术持续赋能组织，在人力资源管理领域催生了大量新实践。例如，COVID-19 全球疫情防控期间，盒马鲜生开发并利用共享用工平台与 40 多家企业共享了超过 5000 名员工，打破了人力资源雇佣的组织边界；天猫无人超市和建行无人银行相继进入大众视野，这些高度智能化的机器人和算法助推着传统劳动力在组织中的价值重构；拜耳(中国)建立了数字化的激励平台，以期用强社交、游戏化的互动模式来提升员工的工作体验，显示了其在激励实践上的创新。从总体来看，数字化技术使组织活动变得更加高效快速，塑造了新的控制、协调和合作模式，也使 AI、机器人等数字智能加入到组织内部的互动关系网络中，重新定义了人力资源管理的对象。人力资源管理在这种大背景下迎来了更大的机遇，当然也面临着更加严峻的挑战。数字化、智能化是大势所趋，人力资源部必须顺应时代发展，及时转变观念，主动求新求变，适时进行数字化转型，建立以满足客户需求和实现人力资源管理价值为导向的新型人力资源管理模式。

二、科技发展的助推作用

当今科技的发展与进步对人力资源管理的影响比以往任何时候都深刻。移动技术、大数据、云计算技术和人工智能不仅改变着人们的生活方式,更影响着企业的数字化转型,它们已成为推进经济和社会发展的关键因素。

(一)大数据在人力资源管理中的应用与影响

近年来,大数据日益成为企业管理的重要手段,不仅能够帮助企业提升业务管理水平,而且对企业的人力资源管理工作也起着重要的作用,使人力资源管理工作不再浮于表面,而是进入深层次的业务当中。数据信息革命正在给人力资源管理工作带来全方位的变化。

(1) 大数据将为人力资源规划提供更科学、全面的信息与数据基础。借鉴大数据的理念,人力资源管理系统可以有效挖掘和利用信息资源,提高管理工作的准确性和客观性。通过挖掘员工基本信息、考勤记录、工资记录、奖金信息、变动信息、培训经历、培训考核情况、销售数据和生产数据等相关数据,可以获得人力资本生产率指标,如人均销售额、关键员工效率比例、关键员工主动流失率、出勤率、解决问题的效率和业绩提升率等,并通过对这些数据信息的科学分析,实现人力资源管理的科学决策。

(2) 基于人才数据库的招聘工作将在招聘信息发布、简历收集筛选、人才测评、人岗匹配等方面大大提高工作效率和效果。相比传统的人工查阅简历的方式,采取人工智能的方式开展大数据分析,能够很好地了解应聘者的信息,帮助企业管理者科学地找到合适的人才。通过长期努力建立人才数据库后,人才数据将成为人才招聘的一个前提,而计算机应用可以帮助企业建立模型,选择人才。

(3) 大数据能够很好地帮助企业实现人才与岗位的有效匹配,真正实现"为岗择人"和"为人择岗"。人才安置是企业发展的关键,不同的人才适合不同的岗位。每个人都有各自擅长的方面,人才安置,不仅是从知识的层面进行匹配,而且是从兴趣、爱好、性格等不同维度对人才进行全方位测评,综合了解人才各个方面的能力和特点,只有这样,企业管理者才能对人才作出最终的评价。只有利用大数据技术,将数据分析和人才测评有机结合在一起,才能对人才进行全方位测评,最终实现人力资源优化配置。

(4) 通过大数据建立的绩效数据库,可以使绩效数据统计分析更加客观和便捷,从而使绩效管理从烦琐的数据分析中解脱出来。现在,越来越多的企业开始建立自己的人才数据库,如人才的基本信息、流动数据、培训情况及受教育情况等。将人才数据有机地结合在一起,能够帮助企业实现薪酬绩效体系的优化。薪酬绩效体系是企业留住人才的关键,因此完善薪酬绩效体系是企业人力资源管理者面对的挑战。通过大数据分析,管理者可以知道哪些因素是提高员工业绩的关键,业绩较好的员工的特征,哪类员工容易出现错误,哪些环节容易导致公司出现损失。相比传统人为操作,大数据将更加详细和高效地帮助企业进行薪酬与绩效管理。

(5) 员工信息数据库可以使劳动关系管理变得更加科学和规范,更有利于防范用工风险。总之,只要管理者利用好大数据,就能够更好地实现人力资源管理,提高人力资源管理效率,帮助企业在未来的发展中提高竞争力。

(二)云计算技术在人力资源管理中的应用与影响

云计算技术作为新一代的资源共享利用模式,具有需求服务自助化、服务可计量化的特点。一旦将云计算技术引入人力资源管理系统,就可对人才招聘、绩效管理和薪酬管理等产生重大影响,人力资源管理工作将更加流程化、标准化和透明化。基于云计算技术的人力资源管理系统具有独特的优越性,对人力资源管理工作有着深刻的影响。

(1) 基于云计算技术的人力资源管理系统,可以根据不同企业的不同需求,进行定制化的服务,做到随时更新、信息共享。这样,供应商在后台进行统一管理后,企业就无需再维护人力资源管理系统。企业购买的是服务,只需按照租赁和使用功能付费即可,使得效率达到最高,而且系统操作难度低,管理者只需花费极少的时间即可掌握。一般来说,云计算技术的SaaS系统(软件即服务)通常依托于SOA架构和网络服务(Web Service)技术。SOA为面向服务的架构,在SOA架构的基础上可以建立若干与人力资源管理相关联的网络服务技术,这些应用模块和它们基于数据库处理、网络传输、界面平台等因素构成了"人力资源管理云"。传统上以B/S、C/S系统为主的人力资源管理系统,使企业所需支付的承载运行的硬件设备费用庞大,且软件维护成本庞大。SaaS架构的人力资源管理系统的使用成本较低,价格、服务标准清晰明了,易于企业与供应商进行沟通与核算,由供应商维护,企业无需支付维护成本。

(2) 基于云计算技术的招聘系统采用冗余存储的方式,确保了招聘数据的准确性。从不同渠道广泛搜集简历,同时将搜集的简历形成标准格式,并实现智能识别,避免数据重复输入,保证了每条人才数据的有效性。随时更新,方便查找,有利于企业及时搜寻简历,与应聘者沟通互动。基于云计算技术的招聘系统还可以与企业内部管理人才系统进行对接,发布招聘信息,方便内部员工上传简历,通过调岗或竞聘的方式填补岗位空缺。此外,基于云计算技术的招聘系统支持企业通过由SNS、BBS等多种行业和地区网站形成的"招聘大渠道"发布招聘信息,并整合企业网站、电子邮箱或外部招聘网站等各个渠道收取简历,最后再进行标准化处理。通过自定义所需人才的任职资格条件,在招聘系统对简历进行初步筛选,淘汰不符合要求的候选人。

(3) 基于云计算技术的绩效管理系统可以将员工特性与绩效考核工具的特点进行自动匹配,根据被考评对象的职位特点,灵活选择恰当的考评工具。此外,在人力资源管理系统引入云计算技术后将更多关注流程的标准化。在实施绩效考评时,在云端通过对组织内部流程的输入端、输出端的关键绩效参数进行设置、取样、计算、分析,把企业的战略目标分解为可操作的工作目标,将绩效标准分解到每个员工身上,明确个人的各项指标。在考核时,将员工的绩效结果与KPI进行比对并自动匹配,得出最终的考评结果。

(4) 人力资源管理系统具有薪酬统计与计算的功能。云计算技术同构化设计中编制的数据字典和模型字典,可以确保员工薪酬数据的核算更加方便、有效。员工也可以通过自助服务平台查询工资,促进了无纸化办公。更为重要的是,基于云计算技术的人力资源管理系统拥有强大的数据挖掘和数据分析功能,其分布式存储方式确保了人力资源管理系统可以高效地管理大数据,从而在规模巨大的数据集中快速找到特定的数据进行对应分析,使结果更加准确和有效。

(三)人工智能在人力资源管理中的应用与影响

人工智能在科技领域的发展和完善，改变了现代社会的生产和生活方式，也影响着人力资源管理工作。人工智能在信息采集和数据分析方面具有成本低、零失误、效率高等特点，在协助人力资源日常管理工作的具有极其广泛的应用前景。因此，人力资源管理者必须站在未来发展的高度，适应各种环境变化，积极应对人工智能的挑战，适应信息化发展，掌握人工智能等相关技术的前沿动态，这样才能更好、更快地实现人力资源管理工作的真正价值。德勤公司 2018 年调研结果表明，人工智能技术在人力资源管理工作中具有较强的应用潜力。随着企业规模的扩大和管理年限的增长，信息处理的数量和难度都呈量级增长，人力资源管理难度也在与日俱增，人们对人工智能的需求迫切性也相应提高了。人工智能对人力资源管理模式的颠覆主要体现在以下三个方面。

(1) 针对传统人力资源管理中耗时耗力的工作，如考勤、搜索简历等，人工智能技术可将人力资源管理者从琐碎的事务中解放出来，极大地提升人力资源管理效率。随着移动互联网的发展，数据量和精确程度都有了大幅度的改善，数据更加丰富。计算机作用于人力资源方面的算法也有了一定的突破，使得信息处理的效率有了极大的提升。

(2) 人工智能可以通过构建情景模拟等方式协助处理复杂问题，为人力资源管理的科学决策提供更加切实的依据，根据以往案例的记录，积极创造多种备选方案，帮助决策者制定更加科学合理的决策。但要看到，人工智能技术只是人力资源管理者制定决策的辅助手段，为科学决策提供参考意见。决策者的洞察力、对企业发展历史和文化的了解、基于经验对事情的判断、对员工的情感，以及对社会的责任等目前都很难通过数据获得，还是需要由决策者进行权衡并做出决策。

(3) 人工智能对人力资源管理各个模块有着深刻的影响。在规划模块中，人工智能构建了良好的数字化基础结构。在招聘中，基于人工智能，招聘者可以结合应聘者以往的数据分析和行为表现来评价其胜任力，更注重内在的评判，使其与岗位更加匹配，使招聘更加成功。在培训中，管理者利用人工智能有效分析员工的不足和优势，不仅可以发挥培训的作用，而且能够提高培训的效果。对于绩效考评工作，人工智能可以减少人力的投入，使考评更加精准。

人工智能的发展应用有助于人力资源管理方式的改进，但是人的作用依然是人工智能无法取代的，未来的人力资源管理将会更加注重人，给员工温暖而有态度的陪伴，让员工对组织产生归属感和依赖感。人力资源管理者必须全面认识到人工智能对人力资源工作的影响，积极优化自身素质，努力迎接时代发展潮流，主动激发自身的创意与激情，发挥人的独特作用。

三、人力资源管理的数字化转型方法

人力资源管理的数字化转型是新时代人力资源管理发展的必然趋势。总的来说，人力资源管理要实现数字化转型，企业必须建立人力资源管理系统平台，实现人力资源服务移动化，完成从"线下"到"线上"的工作模式的转变，利用社交媒体拉近与员工的距离，并通过人工智能技术和分析工具获取有关人力资源管理的洞察力。可见，人力资源数字化转型的过程就是人力资源管理实现自动化、智能化、移动化和效率化的过程。

(一)构建人力资源管理平台

人力资源数字化转型的第一步就是建立企业内部人力资源系统,然后按照云计算 IaaS(基础设施,即服务)、PaaS(平台,即服务)、SaaS 三层逻辑,重新改造人力资源信息系统,或购买云计算服务商的云服务。这种新的架构,除了底层硬件部分的整合外,还要建设内部数据库,使底层基础数据实现打通共享,彻底消除信息孤岛。这一过程就是人力资源管理系统云化的过程。企业把日常人力资源管理业务和工作内容迁移到该平台上,实现实时数据分析和业务流程系统化,以提高人力资源管理的工作效率,使 HR 有更多的时间和精力来思考企业发展方面的问题。同时,人力资源管理系统能够充分发挥其灵活、弹性、免费迭代的优势,基于云计算服务商提供的端对端的人才管理系统,满足人力资源管理的流程需求,建立合作伙伴生态系统,打造全新人力资源解决方案。

(二)人力资源服务移动化

随着弹性工作和居家办公等工作方式的日益普及,移动技术对企业加强与员工之间的密切沟通和联系具有非常重要的意义。移动技术真正实现了企业与员工之间"随时随地"的信息沟通与分享。随着移动技术的不断普及,移动技术已经不再局限于企业与员工之间简单的"保持联系",它还可以广泛应用于人力资源管理的各个方面。在员工学习与发展领域,移动技术可以有效地支持员工学习,让员工与专家进行有效互动,从而促进员工顺利完成培训课程;在人才招聘方面,移动技术可以有效促进招聘团队成员之间的合作,加快招聘流程;在绩效管理方面,移动技术有利于简化绩效信息的收集工作,从而可以更方便和更频繁地向员工提供绩效反馈信息。此外,利用移动技术还可以向员工推送与人力资源相关的、涉及个人发展机遇和目标进展情况的个性化信息。

(三)从"线下"到"线上"的工作模式的变化

员工工作模式是否合理直接影响企业运营的速度和效率,因此采用大数据技术来梳理、优化、规范员工工作流程就变得尤为必要。基于云平台的人力资源管理系统可以综合大量人力资源业务场景,一站式解决人力资源管理的所有问题。在 SaaS 平台,每位员工都有对应的组织架构及职位概述,员工可以通过人力资源管理系统,将职务、人、事对应起来,这样做专业性更强,工作效率更高,企业管理也更加规范。正因为互联网技术的融入,员工通过手机就可以自助完成考勤、申请休假等工作,这些工作在过去是员工通过线下与人力资源服务人员的互动来完成的。这种自下而上的管理模式不仅增强了员工的主动性,而且优化并减轻了 HR 的工作量。

(四)利用社交媒体拉近与员工的距离

人力资源部应该充分利用社交媒体技术加强与员工的沟通和互动,及时把握员工的心理动态,为员工提供更好的人力资源服务。此外,一些人力资源管理系统还可以提供基于社交媒体的入职培训工具,迅速将新员工与相关员工联系起来,并提供其所需信息。同时,一些系统还能支持协作式绩效管理,促进员工共建、共享绩效目标。因此,社交媒体将大力促进人力资源管理的民主化、透明化和公平化。

(五)利用人工智能技术和分析工具获取人力资源管理的洞察力

基于员工的行为分析,大数据和人工智能可以对员工群体和个体行为作出非主观的科学判断与预测。企业可以利用人工智能技术创建相关评估指标,监测人力资源管理工作的效力及其对企业的影响。同时,企业还可以利用分析工具获取相关的洞察力,深化对员工群体及个体能力的了解,确定企业的技能需求和人才所处岗位,甚至预测企业和员工的需求,强化人力资源管理流程。人工智能和分析工具将成为数字化人力资源的关键要素,促进营销式人力资源模式的形成,不仅能够使人力资源团队了解企业历史发展的趋势,而且能够通过更具前瞻性的方法将企业的人才战略与业务需求科学地匹配起来。

第二节　数字化人力资源管理系统

数字化人力资源管理系统主要由四部分组成:一是数据仓库,主要用于存储关于企业组织架构、职位分布及员工职位和个人基本信息等数据;二是人力资源管理系统平台,主要用于设置各种人力资源管理的功能和权限、流程控制等;三是人力资源服务平台,主要是通过各平台之间的交互处理,提供从员工到经理再到人力资源部的各类自助服务,以及包括员工入职、调转和离职的整个雇佣流程的服务;四是人力资源数据统计分析平台,主要根据企业需求用于各种数据的整合、统计、分析和报表处理,为企业决策提供数据支持。

一、数据存储及数字化人力资源管理系统的结构

(一)数据存储

数据存储是指数据存储介质及数据存储系统。数据存储介质通常是指磁带、磁盘等硬件设备;数据存储系统也就是我们常说的数据库,用来对数据记录进行管理,甲骨文公司(Oracle)和微软公司的 SQL Server 是大家比较熟悉的数据库系统。数据存储部分对广大用户来说就像是水下冰山,虽然不可见,但它是托起整个庞大系统的支撑。人力资源管理系统是以数据存储为支撑构建起来的。在当今的"互联网+"时代,云计算技术正在改变我们对数据存储的看法,把数据存储搬上云端,实现以云计算技术为依托的简单高效、安全可靠、高速处理的人力资源系统管理服务。

(二)数字化人力资源管理系统的结构

数字化人力资源管理系统以数字化的思维、系统化的管理为企业管理层提供人才决策运行手段,为员工管理提供人力资源解决方案的管理平台。数字化人力资源管理系统可以分解成不同的管理和应用模块,其中系统结构、数据处理规则、系统配置、权限设置等,是保证系统平台顺利运行的基础,而系统结构又是人力资源管理系统存在的基础。如果用建筑物来比喻人力资源管理系统,系统结构就像是建筑物的钢筋骨架。人力资源管理的系统结构是保障系统正常运行的重要部分,它的设计是否合理是系统功能和实用性的决定因素,同时也影响着用户体验。

数字化人力资源管理系统结构中最重要的组成部分是人员结构、组织结构和企业结构,

利用系统设置可以使员工、组织和企业有机地连接成一体。

(1) 人员结构。为记录员工各方面数据而设计，包括员工个人信息和聘用信息。个人信息包括个人基本类信息和家庭情况类信息。聘用信息是连接员工和企业的纽带，包括员工工号、职位头衔、组织代码和成本中心代码等。

(2) 组织结构。体现企业的职位设置和业务单元规划。企业由不同的部门组成，每个部门都是一个组织单位，每个员工在组织单位中都有一个职位，每个职位在系统中都有具体的职位描述，多个部门和职位组成了组织结构，即成为企业的构架，企业可由多个组织单位构成，如研发、销售等团队。

(3) 企业结构。企业根据经营范围、地域的不同可以设置若干下辖分公司，分公司还可能下设工厂等，这种结构不仅需要对不同子公司进行单独管理，而且需要总部进行有效的全局管理。企业结构可以通过公司代码来识别，所有员工都可以根据业务部门的类别归属在不同的企业结构下。

数据处理规则的设置顾名思义就是程序运行时所依据的准则。例如，新员工入职后，根据相关法律法规按照合同年限的不同来设置不同的试用期，系统程序会按照设定的规则调用相关数据、配置表进行计算，根据每个新员工的合同类型、合同年限及是否初次与企业签订合同等条件计算适用于哪种试用期规则及试用期的期限等。数字化人力资源管理系统的结构如图12-1所示。

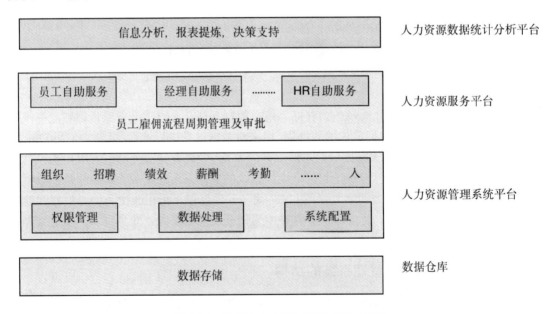

图 12-1　数字化人力资源管理系统的结构

二、数字化人力资源管理系统的类型

人力资源管理系统的应用经历了一系列的变革和发展，从只有简单数据记录和存储功能的数据管理系统，转变成了鼓励不同类型用户共同参与的分享与沟通、流程控制与事务处理型的数字化管理平台。数字化人力资源管理系统按照实现管理功能的不同可分为以下三种类型。

(一)人力资源信息沟通系统

数字化人力资源管理系统是以信息沟通、分享为目的，用于帮助员工了解企业战略、文化、人力资源政策及内部工作岗位等信息的企业内部网站、网页版员工个人信息档案、人力资源电子公告牌、企业公众号等的工具。人力资源门户网站主要承担着企业内部信息沟通的职责，是企业文化传播的窗口，是企业人力资源管理政策和流程发布的渠道，是企业内部工作岗位信息发布与申请及培训信息发布的途径，也是员工自主管理及自助服务的平台。

(二)人力资源任务管理系统

人力资源任务管理系统包括员工雇佣旅程周期管理、人力资源基本事务处理和人力资源计划与分析管理，如薪酬福利、绩效管理、工作时间、休息休假、员工信息管理及员工整个雇佣流程周期管理等。

(三)员工客户关系管理系统

数字化人力资源管理系统还包括以解决员工问题、促进组织发展、调节企业和员工关系、提高员工满意度为目的的员工客户关系管理系统。

三、数字化人力资源管理系统的模块

数字化人力资源管理系统包括多种能够实现不同功能的系统模块。基于云计算技术的新一代数字化人力资源管理平台可以集成各种人力资源管理模块并根据企业需要进行扩展，同时能够对接不同部门的应用系统，从而最大化地实现跨部门数据共享以支持更强大的数据分析功能，为驱动组织变革和战略调整提供重要的数据支持。数字化人力资源管理系统模块的功能主要有人力资源员工信息管理、薪酬福利管理、招聘管理、学习与发展管理、绩效管理、休息休假及加班管理，以及员工自助服务平台等。

(一)员工信息管理

数字化人力资源管理系统中的各种不同模块均是以员工个人信息、企业组织架构及职位信息为基础来支持完成不同的人力资源管理活动的。员工信息存储及企业员工的雇佣流程管理是企业人力资源管理系统中最重要的组成部分，承担着完成员工从入职到职位转换、再到离职或退休等整个职业生命周期的管理任务。员工信息采集及员工雇佣流程周期管理更倾向于通过员工的自助服务，让员工和经理直接参与到数字化人力资源管理系统之中，共同完成全部服务流程。员工信息的准确性不仅直接影响着员工的工资发放及福利、社保等数据采集，同时还影响着企业对员工数据的分析，并对企业战略发展趋势分析的准确性也产生直接影响。

(二)薪酬福利管理

薪酬福利管理是人力资源管理的基本职责和管理范畴。最早的 ERP 管理在人力资源部的实施领域便是薪酬福利管理。薪酬福利管理模块通过系统搜集员工的各项薪酬福利记录、出勤加班、奖金补助及扣除额等数据，按照系统中的标准公式计算各种扣除额和税款，生成员工工资单和税务报告来实现自动化支付过程。通过接口与财务管理系统集成来完成财务结算并输出数据报表。通过系统提供的自助服务功能，员工可以随时查询自己的工资收入，这也帮助企业节约了大量的人力和纸张成本，客观上推进了企业的无纸化办公进程。

(三)招聘管理

招聘管理系统能够提供从候选人筛选、应聘者信息搜集到新员工入职的整个流程支持。招聘管理系统是企业与外界联系的一个重要桥梁。通过互联网和云计算技术，企业招聘系统可直接将职位信息推送至各主流招聘门户网站、微信招聘平台、各类校园职业信息社区，并进行信息更新、发布、暂停、删除等实时管理。同时，系统按设置的关键字搜集、筛选简历，经分拣后加入企业人才库，并根据招聘需求对发布的招聘信息和候选人信息进行统计分析，生成招聘数据分析和统计报告，确定是否有符合条件的候选人。另外，视频技术、互联网和网络会议软件等在招聘中的应用也使面试更加灵活、便捷，克服了时间和地域上的限制，使人才招聘过程更加顺畅、高效。

(四)学习与发展管理

数字化和网络发展给员工培训与发展带来了可能性和便利性。员工自主学习、在线学习和自我管理的模式逐渐取代了以前固定的面授培训模式，使员工可以利用移动设备和企业内部学习平台、微信学习群、企业公众号、智能机器人协助等方式进行课程学习，与有共同学习需求的同事进行交流分享，互相督促以提高学习的效率。企业可以随时推送企业文化理念和企业目标等相关的微培训课程，使员工在企业发展目标和核心价值观方面时刻与企业保持一致。此外，培训系统提供的历史记录查询、报表功能不仅能够帮助员工回顾以往培训课程，安排自己的发展计划，还可以协助企业内部培训支持团队对员工的培训、选课情况进行分析总结，帮助团队了解员工的发展需求，制订培训计划和设置课程，有效按照企业发展目标和员工自身发展需求情况设置与安排课程。同时，经理也可以通过系统了解员工的学习与发展动态，帮助员工实现职业梦想。

(五)绩效管理

绩效管理系统通过标准的沟通模板和问题设置工具，不仅可以帮助员工完成个人工作、设定发展目标，而且可以帮助员工和经理创建一个有效的沟通渠道。员工在绩效管理系统中设定工作目标并提交后，经理可以收到员工设立的目标计划，经过审核给出相应的建议和反馈或提出明确的改进意见后再发回给员工进行修改，经双方充分讨论并达成一致后确认。员工可以通过系统收集其他同事、经理或下属对自己工作目标完成情况的反馈意见，了解自己的强项、存在的不足与发展需求，进而取得更高的工作业绩，产生更大的个人影响力。根据多方的绩效反馈、员工的自我评估和经理的意见，人力资源经理可以通过系统生成"员工职业发展分析报表"，并根据分析结果帮助员工了解自己的职业发展方向，制订可行的培训计划和发展计划。

(六)休息休假及加班管理

人力资源管理系统中的工时考勤模块可以汇集工时管理及相关休假申请等管理功能，其前端连接员工及经理自助服务平台,通过打卡和员工自助方式提出申请,得到经理批复之后生效。系统能够根据企业内部考勤制度的要求进行设置,完成休假及考勤管理,并通过数据报表使人力资源部掌握员工出勤休假情况,为薪酬计算提供相应数据。经理可以从管理者的系统中了解团队成员的具体休假情况,与员工提前就其工作和休假安排达成共识,平衡好员工的工作与生活,提高团队的凝聚力。人力资源部通过相关的系统分析报告可以清楚地了解全体员工的休假和加班情况,通过相关数据分析,确定员工休息休假和加班的发展趋势,评估企业休息休假及考勤管理政策的合理性,并以此调整企业的相关政策和管理流程,以规范员工休息休假和加班等行为。

(七)员工自助服务平台

员工自助服务平台主要包括员工热线电话、网络即时应答、邮件回复及客户关系管理系统等方式。员工自助服务平台的设计以员工服务为中心,通过系统处理员工的咨询,为员工解答和解决问题,提高员工的体验和满意度。此外,通过科学的系统管理来缩短响应时间,为员工提供个性化的咨询服务,从而快速满足员工的需求,提高他们的服务体验。员工自助服务平台为企业和员工提供了双赢的解决方案,不仅能够为员工提供标准化的服务,使各种问题得到快速响应和解决,提高员工的满意度,而且能通过系统提供的各种分析工具发现工作中存在的问题,不断改进和优化人力资源服务流程,提高人力资源服务的质量和效率。

第三节 数字化人力资源管理系统的设计

企业数字化转型代表着变革与机遇。一方面,企业可以借助数字化创新,加快内部流程、业务模式等方面的变革;另一方面,企业通过变革逐渐转变为由数据驱动的组织,意味着企业的决策和发展更具洞察力。人力资源管理数字化转型的关键是打造一个智慧型的数字化人力资源,而数字化人力资源管理系统的设计又决定着人力资源数字化转型的成败。

一、数字化人力资源管理系统的用户体验

好的用户体验包括强大的人力资源系统功能、稳定的系统连接及友好的用户界面。强大的人力资源系统功能是人力资源管理系统的基础,而用户界面的实用性则是该系统能否在企业顺利实施的关键。

(一)影响用户体验的因素

人力资源管理是一个复杂的系统工程,随着现代企业管理的发展,各职能部门的内部业务及服务流程都更加强调有效性,更加注重规范化和标准化,因此企业对人力资源管理系统有着更高的要求。各企业人力资源管理系统设计各自为政的情况,加上系统设计本身的局限性等,都影响着用户对人力资源管理系统的体验。具体来说,影响用户体验的因素主要包括以下四个方面。

第一,人力资源管理系统一致性程度是重要影响因素,若系统一致性差,则用户要花大量时间和精力来适应界面,降低了系统使用效率,影响了用户体验。

第二，人力资源管理系统的一致性和标准化，无法满足一些客户的特殊需求，从而会降低用户的满意度，并对用户使用造成一定的困扰。

第三，因人力资源管理系统设计问题或因对企业实际情况和需求考虑不周而不能满足用户日常工作需要等造成使用障碍或任务失败的会影响用户体验。

第四，人力资源管理系统过于复杂的用户界面或不合理的界面设置会增加用户的使用难度，甚至会引起误操作等问题，从而降低用户满意度。

(二)友好的用户界面

维基百科对"用户界面"的解释为："用户界面(user interface，UI)是指对软件的人机交互、操作逻辑、界面美观的整体设计。好的 UI 设计不仅要让软件变得有个性、有品位，还要让软件的操作变得舒适、简单、自由，充分体现系统的定位和特点。"友好的用户界面是指界面设计美观大方，可操作性强，能够提供顺畅的人机交流，使用户轻松学习并易于操作。简洁的页面设计是用户界面友好的最优体现。傻瓜相机的普及就是一个印证简单易用对客户吸引力的有力例证。系统是为了满足人们各类需要而设计的，一切设计都要以人为本，要满足用户的使用习惯，为用户带来更好的易用性体验。因此，设计系统时，设计者首先要考虑的就是用户体验，简洁、可用性强、易学易用是影响用户体验的关键因素，任何牺牲用户体验而片面追求系统效率的设计都是不可取的。

二、数字化人力资源管理系统的设计过程

人力资源管理系统的设计过程包括成立项目组、编制客户需求分析报告、分析用户职能职责、设计系统流程、设置系统参数、系统调试和用户测试、系统实施过程中的变革管理、完善和更新系统流程、建立流程文件和用户手册等步骤。

(一)成立项目组

人力资源管理系统设计开发项目组的成员主要包括项目管理者、人力资源部门流程设计与管理人员、人力资源各管理模块人力资源事务操作人员、计算机专业人员等。其中，项目管理人员负责整个项目的组织协调、工作安排、进度控制、反馈收集、数据分析和数据有效性评估等工作，是整个项目组的灵魂。项目组的每个成员应分工明确、职责清晰，合作完成项目设计。他们将成为未来系统的主要管理者和技术支持力量。

(二)编制客户需求分析报告

在系统设计阶段，一项非常重要的工作就是充分征求客户意见，充分了解客户的应用需求、工作中经常出现的问题和痛点等，结合拟确定的系统功能寻求解决方案。问卷调查是项目组了解客户需求的一个常用方法。通过问卷调查的方式可以充分收集用户的反馈意见，了解并确定用户需求。表 12-1 给出了可供参考的问卷调查形式。在系统分析和收集用户反馈意见阶段，要结合企业的实际情况，综合考虑用户各方面的需求，编制详尽的信息收集表。

(三)分析用户职能职责

在设计系统时不仅要考虑系统的标准化问题，还要考虑用户的实际应用需求并对其在整

个服务流程中的角色和职责作出分析。以系统化离职流程设计为例,如表 12-2 所示,经理、人力资源经理及人力资源共享中心员工分别承担不同的职责,协助员工顺利完成整个离职流程。

表 12-1 用户需求反馈表

类别	问题	例证和详情	涉及地区
一般问题	当前人力资源服务流程中需要解决的主要问题和痛点是什么		
	在当前的人力资源服务流程中,您认为有哪些可以改进的机会?您有什么新想法		
	根据国家相关法律或企业的规章制度,目前哪些人力资源服务环节和数据变更需要经过审批?目前的流程是什么?您对此有什么想法		
	对于特定的错误、警告等,是否需要根据本地化的需求进行设置		
	系统的流程一般需要经过哪些部门和哪些人员批准?批准后哪些人需要得到通知		
系统参数	如果系统的语言环境仅为英语,是否存在任何监管问题?是否需要本地语言支持		
	您希望系统能够搜集、存储哪些数据		
	除了系统提供的现有数据类型外,本地是否有特别的设置需求?如有,请提供所需的数据类型列表,并写出名称和用途		
补充问题	您认为在设计中还需要考虑哪些问题?如有,请补充		

表 12-2 用户角色与职责分析表

	员工	经理	人力资源经理	人力资源共享服务中心员工
1	提出离职申请	完成员工离职面谈		
2	归还公司财产	批准并确定员工离职日期	审核并批准离职	根据员工提交的离职清单确认离职手续是否完成
3	完成离职手续			出具离职证明

(四)设计系统流程

通过供应商的介绍、系统演示和系统分享,可以清楚地了解系统能够实现哪些功能。以"员工的离职流程"为例,首先,员工可以通过网上自助服务模块提出离职申请,系统就会自动给经理和人力资源部经理发出通知,以便他们能够及时了解情况并作出适当反应。正常情况下,经过经理和人力资源部经理批准后就可以进入下一环节。如果经理对员工的辞职申请产生质疑,那么经理可以从人力资源部经理那里得到帮助。

其次,在离职申请得到批准后,员工可以通过网络查询离职需要办理的各项手续,并通过系统和各部门有关负责人提前预约时间，完成各项离职手续。在离职手续办理完毕之后，部门负责人会在系统中记录离职手续办理情况和结果，员工也可以随时在网上查询进度和后续需要处理的工作。

最后，员工在确认完成所有的离职手续后，可以在网上向人力资源部申请离职证明信。通常收到系统通知后，人力资源共享服务中心会通过网络查询并确认各项离职手续办理无误，然后人力资源部再在系统中将该员工离职的相关文件进行归档，从而完成从纸质文档到电子化存档的转换。同时，人力资源部出具离职证明信并通过系统通知员工。这样，该员工就完成了全部离职流程。

与传统的线下离职流程相比，通过系统来实现离职流程管理有着较大的优势，简化了离职处理过程，节省了离职员工和相关工作人员的事务处理时间。系统的共享性有效地帮助了相关人员在系统中随时查询离职处理进程，使整个离职流程更加透明。由于所有的处理过程都在系统中留有记录，因此使整个离职流程有迹可循。此外，通过网络和系统处理员工的离职手续，彻底摆脱了纸质文件，帮助企业实现了无纸化办公，节约了企业的成本。

在初步完成系统分析后，企业要根据上述分析报告结合企业预算等信息作出决策，绘制系统流程，确认系统实施的可能性。

图12-2是一个典型的员工离职过程流程图，企业可以根据实际情况设计员工离职过程流程图。

(五)设置系统参数

确定系统流程后，需要对系统内部的参数进行设置以满足应用需求，具体参数有：①系统主题参数，用来控制系统功能、管理系统日志、建立系统框架等；②系统安全参数，用于系统安全验证和用户角色权限设置等；③系统数据参数，用于确认所需记录数据的类型等。

(六)系统调试和用户测试

对系统全面测试，以便短时间内发现所有系统错误和操作问题并提出解决方案。完成系统测试后，进入关键的系统调试和用户测试阶段。首先要按照实际操作流程不断对系统进行测试、调整和修改以达到应用需求；其次要设计用户测试报告，考虑不同场景下的系统处理方法并请用户参与测试，结合反馈意见改进系统功能，确保系统能够支持日常工作。

(七)系统实施过程中的变革管理

系统测试结束后即进入系统实施及投入使用阶段。变革管理是项目成功的关键，要遵循变革管理生命周期的发展规律，制订周密的变革计划，激励人们积极地接受变革。变革管理失败会影响项目的进度，使项目无法达成预期效果。因此，应充分考虑变革对人们的影响及带来的风险。变革管理对系统能否顺利实施可以起到非常重要的作用，其中用户内部沟通和培训是否到位直接影响着项目实施的成败。

(八)完善和更新系统流程

系统投入使用3至6个月的试运行阶段，应持续关注系统运行的性能，积极收集用户反馈，定期对系统进行维护和更新以完善系统的不足，不断改进系统流程以满足用户的工作需要。

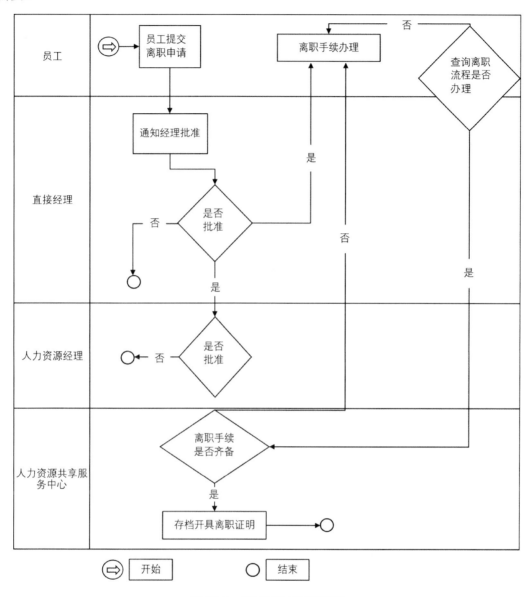

图 12-2　员工离职过程流程图

(九)建立流程文件和用户手册

新系统的初期运行会带来新技术、新系统、新方法的适应，除对用户加强培训外，还要编制完善的程序性文件，做到有章可循，使用户在用户手册的指导下可以正常完成系统工作，为人力资源系统实施和正常运行提供有效保证。

三、数字化人力资源管理系统设计的数据安全

安全的系统结构、安全的信息环境、高等级的信息防护措施等是确保人力资源管理系统信息安全的基础。

(一)对人力资源管理系统造成威胁的安全隐患

1. 信息泄露

随着网络、云计算技术的应用,计算机只要能联上网络就有可能遭到攻击,一个很小的数据漏洞就有可能造成灾难性的后果。人力资源管理系统存在的安全隐患会导致员工信息泄露,使员工对企业失去信任,进而挫伤员工的积极性,甚至会造成企业重大财产损失和人员流失。企业在设计系统时要对系统安全性进行全方位的考察,确保系统成熟度高、性能优异。

2. 信息毁损

系统的缺陷、设备故障或竞争者的蓄意攻击都有可能造成数据丢失或文件被篡改,轻则导致企业将花费大量人力、财力进行清理和恢复,重则甚至会造成系统瘫痪。因此,应加大系统安全性的设计力度,尽量将数据安全隐患消灭在萌芽之中;同时要对系统备份有清晰的流程和严格的管控措施,以保证信息的安全。

(二)人力资源管理系统数据安全性设计及其预防

1. 员工个人数据收集

数据收集遵循最小化原则,只收集必要的数据以降低风险。遵守标准流程和规则,以减少数据输入过程中出现的错误。

2. 员工数据的访问

严格控制数据访问权限,授予和收回权限时需要有专人管理,确保权责相符,以避免出现无关人员访问数据的风险。

3. 员工数据的共享

提供数据报告前需确认内容,删除不必要和不能共享的数据,确保数据接收者的合法性和业务需求相关,设置数据文件权限。

4. 员工数据的存储

为了避免数据扩散,在有数据需求时应使用企业访问工具在系统中访问和存储信息,而不是把副本下载到本地数据载体。

5. 员工数据的审核

定期进行数据审核是非常必要的管理手段,可以起到规范从业者操守及清理问题数据的作用。

第四节　打造智慧型数字化人力资源管理

一、真正的数字化人力资源

要想真正成为数字化人力资源,并非仅投资最新的数字技术就可以,而必须进行更为深刻的变革,寻找新的管理模式,为员工和组织创造价值,并重新思考如何衡量人力资源管理的成功。对企业来说,企业文化、战略和运营方式是令数字化企业脱颖而出、拥有竞争优势的关键所在。企业文化、人力资源战略和管理模式也是打造真正的数字化人力资源管理的关键。一方面,人力资源部门要不断努力,创新人力资源管理模式,坚持以员工为中心,变管理为服务,为员工创造价值;另一方面,人力资源部门应通过智能化的人力资源管理信息平台、分析工具和协作能力来提高人力资源服务的效率和员工的服务体验,打造简单敏捷的服务型人力资源管理运营模式。

(一)数字化人力资源管理模式

数字化人力资源管理模式就是要回答在数字化时代,人力资源管理到底应该扮演什么样的角色、到底应该做些什么这类问题。企业开发新的业务模式的方法之一是"以客户为中心"来设计,即从"这能否解决客户的问题"出发,站在客户的角度打造新的业务模式。按照这一思路,人力资源部需要转变观念,坚持以员工和管理层为中心,站在满足员工和管理层需求的角度来思考新的人力资源管理模式。

为了更好地满足人力资源数字化转型的需要,人力资源管理必须放弃传统的管理职能,打破人力资源管理各职能部门之间的界限,按照为客户创造价值和满足客户需求的思路,转型为基于业务导向的人力资源解决方案提供者和执行者的人力资源业务伙伴,进行人力资源战略规划和制定专业解决方案的人力资源领域专家,以及为客户提供基础性、事务性的人力资源标准服务提供者三支柱模式,进而从管理职能转变为服务导向,与企业的其他部门和团队共同完成为客户创造价值和满足客户需求这一根本目标。

(二)数字化人力资源运营模式

数字化人力资源运营模式就是要回答在数字化时代,企业的人力资源管理应该如何做的问题。

1. 以客户为中心

此运营模式不仅强调"客户至上"的企业文化和赋权一线员工的去中心化组织结构,而且特别强调前端流程,其目的是使客户的生活更加便捷。

2. 强化简洁

此运营模式的核心是强调"少即是多"的企业文化和标准化的组织结构。通过不断优化研发、制造、供应、营销和支持流程,以低成本提供高质量服务。

3. 数据驱动

此运营模式的企业往往拥有敏捷的企业文化,围绕分析工具和软件智能的力量而建立,遵循"一切必须用数据证明"的理念,通过实证试验进行创新。

4. 开放性与流动性

此运营模式着眼于构建一个生态系统,往往拥有开放共赢的企业文化,围绕共享客户而建立,企业所有的流程都不断与外界进行对话与联接。

5. 智能化

此运营模式往往运用在致力于实现自动化的企业中,企业大量使用机器来提高生产率和生产的灵活性。

借鉴企业打造新的数字化运营模式的思路，人力资源部门要做的不只是改变人力资源管理模式，还必须要改变人力资源运营模式，包括强化员工至上的价值观、数据驱动、调整人力资源内部的组织结构和流程、采用新技术等。

(1) 以员工和管理层为中心。人力资源部作为企业的正式组织，其存在的意义是为其客户(员工)和管理层创造价值，因此必须坚持员工导向，使人力资源管理的一切工作都围绕员工和组织展开，包括各项人力资源服务流程的重新设计与执行。

(2) 数据驱动。人力资源部要能够运用大数据技术，通过对员工数据的科学分析，从员工数据中获得分析结果，不仅将数据分析结果应用于改善人力资源管理的质量和效果，而且要能够预测员工未来的行为，从而使企业赢得人才竞争的胜利。

(3) 调整人力资源内部的组织结构和工作流程。人力资源管理一旦转型为人力资源三支柱模型，就意味着人力资源部的组织结构发生了翻天覆地的变化。传统的以职能为中心的组织结构，将被围绕客户需求展开的客户导向的平台化组织结构所替代，一切将以是否能够快速满足员工需求作为人力资源新的组织设计的出发点。

(4) 采用新技术。将新技术应用于人力资源管理系统，使之平台化、移动化、自动化和智能化，可以大大改善和提高员工服务的效率及服务体验。

(三)人力资源数字化人才与技能

人力资源数字化人才与技能即回答在数字化时代，需要与谁合作才能成功的问题。如今，互联网掀起了透明度革命，应聘者几乎可以获得与招聘相关的所有信息。如何吸引并留住数字化时代的人才是每一个企业都在面临的严峻挑战。在这种情形下，企业唯一有效的应对方式就是提高透明度，使职业环境变得公开透明，打造人们青睐的工作场所。与此同时，企业也要开放沟通渠道，加快问题解决的速度，收集更多的员工观点，提高企业的绩效。人力资源部同样需在内部打造一个高度透明的工作环境、沟通环境和问题快速解决渠道，吸引并留住数字化时代人力资源管理所需的人才。

顺应数字化时代的要求，人力资源部还要改变人力资源管理从业者的知识与技能结构，使所有的人力资源管理者、服务者都具备一定的组织设计与变革能力、数据统计与分析能力、员工赋能与激励能力、管理系统操作与运用能力，以及较好的沟通与问题解决能力等。此外，随着人力资源管理系统和人工智能技术在人力资源管理中的广泛应用，人力资源部还要创造人机成功合作的环境。在未来几年，一个最突出的变化将是越来越多的人力资源服务工作者与机器人并肩工作。因此，人力资源部要采取一定的措施，使人力资源管理工作者能够尽快适应这一新角色。

二、人力资源管理系统平台的运作

人力资源管理系统平台主要基于人力资源底层数据库，依托于数据计算技术和系统应用模型而实现一系列功能的集合，为员工和组织提供快速、满意的服务。人力资源管理系统平台根据功能的不同可以分为前台、中台和后台。

系统前台是用户服务端口，注重于用户体验，包括系统智能化、灵活性等；系统后台是与系统设置和数据紧密联系的系统管理和操作部分，负责管理人力资源系统流程的效率和数据操作规范性及数据维护等。系统后台大部分集中于支持庞大系统的运转,往往受到系统设计和数据量的制约,而无法对系统前台的请求作出快速反应。为了解决前台和后台效率不匹配的问题,系统中台负责把底层数据源进行汇总、集合、转换和加工设计。

(一)人力资源管理系统平台化的优势

1. 加强了人力资源管理权限的集中控制

人力资源管理系统平台化后,由于高度集成化,对用户权限实现了集中管理。系统只需设置角色认证便可同时管理用户对不同模块和数据的使用权而无需单独设置,节省了系统管理时间,有助于降低权限设置中的人为差错率。

2. 显著提升了对人力资源的移动设备支持

随着人力资源移动设备的普及,很多事务性的人力资源服务操作都可在移动端实现,如自助服务平台为员工、经理和人力资源管理者提供了便利,即使在非办公区域,也可以通过移动设备连接企业内网,经过安全认证即可处理相关人力资源服务工作,还能够在移动端下载人力资源报表,大大方便了人力资源事务性工作的审批和处理流程。

3. 实现了强大的数据分析和数据提取功能

人力资源管理系统的整合性和平台化为数据的灵活性与准确度提供了便利条件。人力资源管理系统平台化后,原始数据对用户更加透明,用户无需考虑底层数据的存储方式,系统重点数据提取功能就可以通过相关模块从任意数据源中提取用户需要的数据并进行加工处理,从而生成用户需要的数据分析报告。

4. 加快了数据更新速度,提升了数据精准度

基于云计算技术的人力资源系统平台可以不考虑硬件设备的实施地点。人力资源管理系统平台化后,数据的更新基本上可以实现实时同步,数据延迟的问题便迎刃而解,大大提高了报告的准确性和真实性。

5. 为智慧型人力资源管理奠定了坚实基础

人力资源信息管理系统平台化为企业提供了依靠综合性、标准化、功能强大的系统管理工具来管理人力资源部各项事务的全新模式,开辟了以用户服务为中心,以数字化发展为导向,推动企业人力资源的优化和管理现代化的历程。基于数据管理的智能分析方法可帮助搭建更为科学的组织结构,建立数字化人才供应链,使人力资源管理和企业的战略、业务发展相契合。

(二)打造智慧型人力资源服务自助平台

人力资源自助服务如今已经成为众多企业主流人力资源管理系统的标准配置,通常包括员工自助服务平台、经理自助服务平台和人力资源部门内部自助服务平台。

1. 员工自助服务平台

员工自助服务平台是基于网络的应用程序,是为员工提供基于权限设置来访问其个人信息和聘用信息的一个平台。人工智能技术为员工自助服务平台提供了智能支持。机器人不仅可以推送企业的内部通知、公告、培训信息及事务提醒,而且可以被应用到各类人事基础证

明文件的自助生成，员工可以通过提出服务请求从人力资源系统中调取相关信息，通过身份认证自助生成证明文件并完成打印和盖章等工作；机器人不仅可以进行人力资源基础信息的发布、分享、查询和人力资源相关问题的解答，而且可以帮助员工进行自助学习，向员工讲解人力资源政策，不仅提升了员工的服务体验，而且大大提高了人力资源服务的效率，也为企业节省了一定的人力成本。智能机器人自助服务如图12-3所示。

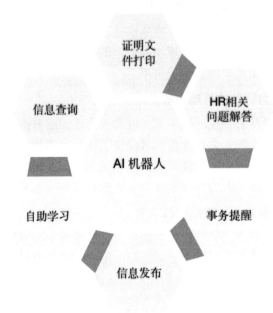

图12-3　智能机器人自助服务

2. 经理自助服务平台

打造员工自助服务模式的同时，也要打造经理自助服务模式。经理自助服务可以使经理对员工雇佣流程周期进行实时管理。经理自助服务使经理们的管理工作更加灵活，使他们在任意时间和地点都能够在线审批员工提交的各项申请，可以及时了解自己团队的实时工作状况和员工相关信息，以便对客户要求快速作出反应，基于工作需要及时调整团队的工作安排，从而顺利达成工作目标。人力资源信息系统可以通过定制服务提供大量数据分析报表和预测信息来帮助经理提升组织健康度。经理还可以通过自助平台与人力资源部建立良好的沟通与互动渠道，以便随时得到人力资源团队的支持和帮助。基于经理在管理岗位上的任职时间、职业经历及团队状况，通过大数据分析和系统智能服务，人力资源智能信息系统可以给经理作出科学的分析报告和适当的工作建议，以帮助经理更有效地管理团队，和团队一起成长。

3. 人力资源部门内部自助服务平台

人力资源经理和专家经常需要对企业内部人员的结构和情况进行数据分析，以便在员工招聘、组织发展、薪酬福利、工作绩效等方面提出专业化的解决方案，帮助组织健康成长，支持企业的战略发展。数据分析和报表生成系统是以人力资源实践为依据，基于数据库的报表分析工具和人力资源大量日常应用的报表结构，以智能运算环境下运行的各种算法和模型为基础，根据各种报表设计和参数设置为人力资源部门人员量身定制的系统，不仅能够根据企业的具体情况，按照实际需求定制分析报表，而且能够通过灵活的参数条件设置自助选择报表内容，还可以根据需要选择适合的报表格式及图表生成功能，方便快捷地生成所需报表，以满足业务部门不断变化的需求。

三、数字化人力资源的未来发展

在数字化时代，虚拟连接打破了组织界限，模糊了组织边界，跨地域、跨国界的虚拟合作将更加普遍。企业和员工由单纯的聘用关系向混合聘用模式转变，企业和员工将不再是相互依存的关系。为了适应未来的组织变革和新型的聘用模式，未来的人力资源管理系统在构建组织模型、职位参数和汇报关系等系统设计和数据设置上都将会有全新的突破，需要系统能够提供更加灵活、拓展性更强的全面管理方式。企业在选择或更新人力资源管理系统时一定要未雨绸缪，为实现人力资源管理的多元化做好准备。

未来企业对人力资源管理系统的要求不会只局限在提供完善的人力资源服务流程管理，而会更注重系统数据价值的挖掘，以及与高科技结合后提供的数据分析对人才管理的前瞻性预测和规划，对员工服务的优化，对组织效能的评估及对企业发展产生的影响力。数字化人力资源转型的核心驱动力是人力资源部内部通过对运营的深刻理解，运用数字化工具和人工智能技术对流程化、规范化的工作进行深入分析，不断尝试创新，以提供自动化的解决方案来提高工作效率和员工满意度。

人力资源部门作为连接员工与企业的媒介，往往能够最先体察到不同时代员工的特点。随着数字化人力资源的不断成熟和深化，注重员工体验的人力资源服务模式会逐渐成为企业争夺并保留人才的核心竞争力。未来企业的人力资源一定是将"用户思维"和数字化有机结合起来的人力资源，真正实现以员工为中心，从员工的视角看问题，从员工的角度设计人力资源服务流程，以追求卓越服务和卓越体验为目标，为企业赢得竞争优势奠定坚实的基础。

本 章 小 结

互联网、大数据、人工智能等新信息技术的快速发展，已使数字化转型成为必然趋势。数字化转型也称为数字化业务，是通过现代技术和通信手段，改变企业为客户创造价值的方式。它将数字技术应用到组织内部的各个领域，从根本上对其运营方式进行变革，并为客户提供价值。

人力资源管理数字化转型，要建立人力资源管理系统平台，实现人力资源服务移动化，完成从"线下"到"线上"的工作模式的转变，利用社交媒体拉近与员工的距离，通过人工智能技术和分析获取有关人力资源管理的洞察力。

数字化人力资源管理系统主要由四个部分组成：一是数据仓库，主要用于存储关于企业组织架构、职位分布及员工职位和个人基本信息等数据；二是人力资源管理系统平台，主要用于设置各种人力资源管理的功能和权限、流程控制等；三是人力资源服务平台，主要通过各平台之间的交互处理，提供从员工到经理再到人力资源部的各类自助服务及包括员工入职、调转和离职的整个雇佣旅程的服务；四是人力资源数据统计分析平台，主要根据企业需求用于各种数据的整合、统计、分析和报表处理，为企业决策提供数据支持。

数字化人力资源管理系统包括人力资源及员工信息管理、薪酬福利管理、招聘管理、学习发展管理、绩效管理、休息休假及加班管理，以及员工自助服务平台等。

好的用户体验包括强大的人力资源系统功能、稳定的系统连接及友好的用户界面。用户界面的实用性则是系统能否顺利实施的关键。人力资源管理系统设计开发过程包括成立项目组、编制客户需求分析报告、分析用户职能职责、设计系统流程、设置系统参数、系统调试和用户测试、变革管理、完善和更新系统流程、建立流程文件和用户手册等步骤。另外，安全的系统结构、安全的信息环境、高等级的信息防护措施等是确保人力资源系统信息安全的基础。

在数字化时代，虚拟连接打破了组织界限，模糊了组织边界，跨地域、跨国界的虚拟合作将更加普遍。未来企业对人力资源管理系统的要求不会只局限在提供完善的人力资源服务流程管理，而会更注重系统数据价值的挖掘及与高科技结合后提供的数据分析对人才管理的前瞻性预测和规划，对员工服务的优化，对组织效能的评估，以及对企业发展产生的影响力，以追求卓越服务和卓越体验为目标，为企业赢得竞争优势奠定坚实的基础。

思 考 题

1. 企业如何实现人力资源管理的数字化转型？
2. 数字化人力资源管理系统的结构和类型是什么？包括哪些模块？
3. 如何设计数字化人力资源管理系统？
4. 企业如何打造智慧型人力资源服务平台？
5. 简述数字化人力资源发展的未来发展如何？

实 践 应 用

刘辉："数智化"人力资源的新时代

数字化的过程在中国分布是不均衡的，在平台化、信息化、数字化的过程中，如果没有很好的数字化根基，是没办法实现智能化的。解决好数字化的问题，其实就是为将来的智能化打下坚实的基础，按照"四化"的方向循序渐进，即数字问诊、数字评判、数字战略、数字版权、数字升级。

1. 人工智能与人力资源的跨界融合

为什么今天都在说人工智能？

第一，技术上非常成熟。四大人工智能核心技术(视觉、听觉、语音、画像)在企业或传统企业中开始应用，其实也不断地应用在人力资源上。

第二，智能设备和智能器件、通信等，在技术角度已经完备，这就是数字化、智能化时代为什么会这么流行？越来越多的人工智能的公司纷纷出现。此外，我国在"十四五"规划中对数字化、智能化、人力资源的表述也很多。

第三，中国的年轻人很多，数字化的程度也比较高。数字化程度在三个因素叠加的情况下得到了放大，我们三四十年前还停留在人力资源的理论层面，是需要向尤里奇(Dave Ulrich)、查兰(Ram Charan)和柯维(Stephen Richards Covey)学习的，那么接下来，由于数字化过程中有两条腿走路，即"双引擎"，中国数字化和智能化程度会逐步领先。

2. 人智结合加速了人力资源优化配置

大数据和我们的行为数据是欺骗不了我们的，大部分人的思想都是积极向上的。在企业文化中，最初没有任何一个想法是作恶的，都是高大上的，但高尚的思想或有差异化的思想如何落地，这是很多人主张思考的。

我们可以干好多事情，但核心问题是有没有深入人心？目前，企业很难解决，是因为没有先做基础算法，以至于没有数据算出来或者完全没有数据支撑。信息化程度高了，SaaS 产品和非 SaaS 产品、地面部队和非地面部队遍布全国，支持组织、人才、外包、劳动力分配系统、文化垂直系统等，不管是绩效管理和招聘，还是学习、薪资发放、考勤、考试，所有人都在其中。

宏观层面，全国区域资源布局与劳动力分配不对等现象，在人智结合以后会得到解决。每个人或其信息会在某些不同形式中得到数字化处理，能让需求与供给在信息化对称方面做得更好，进而使优化配置得到更好的解决。

3. 感情要素最强的就是人力资源

做人力资源的要看看，还有哪些行业逐渐会被人工智能或是机器人所取代。

这是一个趋势，会有很多领域被取代，标准化程度高、灵活程度弱、重复性强的行业和工种会逐渐被取代，这是正常的。但情感要素多的、需要陪伴的、需要服务的，会越来越得到重视，正如我经常提到的人力资源正逐渐被重视一样。

因为做人力资源的要投入很多情感，而在管理当中情感要素最强的就是人力资源。所以我们希望 HR 都站在尤里奇、查兰的观点上思考，也期待中国的人力资源管理在大数据、人工智能时代会引领未来。

促进"三支柱"变成"双引擎"，数智化的系统与智能判断解决了 COE(首席执行官)和 share service(共享服务)的问题，思维升级的 HRBP 解决了领导的判断。所谓的 share service 的升华就变成数据的部分，当我们用不同的方法解决，用不同的数据判断，就产生了两个引擎的驱动方式。

HRBP 需要加强七个核心能力，比如说绩效管理、组织设计团队、公司制度组织变革、领军人物思想建设等。因此，HR 从业者不管是站在传统的立场上，还是站在将来的立场上，都应该好好去看看这三个方面：人才、组织、思想。

从校园理论知识到 HR 的组织实践再到 CEO 和 CPO(首席制造官)的思想，人力资源第一次可以进行以数据科学为基础的事实判断，这也是第一次把科学管理和人性管理高度结合在一起，人力资源的地位将发生很大变化。

如果年轻人在选择人力资源和转岗之间犹犹豫豫，我觉得不用犹豫，你可以去业务部门转一转，人力资源专业加上数据科学思维，将来一定会是最热门和最有前途的行业。

(资料来源：华夏基石 e 洞察. 刘辉："数智化"人力资源的新时代[OL]. (2021-5-11). 对原文略有剪辑。)

微课视频

扫一扫，获取本章相关微课视频。

数字化人力资源管理

参 考 文 献

[1] 沃普恩. 人力数据分析精要：建立数据驱动人力决策的思维[M]. 范珂, 译. 北京：电子工业出版社, 2020.

[2] 米尔科维奇, 纽曼, 格哈特. 薪酬管理[M]. 11版. 成得礼, 译. 北京：中国人民大学出版社, 2014.

[3] 王胜桥, 吕洁. 人力资源管理[M]. 上海：复旦大学出版社, 2017.

[4] 曹嘉晖, 张建国. 人力资源管理[M]. 成都：西南财经大学出版社, 2009.

[5] 陈国宏. 人力资源管理[M]. 北京：北京理工大学出版社, 2017.

[6] 董克用, 李超平. 人力资源管理概论[M]. 5版. 北京：中国人民大学出版社, 2019.

[7] 葛秋萍. 现代人力资源管理与发展[M]. 北京：北京大学出版社, 2012.

[8] 刘凤瑜, 等. 人力资源服务与数字化转型：新时代人力资源管理如何与新技术融合[M]. 北京：人民邮电出版社, 2020.

[9] 刘娜欣. 人力资源管理[M]. 北京：北京理工大学出版社, 2018.

[10] 刘燕, 曹会勇. 人力资源管理[M]. 北京：北京理工大学出版社, 2019.

[11] 刘倬. 人力资源管理[M]. 沈阳：辽宁大学出版社, 2018.

[12] 吕菊芳. 人力资源管理[M]. 武汉：武汉大学出版社, 2018.

[13] 彭剑锋. 数字化的人力资源管理如何重塑组织与人[N]. 经济观察报, 2021-03-19.

[14] 秦志华. 人力资源管理[M]. 2版. 北京：中国人民大学出版社, 2006.

[15] 王少东, 张国霞, 邓瑾, 等. 企业人力资源管理[M]. 北京：清华大学出版社, 2012.

[16] 王晓艳, 刘冰冰, 郑园园. 企业人力资源管理理论与实践[M]. 长春：吉林人民出版社, 2019.

[17] 王雅姝. 大数据背景下的企业管理创新与实践[M]. 北京：九州出版社, 2019.

[18] 吴玥, 等. 知识经济时代下企业人力资源管理[M]. 上海：同济大学出版社, 2019.

[19] 谢小云, 左玉涵, 胡琼晶. 数字化时代的人力资源管理：基于人与技术交互的视角[J]. 管理世界, 2021, 37(01).

[20] 颜爱民, 方勤敏. 人力资源管理[M]. 北京：北京大学出版社, 2007.

[21] 杨河清. 人力资源管理[M]. 4版. 大连：东北财经大学出版社, 2017.

[22] 张健东, 钱堃, 谷力群. 人力资源管理理论与实务[M]. 北京：中国纺织出版社, 2018.

[23] 赵曙明. 人力资源战略与规划[M]. 5版. 北京：中国人民大学出版社, 2021.

[24] 周希林, 陈媛. 人力资源管理[M]. 武汉：华中科技大学出版社, 2012.

[25] 王重鸣. 管理心理学[M]. 上海：华东师范大学出版社, 2021.